国际服务贸易概论（第三版）

Generality of International Trade in Service

刘东升 主编

图书在版编目(CIP)数据

国际服务贸易概论/刘东升主编.—3版.—北京:北京大学出版社,2020.11
21世纪经济与管理规划教材.国际经济与贸易系列
ISBN 978-7-301-31747-1

Ⅰ.①国… Ⅱ.①刘… Ⅲ.①国际贸易—服务贸易—高等学校—教材 Ⅳ.①F746.18

中国版本图书馆 CIP 数据核字(2020)第 191692 号

书 名	国际服务贸易概论(第三版)
	GUOJI FUWU MAOYI GAILUN(DI-SAN BAN)
著作责任者	刘东升 主编
责任编辑	任京雪 徐冰
标准书号	ISBN 978-7-301-31747-1
出版发行	北京大学出版社
地 址	北京市海淀区成府路 205 号 100871
网 址	http://www.pup.cn
微信公众号	北京大学经管书苑(pupembook)
电子信箱	em@pup.cn
电 话	邮购部 010-62752015 发行部 010-62750672 编辑部 010-62752926
印 刷 者	天津中印联印务有限公司
经 销 者	新华书店
	787 毫米×1092 毫米 16 开本 17.25 印张 420 千字
	2009 年 1 月第 1 版 2014 年 10 月第 2 版
	2020 年 11 月第 3 版 2023 年 2 月第 3 次印刷
定 价	46.00 元

未经许可,不得以任何方式复制或抄袭本书之部分或全部内容。
版权所有,侵权必究
举报电话:010-62752024 电子信箱:fd@pup.pku.edu.cn
图书如有印装质量问题,请与出版部联系,电话:010-62756370

丛书出版前言

作为一家综合性的大学出版社,北京大学出版社始终坚持为教学科研服务,为人才培养服务。呈现在您面前的这套"21世纪经济与管理规划教材"是由我国经济与管理领域颇具影响力和潜力的专家学者编写而成,力求结合中国实际,反映当前学科发展的前沿水平。

"21世纪经济与管理规划教材"面向各高等院校经济与管理专业的本科生,不仅涵盖了经济与管理类传统课程的教材,还包括根据学科发展不断开发的新兴课程教材;在注重系统性和综合性的同时,注重与研究生教育接轨、与国际接轨,培养学生的综合素质,帮助学生打下扎实的专业基础和掌握最新的学科前沿知识,以满足高等院校培养精英人才的需要。

针对目前国内本科层次教材质量参差不齐、国外教材适用性不强的问题,本系列教材在保持相对一致的风格和体例的基础上,力求吸收国内外同类教材的优点,增加支持先进教学手段和多元化教学方法的内容,如增加课堂讨论素材以适应启发式教学,增加本土化案例及相关知识链接,在增强教材可读性的同时给学生进一步学习提供指引。

为帮助教师取得更好的教学效果,本系列教材以精品课程建设标准严格要求各教材的编写,努力配备丰富、多元的教辅材料,如电子课件、习题答案、案例分析要点等。

为了使本系列教材具有持续的生命力,我们将积极与作者沟通,争取每三年左右对教材进行一次修订。无论您是教师还是学生,您在使用本系列教材的过程中,如果发现任何问题或者有任何意见或建议,欢迎及时与我们联系(发送邮件至 em@ pup.cn)。我们会将您的宝贵意见或建议及时反馈给作者,以便修订再版时进一步完善教材内容,更好地满足教师教学和学生学习的需要。

最后,感谢所有参与编写和为我们出谋划策提供帮助的专家学者,以及广大使用本系列教材的师生,希望本系列教材能够为我国高等院校经管专业教育贡献绵薄之力。

北京大学出版社
经济与管理图书事业部

21世纪经济与管理规划教材

国际经济与贸易系列

第三版前言

当前世界风云变幻,国内外经济发展进入了新的历史阶段,正如党的二十大报告指出,当前世界百年未有之大变局加速演进,新一轮科技革命和产业变革深入发展;世纪疫情影响深远,逆全球化思潮抬头,单边主义、保护主义明显上升,世界经济复苏乏力。同时,国内经济也已进入新旧动能加快转换的重要节点,深化改革开放,加快构建以国内大循环为主体、国内国际双循环相互促进的新发展格局已迈出扎实步伐。在这重要的历史机遇期,加快我国服务贸易创新发展,提升服务出口质量,有序扩大进口,是实现我国对外贸易高质量发展的重要一环。

在此背景下,本书修订首先更加强调国际服务贸易对高质量发展及产业结构转型升级的重要性和客观性,以及经济全球化背景下各国之间的相互依赖和合作共赢关系;其次,对统计数据和案例进行了更新,以使读者掌握国际服务贸易的基本理论和发展趋势,提高学习兴趣;最后,对个别地方的文字、表述进行了勘误,使之更加准确。

北京大学出版社对本书修订版的出版发行付出了许多努力,特此表示感谢!

刘东升

第二版前言

《国际服务贸易概论》一书自出版发行以来,得到广大读者的厚爱,发行量不断攀升。近年来国内外经济环境发生了巨大变化,需要对教材内容进行调整和充实,故此次应出版社之邀进行了修订,修订的主要内容:一是增添了部分章节,以适应客观环境变化的需要,如国际服务外包发展速度加快,且正在成为我国对外贸易的重要内容,故增加了第九章,专门论述服务外包;二是增加了部分专业知识和相关案例,有利于读者掌握相关内容;三是对统计数据和案例进行了更新,有助于读者掌握国际服务贸易发展的最新趋势,提高学习兴趣;四是对个别地方进行了勘误,使表述更加准确。

北京大学出版社对本书修订版的出版发行付出了许多努力,特此表示感谢!

刘东升

2014 年 7 月

21世纪经济与管理规划教材

国际经济与贸易系列

第一版前言

随着世界经济的发展和产业结构的调整,服务业在国民经济中所占的比重不断提高,到20世纪末服务业在国民经济中所占的比重,全世界平均为63%,其中中等收入国家为53%,发达国家达到79%。服务业的发展为国际服务贸易奠定了基础,国际服务贸易逐渐成为国际贸易的重要组成部分。服务贸易的发展还对传统的多边贸易体制提出了挑战,并成为乌拉圭回合谈判的重要议题之一。1994年4月15日,世界贸易组织成员于摩洛哥马拉喀什最终签订了《服务贸易总协定》,奠定了世界服务贸易发展的基本规则。该规则以服务贸易自由化为目标,对国际服务贸易的发展产生了重大影响。

2001年12月11日,我国加入世界贸易组织,成为其第143个成员国,这就意味着我国要按照《服务贸易总协定》的基本要求,开放国内服务市场,积极参与国际服务贸易的竞争。进入21世纪后,我国服务贸易发展迅速,出口贸易呈现迅猛增长态势,传统服务贸易出口保持增长势头;资金和技术密集型新兴服务贸易迅速发展,部分新兴服务贸易部门的出口增速超过发达国家;在全球服务贸易出口中所占的比重逐年提高。但我国服务贸易出口的部门结构与全球服务贸易还存在一定差距。旅游、运输和建筑服务等传统部门出口占据主导地位,特许和专利权使用出口占比低于全球平均水平,而且新兴服务贸易部门的增长速度低于世界水平。

扩大服务贸易出口,不断提高我国服务贸易企业的国际竞争力,缩小与发达国家的差距,就要求相关从业人员提高理论知识,熟悉国际服务贸易的游戏规则。为此,我们编写了《国际服务贸易概论》一书,希望能帮助读者完善国际服务贸易知识结构、熟悉国际服务贸易规则。本书可以作为高校国际贸易专业本科生的教材、经济类专业研究生的参考资料,也可以作为从事国际服务贸易工作和研究者的参考读物。

本书在编写过程中参考了有关服务贸易的研究成果,并得到北京大学出版社的大力支持,在此深表谢意。

刘东升
2008年4月

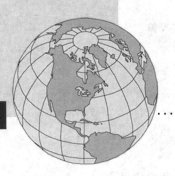

目 录

第一章　国际服务贸易的基本概念 …………………………………… 1
 第一节　服　务 …………………………………………………… 2
 第二节　服务业 …………………………………………………… 4
 第三节　国际服务贸易 …………………………………………… 7

第二章　国际服务贸易的产生与发展 …………………………………… 21
 第一节　国际服务贸易的产生 …………………………………… 22
 第二节　国际服务贸易的发展 …………………………………… 25
 第三节　影响国际服务贸易迅速发展的因素 …………………… 26
 第四节　当代国际服务贸易的特征 ……………………………… 27

第三章　国际服务贸易的地位与作用 …………………………………… 34
 第一节　国际服务贸易与国家竞争力 …………………………… 35
 第二节　国际服务贸易与经济发展 ……………………………… 42
 第三节　经济全球化与国际服务贸易 …………………………… 45
 第四节　国际服务贸易与货物贸易 ……………………………… 49

第四章　国际服务贸易中的价值和价格 ………………………………… 53
 第一节　有形商品的价值理论 …………………………………… 54
 第二节　服务产品的价值和使用价值 …………………………… 57
 第三节　影响服务产品国际市场价格变动的因素 ……………… 62
 第四节　服务产品国际市场价格的形式 ………………………… 67

第五章　WTO体制与国际服务贸易的发展 …………………………… 71
 第一节　多边贸易谈判及其影响 ………………………………… 72
 第二节　《服务贸易总协定》的产生 …………………………… 77
 第三节　《服务贸易总协定》的基本内容 ……………………… 82

第六章　国际服务贸易理论与政策 …… 90
第一节　国际服务贸易理论 …… 92
第二节　国际服务贸易政策的演变及内容 …… 97
第三节　国际服务贸易自由化政策 …… 106
第四节　国际服务贸易保护政策 …… 119
第五节　国际服务贸易保护政策举例 …… 123

第七章　当代国际服务贸易的国别格局 …… 131
第一节　美国的服务贸易 …… 132
第二节　欧盟的服务贸易 …… 144
第三节　日本的服务贸易 …… 149
第四节　印度的服务贸易 …… 153

第八章　中国服务贸易的发展及服务业的对外开放 …… 157
第一节　中国服务贸易的发展 …… 158
第二节　中国服务业的对外开放进程 …… 165
第三节　中国加入世界贸易组织的服务贸易谈判承诺 …… 169
第四节　入世对中国服务业发展的影响 …… 175

第九章　国际服务外包 …… 184
第一节　服务外包简介 …… 185
第二节　国际服务外包的发展 …… 194
第三节　服务外包在中国的发展 …… 201

附录1　中国加入世界贸易组织议定书 …… 211

附录2　服务贸易总协定 …… 220

附录3　与贸易有关的知识产权协定 …… 241

主要参考文献 …… 261

21世纪经济与管理规划教材

国际经济与贸易系列

第一章

国际服务贸易的基本概念

【学习目标】
- 掌握服务的含义和基本特征;
- 了解服务业的含义和分类;
- 掌握国际服务贸易的含义、特点及相关概念。

引导案例

世界贸易组织发布的《2018年世界贸易报告》显示,2017年,全球服务贸易全面复苏,服务贸易出口增长8%,进口增长6%。运输行业服务贸易出口增长9%;知识产权(IP)相关服务出口增长10%,并带动其他商业服务出口增长。排名前三的商业服务出口国分别为美国、英国和德国,出口总额约为1 400亿美元;美国、中国和德国则是排名前三的进口国。与IP相关的服务贸易以发达国家之间的贸易为主,但一些发展中经济体服务贸易规模增长迅速,新加坡年增长率为36%,中国年增长率为28%,位居第二。最不发达国家在全球服务贸易出口中所占份额为0.6%,自2005年以来仅增长了0.3个百分点。

资料来源:世贸组织发布《2018年世界贸易统计报告》[EB/OL].(2018-08-08)[2020-09-04]. http://tradeinservices.mofcom.gov.cn/article/news/gjxw/201808/66952.html,有删改。

20世纪70年代后,国际服务贸易有了突飞猛进的发展。第二次世界大战后发达国家服务业的发展为国际服务贸易奠定了基础,科学技术的进步和产业结构的调整进一步促进了国际服务贸易的发展。不同于传统的货物贸易,国际服务贸易在贸易对象、发展路径等方面具有明显的特征。

第一节 服 务

人们在日常生活中要消费各种各样的有形商品,如面包、服装、水果等,但也需要消费他人提供的无形商品,如坐车、看演出、旅游等。这些无形商品就是服务。所以服务是相对于有形商品而言的一个经济学概念,人们一般认为它是以提供活劳动的形式满足他人的某种需要并取得报酬的活动。从国际服务贸易的角度,服务就是指以活劳动的形式满足经济单位或个人的需要,增加服务接受者的价值或效用。

一、服务的基本特征

服务作为无形商品,明显不同于一般的实物性商品,它具有如下基本特征:

第一,服务的无形性或不可感知性,是服务的最主要特征。不同于有形商品直观的存在形态,服务的存在形态基本上是无形的、不固定的,让人不能触摸或凭肉眼看见其存在。在消费服务之前,人们并不知道服务是什么样的;另外,服务消费者往往不能事先感知到服务,只能等到消费服务后才能感知到服务的结果,或是要等一段时间后,享用服务的人才能感知到服务"利益"的存在。随着科学技术的进步,有些服务项目在无形化的基础上产生了物化服务。所谓物化服务,简单地说就是改变了服务的存在形态,服务消费也随之发生了变化。例如,文艺演出本来只能到剧院等演出场所消费,出现唱片、磁带、光盘后,人们就可以随时欣赏文艺演出了,这些唱片、磁带、光盘等就是"物化服务"的载体。作为服务产品的载体,其自身物质形态的价值很小,价值主体是物化在其上的服务。这种服务存在形态上的改变,对服务提供者和消费者都是有价值的。

第二,服务生产和消费的不可分离性。有形商品从生产、流通到最后消费的过程,一般要经过一系列的中间环节,生产过程与消费过程在时间和空间上是相互分离的,如服装先是在服装企业生产,然后经过运输进入市场,再从市场上卖给消费者,消费者的消费和生产者的生产是在两个地方、两个不同时间段进行的。而服务一般具有生产和消费的不可分离性,即服务的生产过程与消费过程同时进行,两者在时间和空间上不可分离,生产过程就是消费过程,消费过程就是生产过程,服务过程中生产者和消费者必须发生直接联系。例如,教师授课与学生听课,一般是在同一时间、同一场所进行的;运输服务过程和运输消费过程;医生提供的医疗服务和病人接受治疗等。但在物化服务条件下,服务的生产与消费可以在时空上不一致。

第三,服务的不可贮存性。有形商品可以在生产出来以后存在仓库里,处于闲置状态,不进入消费领域,这种情况不一定给生产者带来损失,或造成商品价值的降低。但服务不可能像有形商品一样被贮存起来,生产者不能存储服务,消费者在大多数情况下也不能将服务携带回家保存。所以,服务生产出来以后如果不消费,则既不能给生产者带来利润,又不能增加消费者的效用,只会造成损失。例如,如果飞机运输时机上有空座位,则意味着这些服务没有被消费,只能给生产者带来损失等;如果文艺演出上座率不高,则空置的座位就是服务提供者的损失。虽然这种损失不像有形商品损失那样直观,造成商品使用价值的丧失或价值的损失,但是它也会造成服务提供者劳动的浪费、服务产品功能的消逝以及服务设备折旧的发生等。

第四,服务的差异性,也称服务的异质性。它是指同种类型的服务因服务提供者不同,或同一服务提供者在不同时间提供服务,受主客观因素的影响而使其提供的服务有差异,服务消费者对服务产品的满足程度也就不同。例如,不同理发师提供不同质量的理发服务,同一理发师在不同时间可能提供不同的理发服务;等等。一般有形商品在社会化大生产条件下,产品质量基本上是稳定的,消费者在不同地点、不同时间购买的同类型产品,其质量基本上是相同的。

服务的这些特征是与有形商品相比所具有的,当然由于物化服务的出现,有些服务产品有了有形商品的部分特征,但其实质还是不同的。

二、服务的基本要素

服务作为一种特殊商品,也是在一定的生产要素组合下生产出来的。一般商品的生产必须具备两个基本要素:生产资料和劳动力。服务的生产也应包含生产资料和劳动力两个基本要素。服务的提供以提供者自身的素质为基础,要求提供者具有一定的知识与技术,所以可以把服务的基本要素分为三部分:资本、劳动力和知识与技术。

(1) 资本。服务生产同样离不开资本要素的投入,这是构成生产的基本条件。服务生产过程中的资本投入,首先是用来购买生产资料,如生产设备、原材料及其他辅助设施等。在有些服务行业中,流动资金在资本总量中占相当大的比重。其次是用于对服务人员的培训。服务提供者只有经过专业培训,才能进入市场为消费者提供服务。最后,同其他商品一样,服务产品的经营也需要一定的广告、宣传费用。

(2) 劳动力。它是服务的提供者或服务的载体。在一切经济活动中劳动力都是最基本的因素,服务业也不例外,而且许多服务部门还是劳动密集型行业。

(3) 知识与技术。知识与技术属于人力资本的基本要素,除了直接接触式服务,大多数服务都是提供知识或技术的。与其他行业相比,服务业需要更丰富的知识和技术。所以,知识与技术既是提供服务的条件和手段,又是服务的基本内容。

第二节 服 务 业

一、服务业的含义

服务业是生产或提供各种服务产品的经济部门或企业的集合。服务业包含的部门众多,并且不同部门具有不同的特征。服务业是随着商品生产和交换的发展,以及一国产业结构的调整而逐步发展起来的。商品经济的发展扩大了人们之间的经济交往,在实物性商品流通的基础上,也逐渐产生了对服务的供给与需求,如对货物运输、货物储存等方面的需求,因此最早的服务是派生于商品流通的,是一种附加性质的服务。随着城市的繁荣和居民的日益增多,生活服务也逐渐发展。虽然服务活动产生的时间很早,但直到19世纪末20世纪初,服务业才作为一个完整的产业逐渐得到发展,进入20世纪后经济学家才开始关注和研究这一经济现象。服务业的提出与第三产业这一概念密切相关。服务业早期被称为第三产业,在20世纪30年代,由英国经济学家、新西兰奥塔哥大学教授A.费歇尔(A. Fisher)在其所著的《安全与进步的冲突》一书中首先提出来。他运用"剩余法"对三次产业进行划分,认为经济中以农业为主的初级产品生产是第一产业,以工业为主的初级产品加工部门是第二产业,两者之外的所有其他经济部门属于第三产业。经济学界后来也沿用了这一概念。服务业概念与第三产业的划分有关,在行业构成上,服务业十分接近第三产业,但两者并不等同。

专栏1-1　　　　　　　　　　服务业和第三产业

首先,第三产业的界定采用的是剩余法。费歇尔鉴于第一产业与第二产业无法将所有的经济活动包括在内,就把这二次产业以外的所有经济活动统称为第三产业。按剩余法划分的第三产业范围通常是难以准确界定的,如建筑业的归属问题。而服务业的界定是以是否提供或生产各种类型的服务为标准的。所以,与第三产业相比,根据产业产品即服务来确定服务业的范围,是很明确的。

其次,三次产业划分思想的出发点是经济体系的供给分类,隐含着高阶层次产业的发展单向地依赖于低阶层次产业的产品的含义,即第二产业依赖于第一产业提供的原料,第三产业又依赖于第二产业和第一产业的产品供应。相反,服务业是以经济系统的需求分类为思想基础的,这种观点强调服务业同其他经济产业的相互依赖关系,而不是单向依赖关系。概言之,第三产业的概念隐含着传统经济思想的逻辑,而服务业的概念则体现着现代经济思想的灵光。

最后,第三产业概念的经济结构含义主要是相对于国内经济的,而服务业概念的经济结构含义则是面向国内和国际两个市场。

在我国,国务院于1985年批准了国家统计局《关于建立第三产业统计的报告》,第一次对我国三大产业做出了明确的划分,并将第三产业的产值计入国民生产总值。1992年中共中央、国务院专门发出了《关于加快发展第三产业的决定》。2000年中共十五届五中全会通过的"十五"计划建议中,开始将第三产业改为"服务业",但在统计上仍使用"第三产业"。因此,从1985年起,在我国国民经济核算中,第三产业一直是服务业的同义语,第三产业被称为广义的服务业,是第一产业和第二产业以外各行业的统称。根据《国民经济行业分类》(GB/T 4754—2017),我国的第三产业包括四个层次:流通部门(含交通运输业、仓储和邮政业,批发和零售业,住宿和餐饮业等)、为生产和生活服务的部门(含金融业、保险业、房地产业、租赁和商务服务业等)、为提高居民素质和科学文化水平服务的部门(含居民服务、修理和其他服务业,教育,卫生和社会工作,文化、体育和娱乐业等)和为社会公共需要服务的部门(含公共管理、社会保障和社会组织,国际组织等)。

服务业的判断标准和概念确定一直是一个存在争议的问题,同时,随着社会经济的不断发展,一些服务行业会逐步消亡,而一些服务行业又会陆续产生,因此服务业的范围和概念的确定只能是一个大概的情况,服务业是一个动态的、相对的、既抽象又具体的概念。我们要用发展的眼光看待这个行业,而不能僵化地、一成不变地理解服务业。

二、服务业的分类

同其他产业一样,服务业也可以按照一定的标准分成不同的组成部分。长期以来,人们主要是按行业分类,这种分类方法是根据提供的产品不同而把服务业分成不同部门。如国家统计局在1994年《中国统计年鉴》中首次对服务业做了两级分类。包括农、林、牧、渔服务业;地质勘探、水利管理业;交通运输、仓储及邮电通信业;批发零售和餐饮业;金融、保险业;房地产业;社会服务业;卫生体育和社会福利业;科学研究和综合技术服务业;国家机关、政党机关和社会团体。这些是第一级,另外还包括许多二级部门。

2003年国家统计局在《关于印发〈三次产业划分规定〉的通知》中明确提出,"第三产业是指除第一、二产业以外的其他行业",第三产业等同于服务业的用法沿用至今。根据2017年《国民经济行业分类》,第三产业包括:农、林、牧、渔专业及辅助性活动,开采专业及辅助性活动,金属制品、机械和设备修理业,批发和零售业,交通运输、仓储和邮政业,住宿和餐饮业,信息传输、软件和信息技术服务业,金融业,房地产业,租赁和商务服务业,科学研究和技术服务业,水利、环境和公共设施管理业,居民服务、修理和其他服务业,教育,卫生和社会工作,文化、体育和娱乐业,公共管理、社会保障和社会组织,国际组织。

从服务消费的角度来看,可以把服务业划分为生产资料服务业和生活资料服务业两大类。生产资料服务业是指那些把已经创造出来的服务产品直接加入生产消费领域的服务经济部门,如广告业、科学研究和综合技术服务业、咨询服务业、物流运输业等。这种服务实际上是作为生产过程的一个环节发挥作用的,构成有形商品生产不可缺少的组成部分,服务产品的价值也融入最终产品价值之中,提高有形商品的附加值。生活资料服务业是指服务产品主要进入生活消费领域,服务对象以居民个人为主,如酒店业、美容业、客运业、家庭服务业、饮食业等。当然,有许多服务产业既进入生产消费领域,又进入生活消费领域,如邮电服务业、信息咨询业等。考察某一服务业是否属于生产资料服务业,主要是看服务消费者是什么样的市场活动主体,即是企业还是个人,用于购买服务产品的货币是资本还是个人工资收入。如果购买者以企业为主,则属于生产资料服务业,否则就属于生活资料服务业,主要向个人提供服务。当然,生产资料服务业和生活资料服务业的划分并不是绝对的,它们也处于不断的发展变化之中。随着社会经济的发展,特别是居民个人收入水平的不断提高,以及消费支出结构的变动和需求偏好的变化,生活资料服务业的发展速度和发展空间也不断提升,原先只是被企业购买的服务陆续成为个人消费的对象,在我国表现最明显的是旅游业。

从服务业产生的时间顺序来看,服务业又可被划分为传统服务业和新兴服务业两大类。属于传统服务业的主要有运输业、旅游业、餐饮业、理发业、旅馆业、医疗卫生业等;属于新兴服务业的主要有咨询服务业、邮电业、计算机信息与服务业等。对不同的国家和地区来说,传统服务业和新兴服务业往往有着不同的内容,它们各自提供的服务产品质量、品种以及价格也不相同,这主要取决于一国的经济发展水平、历史文化传统以及消费者的消费偏好等因素。

专栏 1-2　　　　　　　美国的三次产业结构

美国三次产业结构的划分与我国的划分方法总体上大同小异。按照美国的产业结构划分,第一产业包括农业、渔业、林业及狩猎业,第二产业包括建筑业、制造业(包括耐用品制造业和非耐用品制造业)、公用设施(电、气、水)以及采矿业,第三产业包括批发零售贸易、交通运输及仓储业、信息业、金融保险与房地产租赁业、专业及商业服务业、教育医疗保健及社会救助业、艺术休闲娱乐及餐饮住宿业和政府。

第二次世界大战以后,美国经济进入后工业化时期,产业结构总体上呈现出第一产业和第二产业占GDP(国内生产总值)的比重持续下降,第三产业占GDP的比重不断上升的趋势。

从第二次世界大战后到21世纪的今天(2017年),美国的第一产业占GDP的比重从8%下降到1%以下,第二产业占GDP的比重则从30%以上下降到20%左右,第三产业占GDP的比重则呈显著上升趋势,从不到60%上升到80%左右。有研究显示,美国第三产业中传统服务业总体上呈周期性下降趋势,而新兴服务业则呈上升趋势。

第三节　国际服务贸易

服务贸易是指服务(服务产品)作为商品进行交易,以满足消费者需求的经济行为。在国际服务贸易过程中,服务作为交换对象具有有形商品的一般特征,即服务消费者能够体会到服务的效用(或使用价值),并向服务提供者支付一定的报酬。

一、国际服务贸易的含义

根据《服务贸易总协定》的概念,国际服务贸易是指跨越国境或关境进行服务交易的商业行为,即服务提供者从一国(地区)境内通过商业现场或自然人现场,向他国消费者提供服务并获取外汇收入的交易行为。一国(地区)的服务提供者向另一国(地区)的消费者(法人或自然人)提供服务,并相应获得外汇收入的全过程,构成服务的出口;相对于服务的出口,一国(地区)消费者购买他国(地区)服务提供者提供的服务,形成服务的进口。各国(地区)的服务进出口活动,便构成国际服务贸易,其贸易额为服务出口额或进口额。

国际服务贸易的定义分为狭义和广义两种。狭义的国际服务贸易是指传统的为国际货物贸易提供服务的运输、保险、金融等无形贸易;广义的国际服务贸易还包括现代发展起来的新兴服务贸易活动,如劳务承包、卫星传送等。

《服务贸易总协定》把国际服务贸易定义为:"①自一成员领土向任何其他成员领土提供服务;②在一成员领土内向任何其他成员的服务消费者提供服务;③一成员的服务提供者通过在任何其他成员领土内的商业存在提供服务;④一成员的服务提供者通过在任何其他成员领土内的自然人存在提供服务。"

第一类国际服务贸易主要是指"过境交付"。这里"过境"的是服务,一般并不涉及资金及人员的过境流动,所以服务提供者和服务消费者都不移动。像电信、信息咨询、卫星影视服务等。

第二类国际服务贸易一般通过服务消费者(购买者)的过境移动来实现,这类国际服务贸易方式一般被称为"消费者移动"。这是因为服务的对象是在服务提供者所在国生产的。最典型的是旅游服务,另外还有教育培训、健康服务等。

第三类国际服务贸易主要涉及市场准入和直接投资,即在一成员领土内设立机构,通过提供服务取得收入,从而形成贸易活动,这种国际服务贸易方式通常被称为"商业存在"。服务人员可以来自母国,也可以在东道国雇佣;服务对象可以是东道国的消费者,也可以是来自第三国的消费者。常见的第三类国际服务贸易形式为在境外设立服务分支机构,如银行、律师事务所、会计师事务所、维修服务站等。与第二类国际服务贸易不同的是,它强调通过生产要素的流动到消费者所在地提供服务。

第四类国际服务贸易主要是成员的自然人(服务提供者)过境移动,在其他成员领土内提供服务而形成贸易,这种国际服务贸易方式通常被称为"人员移动"。最常见的第四类国际服务贸易形式是建筑设计与工程承包以及所带动的服务人员输出,即承包公司通过雇用他国的服务人员,向第三国的消费者提供服务。这类国际服务贸易方式涉及几方面的问题:一是自然人的国籍在一成员,服务地点是在另一成员;二是自然人以商业目的为导向,在异国(地)提供服务,其部分收入汇回境内,用于境内消费。如果单个自然人受雇于外国机构,取得的工资用于自己的消费,则一般不被视为国际服务贸易。

专栏1-3 有关服务贸易的定义

1. 联合国贸易和发展会议关于国际服务贸易的定义

联合国贸易和发展会议利用过境现象阐述服务贸易,将国际服务贸易定义为:货物的加工、装配、维修以及货币、人员、信息等生产要素为非本国居民提供服务并取得收入的活动,是一国与他国进行服务交换的行为。狭义的国际服务贸易是指有形的、发生在不同国家之间,并符合严格的服务定义的、直接的服务输出与输入。广义的国际服务贸易既包括有形的服务输入和输出,又包括服务提供者与使用者在没有实体接触的情况下发生的无形的国际服务交换,比如卫星传送和影视传播等。

2.《美加自由贸易协定》对国际服务贸易的定义

《美加自由贸易协定》认为,国际服务贸易是指由代表其他缔约方的一个人,在其境内或进入一缔约方提供所指定的一项服务。这里所说的"指定的一项服务"包括:(1)生产、分配、销售、营销及传递一项所指定的服务及其进行的采购活动;(2)进入或使用国内的分配系统;(3)奠定一个商业存在,为分配、营销、传递或促进一项指定的服务;(4)遵照投资规定,任何为提供指定服务的投资及任何为提供指定服务的相关活动。"一个人,既可以是法人,又可以是自然人,进入一缔约方提供的服务",包括提供过境服务。

二、国际服务贸易的特点

随着国际服务贸易的发展,其经济特征日益明显地表现出来,与货物贸易相比,国际服务贸易具有如下特点:

第一,国际服务贸易的标的物一般是无形的。因为贸易的对象——服务产品具有无形的特征,所以国际服务贸易主要表现为无形贸易,如运输、旅游、金融服务等。当然在物化服务条件下,国际服务贸易可以表现为直观的、实实在在的物品。

第二,国际服务贸易的生产、消费具有同步性和国际性。服务具有生产和消费的不可分离性,服务产品使用价值的生产、交换和消费是同时完成的。在国际市场上,服务产品的提供和消费同样不可分离,即服务提供的过程就是服务消费的过程,只不过服务提供者和服务消费者具有不同的国籍,通过商业存在或自然人的移动等形式实现了服务产品的跨国界流动。而有形商品的生产、交换和消费可以在时空上发生背离。

第三,国际服务贸易保护更具有隐蔽性和灵活性。首先,国际服务贸易的保护通常采取非关税壁垒的形式。因为贸易对象的特殊性,传统的关税壁垒不起作用,只能转而采取非关税壁垒的形式。而非关税壁垒的手段是多种多样的,可以针对某种具体的产品制定规则,如技术标准、资格认证等,更具有灵活性。其次,各国对国际服务贸易的限制通常采用市场准入和国内立法的形式,这种限制措施更具有刚性和隐蔽性。因为关税具有较高的透明度,可以通过贸易双方或多方的谈判达到降低关税的目的,如关贸总协定的多轮贸易谈判使成员的关税大幅降低。而国内立法既不属于数量限制,又不能通过谈判来解决,因为这属于一国国内主权的范围。最后,国际服务贸易的限制措施涉及许多部门和行业,任何一种行业标准的改变都有可能影响国际服务贸易的发展。

第四,国际服务贸易管理具有复杂性。主要表现在以下几个方面:一是国际服务贸易对象的范围十分庞大,涉及行业众多,服务产品又以无形商品为主,传统的管理方式和管理手段并不适用。二是国际服务贸易管理还包括对人员流动的管理。有形商品贸易是以商品流动为主,往往不发生人员的流动,或只派生出追加的服务人员流动,界限十分明显。而国际服务贸易的生产者和消费者经常要跨国界流动,这种人员流动的规模、性质和范围与有形商品贸易完全不同,直接增加了管理的难度。三是管理规则复杂,往往难以适应不断发展的国际服务贸易的变化。

三、国际服务贸易的分类

根据不同的分类标准,人们对国际服务贸易进行了多种多样的分类。直到今天,人们关于国际服务贸易的分类仍然没有形成统一的意见。我们根据实用性和理论性两个层次,从国际服务贸易发展的历史进程介绍,可以把国际服务贸易分为追加国际服务贸易和核心国际服务贸易两大类。

在一定时期(如一年)内,某一个独立经济体系(国家或地区)内的经济增长总量,可以用商品(货物)总价值和服务总价值来表示。其形式为:

$$Y = G + S$$

式中,Y 代表国民总收入,G 代表有形的可以贮存的商品(货物)总价值,S 代表无形的难以贮存的服务总价值。一定时期内的国民总收入可以视为这两种经济变量之和。实际经济活动中国际服务贸易和货物贸易是相互联系、相互影响的,以国际服务贸易和货物贸易的关联程度为标准,国际服务贸易可分为追加国际服务贸易和核心国际服务贸易。

(一) 追加国际服务贸易

早期的国际贸易以商品(货物)贸易为主体,货物贸易需要的一些相关服务项目,如国际运输、国际结算等,都是伴随货物贸易的发展和需要而逐渐发展起来的。这种服务就叫追加服务。追加国际服务贸易是同有形货物的国际贸易有着直接联系的国际服务贸易。它是有形货物的国际投资和国际贸易派生的国际服务贸易形式,它本身并不向其需求者提供直接的、独立的服务效用,而是围绕货物的核心效用衍生或附加的派生效用。所以,追加国际服务贸易市场的需求和供给都属于派生的需求和供给。

追加国际服务贸易的产生,主要原因在于追加服务产品的形成和发展。在实际经济活动中,有形商品与服务是相互联系、不可分割的,比如在商店购买电器,必然要接受商场及售货员提供的服务。无论购买何种电器,它们都有一个共同的特点,即购买的核心效用不是服务,而是商品本身,这些服务是附加在其中的。随着企业以及人们对追加服务越来越重视,相对独立的提供追加服务的企业或其他服务提供者随之产生,追加服务的范围和程度不断提高。比如,某公司从国外进口一批货物,该公司委托外国企业办理出境手续、运输等并支付费用,这就是购买追加服务。由于国际经贸关系越来越复杂,国际贸易中涉及经济、法律、技术等诸多问题,因此从事这类追加服务的企业和个人应运而生,形成新的国际分工格局。

一般来说,追加国际服务贸易只有在有形商品进出口时才会发生。从跨境货物流动来看,国际追加服务可分为三个阶段:①上游阶段,要求有先行的追加服务投入,包括可行性研究、风险资本筹集、市场调研、产品构思和设计等各项服务。②中游阶段,既要求有与有形商品融为一体的追加服务投入,包括质量控制与检验、设备租赁、后期供给及设备保养和维修等服务;又要求有与有形商品生产平行的追加服务投入,包括财务会计、人员聘用和培训、情报和图书资料等的收集、不动产管理、法律、保险、通信、卫生、安全保障及职工后勤供应等诸项服务。③下游阶段,要求的追加服务投入包括广告、运输、商品使用指导、退货索赔保证以及供应更换零件等一系列售后服务。以上这些追加服务很难与某一特定生产阶段相脱离,只能与一定比例的生产要素相结合,从而完全附着于有形商品,没有有形商品的生产,就没有这些服务的追加。另外,追加服务虽然与有形商品有关,但可以脱离有形商品而成为独立的市场交易对象。随着社会分工的深入发展,追加服务的形式变得越来越复杂。

从国际货物贸易的角度来看,最主要的追加服务项目仍然是运输业,包括海运、空运和陆运。随着国际贸易运输方式的发展,国际货运代理已渗透到国际贸易的每一个领域,成为国际贸易中不可缺少的重要组成部分。市场经济的迅速发展,使社会分工更加趋于明显,单一的贸易经营者或者单一的运输经营者没有足够的力量亲自经营处理每一项具体业务,他们需要委托代理人为其办理一系列商务手续,从而实现各自的目的。国际货运代理的基本特点是受委托人的委托或授权,代办各种国际贸易、运输所需要的服务业务,并收取一定的报酬,或者作为独立的经营者完成并组织货运、保管等业务,因而被认为是国际运输的组织者,也被誉为国际贸易的桥梁和国际货物运输的设计师。此外,作为国际运输服务体系的基本要素,原属于生产性服务的保险服务、银行服务以及信息服务也越来越深入地渗透到国际货物贸易领域,成为国际追加服务的一个组成部分。

当服务业发展到一定规模,国际分工体系中服务业初步形成,服务产品在国际市场中所占的比重不断扩大,服务业从业人员在国际劳动力市场上占有相当比例时,出现了相对独立的国际服务贸易项目。这就是核心国际服务贸易。从这个意义上看,核心国际服务贸易和追加国际服务贸易的划分完全是符合历史发展逻辑的。

(二)核心国际服务贸易

核心国际服务贸易是同有形商品贸易无直接关联的国际服务贸易,在国际服务贸易市场上,这类服务是市场需求和市场供给的核心对象。原因在于这类国际服务贸易在形成初期就独立于商品贸易,而服务产品本身也具有相对独立性。因此,在国际市场上受有形商品国际贸易的影响极小,比如旅游服务贸易、通信服务贸易、电子计算机互联网服务贸易等,它们的服务产品具有相对独立性,属于核心国际服务贸易项目。核心国际服务贸易按照供需双方的接触方式,一般以"远距离服务"(long distance service)和"面对面服务"(face to face service)两种形式存在。从核心国际服务贸易存在的领域来看,一般来讲在生产领域和消费领域都存在核心国际服务贸易。按照核心国际服务贸易的特点,消费性服务、娱乐性服务、知识信息性服务等都属于核心国际服务贸易,如国际旅游,国际文艺、体育及娱乐,金融服务,企业管理知识与技术服务,国际咨询,国际技术及人才交流培训,国际通信,电子计算机国际网络服务,国际医疗、卫生服务等。从核心国际服务贸易的发展趋势来看,收入需求弹性大的消费性国际服务贸易项目的发展,要快于其他消费性国际服务贸易项目;而在生产性国际服务贸易中,信息知识和技术密集型国际服务贸易的发展要快于其他类型的国际服务贸易。

从国际产业结构发展趋势来看,具有独立性贸易的产业最终会成为服务产业结构中的主体部分。随着国际分工的细化,追加国际服务贸易在国际服务贸易中所占的比重会不断下降,核心国际服务贸易项目所占的比重会不断提高。

四、国际服务贸易与相关概念的区分

1. 有形贸易和无形贸易

传统的国际贸易是指有形贸易,亦称货物贸易,是指买卖那些看得见、摸得着的实物商品的活动。如果不是因实物商品的进出口而发生的收入与支出,则称为无形贸易(invisible trade)。无形贸易包括伴随着实物商品和人的国际移动而发生的劳务收支项目,如货物运输费、保险费、客运费、旅游费等,或由资本的国际移动而产生的投资收益项目,如利润、利息、红利、租金等,以及驻外机构经费、侨民汇款、专利或特许权费等其他收支项目。

国际服务贸易与国际无形贸易大体上可以互换使用,但从严格意义上讲,国际无形贸易比国际服务贸易范围更广,它除包括国际服务贸易外,还包括国际直接投资收支、捐赠侨汇和赔款。具体包括:①货物进出口发生的从属费用的收支,如运输费、保险费、装卸费、商品加工费和船舶修理费等;②与货物进出口无关的其他收支,如国际旅游费、外交人员费、侨民汇款、专利或特许权费、国外投资汇回的股息和红利、公司或个人在外国提供服务的收支以及驻外机构费用等。以上各项中的收入称为无形贸易的出口,支出称为无形贸易的进口。有形贸易因要结关,故其金额显示在一国的海关统计上;无形贸易不经过海关办理手续,其金额不反映在海关统计上,但显示在一国国际收支表上,构成国际收支的重要部分。

2. 劳务贸易

国际收支平衡表中的劳务贸易(trade in labour),除包括一般意义上的国际服务贸易外,还包括各种对外投资所得的收益,无论这种收益是来自投资货物还是来自服务,无论是直接投资还是间接投资。劳务贸易范畴略小于无形贸易,但比国际服务贸易范畴宽些,即包括对外投资收益。因此,严格地说,劳务贸易统计数据不等于国际服务贸易额。目前,在缺乏完整的国际服务贸易统计数据的条件下,通常近似地将劳务贸易统计项作为国际服务贸易统计项。

3. 国际劳务合作

国际劳务合作（international service cooperation）是指劳务提供者与劳务消费者根据合作契约开展的国际交易，包括境外劳务合作与境内劳务合作两种方式。前者又称劳务输出，指一国劳动力到他国谋取就业机会，被国外雇主雇用而获得劳动报酬，如对外工程承包、船员输出和出国技术合作等。后者指在劳务提供者所在地进行的各种劳务输出活动，如来料加工、来样加工、来件装配，以及在国内开展的国际旅游和在国内举行的国际性学术交流活动等。显然，国际劳务合作既包括国际服务贸易的内容，又包括国际劳动力流动的内容。在我国，国际服务贸易与国际劳动力流动共同构成国际劳务合作范畴。

4. 国际劳动力流动

国际劳动力流动（international flow of labor）与国际服务贸易的区别，主要表现在以下三方面：

（1）国际劳动力流动是指劳动力在国家（或地区）与国家（或地区）之间的移动，一般涉及劳动力国籍或身份的变化，这种变化或者是永久的（如那些具有劳动能力或技能的移民），或者是暂时的（称为临时劳动力流动）。有学者主张外资企业在东道国雇用的人员以及来料加工装配等活动，应归入国际劳动力流动，但国际上通常不将它们列入这一范畴。

（2）国际服务贸易既可以涉及人员流动，又可以无须人员流动（如某些国际银行业务、信息服务、通信服务等），而且一般不涉及劳动力国籍或身份的变化。例如，在国内为国外厂商加工产品属于服务出口，但服务提供者是以独立身份为顾客提供服务，劳动力国籍或身份没有发生变化。一般来说，国际服务贸易所导致的人员流动，不像国际劳动力流动那样涉及流动者雇佣身份的改变，服务提供者是以本国劳动力的身份对外国居民提供服务，故此时的人员流动具有业务性质。例如，一名工程师若被国外公司雇用，出国为该公司工作，则属于国际劳动力流动，因为此时该工程师至少暂时成为外国雇用的劳动力；但是，如果该工程师是前往国内的外国公司提供咨询或技术培训服务，则属于国际服务贸易。

（3）尽管多数国际服务贸易涉及劳动力的国际流动，但是这种劳动力的国际流动与国际劳动力流动引起的人员的国际流动存在差别。首先，国际劳动力流动导致的人员流动是单向的，即由劳动力流出国流入劳动力流入国，而国际服务贸易涉及的人员流动则是双向的，既可以是服务提供者到服务消费者所在地提供服务，服务消费者在本地接受服务（如歌星出国演出），又可以是服务提供者在本国提供服务，服务消费者出国消费服务（如前往外国旅游）。其次，国际服务贸易导致的人员流动具有业务性质，这种流动持续的时间明显短于国际劳动力流动的时间。习惯认为，国际服务贸易的人员流动时间一般在六个月内，更常见的是几天或数月不等，而国际劳动力流动导致的人员流动时间一般在一年以上（这也是国际收支统计中判断"居民"与"非居民"的时间标准）。

5. 生产者国际服务贸易

生产者服务（producer services）是指作为货物商品和服务商品生产过程投入品的那些服务。从宏观角度分析，随着社会分工的逐步深入，制造业内部服务的外部化趋势日益明显，并逐渐从生产过程中脱离出来，从而导致生产者服务业作为一个独立部门而出现，如技术研发服务、市场推广服务等,生产者服务在相当程度上是作为生产要素的技术和社会分工扩展的结果。由于生产者服务业与贸易密切相关,服务本身也越来越成为贸易的对象,如运输、电信、批发和零售服务等。这些生产者服务在各国推进国际贸易发展的过程中,起着越来越大的作用。总体来看,生产者国际服务贸易具有两个主要特征:一是大多数生产者国际服务贸易品的投入与产出具有非物质性,即含有高度的专有技术和知识内涵;二是生产者国际服务贸易具有明显的交互特点,即前面所说的生产和消费同时进行,而不是预先生产出来以备购买。

6. 要素国际服务贸易和非要素国际服务贸易

要素国际服务贸易(trade of factor services)是指涉及劳动力、技术和资本等生产要素跨国界移动的国际服务贸易。具体地说,对外工程承包或劳务输出涉及劳动力生产要素的国际流动,因而属于要素国际服务贸易。外国投资者投资所获利润、利息和股息等收入,国际技术转让中转让方获取的转让费等收入,也属于要素国际服务贸易收入。要素国际服务贸易与货物贸易存在本质区别,前者是提供服务所需的各种生产要素的国际贸易,后者则是作为生产要素使用结果的货物商品的贸易。目前,我国一般不将国际资本流动列入国际服务贸易范畴,国际资本流动产生的利润和利息等收入被认为是提供资金的报酬。然而,美国等西方国家均将这类收入作为投资者提供金融管理等服务的收入而列入国际服务贸易统计。

不涉及生产要素的跨国界移动的国际服务贸易,称为非要素国际服务贸易(trade in nonfactor services),如旅游、会计、运输、保险与再保险、咨询、租赁、广告、教育、卫生等部分专业服务,以及维修和政府服务等。提成费、许可证贸易使用费和其他非公开服务一般也属于非要素国际服务贸易。简单地说,非要素服务包括运输、旅游、其他私人服务和政府服务。与要素国际服务贸易不同的是,非要素国际服务贸易不是涉及生产要素的国际服务贸易,而是一种无形的最终产品贸易。

在世界银行等国际机构统计中,非要素国际服务贸易与货物商品的国际贸易常常合并在一起统计。一般地,划归非要素国际服务贸易的投资收益、利息、股息、财产和服务收入没有列入国际收支账户。

7. 存在服务

存在服务(existent services/presence services)是指以货物商品形式存在的各种服务,又称物化服务。例如,影视光盘、磁盘或磁带、电影胶卷、书籍,以及计算机软件和互联网上的数据流等。这类物化服务虽然也具有物质形态,但其含有的服务价值要比其载体价值高昂得多。更重要的是,服务消费者的消费对象不是物化服务的载体或物质,而是包含在这些载体或物质内的服务(知识或信息)。显然,这种形式的国际服务贸易不是传统意义上的纯粹服务,而是一种物化形式的服务。习惯上,西方国家一般将纯粹服务与存在服务分别统计。例如,在英国,歌星的现场演出和版权等收入,与唱片和磁带等的销售收入是分别统计的。

五、国际服务贸易的统计分类

国际服务贸易的统计分类是一种操作性的应用分类,其根据是国际货币基金组织

(IMF)统一规定和统一使用的各国国际收支账户。这种国际收支账户的格式和项目构成为世界上绝大多数国家所采用,是衡量一国经济在一定时期内同世界上其他国家发生经贸往来所共同遵循的标准。

国际服务贸易统计分类的要点是将国际收支账户中的国际服务贸易流量划分成两种类型:一类是同国际收支账户中的资本项目相关,即同国际资本流动或金融资产流动相关的国际服务贸易流量,称为要素国际服务贸易流量;另一类则是只同国际收支账户中的经常项目相关,而同国际资本流动或金融资产流动无直接关联的国际服务贸易流量,称为非要素国际服务贸易流量。

1. 要素国际服务贸易及其基本形式

要素服务的概念源于传统的生产力三要素理论。该理论认为,经济中所有财富的产生都是劳动、资本和土地(自然资源)提供服务的结果。劳动服务的报酬是工资,资本服务的报酬是利息及利润,而土地服务的报酬是地租。在国际经济和贸易关系中,土地由于具有流动性的限制,传统观点一般认为它不能提供跨国的要素服务,所以国际服务贸易一般不考虑土地要素所提供的服务及其报酬流量。另外,短期或长期的劳动跨国服务随着经济活动的发展而不断增多,如国际工程的承包和建设、教师或专家向国外提供某些专门的知识等,这些劳动服务所得报酬自然要作为国际服务贸易流量的一个组成部分反映在国际收支账户中。统计分类关于要素国际服务贸易和非要素国际服务贸易的区分是以同国际收支账户的资本项目是否直接相关为标准的。劳动要素所提供的服务及其报酬流量同国际资本流动或金融资产流动只有间接的关系而没有直接的关系,因此劳动服务所引起的国际收支增减不属于国际服务贸易统计分类的要素国际服务贸易。这样,在国际服务贸易领域的要素国际服务贸易,就专门指资本服务收益流量的跨国界转移。在现代世界经济体系中,国际资本流动的基本形式是国际金融资产的跨国输出和输入,主要实现方式有两种:国际直接投资和国际间接投资(即国际信贷)。

如果本国公司在国外投资设厂建立分支机构,或购买国外已有的生产经营设施,则本国公司就通过金融资本的国外输出而对这些国外资产拥有了管理控制权。当一国居民(公司、企业或个人)因为某项海外投资而获得对国外资产的管理控制权时,我们就称这种投资为国际直接投资。严格说来,直接投资的收益流量并非单纯的资本要素服务报酬,对外直接投资其实是经营管理技能同金融资产跨国转移相结合的国际投资方式,因此国际直接投资的收益流量实际包含两种成分:一是资本要素的报酬流量——利息或股息;二是经营管理技能的报酬流量——利润。国际直接投资收益流量的这两部分都作为要素服务报酬的内容记入国际收支账户的国际服务贸易项目。如果在另一国的一项产权或债权投资并不获得管理控制权,则这种投资被称为国际间接投资,也叫国际证券投资。国际间接投资的方式是在国际证券市场上购买外国政府发行的债券或者外国企业发行的股票或债券。买入证券是资本流出,卖出证券是资本流入。证券投资的主要目的在于获得金融资产的利息或股息收益。因此,间接投资收益是一种较为纯粹意义上的要素服务报酬,理所当然地记入国际收支账户的国际服务贸易项目。

国际信贷的利息收入也是一种较为纯粹的要素服务报酬。国际信贷的方式主要有三类:①民间国际信贷,主要有两种类型——商业信贷和银行信贷。商业信贷是企业与企业间的国际信贷往来,主要形式有进出口信贷、租赁信贷和补偿贸易信贷等。银行信贷是商业银行的国际贷款,主要有单一银行贷款和银团贷款(consortium loan)两种形式。单一银行贷款与一般国内贷款的形式没有多少差别,当代国际金融市场上中长期贷款的主要形式是银团贷款。银团贷款是由一家银行牵头,组织若干家银行联合起来向借款国的政府、企业、银行或某项工程项目提供大额外汇贷款。由于大型项目需要的外汇资金量大,一家银行资金有限,满足不了大额资金贷款的需要,因此组织多家银行联合起来发放贷款,一方面可以提供大额资金,另一方面多家银行共同分担贷款风险和汇率风险,风险相对小一些。②国际金融机构信贷,包括世界性和区域性的国际金融机构贷款。前者如世界银行、国际货币基金组织对会员国提供的信贷,后者如亚洲开发银行、拉丁美洲开发银行等对本地区国家和地区提供的信贷。③政府间贷款,一般由贷款国政府或政府机构,如美国的国际开发署、日本的海外经济协力基金组织以及一些国家的进出口银行等,以优惠利率对外国政府提供。这类贷款由贷款国对贷款的建设项目或专门用途进行严格审查,并由借款国政府或中央银行做担保,以保证投资安全。以上这些类型的国际信贷,其收益流量均作为金融资产的要素服务报酬记入国际收支账户的国际服务贸易项目。

总而言之,一切与国际收支的资本项目直接相关的金融资产收益流量,无论其表现形式是利息、股息还是利润,在国际服务贸易操作性统计分类的标准之下,都划归国际服务贸易的要素国际服务贸易类型。

2. 非要素国际服务贸易及其基本内容

有了一个比较清楚的"要素国际服务贸易"的概念,根据国际服务贸易操作性统计分类的标准,我们不难界定"非要素国际服务贸易"的概念和范围。只是由于非要素国际服务贸易所包含的内容太过庞杂,很难用一两个尺度或标准来划分,因此在规范定义或统计分类的前提下,采用剩余法或排除法来界定非要素国际服务贸易或许是一种较好的选择。

一个国家在一段时间内同其他国家的经济往来可以通过国际收支账户加以统计。国际收支账户统计的基本流量有两类:一类是国际经济往来的金融资产方面,称为国际资本流动;另一类是国际经济往来的实际资产方面,包括商品和服务以及单方面的转移,称为国际经常项目流动。由于国际资本流动所产生的净值(或增值),即利息、股息、利润等也都在统计上记入国际服务贸易流量,因此从统计分类的角度来看,所谓"非要素国际服务贸易"的流量就是国际收支统计的经常项目流量的一个剩余,即经常项目流量减去商品贸易(货物进出口)流量,再减去单方面转移流量及要素国际服务贸易流量的剩余。我们借助国际收支统计的基本结构来具体显示这个剩余。

从目前来看,国际服务贸易呈现出的格局或发展趋势是:①整个国际服务贸易在国际贸易中所占的比重越来越大;②在国别比重上,发达国家的国际服务贸易流量在国际服务贸易流量中占绝大部分;③要素国际服务贸易量大的国家往往国际服务贸易流量大;④资本雄厚的发达国家具有要素国际服务贸易的优势,而发展中国家在非要素国际服务贸易的某些领域具有优势;⑤一些相对独立于货物贸易和直接投资于新兴产业的国际服务贸易项目发展迅速,逐渐成为国际服务贸易的新增长点。据关税与贸易总协定(GATT)的有关统计,全球国际服务贸易总额1970年为710亿美元,1980年为3 830亿美元,1990年为8 540亿美元。也就是说,第一个10年全球国际服务贸易总额增长了5.4倍,第二个10年全球国际服务贸易总额增长了2.2倍。虽然其增长势头有所回落,但是进入20世纪80年代以来,全球国际服务贸易的增长速度始终快于全球国际货物贸易的增长速度。根据世界贸易组织统计,2017年全球国际服务贸易出口5.25万亿美元,进口5.04万亿美元。美国继续蝉联全球最大国际服务贸易国桂冠,2017年服务贸易进出口总额13 189.85亿美元,其中服务贸易出口7 808.75亿美元,服务贸易进口5 381.10亿美元,服务贸易顺差2 427.65亿美元,各项数据均居全球第一位,遥遥领先第二名中国。中国服务贸易进出口总额6 956.79亿美元,其中服务贸易出口2 280.90亿美元,服务贸易进口4 675.89亿美元,服务贸易逆差2 394.99亿美元。德国、英国、法国分居第三到第五位,国际服务贸易进出口总额分别为6 277.09亿美元、5 656.33亿美元和4 899.46亿美元。2017年全球国际服务贸易进出口总额排名前20的经济体中,欧洲占据12席,超过半数;亚洲占据6席,美洲占据2席。

从要素国际服务贸易流量来看,直到20世纪30年代,英国一直是世界上最大的海外投资者,1914年第一次世界大战爆发时,全球对外直接投资存量约143亿美元,其中英国占45.5%,美国占18.5%,法国占12.2%,德国占10.5%。到1938年,全球对外直接投资存量约263.5亿美元,其中英、美共占到67.5%。1960年,全球对外直接投资存量约660亿美元,美国占了一半。据联合国关于世界投资的报告,1992年全球对外直接投资存量达48 000亿美元,同期的国际贸易额为45 000亿美元,直接投资增长快于国际贸易额增长。如果再加上国际证券市场的资金流量,则整个要素国际服务贸易流量相当可观。

非要素国际服务贸易中,国际旅游服务等已成为新的国际服务贸易的增长点。中国社会科学院旅游研究中心发布的《世界旅游经济趋势报告(2018)》显示,2016年国际旅游服务成为国际服务贸易的最大组成部分,旅游服务贸易占服务贸易总额的25.1%,领先于建筑服务贸易2.3个百分点,高出运输服务贸易7.3个百分点。2017年这一趋势继续延续,旅游服务贸易增速达到4.7%,高出国际服务贸易0.7个百分点。在全球旅游收入排名中,美国位居第一,中国名列第二。非要素服务贸易对国际服务贸易的发展发挥着越来越重要的作用。

要素国际服务贸易和非要素国际服务贸易发展的主要原因在于:

(1) 国际投资仍是当前推动世界经济发展的主要动力之一,体现在要素国际服务贸易上,就是带动整个国际服务贸易量迅速增长。由于要素国际服务贸易项目是与资本国际流动直接相联系的项目,资本雄厚的发达国家必然占据主要地位。

(2) 由全球经济能力迅速增长所带动的产业升级,使世界产业结构相继发生规模空前的调整。按照发展经济学的观点,三次产业随着生产力的发展依次递进,以制造业为核心的工业经济必然要发展到服务经济。

(3) 新技术使新兴服务业的发展超过传统的服务业,新兴服务业占国际贸易的份额迅速提高。以中国为例,2017年新兴服务进出口增长11.1%,高于服务贸易整体增速4.3个百分点,占比达31.1%,提升1.2个百分点;而旅行、运输和建筑等三大传统服务占比下降1.1个百分点。

通过上述分析,我们认为国际服务贸易的增长速度还会加快,要素国际服务贸易将持续增长,而非要素国际服务贸易中新兴服务业贸易将成为新的增长点,并迅速扩大。

 内容提要

1. 服务主要是以活劳动的形式满足经济单位或个人的需要,增加服务接受者的价值或效用。

2.《服务贸易总协定》把国际服务贸易定义为:"①自一成员领土内向任何其他成员领土内提供服务;②在一成员领土内向任何其他成员消费者提供服务;③一成员的服务提供者通过在任何其他成员领土内的商业存在提供服务;④一成员的服务提供者在任何其他成员领土内以自然的存在提供服务。"

重要术语

服务　服务业　国际服务贸易　过境交付　消费者移动　商业存在　人员移动

思考题

1. 什么是服务?服务具有哪些特征?
2. 什么是国际服务贸易?包括哪几种形式?
3. 国际服务贸易是如何产生和发展起来的?
4. 当前国际服务贸易的特征是怎样的?

 阅读推荐与网络链接

1. 陈宪,程大中.黏合剂:全球产业与市场整合中的服务贸易[M].上海:上海社会科学院出版社,2001.

2. 何德旭,夏杰长.服务经济学[M].北京:中国社会科学出版社,2009.

3. 刘东升.国际经贸理论通鉴[M].北京:对外经济贸易大学出版社,2006.

4. 汪尧田,李力.国际服务贸易总论[M].上海:上海交通大学出版社,1997.

5. MCKEE D. Growth, development, and the service economy in the third world[M]. New York: Praeger Publisher, 1988.

6. http://www.imf.org

7. http://www.mofcom.gov.cn

8. http://www.stats.gov.cn

9. http://www.wto.org

附录：国际服务贸易的分类

（1995年7月17日）

本分类表是由世界贸易组织（WTO）及其统计和信息系统局（SISD）提供的，并经WTO服务贸易理事会评审认可。本分类按照一般国家标准（GNS）服务部分分类法，将全世界的服务部分分为11大类142个服务项目。

一、商业服务

1. 专业服务

（1）法律服务

（2）会计、审计和簿记服务

（3）税收服务

（4）建筑服务

（5）工程服务

（6）综合工程服务

（7）城市规划与风景建筑物服务

（8）医疗与牙科服务

（9）兽医服务

（10）助产士、护士、理疗医生、护理人员提供的服务

（11）其他

2. 计算机机器有关服务

（12）与计算机硬件装配有关的咨询服务

（13）软件执行服务

（14）数据处理服务

（15）数据库服务

（16）其他

3. 研究与开发（R&D）服务

（17）自然科学的研究与开发服务

（18）社会科学与人文科学的研究与开发服务

（19）交叉科学的研究与开发服务

4. 房地产服务

（20）产权所有或租赁

（21）基于费用或合同的房地产服务

5. 无经纪人介绍的租赁服务

（22）与船舶有关的

（23）与飞机有关的

（24）与其他交通工具有关的

（25）与其他机械设备有关的

（26）其他

6. 其他商业服务

（27）广告服务

（28）市场调研与民意测验服务

（29）管理咨询服务

（30）与咨询人员有关的服务

（31）技术测验与分析服务

（32）与农业、狩猎、林业有关的服务

（33）人员的安排与补充服务

（34）安全调查

（35）有关的科学技术咨询服务

（36）设备的维修（不包括船舶、飞机及其他运输工具）

（37）建筑物清洗服务

（38）照相服务

（39）包装服务

（40）印刷、出版

（41）会议服务

（42）其他

二、通信服务

1. 邮政服务

2. 快件服务

3. 电讯服务

（43）声频电话服务

（44）组合开关数据传播服务

（45）电路数据开关传播服务

（46）用户电报服务

（47）电报服务

（48）传真服务

(49) 私人租用电路服务
(50) 电子邮递
(51) 声频邮件
(52) 有线信息与数据检索
(53) 电子数据交换(EDI)
(54) 增强/附加值传真服务(包括存储与传递、存储与检索)
(55) 法规与议定书变更
(56) 有线信息与数据处理(包括交易处理)
(57) 其他

4. 视听服务
(58) 电影与录像带的生产与批发服务
(59) 电影放映服务
(60) 无线电与电视服务
(61) 无线电与电视传播服务
(62) 录音服务
(63) 其他

5. 其他

三、建筑及有关工程服务
(64) 建筑物的一般建筑服务
(65) 民用工程的一般建筑服务
(66) 安装与装配服务
(67) 建筑物的完善与装饰工作
(68) 其他

四、销售服务
(69) 代理机构的服务
(70) 批发贸易服务
(71) 零售服务
(72) 特约代理服务
(73) 其他

五、教育服务
(74) 初等教育服务
(75) 中等教育服务
(76) 高等教育服务
(77) 成人教育
(78) 其他教育服务

六、环境服务
(79) 污水处理服务
(80) 废物处理服务
(81) 卫生及相关服务
(82) 其他

七、金融服务
1. 所有保险及与保险有关的服务
(83) 生命、事故与健康保险服务
(84) 非生命保险服务
(85) 再保险与交还
(86) 与保险有关的辅助服务(包括经纪和代理服务)

2. 银行及其他金融服务(保险除外)
(87) 公众存款及其他可偿还资金的承兑
(88) 所有类型的贷款,尤其包括用户信用、抵押信用、商业交易的代理与融资
(89) 金融租赁
(90) 所有支付货币的传递服务
(91) 保证与承诺
(92) 户主账户或顾客账户的交易形式(不论是柜台兑换或者其他形式)如下:
——货币市场的票据(存款的支票、发票、证书等)
——外汇
——衍生性产品(包括但不限于期货和期权)
——汇率和利率票据(包括诸如互换信贷、远期汇率协议等)
——可转让证券
——其他可转让票据及金融资产(包括条块金银)
(93) 参与各种证券的发行,包括作为代理商的承包和安排(无论是公共的或私人的)以及与证券发行有关的服务措施
(94) 代理借贷款的经纪人
(95) 资产管理,诸如现金或有价证券管理,所有形式的集体投资管理、养老金管理、存款保管及信托服务

(96) 金融资产的结账与清算服务,包括证券、衍生性产品及其他可转让票据
(97) 咨询服务及其他辅助性金融服务,包括信用查询与分析、投资与有价证券研究与咨询、收购通知及公司战略调整介绍等
(98) 其他金融服务提供者所提供的关于金融信息、金融数据处理及其有关软件的供给及转让
3. 其他
八、健康与社会服务
(99) 医院服务
(100) 其他人类健康服务
(101) 社会服务
(102) 其他
九、与旅游有关的服务
(103) 宾馆与饭店(包括供应饭菜)
(104) 旅行社及旅游经纪人服务社
(105) 导游服务
(106) 其他
十、娱乐、文化与体育服务
(107) 娱乐服务(包括剧场、乐队与杂技表演等)
(108) 新闻机构服务
(109) 图书馆、档案馆、博物馆及其他文化服务
(110) 体育及其他娱乐服务
十一、运输服务
1. 海运服务
(111) 客运
(112) 货运
(113) 船舶包租
(114) 船舶的维护与修理
(115) 推船与拖船服务
(116) 海运的支持服务

2. 内河航运
(117) 客运
(118) 货运
(119) 船舶包租
(120) 船舶的维修
(121) 推船与拖船服务
(122) 内河航运的支持服务
3. 空运服务
(123) 客运
(124) 货运
(125) 包机出租
(126) 飞机的维修
(127) 客运的支持服务
4. 空间运输
5. 铁路运输服务
(128) 客运
(129) 货运
(130) 机车的推与拖服务
(131) 铁路运输设备的维修
(132) 铁路运输的支持服务
6. 公路运输服务
(133) 客运
(134) 货运
(135) 包车出租
(136) 公路运输设备的维修
(137) 公路运输的支持服务
7. 管道运输
(138) 燃料运输
(139) 其他物资运输
8. 所有运输方式的辅助性服务
(140) 货物处理服务
(141) 存储与仓库服务
(142) 货运代理服务
(143) 其他
9. 其他服务

21世纪经济与管理规划教材
国际经济与贸易系列

第二章

国际服务贸易的产生与发展

【学习目标】
- 掌握国际服务贸易产生的历史过程;
- 清楚影响国际服务贸易发展的基本因素;
- 了解当前国际服务贸易的基本特征。

> **引导案例**
>
> 服务业是世界经济的重要支柱,全球 GDP 的 2/3 产生于服务业,全球外商直接投资的 2/3 也在服务领域。以附加值法计算,世界贸易的近一半是服务贸易。国际劳工组织的数据显示,最近 15 年中,全球服务业的就业人口以每年 3%的速度增长,越来越多的就业人口从农业、制造业流向服务业。主要靠从业人员经验的服务贸易业正在或者已经成为过去时,利用大数据、云计算、区块链、移动互联网等信息技术对客户需求进行科学分析的新型服务贸易业浪潮涌起。据商务部数据,五年前依靠传统经验提供服务的企业占 70%以上,目前利用数字化、智能化、网络化提供服务的企业占 70%以上。《全球服务贸易发展指数报告 2018》显示,2017 年中国网络游戏海外发行市场规模超过 60 亿美元,预计 2018 年将增至 70.7 亿美元。2017 年,中国在线出境游市场规模达到 730.3 亿元,较 2016 年增长 72.2%。可以预见,受技术进步推动,未来服务贸易的发展空间将更加广阔。
>
> 资料来源:服务贸易成中国经济发展新引擎 数字化企业占比超 7 成[EB/OL].(2018-09-14)[2020-09-04].https://www.sohu.com/a/253873773_118622?_f=index_chan15news_50,有删改。

国际服务贸易是在各国技术进步和产业结构调整的基础上逐渐发展起来的。随着国际分工的深化和经济生活的国际化,特别是对外贸易的发展,各国经济活动相互依赖的程度不断提高,国民经济活动越来越呈现出国际化趋势,在传统的商品贸易基础上,为商品贸易服务的追加型国际服务贸易,如运输、保险等率先发展起来,国际服务贸易开始形成和发展。国际分工与社会生产力的发展是国际服务贸易产生和发展的基本动因。社会生产力的发展引起各国产业结构的不断调整,经济发展的重心逐步从第一产业过渡到第二产业,再从第二产业过渡到第三产业,以服务业为主的第三产业的发展为国际服务贸易的发展奠定了基础。

第一节 国际服务贸易的产生

简单商品经济条件下的国际贸易以货物贸易为主,主要采取物物交换的形式。这时,也会伴随产生一些国际服务贸易,如运输、仓储、商业、饮食业等。这些国际服务贸易在国际贸易中所占的比重相当小,还不能称为真正意义上的国际服务贸易。具有一定规模的国际服务贸易始于 15 世纪,世界航运业的发展和"新大陆"的发现,使资本主义殖民性质的大规模移民得到进一步发展,服务输出也主要以移民形式出现。到 17 世纪,欧洲殖民统治者加紧了对亚洲和非洲的商业掠夺,也加强了对美洲的开拓。殖民主义者开发新大陆需要大量的廉价劳动力,由此形成了历史上大规模的远距离劳动力移动的开端,产生了劳务输出和输入的国际服务贸易,当时的劳务贸易自然也就带上了强烈的殖民主义色彩。历史上的"三角贸易"就反映了当时以劳动力买卖为主的国际服务贸易,实际上这一时期的国际服务贸易带有明显的掠夺性,与我们今天所讲的国际服务贸易有着实质性的差别。

专栏 2-1　　　　　　　　　　　"三角贸易"

　　15世纪末,随着哥伦布发现美洲新大陆,欧洲与美洲之间开辟了新航线。那时候,商业在发展,贸易在扩大,从世界范围来看,欧、亚两洲之间的商品贸易比较发达,但对于西欧、北欧的国家来说,亚洲无疑远在千里之外,而美洲、非洲则近得多,这便为"三角贸易"提供了有利因素。于是,葡萄牙、西班牙、英国、法国等国开始殖民扩张。它们在美洲创建种植园,开发金银矿,由于需要大量的廉价劳动力,在利润的驱使下,殖民者将贪婪的目光投向未开化的非洲大陆,开始了罪恶的奴隶贸易。根据资料记载,1562年英国约翰·霍金斯爵士从塞拉利昂装运奴隶,在海地换取兽皮和糖,返航之后成为朴次茅斯最富裕的人。由于利润高得惊人,伊丽莎白女王和枢密院官员也对他的第二次航行进行投资。他遵循前次的步骤满载一船白银而回,成为英国最富裕的人。正是政府对奴隶贸易的默许,使得奴隶贸易越发猖獗。欧洲殖民国家无不参与。一些欧洲人看到有利可图,也纷纷加入这个行列,"三角贸易"由此展开。"三角贸易"其实就是奴隶贸易。

　　奴隶贸易给非洲带来了惨重的损失,造成非洲人口锐减。在长达400年的奴隶贸易中,有1 500万黑人被贩运到美洲。据统计,每运一个黑人到达美洲,就有五个奴隶死于猎奴战争或贩运途中。因此,加在一起,非洲丧失的精壮人口接近1亿,相当于1800年非洲人口的总和。然而,奴隶贸易利润高达百分之几百,殖民者趋之若鹜,掠夺来的大量财富被他们在国内转化成资本,用于发展商业、建造厂房、购置机器和雇用工人,这也是欧洲资本主义工商业得到快速发展的又一重要原因。

　　自18世纪工业革命开始到第一次世界大战之前,是服务经济发展的第二阶段,也是国际服务贸易的重要转折时期。18世纪后期的工业革命促进了产业结构的调整,以英国为代表的早期工业化国家亟须利用国际市场弥补国内市场的不足,即从国际市场获得原材料,倾销其国内相对过剩的产品,这样就刺激了国际贸易的迅速发展,而运输服务业的发展就为国际贸易的发展创造了条件。1807年世界上诞生了第一艘蒸汽船,给古老的海运服务业注入了新的活力。资本主义国家的早期工业大多沿通航水道设厂,使得当时水运的发展对工业布局有很大的影响。同时,由于地理条件的限制(远隔重洋),加上海运运量大、成本低,当时国际贸易量的2/3是通过海上运输的。海运服务成为国际贸易发展的重要条件。国际贸易发展的另一重要条件,就是国际金本位制的逐渐形成,国际交换和国际支付体系逐步建立,金融服务也得到进一步发展。当时的发达国家都在国内建立了更具效率的服务基础设施,促进了产业结构的调整和贸易的便利化。19世纪初欧洲的金融服务和运输网络已初具规模,国际服务交换的内容和形式更加丰富,国际服务贸易的范围不断扩大。

> **专栏 2-2**　　　　　　　　　　　　**国际金本位制**
>
> 　　国际金本位制是以黄金为国际本位货币的制度，其特点是各国货币之间的汇率由各自的含金量比例决定，黄金可以在各国间自由输出与输入，国际收支具有自动调节机制。英国于1816年率先实行金本位制度，19世纪70年代以后欧美各国和日本等国相继仿效，因此许多国家的货币制度逐渐统一，金本位制由国内制度演变为国际制度。国际金本位制按其货币与黄金的联系程度，可以分为金币本位制、金块本位制和金汇兑本位制。1914年第一次世界大战爆发后，各国为了筹集庞大的军费，纷纷发行不兑现的纸币，禁止黄金自由输出，金本位制随之告终。国际金本位制的特点如下：
>
> 　　（1）黄金充当国际货币，是国际货币制度的基础。其典型的特征是金币可以自由铸造、自由兑换，以及黄金可以自由进出口。
>
> 　　（2）各国货币之间的汇率由它们各自的含金量比例决定。
>
> 　　（3）国际金本位制有自动调节国际收支的机制。为了让国际金本位制发挥作用，特别是发挥自动调节的作用，各国必须遵守三项原则：一是要把本国货币与一定数量的黄金固定下来，并随时可以兑换黄金；二是黄金可以自由输出与输入，各国金融当局应随时按官方比价无限制地买卖黄金和外汇；三是中央银行或其他货币机构发行纸币必须有一定的黄金储备。这样国内货币供给将因黄金流入而增加，因黄金流出而减少。

　　资本主义进入自由竞争时期，世界市场范围扩大，科技革命改变了传统服务业的内容。铁路、海运、金融、通信和教育等服务基础设施建设得到加强，并且发生了革命性的变化。特别是电话、电报的发明，使远距离通信成为现实，缩短了人们经济活动的时空距离。运输和通信业的发展，使国际服务贸易变成了真正的全球性活动。可以说在这一时期，跨境交付、商业存在、自然人移动等国际服务贸易的形式已基本具备。

　　从19世纪70年代开始发生了第二次工业革命，各种新技术、新发明层出不穷，并被迅速应用于工业生产，大大促进了经济的发展。一些发达国家的工业产值开始超过农业产值，第二产业在国民经济中占据了更为重要的地位，进入了所谓的工业化社会。制造业的发展使运输业、批发业、零售业、金融业、保险业和房地产业等也得到了迅猛发展。世界市场的范围和规模迅速扩展，为世界各国的经济发展提供了更广阔的场所和更丰富的资源。经济的发展和人均收入水平的提高，使社会成员的消费结构发生了变化，用于家庭基本生活支出的部分开始下降，服务消费逐步增加，这就刺激了为个人及家庭服务的行业的发展，如旅游、汽车服务、修理及文化娱乐、医疗保健等，核心国际服务贸易也得到了迅速发展。以国际分工为基础，一些发达国家借助于国际运输和通信工具，以国际市场为依托，通过商品输出和资本输出，把越来越多的国家卷进了世界经济运行的洪流，资本主义商品经济关系扩展到了世界各地，国际资本移动的扩大直接带动了服务的扩张，从而也就刺激了世界国际服务贸易的发展。

　　两次世界大战期间，由于战争的需要，出现了军需产品的生产和运输、军事培训、伤病救护、情报信息传递等多种国际服务交换,并且发展速度很快。这一时期的国际服务贸易尽管具有临时性,但其交换方式具有现代国际服务贸易的重要特征。

第二节 国际服务贸易的发展

第二次世界大战后,由于第三次科技革命的发展,劳动生产率得到了普遍提高。从1948年到1973年,世界工业生产年均增长率为6.1%,劳动生产率年均增长率为3%。生产力水平的提高使国际分工越来越细,混合型分工迅速发展,并带动了国际贸易的发展,国际服务贸易也随之增长。20世纪五六十年代,世界经济的迅速发展以及个人收入水平的不断提高,使居民的消费倾向以高消费为特征,刺激了对高消费服务产品的需求,从而使第二次世界大战后的国际服务贸易有了惊人的增长。1970年,国际服务贸易已达662亿美元,占整个世界贸易总额的17.6%。

自20世纪70年代起,以美国为代表的西方发达国家进入了长达十多年的"滞胀"阶段。世界经济发展步履维艰,增长速度缓慢。但国际贸易,特别是国际服务贸易依旧保持较快的增长速度。从70年代开始,国际服务贸易的年均增长速度(14%)超过了国际货物贸易的年均增长速度(13%)。按关税与贸易总协定《1990—1991年度国际贸易报告》的统计,1980—1990年国际货物贸易的年均增长速度为5.5%;而国际服务贸易的年均增长速度高达7.5%,1990年上升到17%。其间,劳务输出、技术贸易、国际旅游、银行保险等服务部门发展速度较快,使国际服务贸易整体增长速度提高。

首先,在劳务输出方面,1985年全世界劳务输出达2 000万人次,其中菲律宾、韩国、印度、巴基斯坦、埃及等国的劳务输出均在140万人次以上,尤其是埃及的劳务输出高达350万人次以上,几乎占全国总人口的9%,巴基斯坦的劳务输出人数约占全国总人口的10.7%。而发达国家输出的主要是技术人员和管理人员,虽然输出人数并不大,但劳务输出创收额比发展中国家高得多。例如,20世纪80年代,美国的劳务输出创收额达375亿美元,占世界国际服务贸易总额的10%左右。

其次,技术贸易保持较快的发展速度。60年代中期,全世界技术贸易总额为27亿美元,到了70年代中期已增长到110亿美元,10年间平均增长15%。到了80年代中期,国际技术贸易额已超过400亿美元。

再次,国际旅游业蓬勃发展。旅游业作为新兴的服务产业,是许多国家和地区重点鼓励发展的行业之一。从1950年到1980年,参加国际旅游的人数由每年的2 500万人次猛增到2.7亿人次,增长了9.8倍,年均增长率在14%左右,大大高于国际货物贸易的年均增长率。

最后,世界银行业和保险业也伴随着国际贸易的发展而异常活跃,出现了若干个世界性的金融市场中心,如纽约、伦敦和香港等。

20世纪90年代以后,服务贸易继续保持增长,发达国家和地区在世界服务贸易中仍占主导地位。据世界贸易组织统计,全球1990年服务出口额为7 887亿美元,占当年世界货物和服务出口总额的18.6%;2000年服务出口额达14 910亿美元;2017年服务出口额达53 000亿美元,占当年世界货物和服务出口总额的23.9%。服务贸易一直是以发达国家和地区为中心而发展的,在全球近 200 个国家和地区中,位居世界服务贸易前 15 名的国家和地区占世界服务进出口总额的 80%,并且它们主要是发达国家和地区。2017 年,世界服务贸易前 10 位中除中国和印度之外,其余均为发达经济体,如表 2-1 所示。

表 2-1　2017 年世界主要经济体国际服务贸易发展　　　　　单位:亿美元

排名	经济体	服务贸易出口	服务贸易进口	贸易差额
1	美国	7 808.75	5 381.10	2 427.65
2	中国	2 280.90	4 675.89	-2 394.99
3	德国	3 040.58	3 236.47	-195.89
4	英国	3 506.87	2 149.46	1 357.41
5	法国	2 494.74	2 404.72	90.02
6	荷兰	2 183.10	2 108.21	74.89
7	爱尔兰	1 864.91	1 988.88	-123.97
8	日本	1 847.71	1 908.89	-61.18
9	印度	1 839.80	1 540.14	299.66
10	新加坡	1 646.80	1 707.95	-61.15
11	比利时	1 188.69	1 166.82	21.87
12	意大利	1 107.88	1 149.40	-41.52
13	瑞士	1 206.63	1 014.46	192.17
14	西班牙	1 390.72	762.97	627.75
15	韩国	874.97	1 219.69	-344.72

资料来源:国际贸易统计数据库(International Trade Statistics Database),WTO。

在发展中国家里,亚洲尤其是东亚地区的国际服务贸易发展较快,亚洲国家在世界服务贸易出口中所占的比重已超过所有发展中国家和地区服务贸易出口的一半。在亚洲服务贸易出口中,海上运输、旅游、金融服务、劳务输出等占据重要的地位。

第三节　影响国际服务贸易迅速发展的因素

首先,第二次世界大战后科技革命的发展和社会生产力水平的提高是国际服务贸易快速发展的根本动因。生产力水平提高从两方面产生影响:一方面,由于物质产品生产效率的迅速提高,国际交换日益频繁,交换的规模、范围和方式发生巨大变化,使国际服务贸易得到快速发展;另一方面,从需求的角度而言,居民收入的增长和生活水平的不断提高,使人们对服务的社会化及国际化产生了更高的要求,从而国际服务贸易有更快的增长速度。在生产资料服务领域,市场竞争和企业生产规模的扩张,也增加了对专门服务的需求,如会计、管理咨询、保险、法律和金融服务等。

其次,社会分工和技术分工的不断深化为国际服务贸易的发展提供了客观基础。随着社会生产力的发展,社会分工和技术分工也不断加强和深化,生产社会化程度日益提高。原先在企业经营过程中的一些环节逐渐市场化,许多服务性机构逐步分离出来,成为社会上的专业性服务公司,如市场调查公司、市场营销公司、咨询公司、广告公司等,这些专业性服务公司在市场经济中发挥着重要的作用,也为国际服务贸易的发展提供了客观基础。

再次,跨国公司的迅速发展,大大加快了国际服务贸易的国际化进程。跨国公司在世界范围内扩张的过程中所派生的大量服务产品,即使是在跨国公司内部发生的,也属于服务产品的国际贸易活动,这就促进了国际服务贸易的发展。据联合国统计,20世纪70年代中期,全世界的跨国公司有7 000家,到了90年代初增长到36 600家,海外分公司超过17万家。跨国公司为了促进自身发展,在海外设立为本公司服务的专业性服务子公司,这些子公司在立足本公司自身需要之外,也向东道国的消费者提供服务,这样既有利于跨国公司的发展,又促进了东道国国际服务贸易市场的发展。由于信息技术的高速发展,进入80年代后在世界市场上出现了大量的服务性跨国公司,如在80年代中期,美国、日本和欧洲的服务性跨国公司已经有231家,其分支机构逾万家,这些服务性跨国公司有能力在几个不同市场提供多种服务,如银行、保险、会计、法律、咨询等。另外,它们还凭借自身在金融、信息、技术等方面的优势,把商品与服务结合起来进行交易,在为客户提供商品的基础上提供更多的追加服务。此外,跨国公司的直接投资也促进了国际服务贸易的发展。随着跨国公司的直接投资、设备技术的转移,其技术人员和管理人员也随之发生转移,因而带动了服务的出口和转移,促进了国际服务贸易的发展。

最后,国际服务合作的扩大也促进了国际服务贸易的发展。国际服务合作是指拥有工程技术人员及劳动力的国家和地区,向缺乏工程技术人员及劳动力的国家和地区提供所需要的服务,并由接受服务的一方支付报酬的一种国际经济合作,如国际工程承包、劳务输出等。这种合作方式扩大了国际服务市场,促进了国际服务贸易的迅速发展。

当然,一些突发性国际重大事件也会对国际服务贸易发展进程产生负面影响。如世界卫生组织于2020年1月30日宣布新冠肺炎疫情构成"国际关注的突发公共卫生事件",新冠肺炎疫情对人类健康和经济行为产生了深远影响,各国政府为遏制疫情传播和促进经济复苏采取了大量多样化的政策措施,导致消费需求转变、贸易成本上升、对外贸易政策趋于保护等,使全球实际GDP下降,全球贸易总量下跌,其中服务贸易比货物贸易所受冲击更大。

第四节 当代国际服务贸易的特征

一、国际服务贸易整体发展迅速,但各主要贸易区发展不平衡

自20世纪70年代以来,国际服务贸易发展迅速,规模不断扩大,这种迅速发展的趋势一直延续至今。1970年,国际服务贸易的出口总额仅为710亿美元,2000年上升到14 350亿美元,2010年尽管受到金融危机的影响也攀升至36 650亿美元,2017年更是高达52 465亿美元(见图2-1)。2000—2009年,国际服务贸易出口总额年均增长9%,超出货物贸易出口总额8%的增长率。国际服务贸易在世界国际贸易中所占的比重,在70年代和80年代约为1/5,进入90年代后增至1/4;进入21世纪后始终在1/5上下,2017年这一数字为23.5%(见表2-2)。

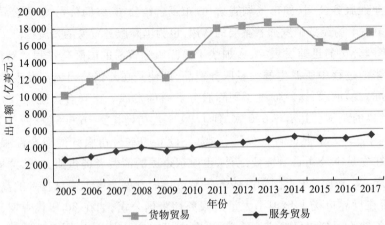

图 2-1 2005—2017 年世界国际服务贸易和货物贸易出口额

资料来源:国际贸易统计数据库(International Trade Statistics Database),WTO。

表 2-2 2005—2017 年世界国际服务贸易出口占世界国际贸易出口的比重

年份	国际服务贸易出口额 (10 亿美元)	国际货物贸易出口额 (10 亿美元)	世界国际服务贸易出口在 世界国际贸易中的占比(%)
2005	2 660	10 174	20.7
2006	2 998	11 775	20.3
2007	3 584	13 651	20.8
2008	4 021	15 722	20.4
2009	3 594	12 221	22.7
2010	3 922	14 909	20.8
2011	4 413	17 963	19.7
2012	4 545	18 219	20.0
2013	4 838	18 616	20.6
2014	5 198	18 652	21.8
2015	4 937	16 218	23.3
2016	4 963	15 721	24.0
2017	5 351	17 402	23.5

资料来源:国际贸易统计数据库(International Trade Statistics Database),WTO。

虽然国际服务贸易在世界范围内取得了快速发展,但各主要贸易区国际服务贸易发展水平并不平衡,如表 2-3 所示。从服务贸易出口额来看,欧洲、亚洲和北美洲仍然占据领先地位,其服务贸易出口额远远超过世界其他地区。根据《2018 年世界贸易报告》,2017 年全球服务贸易全面复苏,服务贸易出口增长 8%,欧盟、亚洲、北美洲服务贸易出口额分别占世界服务贸易出口总额的 42%、29% 和 17%,合计占比超过 88%;世界其他地区,如中南美洲和非洲服务贸易出口额依然较小。从服务贸易进口额来看,同服务贸易出口额相似,欧洲、北美洲和亚洲依然占据主导地位,其他地区,如中南美洲、非洲和大洋洲,其服务贸易进口额占世界服务贸易进口总额的比重较小。

第二章 国际服务贸易的产生与发展

表2-3　2005—2017年世界主要地区服务贸易进出口情况

地区	2017年 服务贸易出口额（亿美元）	2017年 服务贸易出口世界占比（%）	服务贸易出口增长率（%） 2005—2017年	2015年	2016年	2017年	2017年 服务贸易进口额（亿美元）	2017年 服务贸易进口世界占比（%）	服务贸易进口增长率（%） 2005—2017年	2015年	2016年	2017年
世界	55 239	100.0	6	-5	2	9	53 036	100.0	6	-5	0	8
北美洲	9 260	16.8	6	0	2	7	6 579	12.4	5	0	2	7
美国	8 304	15.0	7	2	2	6	5 448	10.3	5	1	3	6
加拿大	942	1.7	4	-8	3	8	1 121	2.1	5	-8	0	7
中南美洲	1 487	2.7	7	-3	2	9	2 075	3.9	7	-11	-4	10
巴西	345	0.6	7	-15	-2	4	724	1.4	10	-20	-10	14
欧洲	26 551	48.1	5	-8	2	9	23 374	44.1	5	-6	1	9
欧盟（27国）	23 744	43.0	5	-7	2	9	20 553	38.8	5	-4	2	8
独联体国家	832	1.5	7	-18	-2	13	1 201	2.3	7	-24	-13	16
俄罗斯	576	1.0	6	-21	-2	14	889	1.7	7	-27	-16	19
非洲	1 082	2.0	5	-5	-6	14	1 576	3.0	6	-13	-12	11
埃及	195	0.4	2	-15	-26	44	178	0.3	4	0	-2	3
南非	158	0.3	2	-11	-5	10	162	0.3	2	-9	-4	8
亚洲	15 588	28.2	9	-2	1	9	18 380	34.7	8	-3	0	7
中国内地	2 281	4.1	9	0	-4	9	4 676	8.8	15	1	4	3
日本	1 869	3.4	5	-1	8	6	1 930	3.6	3	-7	4	4
印度	1 853	3.4	11	-1	4	15	1 546	2.9	8	-4	8	16
新加坡	1 697	3.1	12	0	-1	12	1 802	3.4	10	-3	-2	13
韩国	897	1.6	5	-13	-3	-5	1 264	2.4	6	-3	0	13
中国香港	1 041	1.9	7	-2	-6	6	778	1.5	3	0	1	4
阿联酋	705	1.3	25	4	8	7	718	1.4	12	-3	-14	2
大洋洲	863	1.6	5	-6	6	11	861	1.6	6	-11	-2	10
澳大利亚	651	1.2	6	-7	6	12	684	1.3	6	-10	-2	10
新西兰	166	0.3	4	1	5	7	131	0.2	4	-11	2	9

资料来源：国际贸易统计数据库（International Trade Statistics Database），WTO。

二、发展中国家地位不断上升，但发达国家仍占主导地位

由于世界经济发展的不平衡性，各主要地区的国际服务贸易额在国际服务贸易总额中的占比也有很大差别。根据世界贸易组织统计，世界上最大的国际服务贸易进出口地区是欧盟，这一地区绝大多数是发达国家，服务部门专业化程度高且与经济环境吻合程度较高。因此，其进口额、出口额在1990年分别占世界国际服务贸易进口总额、出口总额的48.8%和53.7%，虽然自20世纪90年代以来该地区的进出口份额都有所下降，1999年进出口份额分别下降为44.9%和47%，但其目前仍是世界上最大的国际服务贸易进出口地区且长期保持顺差。2017年，欧盟国际服务贸易额占世界国际服务贸易总额的比重超过42%，在世界前十大国际服务贸易经济体中，欧盟占了五个，约占世界国际服务贸易总额的24.7%。

世界第二大国际服务贸易进出口地区是亚洲，除日本以外，这一地区多是发展中国家，虽然总体发展水平低于西欧，但经济发展速度快，国际服务贸易的发展速度位居世界首位。1990年亚洲地区进口额、出口额分别占世界国际服务贸易进口总额、出口总额的22.1%和16.7%，1999年则分别提高到25.2%和19.9%，地位不断上升，进入21世纪后这一比重进一步提高，到2017年分别提高到28.4%和26.1%。在国际服务贸易进出口方面，20世纪90年代以来的大部分年份，亚洲是净进口地区，显示出发展中国家国际服务贸易的发展特征。

从单个国家来看，美国是世界上国际服务贸易的超级大国，其国际服务贸易进出口额均占世界第一位，1990年美国国际服务贸易出口额、进口额分别占世界国际服务贸易出口总额、进口总额的17.3%和11.9%，占有绝对优势。随着其他国家服务贸易的发展，美国所占比重相对降低，2010年分别降至14.1%和10.2%，到2017年分别为14.7%和10.3%，但依然稳居世界第一的位置。美国的服务贸易出口大于进口，继续保持着国际服务贸易顺差。所以说，美国国际服务贸易的竞争优势超过货物贸易的竞争优势。2017年在世界前十大国际服务贸易经济体中，有八个依然是发达国家，发达国家在世界国际服务贸易中占据主导地位。

三、国际服务贸易结构优化，服务贸易领域进一步扩大

在第二次世界大战以前，国际服务贸易主要集中在劳务的输出与输入上，传统国际服务贸易占据主导地位。第二次世界大战后由于第三次产业革命的兴起，电信、金融以及各种信息产业、高新技术产业迅速崛起并快速进入国际服务贸易领域，新兴国际服务贸易迅速发展。在国际服务贸易的构成中，1970年国际运输服务贸易占38.5%，国际旅游服务贸易占28.2%，其他服务贸易30.8%。所谓的其他服务，包括电信服务、建筑服务、金融服务、保险服务、信息服务、专利或许可、其他商业服务和文化娱乐服务等可统计项目。新兴国际服务贸易项目大都是资本密集型服务项目，在新科技革命浪潮的推动下，增长速度很快，远远超过在国际服务贸易中一直占较大比重的运输和旅游服务的增长，在世界国际服务贸易中扮演着越来越重要的角色。1998—2000年，世界国际运输服务贸易年均增长率为2%，国际旅游服务贸易年均增长率为6.5%，而国际金融、电信服务贸易年均增长率则高达7.4%。2000—2009年，国际运输服务、旅游服务年均增长率分别为8%和7%，而其他商业服务的年均增长率则高达12%。2011年，其他商业服务在国际服务贸易中所占的比重提高到50.7%，超过了传统国际服务贸易项目（见表2-4）。

表 2-4 2005—2017 年世界服务贸易进出口结构

单位：亿美元

年份	进出口 总额	进出口 运输	进出口 旅游	进出口 其他	出口 总额	出口 运输	出口 旅游	出口 其他	进口 总额	进口 运输	进口 旅游	进口 其他
2005	52 681	12 758	13 520	24 814	26 598	5 804	6 930	12 932	26 083	6 954	6 590	11 882
2006	59 214	14 203	14 570	28 733	29 982	6 463	7 548	14 994	29 232	7 740	7 022	13 739
2007	70 352	17 063	16 834	34 424	35 841	7 791	8 740	18 092	34 511	9 272	8 094	16 332
2008	79 395	19 732	18 443	38 965	40 212	9 080	9 647	20 114	39 183	10 652	8 796	18 851
2009	70 860	15 441	16 747	36 692	35 937	7 098	8 785	18 790	34 923	8 343	7 962	17 902
2010	77 581	18 078	18 285	39 070	39 223	8 269	9 602	19 977	38 358	9 809	8 683	19 093
2011	87 000	20 170	20 335	44 081	44 129	9 039	10 741	22 818	42 871	11 131	9 594	21 263
2012	90 039	20 668	21 279	45 527	45 449	9 185	11 114	23 607	44 590	11 483	10 165	21 920
2013	95 650	21 150	22 870	48 828	48 381	9 404	11 982	25 343	47 269	11 746	10 888	23 485
2014	103 307	21 682	24 977	53 775	51 977	9 916	12 526	27 821	51 330	11 766	12 451	25 954
2015	97 845	19 596	23 846	51 646	49 370	8 993	11 947	26 779	48 475	10 603	11 899	24 867
2016	98 340	18 720	24 329	52 452	49 630	8 564	12 170	27 178	48 710	10 156	12 159	25 274
2017	106 464	20 639	26 479	56 150	54 293	9 476	13 394	29 536	52 171	11 163	13 085	26 614

资料来源：国际贸易统计数据库（International Trade Statistics Database），WTO。

四、国际服务贸易呈现全球化、自由化的趋势

目前,以美国为代表的发达国家的经济结构已经基本实现服务产业化,服务业产值占 GDP 的比重以及服务业就业人数占总就业人数的比重均已超过 65%,其国际服务贸易额占全球国际服务贸易总额的比重达 70% 以上。发达国家在国际服务贸易中的比较优势是国际服务贸易发展的主要动力,获取贸易利益和提高整体经济竞争能力是国际服务贸易发展的动机,它们通过世界贸易组织和区域性的贸易组织,积极倡导与推动国际服务贸易的自由化和全球化。与此同时,从人类社会产业结构的演变趋势来看,由以第一产业为主的农业经济向以第二产业为主的工业经济,再向以第三产业为主的服务经济发展是历史的必然,各国产业结构的升级必将不断推动国际服务贸易的发展,国际服务贸易的全球化、自由化是大势所趋。

五、国际服务贸易的发展以高新技术为核心,以技术进步为基础

高新技术的发展和应用,促进了世界经济发展中以服务生产为核心的新的国际分工格局的出现,同时扩大了服务渗透的领域,改变了传统的服务提供方式,在一定程度上提高了服务的可贸易性。科学技术的发展和应用,改变了国际服务贸易的方式、内容和构成。现代电信和传递技术,使时间和空间在经济生活中逐渐失去了制约性,导致服务的不可储存性和运输的传统特性发生了改变。因此,许多原本生产和消费需要同步进行的服务,现在可以实现生产与消费的分离。银行、保险、医疗、咨询和教育等原来需要供需双方直接接触的服务,现在可以采用远距离信息传递的方式。

通信革命大大提高了服务的可贸易性,加速了生产专业化发展的进程,从而使国际服务贸易的主要内容从运输、工程建筑等传统领域转向知识、技术和数据处理等不断涌现的新兴领域。

现代科技的发展使得物质生产和服务生产中的知识、信息投入比重不断提高,从而推动了国际服务贸易结构的变化。以劳动密集为特征的传统国际服务贸易地位逐渐下降,以资本密集、技术密集和知识密集为特征的新兴国际服务贸易逐渐发展壮大。

六、跨国公司对国际服务贸易的发展起到了重要的推动作用

首先,跨国公司在世界范围的经济扩张过程和跨国生产过程中都需要大量的服务投入;其次,跨国公司在进行全球性的投资活动、技术转让和国际性的生产专业化进程中,一方面促进了专家、技术人员和劳动力这些国际服务贸易中的劳动要素的跨国流动,另一方面也带动了金融、保险、法律、技术、运输、计算机和咨询等相关服务业的发展;最后,跨国公司为了获取高额利润,越来越多地加大对服务领域的投资,一大批服务性跨国公司纷纷兴起,直接而有力地推动了国际服务贸易的发展。

第二章　国际服务贸易的产生与发展　33

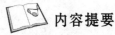 内容提要

1. 国际服务贸易是在各国技术进步和产业结构调整的基础上逐渐产生和发展起来的。20 世纪 70 年代以后国际服务贸易进入快速增长阶段。

2. 第一次世界大战后科学技术革命、国际分工的发展以及跨国公司的迅速发展等,是国际服务贸易发展的主要因素。

3. 当代国际服务贸易具有整体发展迅速、各贸易区发展不平衡等特征。

 重要术语

国际服务贸易的产生　国际服务贸易的发展

 思考题

1. 国际服务贸易是如何产生和发展的?
2. 影响国际服务贸易的基本因素是什么?
3. 当前国际服务贸易的基本特征是怎样的?

阅读推荐与网络链接

1. 波斯坦.剑桥欧洲经济史[M].郎立华,译.北京:经济科学出版社,2002.
2. 恩格尔曼.剑桥美国经济史[M].高德步,王珏,译.北京:中国人民大学出版社,2005.
3. 高德步,王珏.世界经济史[M].北京:中国人民大学出版社,2005.
4. 斯密.国民财富的性质和原因的研究[M].郭大力,一亚南,译.北京:商务印书馆,1981.
5. http://www.imf.org
6. http://www.mofcom.gov.cn
7. http://www.stats.gov.cn
8. http://www.wto.org

21世纪经济与管理规划教材
国际经济与贸易系列

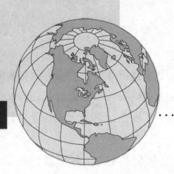

第三章

国际服务贸易的地位与作用

【学习目标】
- 掌握国际服务贸易与国家竞争力的关系；
- 了解国际服务贸易和经济发展的相关性；
- 熟悉服务贸易和货物贸易的关系。

引导案例

"2018年,由于贸易紧张局势加剧和经济不确定性增加,世界贸易的增长速度比预期的要慢。2019年和2020年,世界贸易将继续面临强劲的逆风。"世界贸易组织2019年4月2日发布2019—2020年全球贸易展望,预计2019年货物贸易增长率将从2018年的3.0%降至2.6%。2020年,增长可能会反弹至3.0%,但这取决于贸易紧张局势的缓解。

WTO总干事罗伯特·阿泽维多表示:"随着贸易紧张局势日益加剧,任何人都不应对这一展望感到惊讶。当我们看到如此高的不确定性时,贸易无法在推动增长方面发挥全部作用。"

WTO在2日给出的2018年全球贸易统计数据显示,2018年中国货物贸易进出口总额达到4.623万亿美元,连续两年居世界第一。另外,全球服务贸易在2018年增长了8%,达到5.80万亿美元,主要是因为亚洲进口增长强劲,其中中国服务贸易增长率拔得头筹,出口增长17%,进口增长12%。

根据WTO的统计数据,2018年全球贸易增长3%,低于WTO预测的3.9%。面对不利的贸易局势,阿泽维多呼吁:"我们日益迫切需要化解紧张局势,集中精力为全球贸易找出一条积极的前进道路,以应对当前经济面临的真正挑战。"

资料来源:WTO调低2019年全球贸易增速[EB/OL].(2019-04-03)[2020-09-04].https://www.sohu.com/a/305592576_162522,有删改。

国际服务贸易不同于传统的国际货物贸易,货物贸易具有明显的可感知性,贸易对象、贸易结构甚至一国的贸易条件都可以直接认识,其作用是显而易见的。而国际服务贸易具有无形性、不可储存性等特征,一般不计入一国的海关统计中,如何认识国际服务贸易的作用呢?国际服务贸易的发展水平其实是衡量一国对外贸易以及国民经济实力的重要标志,发展国际服务贸易对于提高一国的国际竞争能力和综合国力、促进国民经济增长和调整产业结构、推动外向型经济发展具有重要作用。

进入21世纪后,国际服务贸易的发展速度进一步加快,在国际经济生活中占有日益重要的地位。国际服务贸易的发展能够提高贸易参加国的经济效率,提升国家竞争力,促进国际分工的发展;同时,国际服务贸易的发展与经济全球化之间也存在密切联系。

第一节 国际服务贸易与国家竞争力

国家竞争力是指一个国家在世界经济的大环境下,创造增加值和国民财富可持续增长的综合能力。它是从现有实力和发展潜力两方面来反映一个国家的整体竞争力。国家竞争力研究始于20世纪70年代末80年代初,国家竞争力研究的产生及快速发展主要有两方面原因:其一,从微观层面来看,当时西方国家的企业尤其是跨国公司经过几十年的发展,规模迅速扩张,国际竞争日趋激烈。于是,如何提高国际竞争力,在国际市场中取得更大的份额,就成为企业最为关注的问题,这在客观上形成了评价国际竞争力的需求。其

二、从宏观层面来看，20世纪80年代后期苏联解体，冷战结束，世界格局发生了根本性变化，经济实力逐渐成为国家之间竞争的主导力量，这也促进了对以经济为主的国家竞争力的研究。国际上有很多评估国家竞争力的机构，这些机构对国家竞争力的定义和评估方式都不尽相同，但服务业和服务贸易在这些评估体系中都占有重要地位。目前，国际上关于国家竞争力的研究有两个最权威的机构：总部设在日内瓦的世界经济论坛和瑞士的洛桑国际管理发展学院。

一、《全球竞争力报告》

世界经济论坛（World Economic Forum，WEF）是一个非官方的国际组织，总部设在瑞士日内瓦。其前身是1971年由现任论坛主席、日内瓦商学院教授克劳斯·施瓦布（Klaus Schwab）创建的"欧洲管理论坛"。1987年，"欧洲管理论坛"更名为"世界经济论坛"。因论坛的年会每年都在瑞士达沃斯召开，故也被称为"达沃斯论坛"。论坛的参与者主要是各国政界和经济界的高层领导人、企业高级主管以及有关领域的专家。论坛的宗旨是通过与会者探讨世界经济领域存在的问题，促进国际经济合作和交流。随着论坛影响力的不断扩大及与会者层次的逐渐提高，达沃斯论坛被公认是"非官方的国际经济最高级会谈"，是各国政要、企业界人士以及民间和社会团体领导人研讨世界经济问题最重要的非官方聚会之一。世界经济论坛自1996年以来每年发布当年度的全球竞争力调查报告。其评估内容分为基本环境、功效提高、企业革新与成熟度三大项。2011年的评估共包括12项大指标，下面细分为110项小指标，包括基础设施、宏观经济稳定性、卫生和基础教育、高等教育和培训、金融市场成熟度和创新等内容。

世界经济论坛于2013年9月发布了《2013—2014年全球竞争力报告》。报告覆盖全球148个经济体，其中瑞士继续位列榜首，新加坡和芬兰紧随其后；德国排名上升两个位次，位居第4，美国扭转了连续四年下滑的趋势，上升了两位，排名第5；瑞典（第6位）、荷兰（第8位）和英国（第10位）的排名都有所下降；日本和韩国分列第9位和第25位。中国在全球竞争力指数排名中的名次遭遇五年来的首次下滑，从第26位跌落到第29位，回到2009年的水平。但在"金砖五国"中中国的排名依然大幅领先，其他4个金砖国家，除俄罗斯（第64位）排名有所上升外，南非（第53位）、巴西（第56位）和印度（第60位）均有所下降。报告显示，全球竞争力最薄弱的一些经济体位于亚洲，包括孟加拉国（第110位）、尼泊尔（第117位）和巴基斯坦（第133位）。其中，巴基斯坦的排名已经连续三年下滑。而不丹（第109位）、老挝（第81位）和缅甸（第139位）则是第一次被纳入该指数。

该报告指出，许多我们曾经预测的风险并未成为现实，美国没有坠入"财政悬崖"；欧元区没有解体；而在中国，硬着陆的担忧在目前消退了。"一个经济体要想在未来实现繁荣，创新就显得尤为关键。"世界经济论坛创始人兼执行主席施瓦布表示："我预计'发达'和'欠发达'国家之间的传统界限将逐步消失。相反，我们会更多地使用'创新丰富'和'创新贫乏'这样的标准来区分这些国家。"

世界经济论坛于2018年10月17日发布了《2018年全球竞争力报告》，该报告对世界140个经济体的竞争力进行了排名，美国以85.6分的成绩（满分100分）摘得整体最佳表现桂冠,自 2007—2009 年金融危机以来再次成为全球最具竞争力经济体,取代了此前连续九年蝉联榜首的瑞士。美国在金融体系及技术创新等方面表现突出,在劳动力市场和商务活动方面的影响力位居第一,在商业活力上更是遥遥领先。不过,也有迹象表明,美国存在社会结构脆弱及安全状况恶化问题,在诸如三权分立、司法独立和腐败等领域,美国表现明显欠佳。在金砖国家中,中国竞争力最突出,在全球竞争力指数中排名第 28 位(得分 72.6),"市场规模"指标中国居第一;俄罗斯排名第 43 位,印度上升至第 58 位,南非、巴西分别下降至第 67 位和第 72 位。

二、《世界竞争力年鉴》

《世界竞争力年鉴》每年由洛桑国际管理发展学院(International Institute for Management Development,IMD)发布,该学院是全球顶尖的商业管理学院之一,坐落于瑞士西部城市洛桑,比邻美丽的日内瓦湖,距离国际组织和跨国公司云集的日内瓦仅有 40 分钟的车程。洛桑国际管理发展学院成立于 1990 年,其前身是 1946 年在日内瓦创立的国际管理学院(IMI)和 1957 年在洛桑创立的国际经济管理与发展学院(IMEDE),是这两所商学院合并后的总称。

洛桑国际管理发展学院的国际竞争力理论以市场经济理论为依据,运用系统科学的统计手段,从经济运行、事后结果和未来发展的潜能出发,对一国经济运行和经济发展的综合竞争力做出系统而全面的反映与评价,它把国际竞争力定义为:国际竞争力是一个国家在国际经济竞争的环境和条件下,与世界各国的竞争比较,所能创造增加值和国民财富持续增长与发展的系统能力水平。基于这一概念,在世界整体竞争发展的基础上,它共设计了包括 314 项计量指标的科学评价体系,以年度为单位,系统评价和反映世界各国的国际竞争力水平,为分析世界各国国际竞争力发展格局、变化趋势以及各国制定竞争发展战略提供了客观依据。

国际竞争力评价和分析的 314 项计量指标,是经济学或管理学中的企业理论、产业理论、新经济增长理论、制度经济学理论、公共经济理论、金融理论、国际经济学理论与发展经济学理论等各个具体理论的直接应用。国际竞争力评价体系设计原则之一,是要运用上述最新理论去观察、测度国际竞争力的发展、过程与趋势。国际竞争力最核心的内容建立在新经济增长理论的基础上,包括创造增加值和国民财富的生产理论,这构成国际竞争力发展的基本目标。此外就是人力资本、高技术和风险资本、社会组织资本对经济增长的作用,这些构成推动国际竞争力发展的现实因素。

专栏 3-1   **IMD 世界竞争力排名研究主要指标**

洛桑国际管理发展学院世界竞争力排名研究主要指标包括经济运行状况、政府工作效率、商务活动效率、基础设施状况四个方面的内容,报告将每个部分根据内容具体细化成子项目,赋予相应的权重并打分。

经济运行状况项目被具体量化为国内宏观经济评估、国际贸易、国际投资、就业和物价等77个考核指标。

政府工作效率项目被具体量化为公共财政状况、政府财政政策、社会制度框架、商务立法、社会结构组成状况以及可延伸至影响政府掌控竞争力变化的政策等73个考核指标。

商务活动效率项目被具体量化为企业创新活动、合理的经营方式和获利状况、商务活动效益和效能、劳动力市场、金融市场、商务管理态势和管理效益等69个考核指标。

基础设施状况项目被具体量化为是否能满足商务活动所具备的必要科技水平、基本的人力资源、基础设施、科技领域的基本投入、卫生设施、教育设施和环境保护设施等95个考核指标。

在上述314个考核指标中,有128个指标的数据被直接用来作为裁定竞争力高低的主要依据,约占总分权重的2/5;有73个指标不直接用于裁定经济体的竞争力高低,但会被用作衡量竞争力高低的背景参考;其余的113个指标与问卷调查有直接关系,会被用作裁定竞争力高低的参考,但是在总分权重中只占1/3的比例。

国际竞争力评价体系包括两个系统结构功能,即竞争力过程的系统结构功能和竞争力要素整体的系统结构功能。从竞争力过程的系统结构功能评价来看,它包括系统实力、运行的系统关系、发展的成长能力。一个国家的国际竞争力包括总产出、出口规模、机器设备、劳动力技术、外汇储备、自然资源、能源动力、基础设施等经济实力水平。但是,这些方面经济实力强,并不一定说明该国的国际竞争力就强,只有运行的系统关系合理并发挥能动作用,才能使经济实力转化为现实的国际竞争力。一国的国际竞争力不能仅仅发挥现有经济实力的水平,还要追求其经济实力内在的持续成长,也就是要有长期发展的成长能力。这表明国际竞争力评价体系要从系统实力、运行的系统关系、发展的成长能力三个层次进行科学的评价、分析和发展。从竞争力要素整体的系统结构功能评价来看,它包括八大要素,即国家经济实力、国际化、政府管理、金融体系、基础设施、企业管理、科学技术、国民素质。每个要素又包括若干方面,每个方面由若干具体指标组成。

国家竞争力包括经济、社会、政治、文化等诸多方面,是这些要素综合作用的结果。因此,评价国家竞争力需要全面考虑各方面因素,是一项复杂的系统工程。随着国家竞争力评价研究的深入发展,人们逐渐意识到,虽然一些因素对国家竞争力的即期效果不明显,但是它们是增强一国竞争力的原动力,对提升国家竞争力具有根本性的作用。在这些因素中,创新能力和高素质的人力资源最具代表性。从长期来看,只有真正具备创新能力的国家才能在竞争中取得优势,而且这种优势是其他国家无法在短时间内轻易获得的。通常,发达国家的创新能力强,发展中国家要增强其竞争力,提高创新能力是有效的、根本的措施,需要持续不断地进行这方面的投入;自然资源会随着使用而逐渐耗竭,而人力资源却可以不断产生,高素质的人力资源作用于国家竞争力的形式是"乘"而不是"加",对于资源禀赋匮乏的国家来说更是如此。

目前,世界经济论坛和洛桑国际管理发展学院是全球最权威的两个国家竞争力评价机构,其团队化、组织化的研究方式已成为国家竞争力评价、研究的主流模式。它们一方面从已有的国家竞争力评价理论中汲取可以借鉴、利用的部分,另一方面不断为国家竞争力评价研究的发展、进步做出贡献。这两家机构的工作极大地加深了人们对国家竞争力的理解,使国家竞争力这一概念在全球日益受到关注。随着对国家竞争力评价研究的逐渐深入,人们将会从更为广阔的视角来评价国家竞争力。目前,有关国家竞争力研究的最新视角较具特色:第一,从制度演化的角度探讨国家竞争力评价问题。一国的竞争力与其政治、经济制度有密切联系,不同制度下,国家竞争力会具有不同的发展趋势,制度的演进会对国家竞争力产生重要影响。通过这方面的研究,可以清晰地勾勒出制度变化对国家竞争力的促进或阻碍作用。第二,从博弈论的角度来评价国家竞争力。各国在国际竞争中必然会体现出一定的博弈关系,该方法以博弈论为基础框架,构建国家竞争力的评价体系,具有很好的经济方法论基础,也与国际竞争的实际情况相符合。各种视角下的评价方法将互为补充,形成更为全面的国家竞争力评价体系。

三、国家竞争优势

经济学家迈克尔·波特(Michael Porter)提出了国家竞争优势理论,并通过"钻石模型"描述了国家竞争优势的基本内涵。波特认为,国家竞争优势是指一个国家使其企业或产业具有并能够维持竞争优势的能力。一国的国际竞争力是其企业、产业等竞争力的综合,是一个复杂的系统,系统整体状态决定了一国竞争力的强弱。基于该思路,波特建立了测度国家竞争力的"钻石模型",通过生产要素、市场需求、相关产业支持、企业战略与结构四方面因素综合反映国家竞争力,并根据产业阶段演化将一国产业参与国际竞争划分为四个阶段:要素驱动、投资驱动、创新驱动和财富驱动阶段。该模型及相关因素是波特利用四年时间对八个发达国家和两个新兴工业化国家进行考察后建立并确定的。

波特认为,国家竞争优势受到四方面因素的影响。

一是国家拥有的生产要素条件。生产要素包括五大类:自然资源、人力资源、知识资源、资本资源、基础设施。国家储存量大的要素是国家的优势要素,成为竞争优势的一部分,如中国的劳动力资源、中东国家的石油资源等,但对于竞争优势来说,更重要的是要素的创新速度和升级速度。除自然资源外,其他资源都是可以通过创新来改进和提高的,如教育提高劳动力素质,科研成果更新知识,投资扩大资本规模和改进基础设施。

二是内部市场的需求规模和性质。它首先决定了产品的性质与结构,产品进入国际市场之后,占据的也是与国内需求类似的那部分市场,需求方是不是能较早和较清楚地把需求信息传达给厂商,从而促使厂商不断改进产品,都会影响厂商的竞争力;其次是内部需求规模及其增长速度,大规模的内部需求可以使厂商获得规模效益,从而增强竞争力,内部需求的快速增长还可以促使厂商采用新的技术;最后是内部需求的国际化途径,如果内部的买方是跨国公司,就很容易把产品带入国际市场,内部文化的影响力也有助于把内部需求带入国际市场,如美国好莱坞的电影把美国人的消费习惯带到了全世界。例如,电视机的市场路径选择:电视机生产最早从美国起步,但后来日本产品占领了大部分国际市场,原因在于美国家庭的住房面积大,所以美国生产的电视机体积也大,不便于移动,日本家庭的住房面积小,需要小型且易于移动的电视机,所以日本厂家在这方面下了很多功夫以满足国内市场的需要。后来事实证明,大部分国际市场的需求同日本国内的需求一致,使日本产品获得了占领国际市场的机会。另外,日本国内市场早于美国市场达到饱和,迫使日本厂家致力于降低成本、改进性能,并大举进军国际市场。

三是相关支持产业的发展程度。相关支持产业是指为出口部门提供供给或服务的产业部门,相关支持产业的竞争优势通过其供给或服务的效率、及时性和成本影响出口部门的竞争力。相关支持产业改进和创新的速度也会影响出口部门的竞争力,当相关支持产业具有全球竞争力时,出口部门受益最大。

四是企业战略、结构和同业竞争。企业位于全球竞争的最前线,国家竞争力在很大程度上体现为企业竞争力,而企业的战略选择与组织结构会影响企业的竞争力。国内强有力的竞争对手的存在是提高企业竞争力的一个重要条件;国内的制度环境也会影响企业的战略选择与组织结构。

波特把这四方面联系在一起,组成一个菱形架构,称之为"钻石模型",如图3-1所示。

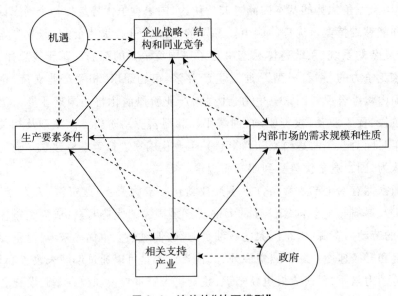

图3-1 波特的"钻石模型"

除上述四方面之外,还要考虑到机遇和政府的作用。机遇是指外部的、突发性事件带来的机会,如石油危机、金融危机、战争、政治变动等,能够抓住这种机遇就会建立起本国的竞争优势,如国际市场对轮船需求的大幅上升使韩国的造船业乘机打入国际市场。政府可以通过教育政策、基础设施投资、对资本市场的管理等方面影响生产要素、国内需求等。

获得竞争优势首先要找出本国具有或潜在具有国际竞争力的产业部门,分析这些产业部门在国际竞争中面对的问题,根据"钻石模型"找出增强或开发这些产业竞争力的途径和办法,并通过政府的影响创造出有利于竞争优势形成和保持的内部环境。

专栏 3-2　　　2010 年"国家竞争力蓝皮书"

2010年10月25日,由孙冶方经济科学基金会、中国社会科学院城市与竞争力研究中心、中国社会科学院财政与贸易经济研究所、社会科学文献出版社共同举办的"《中国国家竞争力报告》发布研讨暨2010年度孙冶方'青年菁英奖学金'颁奖典礼"在京举行。会上发布了由倪鹏飞博士主持完成的2010年"国家竞争力蓝皮书"。

蓝皮书从国家竞争力表现的角度,分析了1990—2008年中国国家竞争力在全球100个主要国家和地区中的排名及其变化,中国国家竞争力由第73名上升至第17名,中国国家竞争力态势概括为:进步巨大潜力无穷,改革开放居功至伟。2008年,全球100个主要国家和地区竞争力排名前10位的分别是:美国、欧盟、日本、韩国、新加坡、德国、英国、荷兰、瑞士、法国。

1990—2008年,中国经济效率进步较慢,仅由第79名上升至第56名。中国经济效率竞争力态势概括为:整体落后进步巨大,挑战严峻任重道远。2008年经济效率竞争力排名前10位的分别是:挪威、新加坡、美国、瑞士、阿联酋、荷兰、瑞典、奥地利、爱尔兰、丹麦。

1990—2008年,中国经济增长由第13名上升至第2名。中国经济增长竞争力态势概括为:长期领先优势稳定,稳定增长潜力巨大。

1990—2008年,中国经济结构排名长期在末端徘徊,由第91名上升至第89名。中国经济结构竞争力态势概括为:低位徘徊形势严峻,提升乏力亟待调整。2008年经济结构竞争力排名前10位的分别是:美国、法国、英国、比利时、荷兰、葡萄牙、丹麦、希腊、新加坡、意大利。

1990—2008年,中国创新竞争力进步较大,由第48名上升至第22名。中国创新竞争力态势概括为:先稳后升奋起直追,厚积薄发创新增强。2008年创新竞争力排名前10位的分别是:韩国、日本、美国、新西兰、德国、芬兰、丹麦、瑞典、新加坡、挪威。

四、国际服务贸易对提高国际竞争力的作用

从以上国家竞争力分析来看,国家竞争力是包括经济、社会、政治、文化等诸多要素的复杂系统,提升国家竞争力不仅要考虑以现有经济结构为基础的现实竞争力,而且要考虑具有长期发展潜能的国际竞争力。中国国际服务贸易出口结构以劳动密集型产业为主,应该看到,这既是中国的比较优势所在,又是其不足之处。世界经济结构的变动趋势是由劳动密集型向知识、技术密集型转变,这就要求中国调整产业结构,大力发展国际服务贸易,在国际服务贸易自由化的大趋势下,采取适当措施提高和发展中国国际服务贸易竞争力。

(1)加强国际服务贸易战略研究,推进国际服务贸易发展。在确定国际服务贸易战略时,主要应处理好发挥比较优势与培育竞争优势的关系。中国国际服务贸易的现实比较优势是旅游等劳动密集型领域,传统的比较优势理论认为,这种现状虽然可以获得一定的贸易利益,但是不能缩短自己与发达国家之间的经济差距。在扩大开放的情况下,中国

应该进一步发挥这方面的优势,扩大出口。但仅仅发挥比较优势是不够的,中国还应该以国际市场需求为导向,积极发展新型国际服务贸易,创造新的竞争优势,发展对中国总体国际竞争力有影响的战略性产业与行业。

(2) 打破垄断,扩大对外经济交流。中国有些服务业垄断性较强,这不仅有可能破坏正常的公平竞争秩序,而且会导致服务业创新不足、效率低下和竞争力缺乏。为了切实提高中国在未来国际分工中的地位,我们必须通过制度变迁和竞争刺激信息、电信、保险、技术和咨询等行业的快速发展,不断提高其参与国际竞争的能力;同时,要为中国服务业扩大对外合作提供新的机遇,加快中国服务业利用外资、引进先进技术和管理经验的步伐,促进服务业企业的技术创新、制度创新和组织创新等。2011年中国服务业利用外资首次超过制造业,是一个可喜的变化。

(3) 充分发挥政府的组织、协调功能。经济学家威廉·刘易斯(William Lewis)说:"没有一个国家不是在明智政府的积极刺激下取得经济进步的。"在经济贸易发展中,政府作为生产力要素的组织、协调者,首先应对国内一些缺乏竞争力的幼稚服务业、高新技术服务业和战略性服务业进行有效保护,防止因国外服务提供者强有力的竞争而给国内服务业造成巨大冲击,避免国内服务市场的动荡,保持整个经济的增长和稳定。其次要加强政府间谈判与协作,通过双边尤其是多边谈判维护中国在全球国际服务贸易中的地位和权益,在服务出口措施,尤其是中国有特殊利益的服务部门出口提供方式等方面给予平等待遇,使中国经济更好地融入世界经济环境,切实提升中国国际服务贸易的整体国际竞争力。

第二节 国际服务贸易与经济发展

一国参与和发展国际服务贸易的主要目的,是通过国际经济资源的交换,提高本国的经济效益,促进经济发展。国际服务贸易在这方面的作用是通过如下机制实现的。

一、提高生产要素使用效率

许多发展经济学家认为,资本、技术、劳动力等生产要素的数量、质量及其配置,对于一国的经济发展具有决定性作用。而资本、技术、劳动力等生产要素的流动往往伴随着追加国际服务贸易的发展,所以国际服务贸易在要素流动过程中发挥着不可替代的作用。

(1) 有利于解决东道国服务业发展资本不足的瓶颈问题。发展经济学家普遍认为,制约发展中国家经济发展的瓶颈因素首推资本不足,霍利斯·钱纳里(Hollis Chenery)等在《外援与经济增长》一文中提出的"两缺口模型"描述了这种瓶颈因素。根据他们的分析,经济发展需要投资(I)和进口资本品(M),投资来源于国内储蓄(S),进口所需的外汇来源于出口创汇(X),而发展中国家普遍存在国内储蓄不足和外汇不足的情况,即存在$I>S$和$M>X$这两个缺口。如何解决资本不足?办法有两种:一是利用外资,二是扩大出口以获得更多外汇。服务业利用外资可以采取直接投资以建立商业存在的方式,直接促进东道国相关服务贸易的发展;也可以通过间接投资促进东道国金融服务等行业的发展。

(2) 有利于提高生产技术水平。发展中国家经济落后的另一个主要原因是科学技术落后。如何尽快改变科学技术落后的状况,除加快国内技术进步之外,一种有效的方法是通过国际服务贸易引进先进技术,以促进本国的技术进步。经济学家认为,国际贸易推进了国家之间的专业化分工,分工提高了工人的劳动熟练程度,提高了劳动生产率,从而带动了经济增长。在这种经济增长过程中,发展中国家通过以资源换技术、以市场换技术的形式能够获得先进技术,解决技术进步路径的依赖问题;另外,发展中国家还可以通过出口创汇,进口更多的先进技术设备,节省研究与开发费用,加快技术进步速度。这种技术贸易的方式既可以采用实物贸易的形式,又可以采用国际服务贸易的形式。引进先进技术还可以提高企业经营管理人员的素质,培养将新产品、新技术、新市场等组合起来的企业家。国际服务贸易的方式之一是人力资源的流动,各国间人力资源的流动所形成的市场竞争的外在压力,能够迫使劳动者,特别是企业经营管理人员提高自身素质及企业的经营管理水平,最后通过生产要素的重新组合,生产出适应国际市场需求的产品,促进企业经济效益的提高。

(3) 有利于建立国民经济主导产业部门,引导国民经济的发展和产业结构的调整。发展经济学认为,一国需要由主导产业部门带动整个国民经济的增长。所谓主导产业部门,是指具有较强的经济辐射作用的部门,能够带动其他产业部门的发展。主导产业部门与其他产业部门间的相关性表现为前向、后向及旁侧联系。前向联系是指某个产业能够引起其供给品生产部门的发展,后向联系是指某个产业的产品需求能够带动一大批产业的发展,旁侧联系是指某个产业能够带动一大批相关产业的发展。如汽车工业,其前向联系效应是带动钢铁工业、玻璃工业、电子工业、计算机工业、橡胶工业、纺织工业、塑料工业等的发展;其后向联系效应是带动运输业、旅游业以及所有用车行业的发展;其旁侧联系效应是带动广告业、销售业、金融保险业等的发展。发展中国家如何建立主导产业部门?一种途径是通过进口替代优先建立和发展主导产业部门,然后通过该产业的出口扩张,实现主导产业部门的规模经济,从而有力地推动整个国民经济的增长;另一种途径是以国际市场为基础,发挥本国的相对优势,在优势互补的基础上使本国的优势产业部门超前发展,并带动本国相关产品国际服务贸易的发展。

传统意义上的主导产业部门以制造业为主,如钢铁、汽车、建筑业等。但由于各国的资源优势和相对竞争优势不同,有些发展中国家既缺乏自然资源,又缺乏加工制造能力,在制造业方面难以形成具有较强关联效应的产业部门,在国际货物贸易中并不具有竞争优势,难以通过国际市场的资源流动和市场机制刺激本国的经济发展。国际服务贸易的发展使国际市场进一步扩大,贸易对象和贸易方式增多,这些国家可以利用服务产品的进出口增加外汇收入,通过进口替代战略逐渐形成主导产业部门,以带动本国经济的发展。

二、促进经济增长

20世纪30年代,丹尼斯·霍尔姆·罗伯逊(Dennis Holme Robertson)首先提出贸易是"经济增长的引擎"的命题。所谓经济增长的引擎,是指将国际贸易视为促进经济增长的直接动力。50年代,罗格纳·纳克斯(Ragnar Nurkse)根据19世纪英国与移民垦殖型殖民地的贸易关系认为,19世纪国际贸易具有如下性质:欧洲中心国家经济的迅速增长,通过国际贸易传递到外围国家,其传递机制为中心国家的经济增长引起中心国家对外围国家原材料和食品需求的急剧上升,给外围国家造成增加生产的压力和动力,导致中心国家的资本和劳动力转移到贫困地区,促进了这些地区的投资与生产。这样不仅保证了对中心国家市场的供应,而且提高了外围国家居民的收入,使他们享受到了海外消费增加的好处,刺激了他们对消费品的需求,从而再次推动了经济的增长。据此,纳克斯得出了一个著名结论:19世纪的贸易不仅仅是简单地把一定数量的资源加以最适当的配置的手段,实际上是通过国际贸易把中心国家的经济增长传递到其他国家,即中心国家经济迅速增长引起的对发展中国家初级产品的大量需求,引发发展中国家的经济增长,因此贸易是经济增长的发动机。其具体表现为:

(1)较高的出口水平意味着这些国家的进口水平提高,资本货物的进口对于促进经济增长具有特别重要的意义,能够节约生产要素的投入量,有助于提高经济效益。

(2)出口的扩大使一国能够取得规模经济效益,降低生产成本,提高在国际市场上的竞争能力。另外,出口的增长也趋向于使资金投向国民经济中最有效率的领域,亦即它们各自享有比较优势的领域,在具有比较优势的领域进行专业化生产,从而提高劳动生产率。

(3)国际市场上的竞争会给出口行业造成压力,并刺激制造业或服务业等部门的发展。

澳大利亚经济学家马克斯·科登(Max Corden)指出,一国的国际贸易对本国宏观经济将产生五种积极影响:①收入效应,即通过贸易,提高了收入水平,增加了国民收入总量;②资本积累效应,即出口创汇用于投资,增加了资本积累;③替代效应,即进口较多的投资品,使其对消费品的相对价格下降,从而吸引更多的投资;④收入分配效应,即贸易会使出口部门生产要素的报酬提高,从而增加这些部门的储蓄和积累;⑤要素加快效应,即出口贸易扩大,使出口部门使用的增长较快的生产要素带动其他生产要素更快增长。所有这些效应都具有累积性,因此贸易对经济增长的作用会随着经济的发展逐渐强化。

科登的分析虽然是以货物贸易为基础的,但国际服务贸易具有同样的效应。

三、实现动态比较利益

经济学家们发现,相对落后的国家如果固守绝对成本说、比较成本说和机会成本说,则恐怕永远无法实现工业化。因为根据静态的成本学说,落后国家只能一直生产绝对成本或比较成本低的农产品,而不能努力建立绝对成本或相对成本高的工业制成品部门。显然,这就阻碍了发展中国家的经济发展。为此,经济学家们提出用动态、长期、发展的观点修正传统的静态比较成本说,将比较成本优势的形成与发展视为一个动态过程。

日本经济学家彼原三代平认为,一个国家应该从本国产业结构合理化的要求出发,谋求贸易结构优势。所谓产业结构合理化,就是实现产业结构转换和产业结构高度化。根据世界经济发展的经验,一个努力实现经济现代化的国家,必须使本国产业结构由以第一产业为主转换为以第二、三产业为主,以劳动密集型产业为主转换为以资本密集型产业和技术(知识)密集型产业为主。也就是说,当一个国家的某些产品如农产品和其他初级产品具有比较成本优势时,就必须努力建立那些尚不具备比较成本优势的工业部门,即使这些部门的比较成本很高,从长期发展的观点来看,也应该不遗余力地去努力形成新的比较成本优势。彼原三代平认为,谋求贸易结构优势是完全能够做到的。这是因为一国拥有的资源禀赋和供求关系是动态可变的,政府可以采取政策干预措施或各种经济手段,或者通过引进外部资源,开发本国资源,使潜在优势转换为现实优势。

随着产业结构的转化依次推进,第三产业在一国国民经济构成中占据着越来越重要的地位。第三产业的发展在一定程度上促进了国际服务贸易的发展。通过国际服务贸易的传递作用,一国可以通过利用国内外两种资源,并以国内外市场为基础,提高生产要素的组合效率,在国际市场上获得更强的竞争能力,从而刺激经济增长。

专栏 3-3　　　　　　　　　　产业结构高度化

产业结构高度化也称产业结构高级化,指一国经济发展重点或产业结构重心由第一产业向第二产业和第三产业逐次转移的过程,标志着一国经济发展水平的高低和发展阶段及方向。产业结构高度化具体反映在各产业部门的产值、就业人员及国民收入比例变动的过程上。

一般来说,产业结构高度化表现为一国经济发展在不同时期最适当的产业结构,其主要衡量标准是:

(1) 收入弹性原则(所得弹性标准),即每增加一个单位收入与增加对某商品需求量之比。如果因收入提高而增加的需求能够转化为收入弹性高的商品,则出口增长率可随之提高,对整体经济增长较为理想。

(2) 生产率上升原则。为了使收入弹性高的商品能够出口,必须具备充分的国际竞争能力,因而最佳选择是把生产率上升高的产业或技术发展可能性大的产业作为重点。

(3) 技术、安全、群体原则,即从长远观点来看,经济发展的动力是技术革新,从而对于能够成为将来技术革新核心部门的产业,虽然目前处于比较劣势地位,但也不能轻易放弃;为了一国经济的稳定发展,事实上要求有某种程度的国家安全保障或能够保障国家威望的产业;为了产业部门之间的平衡发展,必须形成范围较广的产业群体。符合上述三条标准的产业结构状态,就可称之为一定时期一国产业结构的最适状态。

第三节　经济全球化与国际服务贸易

一、经济全球化的特征、表现及影响

"经济全球化"是当今频繁出现的词语,它反映人类社会经济活动的一种新走向,即以跨国公司为主导力量,以国际资本为纽带,促使经济活动在全球范围内采取新的国际分工体系,反映各个相对独立的经济体之间的联系越来越密切、越来越相互依存的事实,对

世界上各经济体的经济发展具有重要影响。

一般认为,"经济全球化"这个词最早由西奥多·莱维特(Theodore Levitt)于1983年在其《市场全球化》一文中提出,用来形容此前20年间国际经济的巨大变化,即商品、服务、资本和技术在世界性生产、消费及投资领域中的扩散。国际货币基金组织(IMF)在1997年5月发布的一份报告中称:"经济全球化,是指跨国商品与服务贸易及国际资本流动规模和形式的增加,以及技术的广泛、迅速传播使世界各国经济的相互依赖性增强。"概括来说,所谓经济全球化,是指商品、服务、生产要素等跨国界流动的规模与形式不断增加,技术与信息在各国间迅速传播,以及通过深化国际分工,在世界范围内提高生产经营资源的配置效率,从而使各国经济相互依赖程度日益加深的经济发展趋势。

(一)经济全球化的特征

自20世纪80年代以来,在跨国公司、世界贸易组织、国际货币基金组织和国际互联网等多元发展的共同推动下,贸易自由化、生产国际化、经济一体化突破国家和地域的限制,商品、服务、生产要素与信息跨国界流动的规模与形式不断增加,国际分工不断深化,世界市场范围内配置资源的效率不断提高,从而呈现出各国间经济相互依赖程度日益加深的经济发展趋势。经济全球化的发展潮流空前高涨。各个国家的经济被越来越深地卷入统一的世界市场体系,国家与国家间的相互关系达到了前所未有的深度和广度。因此,我们应该进一步加强对经济全球化的认识。经济全球化的特征主要表现在:

第一,贸易自由化是推动经济全球化的基本动力。乌拉圭回合谈判的完成和世界贸易组织的成立,是世界经济一体化的历史性标志,它把各成员方的国际贸易都纳入多边贸易体制的轨道,贸易障碍日趋减少。传统的贸易保护手段即关税壁垒逐渐失去其对国内市场的保护功能,40%的制成品贸易将成为免税贸易。服务贸易和技术贸易将以更快的速度增长,成为世界市场的主要贸易方式。20世纪90年代以来,全球贸易的增长率持续超过全球生产的增长率。国际贸易由此成为带动各国经济增长的主要动力之一。

第二,跨国公司成为经济全球化的核心,引导着世界经济的发展趋势。跨国公司是世界经济一体化的集中体现形式,它不同于国家间一体化之处在于它直接组织公司内部的全球生产配置和贸易交换,因而是更紧密、更深刻的全球化。由于跨国公司的存在和发展,世界经济不再是各国国民经济的组合,而越来越成为跨国公司的组合。据联合国的研究报告,到1996年跨国公司就已占全球产出的1/3、全球外商直接投资的1/2、全球贸易的2/3。跨国公司的年销售额已超过世界贸易总额,达到近6 000亿美元。跨国公司本身也在迅速全球化,即它们在海外的利益正在超过其在母国的利益,甚至有些跨国公司已将其重心和总部移到母国以外的地区。

第三,世界经济信息化程度的提高有力地促进了经济全球化的发展。信息高速公路大大缩短了世界市场各个部分之间的距离,全球电脑网络可以在片刻之间完成上万亿美元的国际金融和贸易业务,从而为经济全球化提供了最坚实的基础。

第四,世界经济的全球化趋势使世界财富不平衡分配进一步加剧。由于世界市场的自由化发展,拥有较强国际竞争力的国家所占有的市场份额进一步扩大,贸易利益和投资利益不断增多,富国和穷国的差距呈现日趋扩大的趋势。

经济全球化是一个历史的过程,也是一个资本运动和发展的过程,归根结底是为了追逐剩余价值,以满足资本增值的需要。经济全球化是以发达国家的跨国公司为主导的经济发展趋势。

(二) 经济全球化的表现

第一,经济全球化是生产经营的全球化,企业在全球范围内寻找最佳的生产资源和市场资源组合方式。例如,一家中国公司不会只使用本国的生产资源,而是中国的工资水平低就用中国的劳动力,美国的资本便宜就用美国的资本;国内市场适合产品销售就在国内销售,国外市场适合产品销售就进行产品出口贸易。经济全球化在生产经营方面表现为资源配置不再受到国界的限制,企业能够根据全球市场的价格信号进行生产和销售活动,最大限度地提高经济效益。

第二,经济全球化是消费的全球化,消费者不仅在本国市场上购买消费品,同时还在国际市场上购买消费品。美国人的衣食住行和各种耐用消费品现在基本上都是在全球范围内采购和消费,实际上也没有一个国家能够只消费本国的产品。消费全球化可使消费者在世界范围内选择,从而用最小的花费来获得最大的满足。

第三,贸易自由化,即各国间贸易障碍减少。关税的不断降低和非关税壁垒的取消,使全球贸易自由化程度日益提高,国际贸易在一国经济发展中发挥着越来越重要的作用,成为带动经济增长的主要力量。

第四,金融国际化,即各类国际性金融市场逐渐形成,各种国际性金融机构迅速发展。金融是市场经济运行的血液,金融国际化使市场经济在世界经济中扮演着日益重要的角色,资源的配置范围不断扩大,配置效率进一步提高,世界经济的增长具有更为扎实的体制基础。

第五,经济全球化是经济规则的趋同化或一体化过程。从逻辑上来讲,企业在同一个国际市场上竞争必须有一个公平的竞争规则,而全球性的规则就意味着体制的趋同。例如,中国的国有企业常常因补贴而受到美国、欧盟的反倾销或反补贴指控,但实际上中国国有企业的社会责任是很重的,就因为是国有企业,体制不同,规则不同,美国人就说有补贴,是倾销,是不公平竞争。如果两国企业在同一个国际市场上竞争,则通过竞争与合作,会形成一个双方都接受的竞争规则,结果是或者大家都没有补贴,或者都有补贴(一般不可能出现)。总之,经济全球化会使各国及其企业逐渐在同一个规则下竞争,最终达到规则上的一致,如世界贸易组织的各种法律文本就是制约各成员进行对外经济活动的规则。

(三) 经济全球化的影响

1. 经济全球化使各国经济联系加强

随着经济全球化的深入发展,各国经济间相互传递的障碍逐渐减少,货物、服务、资金、技术和市场高度融合,发达国家之间以及发达国家与发展中国家之间的关系越来越密切。经济全球化使各国之间的互动性增强,在经济全球化趋势下,国际服务贸易与国际资本流动在各国经济传递中的作用日渐明显。

2. 对发展中国家来说经济全球化意味着机遇与挑战并存

经济全球化给发展中国家提供了如下发展机遇:

（1）有利于发展中国家利用外资和资本外投。联合国贸易和发展会议发布的数据表明，发展中国家在2001年接受1 700多亿美元的外商直接投资，对外投资超过700亿美元，两者都创造了历史最高纪录。它们获得的外商投资在世界投资总额中所占的比重从1995年的30%上升到2001年的37%。其中，48个最不发达国家的资本流入量也增加56%。

（2）促使发展中国家的出口商品结构优化。由于资本的流入、跨国公司的直接投资活动和本国产业结构的改造，发展中国家出口商品结构有所改善，制成品在出口中所占的比重从1980年的56.0%上升到1990年的73.3%和2001年的79.7%。

（3）迫使发达国家考虑和解决发展中国家面临的问题。发达国家日益认识到在经济全球化下，它们的经济稳定和发展有赖于发展中国家。发达国家在债务解决、地区经济一体化和联合国改革等问题上不得不考虑发展中国家的权益。

（4）经济全球化有利于发展中国家的整体改革。

经济全球化对发展中国家也构成了如下严峻挑战：

（1）经济全球化有利于发达国家构筑以其自身为中心的国际经贸基础。在此情况下，发展中国家的经济主权甚至政治主权将会受到更大的削弱。

（2）发展不平衡在加剧。第一，发达国家与发展中国家的不平衡在加剧。经济全球化为以发达国家资本为主的国际资本开拓了寻求更高利润的地域和空间，在发达国家和发展中国家经济实力相差甚大的背景下，经济全球化使发达国家与发展中国家的收入差距拉大。1965年，七个主要发达国家的人均收入是世界最贫困国家的20倍，1995年扩大到39倍，进入21世纪后这一差距进一步拉大。第二，发展中国家内部发展的不平衡也在加剧。其主要表现为，20世纪80年代初以来，最富有的20%人口的收入所占比重有所增加；熟练和不熟练工人的工资差距拉大；资本与劳工相比获利更大；金融自由化引起公有和私有企业部门的债务扩大。第三，如不设法解决或抑制发展不平衡趋势，则将对投资构成潜在威胁，刺激泡沫经济的发展，为金融危机埋下隐患。

（3）对发展中国家的改革带来巨大的压力。经济全球化使经济传递和同步性加强，如何接受经济的正传递，抑制经济的负传递，成为发展中国家急需解决的重大难题。

二、经济全球化对国际服务贸易的影响

经济全球化对国际服务贸易的一个重要影响就是有利于服务贸易自由化。一个国家只有在开放思想的指导下采取经济全球化战略（比如开放国内市场、参加国际组织及多边国际协议），才能真正适应经济全球化的潮流。例如，在20世纪60年代初期到70年代中期，大多数发展中国家采取了限制的政策；从70年代中期以后，它们开始转为利用和限制相结合的政策。这样的政策转向有利于服务贸易自由化。

发展中国家采取经济全球化战略，必然推动这些国家产业结构的调整。20世纪60年代初，主要西方工业化国家都已完成了本国的工业化进程，开始步入后工业化的发展阶段，即国内经济重点向服务业转移。而发展中国家通过实行工业化，经济实力增强，工业化为服务业发展提供了基础。发展中国家基础设施比较落后，因此对基础设施建设的投入巨大，创造了较多的服务需求。另外，发展中国家产业结构的调整，顺应了国际经济结

构的变动趋势,有利于发展中国家的服务贸易自由化。发展中国家或地区在全球国际服务贸易中所占的比重迅速提高,90年代以来发展中国家和地区国际服务贸易的年均增长率超过了发达国家,这说明发展中国家产业国际化促进了国际服务贸易的发展,有利于国际服务贸易自由化。

经济全球化将加快国际市场的形成和发展,从而促进国际服务市场的自由竞争。目前的国际市场并不是统一的、自由的市场,国际服务市场也是如此。造成这种状况的原因是:①尽管许多国家推行市场开放,但由于一国的产业发展不平衡,为了保护本国的经济利益,这种市场开放多为不完全开放,甚至对一些市场(如服务市场)实行保护。②跨国公司的迅速发展,使国际市场具有垄断的特点,削弱了自由竞争。③区域市场的存在使整个国际市场处于相对分离的状态。随着国际上各种区域集团的形成,国际市场也分化成区域市场。

尽管国际市场处于这样的局面,但由于众多国家实行经济全球化,越来越多的国家参与多边贸易谈判,国际经济组织不断扩大,尤其是世界贸易组织和服务贸易总协定的扩大,将推动服务贸易自由化不断向前发展。

第四节　国际服务贸易与货物贸易

《华尔街日报》曾经讲述过一个"鼠标现象"的故事,这个故事不仅说明了鼠标生产链中体现自主创新价值的利益分配问题,还体现了货物贸易与国际服务贸易的关系。一个罗技牌鼠标从品牌研发、生产、销售到最终进入消费者手中,实现交换价值40美元。我们仔细分析后发现,零部件供应商获得的14美元和中国苏州装配厂获得的3美元,在整个商品的价值链中是由制造环节创造的,体现为货物贸易;而罗技公司拥有的品牌和研发获得的8美元以及美国批发零售商获得的15美元,则是在服务领域产生的,体现为国际服务贸易。

这个故事告诉我们:第一,货物贸易离不开国际服务贸易,货物贸易的过程必然伴随着国际服务贸易。进行国际贸易的商品在最终进入消费者手中时,其价值形态通常由货物贸易和国际服务贸易两部分价值构成,品牌、设计、零售、批发等表现为与货物贸易直接相关的国际服务贸易。第二,国际服务贸易往往是价值链的高端。罗技公司、分销商和零售商获得的收益最大;而货物贸易往往是价值链的低端,生产地、装配厂获得的收益最小。如果将这一故事放大到一个国家或地区的商品进入国际市场,就会发现货物贸易的比重越大,就越可能被动。例如,中国有很强的加工制造能力,但中国的批发和零售企业几乎在海外没有商业存在,因此批发和零售环节基本上不是中国企业在做,中国出口商品在这方面的服务收益就很少。

因此,国际服务贸易和货物贸易的相关性表现为以下四点:

1. 国际服务贸易与货物贸易增长速度呈正相关关系

全球国际服务贸易规模与货物贸易规模从长期发展趋向来看呈正相关关系,两者共同增长趋势明显。1980—2006年,全球国际服务贸易出口年均增长8.7%,同期货物贸易出口年均增长7.9%,增长速度大体相同。国际服务贸易的增长在一些年份略低于货物贸易,在另一些年份又略高于货物贸易。20世纪70年代,国际服务贸易出口与货物贸易出口均保持快速增长且增速大体持平,年均增长17.8%;进入80年代,国际服务贸易出口年均增长开始高于货物贸易;到了90年代,国际服务贸易年均增长呈波动下降趋势,约为6%;跨入21世纪后,国际服务贸易出口进入稳定增长期,增幅开始逐渐回升,这一期间国际服务贸易年均增长略低于货物贸易。

2. 国际服务贸易与货物贸易附加值各自占比的相关性

1990—2006年,全球国际货物贸易中以电信设备、集成电路和电子零件为代表的高附加值产品占比由8.7%上升至12%;以纺织品、服装为代表的低附加值产品占比由6.2%下降到4.4%;农产品占比由12%下降到7.8%;燃料和矿产品占比也呈总体下降趋势。

全球国际服务贸易中运输和旅游服务贸易占比从1990年的63.9%下降到2000年的57%,又下降到2012年的48.7%;以通信、计算机和信息服务、金融、保险、专利使用和特许为代表的新兴服务贸易占比则逐步上升。

经过1990—2012年的变化,国际货物贸易和国际服务贸易中高附加值的部分占比不断加大,而低附加值的部分占比不断减小。

3. 国际服务贸易和货物贸易微笑曲线的附加值分布呈现明显的一致性

根据产业价值链理论,附加值越高越在价值链的高端,附加值越低越在价值链的低端。货物贸易中以自动化产品、电信设备、集成电路等为代表的高附加值工业明显在价值链的两个高端,而以钢铁机械、化工产品、纺织品、燃料、矿产品、农产品和加工等为代表的低附加值传统工业则在价值链的低端。国际服务贸易同样也是以通信、计算机和信息服务、金融、保险、专利使用和特许为代表的高附加值的新兴国际服务贸易领域在价值链的两个高端,而以运输和旅游等为代表的低附加值的传统国际服务贸易领域则在价值链的低端。

专栏3-4　　　　　　　微 笑 曲 线

宏碁集团创办人施振荣先生在1992年为"再造宏碁"提出了有名的"微笑曲线"(smiling curve)理论,作为宏碁的策略方向。经历了十年多的时间,施振荣先生将"微笑曲线"加以修正,推出了所谓施氏"产业微笑曲线",以作为台湾地区各种产业的中长期发展策略方向。微笑嘴形的一条曲线,两端朝上,在产业价值链中,附加值更多地体现在两端——研发和营销;处于中间环节的制造附加值最低。微笑曲线中间是制造;左边是研发,属于全球性的竞争;右边是营销,主要是当地性的竞争。当前制造产生的利润低,全球制造也已供过于求,但是研发与营销的附加值高,因此未来产业应朝微笑曲线的两端发展,也就是在左边加强研发创造智慧财产权,在右边加强客户导向的营销与服务。微笑曲线如图3-2所示。

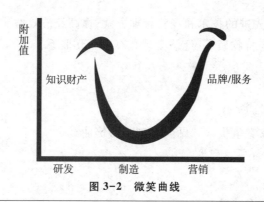

图 3-2 微笑曲线

4. 国际服务贸易与货物贸易的相关度不断加大,货物贸易的附加值越高,含高附加值的国际服务贸易就越多

现代科技的发展使得货物贸易的发展越来越依靠国际服务贸易的发展。科技革命的发展以及经济全球化使得越是高技术领域的贸易产品,越依赖高附加值的国际服务贸易。现代信息工业、航天工业越来越依靠信息服务、金融、保险等国际服务贸易的支持,这些国际服务贸易表现为追加的服务,与商品生产和附加值分布是一种间接性关系。制造业在世界产业转移过程中形成了若干现代制造业产业集群,创造货物贸易;同时,与这些制造业产业集群相伴出现了相当多的服务业产业集群,提供国际服务贸易。

根据以上对国际服务贸易与货物贸易相关性的分析,结合中国国情,我们可以得到以下启示:

第一,国际服务贸易在世界贸易中逐渐处于价值链的高端。国际服务贸易将成为世界贸易的制高点,发达国家的国际服务贸易发展和贸易结构变迁开始呈现类似的特征。中国目前的国际服务贸易在国际市场竞争中处于不利地位,需要进一步改善国际服务贸易结构,提高竞争力,赶上发达国家水平。

第二,国际服务贸易在世界贸易中的地位将越来越突出。世界贸易强国不仅是货物贸易强国,更应是国际服务贸易强国。中国今后发展对外贸易应将国际服务贸易作为发展的重点,像发展货物贸易一样发展国际服务贸易,像扶植货物出口一样给予国际服务贸易出口更多的政策。世界头号贸易大国美国,尽管其货物贸易连年逆差,但其是世界上最大的国际服务贸易顺差国。

第三,货物贸易的附加值提高越来越依靠国际服务贸易的发展。没有高附加值的新兴国际服务贸易的发展,货物贸易的结构调整也就难以实现。中国的外贸结构调整应将货物贸易与国际服务贸易有机地结合起来,积极发展高附加值的货物贸易和国际服务贸易。

 内容提要

1. 国际服务贸易在一国国民经济生活中占据着日益重要的地位,发挥着重要作用。
2. 国际服务贸易的发展能够提高贸易参加国的经济效益,促进国际分工的发展;能够发挥国际贸易的经济传递功能,在更大范围内利用国际市场的各种经济资源,弥补国内的资源不足;有利于引进先进的技术和经营管理方式,提高经济效益。

3. 国际服务贸易与货物贸易、经济全球化存在密切联系。

重要术语

国家竞争力　国家竞争优势　钻石模型　微笑曲线

思考题

1. 如何评价国家竞争力?
2. 国家竞争优势受哪些因素影响?
3. 国际服务贸易与经济发展的关系是怎样的?
4. 如何理解国际服务贸易和货物贸易的相互关系?

阅读推荐与网络链接

1. 陈宪,程大中.黏合剂:全球产业与市场整合中的服务贸易[M].上海:上海社会科学院出版社,2001.

2. 波特.国家竞争优势[M].李明轩,邱如美,译.北京:华夏出版社,1997.

3. 诺依曼.竞争政策:历史、理论与实践[M].谷爱俊,译.北京:北京大学出版社,2003.

4. 薛荣久.国际贸易竞争学.[M].北京:对外经济贸易大学出版社,2005.

5. POTER M Y. Competitive strategy[M].New York:The Free Press, 1985.

6. http://www.imf.org

7. http://www.mofcom.gov.cn

8. http://www.stats.gov.cn

9. http://www.wto.org

21世纪经济与管理规划教材
国际经济与贸易系列

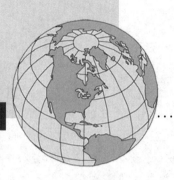

第四章

国际服务贸易中的价值和价格

【学习目标】
- 了解服务的价值和使用价值的定义、区别与联系;
- 了解服务产品的市场价值和市场价格的区别与联系;
- 了解服务产品国际市场价格的形式及其影响因素。

引导案例

微信信用卡还款收费数月之后,支付宝2019年2月21日对外发布公告表示,为了持续向用户提供更优质的服务,自3月26日起,通过支付宝给信用卡还款将收取服务费。值得注意的是,与其他信用卡还款收费的第三方支付机构不同,支付宝提供了每人每月2 000元的免费额度。也就是说,还款金额在2 000元以内依然免费,超出2 000元的部分,再按照0.1%收取服务费。如果用户需要提升自己的免费额度,则可以通过支付宝会员积分进行兑换。

这一消息发布后,微博上网友们就互联网服务是否进入收费时代展开了热烈的讨论。

专家表示,在任何行业都不存在永恒的免费模式,在一个充分竞争的市场,收费与否最终取决于企业提供的服务是否值得消费者为此付费,而收费的高低也会在竞争中趋于合理。

资料来源:互联网服务进入收费时代? 网友吵开了 你怎么看[EB/OL].(2019-02-22)[2020-09-04].http://zj.ifeng.com/a/20190222/7229960_0.shtml,有删改。

服务作为商品进入市场进行交换必然也有价值和价格,服务作为无形的商品,其价值与价格决定有什么特殊性呢?本章从一般商品的价值决定出发,主要介绍服务产品的价值决定、影响服务产品国际市场价格变动的因素以及服务产品国际市场价格的形式。

第一节 有形商品的价值理论

一、商品的价值

在经济理论体系中,价值理论处于十分重要的地位。自古典经济学家提出劳动价值论后,价值理论逐渐成为经济理论的核心。在分析具体的市场经济活动时,价值被视为价格变动的基础,价值规律就成为商品经济的基本经济规律。

劳动价值论的思想起源最早可以追溯到古希腊哲学家的著作,如色诺芬和亚里士多德提出了物品的两种属性,并初步涉及交换和价值形式。欧洲中世纪经院学者托马斯·阿奎纳(Thomas Aquinas)在探讨公平价格的问题时,把公平价格看成是与生产劳动的耗费相等的价格。劳动价值论的初步形成开始于经济理论的重心从流通领域转到生产领域,英国古典经济学的先驱威廉·配第(William Petty)首先认识到劳动是商品价值的源泉,提出了劳动价值论的一些基本命题。

古典经济学代表人物亚当·斯密(Adam Smith)在其著名的《国富论》(《国民财富的性质和原因的研究》)中,区分了使用价值和交换价值,在探讨交换价值的真实尺度、价值的构成和自然价格与市场价格的关系时,第一次使劳动价值论成为一种体系。他认为,一个人占有某货物,但不愿意自己消费,而愿意用其交换他物,对他来说,这种货物的价值就等于他能购买或能支配的劳动量。因此,劳动是衡量一切商品交换价值的真实尺度。这里的劳动实际上是指购买的劳动,也即交换得到的劳动。接着他又从商品生产角度论述商品的价值,提出任何一个物品的真实价格,即要取得该物品实际上所付出的代价,乃是获得它的辛苦和麻烦。这里的"辛苦和麻烦"指的是生产商品所耗费的劳动。然后他又将两者统一起来,认为两者是等价的,即以货币或货物购买物品就是用劳动购买,正如人们用自己的劳动取得一样。此类货币或货物使人们能够免除相当的劳动,它们含有一定的劳动,人们用其交换当时被认为有等量劳动的其他物品。也就是说,货币或货物含有的一定劳动,是指生产它们所耗费的劳动,同时货币或货物又可以购买等量的劳动,从而使自己免除相当的劳动。因此,在货币和货物中体现了两种劳动:一种是生产耗费的劳动,另一种是购买的等量劳动,这两种劳动是等价的、无区别的。这就是商品交换的基础(或价值尺度)。

斯密在分析价值分配时又把工资、利润和地租看成是价值的源泉,导致其理论体系中存在二重的价值论和错误的"斯密教条"。大卫·李嘉图(David Ricardo)发现了斯密价值规定的矛盾性,在批评斯密庸俗的价值规定的基础上将价值决定于生产商品所必要的劳动量贯彻到底,达到了古典劳动价值论的最高成就。但是李嘉图无法在其价值论的基础上说明等价交换和资本与劳动的交换相符合、等量资本获得等量利润的矛盾,从而受到很多学者的反对,其追随者约翰·穆勒(John Mill)和约翰·麦克库洛赫(John McCulloch)在"新旧葡萄酒"论战中,提出"积累劳动"创造价值以及机器、自然力甚至动物的作用也是劳动,将李嘉图的价值论庸俗化,进而导致李嘉图劳动价值论的完全解体。

在科学地继承和批判古典劳动价值论的基础上,卡尔·马克思(Karl Marx)阐明了商品的二重性,创立了劳动二重性学说,在对价值形式的发展做出科学说明的基础上揭示了货币的起源和本质,从而使劳动价值论成为科学。在此基础上,马克思首创剩余价值理论,区分了劳动和劳动力、不变资本和可变资本,解决了等价交换和资本与劳动相交换的矛盾。在剩余价值的实现、转化和分割的基础上,马克思创立了平均利润和生产价格学说,解决了等量资本获得等量利润的问题。

马克思继承并发展了劳动价值论,在劳动二重性的基础上提出商品的价值是由一般人类劳动形成的,将价值归结为劳动。商品的价值实体是社会必要劳动。其基本特征首先是将劳动视为商品的内在属性,将劳动确认为价值的物质内涵。其次,价值的本质实际上是一种特殊的社会生产关系,这是因为劳动并不是在任何情况下都表现为价值,劳动表现为价值是由"消耗在物上的劳动的一定社会方式"决定的。将价值的本质归结为特殊的社会生产关系,是马克思劳动价值论的最本质特征,在整个经济分析过程中起着极为重要的作用,并因此而与古典经济学的劳动价值论区别开来。再次,商品的价值量由社会必要劳动时间决定,在商品交换中要遵循等价交换原则。马克思把价值量定义为社会必要劳动,而这个社会必要劳动,马克思在《资本论》第一卷第一篇"商品和货币"中,就将其定义为在现有社会正常生产条件下制造某种使用价值所需要的劳动时间。这样一种社会必要劳动时间是在抽象掉其他因素后,在生产领域中制造某种产品所需要的时间。在《资本论》第三卷中,马克思给出了社会必要劳动时间的第二种含义,即"社会劳动时间是社会总劳动分配用在各个特殊生产领域的份额"。这实际上是将供求因素引入了商品价值的决定和实现,从而使商品价值更接近于市场价值。

从新古典经济学开始,以绝对量规定的价值概念逐步被抛弃了,均衡价格理论代替了价值决定价格的理论,对价格的探讨不再寻求隐藏在其背后的价值或劳动,对市场价格的分析是基于市场上供给和需求这两种不同的经济力量及其与价格的相互关系。均衡价格就是在供给和需求的相互作用过程中得以确定的,并最终表现为一定数量的货币。

二、商品的交换价值和国际价值

在交换价值理论中,马克思明确指出,商品是价值与使用价值的对立统一体,交换价值形态实际上就是价值与使用价值内在矛盾的外在化,交换价值既是一种价值形式,又是一种使用价值形式。具体表现在:①交换价值形态中"一种使用价值与另一种使用价值相交换的量的关系或比例",只是一种"表现形式",其内在矛盾实际上是价值与使用价值之间的关系。所以商品间交换的比例只是它的形式,而它的内容则是价值与使用价值之间的内在矛盾。②交换价值本身既是价值的表现形式,又是使用价值的表现形式。这是因为两种商品之所以能够交换是因为它们的价值含量相等,或者说它们等价,所以可以交换,但却不能说明为什么交换,因为从价值的角度来看,两种等价的商品相互交换,双方都不能得到利益。因此,交换的问题必须由使用价值加以说明,正是使用价值的不同,即不仅是质的不同,而且对交换者个人来讲也是量的不同,才能使交换双方都得到利益。因此,交换价值形态既包含价值,又包含使用价值,可以说它既是价值形式,又是使用价值形式,是价值形式与使用价值形式的对立统一。

商品的国际价值是在国别价值的基础上形成的。上述价值理论是以一国市场为基础进行分析的,其所决定的价值可以称为国别价值。国别价值是由一国国内生产该商品的社会必要劳动时间决定的。社会必要劳动时间是在现有的社会正常的生产条件下,在社会平均的劳动熟练程度和劳动强度下制造某种使用价值所需要的条件。① 社会必要劳动时间实际上可以平均化为中等劳动强度。但在国际市场上,由于国家不同,劳动的中等强度也就不同;有的国家高些,有的国家低些。于是各国的平均数形成一个阶梯,它的计量单位是世界劳动的平均单位。② 这种世界劳动的平均单位决定了商品的国际价值,商品的国际价值是以世界货币表现出来的,称为商品的国际市场价格。

三、商品的价格

按照马克思的劳动价值论,价格是商品价值的货币表现,价格的高低取决于商品的价值含量。对价值量的理解,我们认为,还涉及价值和市场价值的关系。市场价值是价值的转化形态,价值转化为市场价值,并不改变商品的价值实体,所改变的是价值量的决定方式。第二种含义的社会必要劳动时间决定市场价值并在供求不一致时决定其偏离程度。决定第二种含义的社会必要劳动时间的需求是抽象掉价格影响的"平均需求",供求的影响只是市场价值反馈机制的一个环节,不能直接参与市场机制决定,只在极特殊的条件下,两者才能取得一致。决定价值的劳动时间与产量无关,而决定市场价值的个别劳动时

---

① 马克思.资本论(第一卷)[M].北京:人民出版社,1980:52.
② 同上书,第614页.

间却与其相应的产量有关。事实上,个量实现要受到总量的制约,这就涉及第二种含义的社会必要劳动时间。第二种含义的社会必要劳动时间是市场价值的社会决定,前者是后者的基础,后者是前者的最终实现。第二种含义的社会必要劳动时间不仅在供求一致时决定市场价值,而且在供求不一致时决定市场价值的偏离程度。

新古典经济学认为,在使用价值关系中,商品的交换要遵循边际效用递减规律。在交换进行时,两种商品交换量的边际使用价值是相等的。价格作为价值和使用价值的双重表现形式,体现在一般均衡理论中就是要达到资源的最佳配置和效用最大化。在均衡时,两种商品各自的边际使用价值(边际效用)与自身价值的关系或比率是相等的。或者说,一单位的抽象劳动,在不同的生产部门中所提供的边际价值是相同的。因此,通过边际使用价值或边际效用相等的关系,就决定了商品的价格。

第二节　服务产品的价值和使用价值

一、服务产品的使用价值

(一) 服务产品使用价值的一般特征

服务产品也具有使用价值——非实物使用价值。首先,这种使用价值像其他一切使用价值一样,具有满足人们某种需要的功能,包括满足人们某种物质或精神需要的功能,或者说具有满足人们某种需要的效用。这是使用价值的共同特征。其次,非实物使用价值也是构成社会财富的重要内容。其原因在于,人们追求经济利益的目的是获得多样性的使用价值,以满足自己多方面的需要,达到健康、幸福的境界。所以,财富是与使用价值相互依存的,不论财富的社会形式如何,使用价值总是构成社会财富的物质内容。随着社会生产力的发展,使用价值本身也在不断地发展变化。农业社会主要以农业使用价值,即农产品为财富内容;工业社会主要以工业使用价值,即工业品为财富内容。在现代社会,满足各种需要的社会财富被划分为以实物使用价值为内容的实物财富和以非实物使用价值为内容的精神财富,后者的比重正在上升。在一国国民经济结构中第三产业所占的比重日益提高就证明了这一点。最后,非实物使用价值在市场经济中也是交换价值的物质承担者。马克思说过,商品是以铁、麻、小麦等使用价值或商品体的形式出现的,这是它们日常的自然形式。但它们之所以是商品,是因为它们具有二重性,既是使用物品又是价值承担者。因为价值本质上是商品生产者互相交换劳动的一种社会关系,所以它必须以劳动产品的交换为前提。而产品只有具有使用价值,才能被用于交换,进而被衡量交换价值和价值。这就决定了交换价值必须以使用价值为物质承担者。只要使用价值具有能满足交换对方某种需求的有用属性,使产品交换顺利完成,它就可以并且实际上充当了交换价值的物质承担者。使用价值和价值是对立统一体,两者缺一不可。而非实物使用价值既然能够实现作为使用价值的职能,它也同样可以充当交换价值的物质承担者。所以,服务产品具有和实物产品一样的特征。

(二) 服务产品使用价值的种类

服务产品按其使用价值的不同消费功能,可划分为两大类:服务型消费品和服务型生产资料。

服务型消费品是满足人们生活消费需要的服务产品。它又分为：①满足精神需要的服务消费品，即精神型服务消费品。主要包括教育服务消费品、艺术服务消费品、游乐服务消费品、信息服务消费品、科学服务消费品。②满足物质需要的服务消费品。主要包括医疗卫生服务消费品、运输服务消费品、个人生活服务消费品、体育服务消费品、商品服务消费品、金融保险服务消费品。

服务型生产资料是满足人们生产消费需要的服务产品。它又可分为：①智力服务型生产资料，即满足人们在生产消费过程中智力需要的服务产品。主要包括科研服务型生产资料、信息服务型生产资料、技术服务型生产资料等。②非智力服务型生产资料，即满足人们在生产消费过程中除智力以外需要的服务产品，也就是人们一般所需要的非智力服务型生产资料。主要包括运输服务型生产资料、仓储服务型生产资料、金融保险服务型生产资料、商业服务型生产资料、房地产服务型生产资料。就服务型生产资料而言，某些服务产品的使用价值功能的发挥，可以实现其他产品的生产、分配、交换和消费。如商业服务产品的使用价值，具有实现其他产品流通的功能；科研服务产品的使用价值，具有实现其他产品生产的功能，等等。

无论是服务型消费品还是服务型生产资料，其使用价值都具有共同特征。首先，服务产品使用价值具有消费替代性。所谓消费替代性，是指不同产品的使用价值因具有相同或相近的消费功能，可以在生产或生活消费中互相替代。人们消费一种服务产品，就可以同时减少对某些实物产品的消费，或减少对另一些服务产品的消费。这里的替代既包括对服务产品的替代，又包括对部分实物产品的替代。其次，服务产品使用价值具有消费互补性。所谓消费互补性，是指不同的服务产品虽然使用价值的功能不同，但因为其使用属性具有联系，所以在消费中构成互相依存、互相补充的经济关系。例如，旅游业的发展会引起运输业的增长，旅游和运输两者之间就具有消费互补性；同样，对旅游产品的消费会在一定程度上刺激旅游服务的发展。最后，服务产品使用价值具有消费引致性。所调消费引致性，是指某种产品的使用价值与其他产品在功能上存在因果联系，只要消费这种产品，就将引起一系列其他产品的消费。例如，购买汽车必然增加对汽油的消费，对教育的消费必然引起教育事业的发展。服务产品的使用价值具有消费替代性、消费互补性和消费引致性的根本原因，在于非实物使用价值具有一切使用价值所具有的共性——可消费性。

当然，服务产品的使用价值与实物产品的使用价值不同，首先，服务产品的使用价值具有非实物特性。它是一种在活动形态上提供的、不能离开服务劳动单独存在的、不采取实物形式的特殊使用价值。实物产品使用价值的生产、交换和消费一般是分开进行的，因此其生产者和消费者，生产领域、流通领域与消费领域泾渭分明。而服务产品的交换是生产的前提，生产与消费同时进行，生产一结束，消费过程也告完成。这是服务产品的使用价值的主要特征，即生产与消费的同时性。其次，服务产品的使用价值具有非储存性。实物产品可以储存，这是因为其使用价值具有某种物质形态，而服务产品不具有物理的或化学的性能，因而不能以使用价值形式单独存在。不过，服务产品的使用价值可以变相"储存"，即将服务产品的使用价值实物化为某种带有服务内容的实物产品，并通过储存这种实物产品的使用价值,保存与服务产品类似的服务。例如,通过录音、录像、摄影、记录等,不仅可以"储存"文娱服务、导游服务,还可以"储存"教育服务、技术服务,等等。最后,服务产品的使用价值具有非转移性。服务产品使用价值的非转移性,是指有些服务产品的使用价值不可能从产地转移到其他销售场所的性质。例如,旅游服务必须在旅游供给方所在地消费,即消费者要通过自然人移动的形式到旅游供给方所在地消费,这是因为旅游服务产品(如自然景观、历史建筑等)不可转移到消费者所在地。这一性质使得服务产品的生产与消费存在空间上不一致的矛盾,这个矛盾必须通过生产者和消费者的相对位移来克服。虽然服务产品的使用价值具有非转移性,但其所有权是可以转移的,在服务产品尚未被生产出来时,完全可以通过"交换"使其未来的所有权发生多次转移。

由于上述特征,服务产品使用价值的再生产与实物产品相比具有更大的局限性。这是因为实物产品使用价值的可储存性、可转移性,使其产品的实现所遇到的矛盾能得到一定程度的缓和。若甲地不能实现,则可运到乙地推销;若暂时无法售出,则可储存到未来售出。而服务产品使用价值的非储存性、非转移性,决定了它在生产出来的同一时刻、同一地点,就必须将自己实现为货币,马上实现价值补偿。这是比实物产品的价值补偿更为"惊险的跳跃"。所以,服务产品使用价值生产积累的可能性较之实物产品受到更多的限制。这也是服务产品使用价值作为劳动产物的必然性。服务产品使用价值作为非实物使用价值,同服务产品的生产行为不可分离,这决定了服务产品必然具有劳动产品的性质。这就是说,只有通过劳动才能生产出服务产品使用价值。

二、服务产品的价值

用来交换的服务产品在商品经济中具有交换价值和价值。服务产品的价值就是凝结在非实物使用价值上的、得到社会表现的一定量的抽象劳动。服务产品的价值决定了服务产品首先具有同实物产品相同的特征。

(一)服务产品的供给价值

商品是使用价值和价值的对立统一体,商品的二因素是由生产商品的劳动的二重性决定的,其中具体劳动决定商品的使用价值,抽象劳动决定商品的价值。抽象劳动作为生产过程中劳动者体力和脑力的耗费,即活劳动的耗费,构成商品价值的实体。但由于生产同种商品的不同企业的生产条件和劳动者素质的不同,生产同一商品耗费的活劳动时间就不同,使个别劳动时间长短不一。这些不同的个别劳动时间是否形成价值呢?这就要求解决同种商品价值量的决定问题。因为商品是用来交换的劳动产品,只有通过商品交换,即劳动量的交换,才能体现劳动者的相互关系,才能通过对商品价值运动的分析揭示被物所掩盖的人与人之间的关系。从马克思在《资本论》第一卷中的分析可以看出,个别劳动时间形成商品的个别价值,但价值的社会属性又使个别价值必须转化为社会价值,也就是说,不同企业生产的同种商品价值必须接受同一尺度的检验。这一尺度就是社会必要劳动时间。它既决定了同种商品的价值量,又是个人劳动转化为社会劳动、个别价值转化为社会价值的分水岭。商品的个别价值只有等于或低于这一价值量,才能转化为社会价值,否则就只能部分转化或完全得不到转化。而这一转化过程的进行正是劳动者发生经济联系的过程,马克思主义政治经济学就是要从人们之间的经济联系入手分析人类社会的生产关系及其发展规律。

从上述分析可以看出,马克思为揭示商品价值的本质而提出商品价值量的决定问题,这就使其分析以纯理论假定为基础。具体表现为:一是以个别企业为对象,分析个别企业因生产条件的不同使商品的个别价值低于或高于社会价值,而把由社会必要劳动时间决定的价值量作为常数;二是从生产过程分析商品价值量的构成,认为商品价值量是由生产过程中活劳动新创造的价值和耗费的生产资料价值构成的,排除了交换行为及各种交易费用对商品价值量的影响;三是仅从供给角度阐述商品价值的形成过程,没有引入需求因素的影响;四是以抽象的市场为基础分析商品价值量的确定,排除了市场信号变动的影响。

虽然上述分析是以实物产品为对象,但马克思分析的具体原理同样适合服务产品价值的决定。这时马克思对商品价值决定的分析是在生产过程内部,从供给角度进行的。供给作为提供给市场上的产品,"它们不仅是满足人们需要的使用价值,而且这种使用价值还以一定的量出现在市场上。其次,这个商品量还有一定的市场价值,个别市场价值表现为单位商品的或单位商品量的市场价值的倍数"。① 这就是说,供给具有使用价值和价值二重性,这里所说的价值只是从供给角度而言的,实际上相当于《资本论》第一卷中所说的一般价值,我们可以把它称为供给价值,在质上它是由供给一方单独决定的,在量上它是由社会必要劳动时间决定的。在这里,需求等经济力量并没有进入生产领域,最多只是作为生产者的一个预期因素,实际上并没有作为单独的经济力量影响商品价值的决定。由供给价值决定的价格叫供给价格,在货币价值量一定和一般静态均衡条件下,两者在量上是一致的。由于供给价值同生产商品所耗费的社会必要劳动时间成正比,同劳动生产率成反比,因此在其他条件不变的情况下,劳动生产率越高,同一时间内生产的使用价值越多,单位商品的供给价值就越少,供给价格也就越低,供给价值或价格是商品供给量的函数,两者呈反比关系。

(二) 服务产品的需求价值

需求是指有支付能力的、实现交换价值的需求,也包括使用价值和价值二重性。马克思对需求的分析,首先强调了需求的阶级性,指出调节需求原则的东西,本质上是由不同阶级的相互关系和它们各自的经济地位决定的。一方面表现为全部剩余价值与工资的比率,另一方面表现为剩余价值构成的不同比率,即利润、地租、赋税等比率。这实际上是指需求的质的规定性。从量的角度而言,消费者所消费的一定量商品实际上就代表着一定量的社会必要劳动时间。另外,消费者的需求还受到消费者对商品使用价值评价的影响。马克思说:"买主购买商品并不是因为它有价值,而是因为它有使用价值,可用于一定的目的。所以,不言而喻:(1)使用价值受到估价……"②

由此可见,需求是消费者在对商品使用价值估价的基础上对商品的实际购买能力。对一定量使用价值的购买就代表着一定量价值,或者说一定量社会必要劳动时间的需求,

---

① 中央马克思恩格斯列宁斯大林著作编译局.马克思恩格斯全集(第52卷)[M].北京:人民出版社,1975:208.
② 同上书,第416页。

这是从价值角度来观察的需求,我们可以称之为需求价值,在现实经济生活中它表现为消费者的实际购买能力。由于服务产品使用价值的特殊性,服务产品价值不像实物产品价值是在生产过程中由社会必要劳动时间决定,然后进入市场接受社会的检验。服务产品生产和使用的同一性,使其价值的决定具有特殊性:由供给价值和需求价值共同确定。

从全社会范围来看,总需求价值是消费者对商品需求量的总和,其规模取决于社会必要劳动时间Ⅱ。"只有当全部产品按必要的比例进行生产时,它们才能卖出去。……为了满足社会需要,只有这样多的劳动时间才是必要的。"[1]因此,要实现供求平衡,满足消费者需要,不仅要求在每个商品生产过程中使用必要的劳动时间,而且要求把社会总劳动时间,按必要的比例分配在不同的商品上。在需求不变的条件下,分配到某种商品生产上的社会必要劳动时间增多,商品的供给量增多,全社会对该商品的总需求会相对减少,对该商品的总需求价值也将会减少,这时商品的市场价值实际上就是由需求价值决定的。由商品的需求价值决定的价格叫需求价格,在现实的经济活动中就表现为消费者在购买某种商品时所接受的价格,它与商品的需求价值呈正比关系。

(三) 服务产品的市场价值和市场价格

这样,服务产品的市场价值就不是单纯地由社会必要劳动时间Ⅰ,即不是单纯地由供给价值决定的,而是由供给价值和需求价值的比例共同决定的。供给价值和需求价值实际上是从供求两方面,从价值量的角度,规定商品的市场价值。当商品的供给价值超过需求价值时,由于需求价值即消费者购买能力的制约,商品的市场价值趋近于需求价值;当需求价值超过供给价值时,由于供给价值所代表的社会必要劳动时间的制约,又会使商品的市场价值趋近于供给价值。供给价值与需求价值失衡,就意味着两种含义的社会必要劳动时间的要求不一致,使商品的市场价值在供给价值与需求价值间上下浮动。在现实的经济活动中,就表现为市场价格围绕市场价值上下波动。

市场价格作为市场价值的具体表现形式,是由市场价值决定的。市场价格的变化在一定程度上反映了市场价值的变动,从而体现了两种含义的社会必要劳动时间比例关系的变动。但在市场活动中,由于供求、竞争、劳动生产率的变化等因素的影响,市场价格往往与市场价值相背离,其背离的方向和程度主要取决于供给价值与需求价值比例关系的变动。因为"供求实际上从来不会一致;如果它们达到一致,那也是偶然现象,所以在科学上等于零,可以看作没有发生过的事情。"[2]这里所讲的供求,是指对商品使用价值的供求。供求平衡是偶然的、暂时的现象,供求不平衡则是必然的、长期的现象。当供大于求时,生产者提供到市场上的商品量必然超过消费者有支付能力的需求,从而造成价格向下的压力,甚至还会有一部分商品得不到社会承认,价值无法实现。这时商品市场价格所表现的市场价值更趋近商品的需求价值。当供不应求时,消费者对商品的需求量将超过生产者提供到市场上的商品量,从而造成价格向上的压力,这时卖方在买卖双方的竞争过程中居于主导地位,使市场价格所表现的市场价值更趋近商品的供给价值。市场价格围绕市场价值上下波动,引导市场活动主体调整经济行为,使供求逐渐趋于平衡。

---

[1] 中央马克思恩格斯列宁斯大林著作编译局.马克思恩格斯全集(第52卷)[M].北京:人民出版社,1975:717.
[2] 同上书,第212页。

从上述内容可以看出,服务产品市场价值的决定具有如下特点:

首先,市场价值决定是总量决定。社会必要劳动时间Ⅱ在既定的经济条件下确定了全社会的总需求价值,然后这一客观的需求价值总量通过收入分配形成消费者的实际购买力,进而转化为消费者对商品的需求价值。这一转化过程是以供给价值为基础,通过市场机制完成的。从这个意义上讲,社会必要劳动时间实际上是以社会必要劳动时间Ⅰ为基础发挥作用的。这两种社会必要劳动时间相互作用,就表现为供给价值和需求价值共同确定市场价值的过程。所以说市场价值决定首先是总量决定。

其次,市场价值是由供求两种经济力量共同决定的。这里所说的供求指的是价值的供求(即供给价值和需求价值),而不是使用价值的供求。它们的主要区别在于前者是以价值规律为基础,反映了按比例分配社会劳动的客观要求,具有一般性、抽象性等特点;而后者则是供求规律的直接体现,从物质形态上反映了市场上供求两种经济力量的对比消长。商品的供给价值和需求价值共同决定商品的市场价值,在现实的经济活动中最终表现为对商品的使用价值的供求。因此,这两种供求之间的联系可以概括为内容和形式、抽象与具体的辩证关系。

最后,市场价值是以现实的市场为基础形成的,受社会再生产过程中多种经济因素的制约和影响。商品价值是在生产领域形成的,排除了多种经济因素的干预和影响,有利于揭示价值的本质。而市场价值则主要是解决价值量的决定问题,因此需要从抽象上升到具体,分析社会经济活动即商品经济条件下的市场活动对市场价值形成的影响,社会资源的配置、国民收入的分配及市场功能等都会在一定程度上对市场价值产生影响。

综上所述,服务产品的价值是由生产过程所耗费的社会必要劳动时间决定的;而市场价值则是由两种含义的社会必要劳动时间所规定的供给价值和需求价值的比例确定的,形式上表现为供给价值和需求价值的相互作用,内容上则是两种社会必要劳动时间的对比消长。

第三节 影响服务产品国际市场价格变动的因素

服务产品的国际市场价格和其他商品的国际市场价格一样,是指在一定条件下形成的国际市场上实际买卖时所依据的价格。国际市场价格是国际价值的货币表现,其变动受国际价值规律的支配,取决于商品的国际价值和货币价值的变动。另外,随着供求关系、垄断和竞争等一系列因素的变化,服务产品的国际市场价格也是经常变动的。

一、国际价值是国际市场价格变动的基础和中心

国际价值是形成国际市场价格的基础,并制约着国际市场价格的长期变化。当一种新产品在国际市场上刚刚出现时,它还处在实验阶段,没有实现社会化大生产,也没有通过充分竞争使社会必要劳动时间缩短,因此耗费的国际社会必要劳动时间较多,包含的国际价值量较高,在国际市场上就表现为价格昂贵。但随着劳动生产率的提高和批量生产,或提供同种服务的人员增加,在竞争过程中商品的国际价值会逐步降低,价格也会下跌。

国际价值是国际市场价格变动的轴心。当某种商品在国际市场上供求平衡时,商品

的国际市场价格同国际价值一致;当某种商品在国际市场上出现短缺,供不应求时,商品的国际市场价格将背离国际价值而上升;当某种商品在国际市场上出现过剩,供过于求时,商品的国际市场价格则下跌到国际价值以下。受商品供求的影响,商品价格上下波动,但商品价格的波动又会反过来影响商品的供求,使供求逐渐趋于平衡,从而使国际市场价格从长远来看趋近于国际价值。

在不完全竞争(如垄断)条件下,国际市场价格会背离国际价值。但垄断并不能排除竞争,只能与竞争并存,并在一定程度上使竞争更为激烈,因而国际市场价格并不能长久背离国际价值。例如,在垄断程度较高的市场上,国际市场价格由垄断资本人为操纵,但从长远来看,国际市场价格仍受价值规律的制约,从而使国际市场价格与国际价值趋于一致。

二、货币价值是影响国际市场价格变动的基本因素

国际市场价格是商品国际价值的货币表现。因此,国际市场价格的变动,不仅取决于国际价值,而且依赖于世界货币价值。马克思指出,商品价格只有在货币价值不变、商品价值提高时,或者在商品价值不变、货币价值降低时,才会普遍提高。反之,商品价格只有在货币价值不变、商品价值降低时,或者在商品价值不变、货币价值提高时,才会普遍降低。在金本位制条件下,商品的价格既可以在商品价值变化的影响下上升或下降,也可以在黄金价格变动的影响下上升或下降。在商品价值不变的情况下,价格会随黄金价格的升降而成反比例的变动。黄金价格下降,商品价格就会提高;黄金价格提高,商品价格就会下降。例如,15世纪末16世纪初的"地理大发现"后,西班牙殖民主义者在中南美洲抢劫金银和驱使当地的原住民采掘金矿,葡萄牙殖民主义者在东方和西非以欺诈、暴力手段掠夺巨额黄金,大量廉价的黄金源源流入欧洲,引发物价上涨。

在纸币流通的条件下,纸币本身没有价值,它是在流通中作为金(或银)的符号和代表执行其职能。当纸币发行量超过商品流通所需要的货币数量时,纸币就会贬值,物价就会上涨。第二次世界大战后,西方国家普遍存在通货膨胀,通货膨胀对国际市场价格的上涨起了重要作用。尽管战后科学技术迅速发展,劳动生产率明显提高,单位商品的国际价值量有了很大的降低,但国际市场价格从总体上看仍然是上涨的。

在对外贸易过程中,一国的货币价值既表现为对内价值,又表现为对外价值(也就是本国货币与外国货币的比价,即汇价)。一国货币对外价值的变动除了受本国货币对内价值变动的影响,还取决于各国货币在同一时期实际购买力的对比和外汇供求关系的变化。在浮动汇率制度下,汇率变动频繁且波动幅度大,从而加剧了国际市场价格的不稳定性。

三、商品市场供求关系直接影响国际市场价格

商品市场供求关系是引起国际市场价格变化的直接的基本因素。政治、经济、军事和自然条件等因素都是通过影响供给和需求促使国际市场价格发生变化的。在国际市场上,商品的供给和需求是经常变动的,且两者的变动既可以是同方向的,又可以是反方向的。因此,供给和需求的变动对国际市场价格的影响包括以下几种情况:

(1)当供给急剧增加而需求不变时,国际市场价格下跌。当生产某种商品有利可图

时,生产者就会扩大生产规模,增加市场供应,导致生产过剩,在市场上就表现为供过于求,从而导致价格下跌。例如第二次世界大战后,随着发展中国家对外贸易的发展,初级产品的供给量持续增加,在国际市场上就表现为初级产品的国际市场价格不断下跌。

(2)当需求减少而供给不变时,国际市场价格下跌。不论出于何种原因,只要市场需求萎缩,就会引起商品过剩。卖方间的竞争会迫使生产者低价销售,引起价格下跌。这种供求关系也直接影响着服务产品的价格变动,虽然服务产品不具有可储存性等特点,但相对过剩的生产能力与不足的需求相比,同样使买方在竞争过程中处于有利地位,导致服务产品的国际市场价格下跌。

(3)当供给减少而需求不变时,国际市场价格上涨。当某种商品的生产成本增加,或其他原因导致利润减少时,生产者就会缩小生产规模,从而造成商品短缺,供不应求,在其他条件不变时就会使商品价格上涨。另外,当需求增加而供给不变时,国际市场价格也会上涨。买方间的竞争使消费者愿意以更高的价格购买他们所需要的商品,造成需求扩大,从而刺激价格上涨。

(4)当供给和需求同时增加时,如果供给增加的程度大于需求增加的程度,则国际市场价格下跌;如果需求增加的程度大于供给增加的程度,则国际市场价格上涨。相反,当供给和需求同时减少时,如果供给减少的程度大于需求减少的程度,则国际市场价格上涨;如果需求减少的程度大于供给减少的程度,则国际市场价格下跌。

上述几种分析的假设前提是国际市场上不存在垄断或任何强制力量,供求变动自发影响价格。

国际市场上的商品供求关系,不仅表现为供给数量与需求数量的对比关系,而且表现为供给和需求在价格机制作用下互相适应的关系。在国际市场上不同商品的价格变化对其供给和需求的影响是极不相同的。有的商品价格稍有变化,其供给和需求就会发生很大变化;有的商品即使价格变化很大,其供给和需求的变化也很小。西方经济学家用供给和需求的价格弹性理论说明价格变动对供给和需求的不同影响。

需求的价格弹性(price elasticity of demand)是指某一商品的需求量对它本身价格变动的反应程度,可用需求弹性系数表示。其计算公式为:

$$需求弹性系数 = \frac{需求量变动的百分比}{价格变动的百分比}$$

以 E_d 代表需求弹性系数,P 代表价格,ΔP 代表价格的变动量,Q 代表需求量,ΔQ 代表需求的变动量,则公式为:

$$E_d = \frac{\Delta Q/Q}{\Delta P/P} = \frac{\Delta Q/\Delta P}{Q/P} = \frac{\Delta Q}{\Delta P} \times \frac{P}{Q}$$

因为价格与需求量呈反方向变动,所以需求弹性系数应为负值。但在实际运用时,为了方便起见,一般都取其绝对值。

如果 E_d 大于1,则表示需求富有弹性,即需求量变动的幅度大于价格变动的幅度。如果 E_d 小于1,则表示需求缺乏弹性,即需求量变动的幅度小于价格变动的幅度。如果 E_d 等于1,则表明需求量和价格的变动幅度一致。

供给的价格弹性(price elasticity of supply)是指某一商品的供应量对它本身价格变动

的反应程度,可用供给弹性系数表示。其计算公式为:

$$供给弹性系数 = \frac{供给量变动的百分比}{价格变动的百分比}$$

以 E_s 代表供给弹性系数,P 代表价格,ΔP 代表价格的变动量,Q 代表供给量,ΔQ 代表供给的变动量,则公式为:

$$E_s = \frac{\Delta Q/Q}{\Delta P/P} = \frac{\Delta Q/\Delta P}{Q/P} = \frac{\Delta Q}{\Delta P} \times \frac{P}{Q}$$

因为价格与供给量呈同方向变动,所以供给弹性系数为正值。

供给和需求的价格弹性理论虽然是在分析实物产品的基础上提出的,但其一般理论对认识服务产品的国际市场价格变动具有重要意义。

四、其他影响国际市场价格变动的因素

（一）垄断对国际市场价格的影响

在自由竞争时期,国际市场价格通过自发的市场力量来形成。进入垄断阶段后,垄断代替自由竞争,在经济生活中占据统治地位,并对国际市场价格产生重要影响。垄断对国际市场价格的影响取决于垄断组织在某种商品的生产和销售中或服务产品的提供中所占的市场份额,以及对原料来源、科技发明、专利许可等的控制程度。另外,垄断组织的规模大小和市场条件也直接影响着国际市场价格。一般情况下,市场垄断程度越高,垄断组织操纵国际市场价格的力量就越强。

垄断程度的高低主要取决于以下几个条件:

（1）生产和流通的集中程度。集中程度越高,企业的数量越少,个别企业在生产和流通中所占的比重越大,越容易形成较高程度的垄断。垄断组织通过垄断高价和垄断低价直接影响国际市场价格。

（2）进入市场的难易程度。市场进出障碍直接影响竞争者的规模和数量,以及市场竞争环境和竞争秩序,并最终对垄断和市场价格产生影响。竞争者进入某个部门或某个市场的障碍越大,竞争者的数量越少,该部门或市场的垄断程度相对就越高;竞争者进入越容易,竞争程度越激烈,该部门或市场的垄断程度相对就越低。

（3）跨国公司的规模和数量。跨国公司规模巨大、资金雄厚、技术先进,是当代国际贸易中的主要垄断力量,并对国际市场价格有着重要影响。

（4）产品性质的差别程度。产品性质差别越大,垄断程度就越大。

垄断分为买方垄断和卖方垄断。买方垄断是垄断组织凭借其买方的垄断地位,以低于国际价值的国际市场价格购买商品,特别是发展中国家生产的初级产品。卖方垄断是垄断组织利用其卖方的垄断地位,以高于国际价值的国际市场价格出售工业制成品、服务产品等(特别是一些新兴的或享有专利权的产品),以攫取高额垄断利润。

垄断组织操纵国际市场价格的手段是多种多样的。例如,建立国际卡特尔,规定出口商品的出口量和价格;通过划分市场范围减少商品的供给量,维持垄断高价;实现价格领先制,由特定公司担任价格领导,首先变更价格,其他公司跟随行动等。

（二）竞争对国际市场价格的影响

在当代国际市场上，虽然垄断资本占据主导地位，并对国际市场价格的形成和变动产生重大影响。但垄断并不能代替竞争，更不能消除竞争，只能在一定程度上使竞争更为激烈。因此，竞争仍然是影响国际市场价格的一个重要因素。

国际市场的竞争表现为以下几个方面：

一是各国卖方之间的竞争。在国际市场上，同一种商品或服务产品往往是由许多国家的不同卖方提供的。在同一时间、同一市场上，谁的商品质量好，谁的售后服务好，谁的价格便宜，谁的商品竞争力就强，就能战胜其他竞争对手，从扩大销售中获取利润。因此，卖方之间争夺市场、争夺销路的竞争，往往促使商品价格下跌。

二是各国买方之间的竞争。在国际市场上，当买方数量众多且购买量大时，每一个买方为实现自己的经济目标都力求排挤掉另一个买方，甚至不惜出高价购买自己急需的商品。买方之间的竞争，往往促使商品价格上涨。

三是买方和卖方之间的竞争。在国际市场上，买方力求购买到物美价廉的商品，卖方力求高价卖出商品。买卖双方的竞争是两种不同的社会力量从相反方向对价格产生影响。这种竞争以市场状况为基础，表现为竞争双方力量的对比关系。当商品供不应求时，买卖双方竞争力量的悬殊会刺激商品价格趋于上涨；相反，当商品供过于求，买方力量更强大时，商品价格会趋于下跌。

竞争会对商品价格产生不同的影响，以上三个方面主要是同种商品或服务产品之间的竞争。然而在国际市场上还存在另一种竞争——替代品或互补品之间的竞争，即不同市场上的竞争行为相互影响。例如，煤炭和石油、铜和铝、铝和锡、人造纤维和天然纤维等替代品之间的竞争。科学技术的发展和生产工艺的不断完善，刺激了替代品的生产和使用。不少替代品在质量上不仅不低于而且还高于被替代的商品。这就使被替代的商品需求萎缩，价格呈下跌趋势。替代品价格较低，则被替代的商品只能在较低的价格水平上运动。国际服务市场的竞争与国际商品市场一样，供求关系的变化影响价格，价格的变化反过来也对供求产生影响。

（三）经济周期对国际市场价格的影响

发达市场经济国家的再生产具有明显的周期性，经济运行是周期性进行的，一个周期通常由危机、萧条、复苏和高涨四个阶段构成。这种周期性的扩张和收缩制约着供求变动，从而在很大程度上影响着国际市场价格变动。正如马克思所指出的，资本主义的生产要经过一定的周期性的循环，包括消沉、逐渐活跃、繁荣、生产过剩、危机和停滞等阶段。商品的市场价格和市场利润率都随着这些阶段而变化，有时低于其平均水平，有时高于其平均水平。

国际市场价格随着经济周期的变化而变化，但各类商品对经济周期的反应程度是不同的。一般说来，原料价格比制成品价格对周期变化的反应要快，波动要大。这是因为把原料加工成制成品要经历一段时间，原料价格变化反映到制成品价格变化的速度比较缓慢，所以原料商品的供给弹性和需求弹性小。随着经济全球化的发展，国际市场的联系程度不断提高，经济运行的周期性会对更多的国家、更多的商品和服务产生影响。

（四）西方发达国家政府采取的政策措施对国际市场价格的影响

第二次世界大战以后，根据凯恩斯的经济理论，发达国家普遍采用宏观政策对经济生活进行干预和调节。由于西方发达国家经济一体化的发展，其国内经济与世界经济联系密切，因而西方发达国家采取的政策、措施不可避免地会对国际市场及国际市场价格产生影响，尤其是在对外经济贸易方面采取的政策措施，对国际市场及国际市场价格影响更大。例如，有的国家通过实行价格支持、出口补贴等政策，降低成本以提高竞争力，刺激本国厂商进入国际市场。厂商进入国际市场一方面增加了商品的供应，加剧了竞争，压低了某些出口商品的价格；另一方面扩大了企业规模，提高了企业的垄断程度。

近年来，随着世界贸易组织作用的发挥，成员的数量限制逐渐被取消，平均关税水平不断降低。对服务产品的进出口而言，有关市场进入壁垒、自然人流动等方面的政策成为影响国际服务贸易发展的主要手段。

国际市场价格的变化，除了受到上述因素的影响，还受到国际资本流动、经济全球化、地区经济一体化的直接影响，以及自然灾害、战争、投机、季节性等因素的影响。

第四节 服务产品国际市场价格的形式

一、国际自由市场价格

所谓国际自由市场价格，是指在国际市场上不受垄断干扰的条件下，由独立经营的买卖双方根据市场供求关系进行交易的价格。在自由竞争阶段，由于商品、资本、劳动力自由流动，国际市场存在广泛而充分的竞争，众多的买方和卖方在同一市场按照一定的规则进行交易。由于这种商品的价格是通过公开竞争形成的，因而国际市场价格具有统一性。像小麦这种国际贸易商品，产自美国、加拿大、澳大利亚和其他一些国家，但在芝加哥商品交易所和其他国家的谷物交易所都能卖到大致相同的价格。棉花、羊毛、橡胶、石油等的价格也是一样的。各国的国内市场价格，除了关税和运费，基本上是一致的。服务产品的提供也具有相同的特征，买卖双方的成本是竞争的主要因素。但当时的服务贸易基本上是从属于货物贸易的，在国际贸易中所占的比重很低。

同一种商品的国际市场价格趋于一致是在竞争规律的作用下形成的。在完全竞争的条件下，市场体系比较完善，市场功能健全，在市场信号的引导下，商品就会从供应充足、价格低廉的地区，流向供应稀少、价格昂贵的地区，表现为从事国际贸易的企业在商品价格便宜的地区买进，在商品价格较高的地区卖出。这个交易过程一直进行下去，直到各个区域的价格不计运费和关税在内基本保持一致，竞争规律等经济规律制约着市场价格的变动。

国际市场价格的一致性不仅适用于有形商品，而且适用于劳动力和资本等服务产品。如在竞争规律的作用下，劳动力从工资低廉的国家或地区转移到工资较高的国家或地区，资本从利润较低的国家或地区转移到利润较高的国家或地区。所以在国际服务贸易市场上，竞争规律同样发挥着作用，影响着服务产品的价格变动。

二、国际封闭市场价格

所谓国际封闭市场价格,是指买卖双方在一定的约束关系下形成的价格。垄断资本主义代替自由资本主义以后,在垄断和国家垄断的强大力量下,垄断组织和地区经济一体化得到迅速发展,国际市场被分解为若干个相对孤立的封闭市场,国际市场价格的统一性遭到严重破坏,表现出国际市场价格的多元化。目前,国际市场上至少存在以下几种价格。

（一）转移价格

转移价格(transfer price)是跨国公司内部母公司与子公司之间、子公司与子公司之间销售商品和服务的一种内部价格。这种价格不受国际市场供求关系的影响,只服从于跨国公司全球战略目标的需要,目的是最大限度地降低税赋,获取高额垄断利润。跨国公司操纵和利用转移价格的原因如下：

（1）利用转移价格控制市场,提高竞争地位。例如,母公司向子公司低价提供追加的服务,使子公司能够按照较低的费用进行生产,以打败竞争对手、扩大市场份额,或者能够阻止其他新公司进入该市场。

（2）利用转移价格转移资金。当一国即将实行外汇管制时,跨国公司可以通过提高转移价格将该国的利润和其他现款转移到国外。当一国实行外汇管制时,跨国公司则采取提高进口货物价格的办法,增加向国外的汇款。跨国公司的这种经营行为促进了金融服务业的发展,并使跨国公司内部的服务贸易在国际服务贸易中占有更大的比重。

（3）利用转移价格逃避税收。跨国公司从全球战略出发,通过转移价格,把高税率地区子公司的利润转移到低税率地区或避税港,使公司的全球性纳税负担降至最低。跨国公司利用转移价格逃避税收,其目的是提高利润,即通过转移价格来压低新建子公司的利润和增加母公司的利润,或者利用转移价格把利润从新建子公司转移到母国或其他国家的子公司,使总公司达到利润最大化。

（二）垄断价格

垄断价格(monopoly price)是垄断组织凭借其在生产领域和流通领域的垄断地位而规定的高于国际价值的垄断高价或低于国际价值的垄断低价。垄断组织可以利用垄断价格取得高额垄断利润。

垄断价格是在垄断资本控制市场的条件下确定的,垄断企业是垄断价格的决定者。而非垄断价格是由市场的自发力量即供求关系决定的。在非垄断市场,由于买方和卖方有很多,任何一个厂商所占的市场份额都较小,因而无法对市场价格变化施加很大的影响,更不能控制市场价格,只能作为市场价格的接受者。垄断企业凭借其在市场份额或技术等方面的垄断地位能够在一定程度上操纵价格,并且在定价时主要考虑长期盈利,对市场行情的短期变化通常不做出相应反应。当然垄断价格并不能随心所欲地确定,因为垄断并没有消除竞争,垄断企业之间的竞争、垄断企业与非垄断企业之间的竞争、替代品生产者之间的竞争都会在一定程度上对垄断价格起到制约作用。同时,垄断企业在确定商品价格时,也必须考虑价格和供求之间的关系以及销售量(或生产量)和生产成本之间的关系,更重要的是还要受到客观经济规律的支配。

垄断组织确定垄断价格的原则是取得尽可能多的垄断超额利润。因此,垄断价格有其客观的界限。垄断价格的上限取决于国际市场对国际垄断组织所销售商品的需求量。如果价格垄断过高,则会减少需求量,导致利润率下降。这就迫使国际垄断组织不能制定过高的销售价格,而是制定最佳的销售价格。在这种垄断价格下,一定的销售数量能够取得最多的垄断超额利润。垄断价格的下限取决于生产费用加国际垄断组织所在国的平均利润。如果垄断价格中所包含的利润长期低于平均利润,那么国际垄断组织就会停止生产,退出市场。

(三) 国家垄断价格或管理价格

西方发达国家通过各种途径对价格进行干预,由此出现了国家垄断价格或管理价格。这在服务产品方面表现得十分明显,如邮政服务、海洋运输、专业服务等,或者是通过行政手段直接干预,或者是通过制定有关市场进入的限制性措施间接影响价格的变动。发达国家对服务产品的价格干预一般有以下几种方式:

首先,国家提供服务和限制进出口贸易。由于服务业的特殊性,许多国家对敏感性的服务行业进行直接限制,限制措施之一是制定服务产品价格,并由国家指定的企业提供服务。比如邮政服务在许多国家由国家直接经营。

其次,国家间接干预服务产品的供给,并最终影响服务产品的价格。如果国家对某种服务的提供制定一系列技术条件,排除其他企业进入这一市场的可能性,仅由有限的国内企业提供服务,就能使服务产品的价格维持在一定水平。如美国对近海运输的限制等。

再次,服务提供者的资格认证也在一定程度上影响服务产品的价格。

最后,国家通过制定相关的经济政策,影响服务提供者的供给能力和供给产品的数量,从而影响服务产品的价格。例如,教育服务规模受到政府有关留学生政策的限制,如果政府限制留学生的数量,教育服务的供给减少,则在需求不变甚至增加的情况下,留学的成本将可能上升,即服务产品的价格将提升。

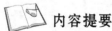 内容提要

1. 服务产品也具有使用价值——非实物使用价值。这种使用价值首先具有满足人们某种需要的功能(包括满足人们某种物质或精神需要的功能),或者说具有满足人们某种需要的效用。这是使用价值的共同特征。非实物使用价值也是构成社会财富的重要内容。

2. 服务产品的价值是凝结在非实物使用价值上的、得到社会表现的一定量的抽象劳动。服务产品的价值决定具有与实物产品相同的特征。

3. 服务产品的国际市场价格和其他商品的国际市场价格一样,是指在一定条件下形成的国际市场上实际买卖时所依据的价格。国际市场价格是国际价值的货币表现,其变动受国际价值规律的支配,取决于商品的国际价值和货币价值的变动。

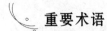

重要术语

商品的价值　服务产品的价值　服务产品的国际价值　服务产品的价格　服务产品的国际市场价格

思考题

1. 你认为服务产品有价值吗？其价值是什么？
2. 服务产品的国际价值是如何确定的？
3. 影响服务产品国际市场价格的因素有哪些？
4. 服务产品国际市场价格包括哪些形式？

阅读推荐与网络链接

1. 陈宪,程大中.黏合剂:全球产业与市场整合中的服务贸易[M].上海:上海社会科学院出版社,2001.
2. 刘东升.国际服务贸易[M].北京:中国金融出版社,2005.
3. 斯密.国民财富的性质和原因的研究[M].郭大力,王亚南,译.北京:商务印书馆,1981.
4. 汪尧田,李力.国际服务贸易总论[M].上海:上海交通大学出版社,1997.
5. MCKEE D. Growth, Development, and the service economy in the third world[M]. New York: Praeger Publisher, 1988.
6. http://www.imf.org
7. http://www.mofcom.gov.cn
8. http://www.stats.gov.cn
9. http://www.wto.org

21世纪经济与管理规划教材

国际经济与贸易系列

第五章

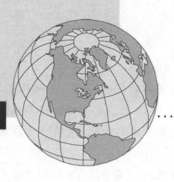

WTO 体制与国际服务贸易的发展

【学习目标】
- 掌握多边贸易谈判的基本内容;
- 了解《服务贸易总协定》的基本内容;
- 熟悉 WTO 体制对国际服务贸易发展的影响。

> **引导案例**

2019年4月27日,中美就美国的"301调查"在世界贸易组织(WTO)第三次交锋,这也是在WTO争端解决机构会议上的第二次交锋。中方认为美国"301条款"的单边主义性质是对以规则为基础的多边贸易体制的挑战,并呼吁成员共同反击此类单边主义和保护主义行为。

值得一提的是,3月中旬中方发出请各方"齐心协力阻止'301'死灰复燃,并重新把它关进WTO规则的笼子里"的呼吁,多个WTO成员给出回应。巴基斯坦、俄罗斯、日本、印度、巴西、挪威等国家以及欧盟等地区对美国的单边主义做法表达了不同程度的关切,其中巴基斯坦和俄罗斯的态度最为强烈。中方认为,美国此次针对中国的"301调查"无视中国在市场化改革、扩大开放和加强知识产权保护等领域所取得的进步,其对中国的指控毫无依据。美国的单边主义做法已经严重损害WTO基础,将WTO置于前所未有的危险之中。中方呼吁WTO成员共同努力,坚定反击美国的保护主义行为。

资料来源:中国在WTO争端解决例会指出:美301挑战多边贸易体制[EB/OL].(2018-04-28)[2020-09-04].http://www.cs.com.cn/xwzx/201804/t20180428_5789040.html,有删改。

世界贸易组织(WTO)是政府间国际经济贸易组织,简称世贸组织,与国际货币基金组织、国际复兴开发银行并称世界经济体制的"三大支柱",具有法人资格,在法律上与联合国等国际组织处于平等地位,其前身为关税与贸易总协定(GATT)。根据1994年4月15日举行的GATT乌拉圭回合部长级会议关于《马拉喀什建立世界贸易组织协定》,WTO于1995年1月1日开始运作,1996年1月1日正式取代GATT,总部设在瑞士日内瓦,至2020年5月有成员164个。

第一节 多边贸易谈判及其影响

多哈回合谈判是WTO成员之间的多边贸易谈判。2001年11月,WTO在卡塔尔首都多哈举行第四次部长级会议,启动了新一轮多边贸易谈判,人们称之为"多哈发展议程",简称"多哈回合"。多哈回合谈判的宗旨是促进WTO成员削减贸易壁垒,通过更公平的贸易环境促进全球特别是较贫穷国家(或地区)的经济发展。谈判包括农业、非农产品市场准入、国际服务贸易、规则谈判、争端解决、知识产权、贸易与发展以及贸易与环境等八个主要议题。各方原计划在2005年1月1日前结束谈判,但因分歧严重,谈判时间一再被延长,2006年7月22日在WTO总理事会的批准下正式中止。2009年9月14日,各方谈判代表齐聚瑞士日内瓦重启多哈回合谈判,但因世界贸易中保护主义抬头等因素的影响,谈判仍未取得进展。

一、GATT体制下的多边贸易谈判概述

第二次世界大战结束后,复杂的国际经济问题,特别是盛行的贸易保护主义,成为各

国恢复经济所面临的首要问题。在此背景下,为了削减关税和解决其他贸易限制等问题,各国进行了全球性的谈判。经过多次谈判,以美国为首的23个国家于1947年10月在日内瓦签订了《关税与贸易总协定》。GATT是一个过渡性的组织,为了适应全球性经济贸易的不断变化,多次修订《关税与贸易总协定》。迄今为止,GATT总计完成了八轮多边贸易谈判,谈判情况如表5-1所示。

表5-1 八轮多边贸易谈判的成果一览简表

轮次	时间(年)	主要议题
第一轮	1947	关税减让
第二轮	1949	关税减让
第三轮	1950—1951	关税减让
第四轮	1956	关税减让
第五轮 迪龙回合	1960—1961	关税减让
第六轮 肯尼迪回合	1964—1967	关税减让,反倾销问题
第七轮 东京回合	1973—1979	关税减让,谈判重心从关税减让转移到非关税壁垒方面
第八轮 乌拉圭回合	1986—1994	关税减让,市场准入,贸易竞争规则,"新领域"议题,即国际服务贸易、与贸易有关的知识产权和与贸易有关的投资措施等。首次将服务贸易列入多边贸易谈判范围。1990年各谈判组形成了框架协议。谈判决定,从1995年1月1日起,GATT为WTO所取代。

GATT体制下的八轮多边贸易谈判中,前六轮谈判主要是针对各国货物贸易的关税减让问题进行的。第七轮东京回合谈判的内容较之前广泛,谈判重心转移到各国货物贸易的非关税壁垒方面,同时设立了专门机构以解决各国因非关税壁垒所产生的问题。第八轮乌拉圭回合谈判涉及了前七轮谈判中未曾讨论的新问题,如国际服务贸易、知识产权等,而且国际服务贸易成为各国利益较量的主题。这种谈判议题的历史变迁,一方面说明了世界贸易的动态发展,另一方面衬托出WTO体制形成的现实背景,即继承了以往GATT的多轮谈判成果。与GATT体制明显不同之处在于,WTO体制的运行规则和法律效应平行地对待货物贸易与国际服务贸易。

专栏5-1　《关税与贸易总协定》

《关税与贸易总协定》是一个政府间缔结的有关关税和贸易规则的多边国际协定,简称《关贸总协定》。其宗旨是通过削减关税和其他贸易壁垒,消除国际贸易中的差别待遇,促进国际贸易自由化。《关税与贸易总协定》于1947年10月30日在日内瓦签订,并于1948年1月1日开始临时适用。值得注意的是,由于未能达到关税与贸易总协定规定的生效条件,作为多边国际协定的《关税与贸易总协定》从未正式生效,而是一直通过《临时适用议定书》的形式产生临时适用的效力。

《关税与贸易总协定》的序言明确规定其宗旨是:缔约各国政府认为,在处理它们的贸易和经济事务的关系方面,应以提高生活水平、保证充分就业、保证实际收入和有效需求的巨大持续增长、扩大世界资源的充分利用以及发展商品的生产与交换为目的。通过达成互惠互利协议,大幅地削减关税和其他贸易障碍,取消国际贸易中的歧视待遇等措施。《关税与贸易总协定》实施以后,即开始进行全球多边贸易谈判,40多年来,经过多次关税减让谈判,缔约国关税已有大幅削减,世界贸易已增长十几倍,其在国际贸易领域内发挥了重要作用。

二、WTO 对国际服务贸易发展的影响

与 GATT 相比,WTO 不再是一个临时性的国际组织,而是有着良好的法律基础、完善的组织结构和管理机制的国际经济组织,因此它更有能力管理比货物贸易更为复杂的国际服务贸易。在多边贸易协定方面,对应多边货物贸易协定,乌拉圭回合形成了服务贸易总协定;在组织机构方面,WTO 成立了与货物贸易理事会相对应的国际服务贸易理事会。这种规范的形成和组织措施的处理都表明,WTO 体制会对国际服务贸易的发展产生深刻的影响。

专栏 5—2 　　　　　　　　　　世界贸易组织

1994 年 4 月 15 日,在摩洛哥的马拉喀什市举行的 GATT 乌拉圭回合部长级会议决定成立更具全球性的世界贸易组织(WTO),以取代成立于 1947 年的 GATT。WTO 是一个独立于联合国的永久性国际组织,1995 年 1 月 1 日正式开始运作,负责管理世界经济和贸易秩序,总部设在瑞士日内瓦莱蒙湖畔。1996 年 1 月 1 日,它正式取代 GATT 临时机构。WTO 是具有法人地位的国际组织,在调解成员争端方面具有更高的权威性。与 GATT 相比,WTO 涵盖货物贸易、服务贸易以及知识产权贸易,而 GATT 只涉及货物贸易。1995 年 7 月 11 日,中国被 WTO 总理事会会议接纳为 WTO 的观察员,并于 2001 年 11 月加入 WTO。WTO 成员分四类:发达成员、发展中成员、转轨经济体成员和最不发达成员。

1. 确定国际服务贸易各成员共同遵守的国际规则

WTO 关于国际服务贸易的国际规则主要反映在《服务贸易总协定》(GATS)中,该协定为国际服务贸易的发展创立了各成员必须共同遵守的国际规则。长期以来,尽管国际服务贸易发展迅速,但并没有一套参与国际服务贸易的国家或地区共同遵守的国际规则,缺乏共同的约束机制。以往各国国际服务贸易政策和规则的协调主要体现出两个特点:①国际服务贸易政策的协调以双边和区域协调为主要形式,许多国家订立双边贸易协定,

在国际服务贸易上相互给予互惠待遇;②国际服务贸易政策的国际协调以行业为主。因此,以往国际服务贸易规则的谈判都是在国际电信协会、国际民航组织、国际清算银行、国际海事组织等国际性行业组织的主持下进行的。显而易见,这些双边性质与行业性质的政策和规则的协调方式不能适应国际服务贸易发展的现实,妨碍了国际服务贸易的全面自由化并减缓了国际服务贸易流量的增长。

WTO体制完整地继承了乌拉圭回合谈判产生的《服务贸易总协定》,并在组织结构上加以保证,终于使WTO成员有了一个共同认可和可供遵循的国际规则。由于国际贸易本身是由国际货物贸易和国际服务贸易两部分组成的,因此有关国际服务贸易规则的建立,一方面会成为促进各成员国际服务贸易发展的重要手段,另一方面标志着WTO体制较以往的国际贸易体制更为完善。

2. 推动国际服务贸易自由化

国际服务贸易自由化体现在《服务贸易总协定》的基本精神中。所谓国际服务贸易自由化,是指服务在各国或地区间没有障碍地自由流动。货物贸易可以通过减少以至最终消除关税壁垒来实现自由化。国际服务贸易不存在关税问题,但存在同货物贸易相似的非关税壁垒。在WTO体制下,国际服务贸易自由化主要是从以下几个方面推动的:

(1) 最惠国待遇。国际服务贸易中的最惠国待遇是指,任何成员给予另一成员的服务或服务提供者的待遇,应无条件地以相同待遇和相同交换方式给予其他成员。无条件的最惠国待遇是GATT的基本原则,WTO继承了这一基本原则,并将其完整地移植到了《服务贸易总协定》中。

(2) 透明度。《服务贸易总协定》规定,除非在紧急情况下,每一成员应该迅速将涉及或影响其内部市场国际服务贸易的所有相关法律、法规和行政命令以及所有其他决定、规则及习惯做法,最迟在它们生效以前予以公布,如果是涉及或影响国际服务贸易的国际协定签字成员,则该项国际协定也必须予以公布。这一有关国际服务贸易的"透明度"条款,显示出WTO体制更加严格的政策监督特点。

(3) 市场准入和国民待遇。《服务贸易总协定》的任何签约方都应向提供服务的另一签约方开放其市场。一成员向另一成员开放服务市场时,应给予对方相应的待遇,创造一定的条件,并允许对方在可能的范围内选择其最满意的一种提供服务方式,即各WTO成员的服务市场都不能封闭,而必须是开放竞争的。国民待遇规定要求,一成员给予另一成员的服务业及服务提供者在所有法律、规章、行政管理等方面的待遇应不低于给予成员内部服务业和服务提供者的待遇。

(4) 发展中成员更多参与。各成员都同意,发展中成员的服务业比较落后,其国际服务贸易在世界贸易中所占的比重较小,应通过各种手段加强和发展服务业的效率与竞争力,扩大出口能力,开放市场。但考虑到一些成员的困难和实际情况,应该做出某些具体规定,实行一些临时的例外和保护措施。

(5) 逐步自由化。国际服务贸易自由化需要一个过程,不可能一下全部放开,对发展中成员尤其如此。《服务贸易总协定》规定,各成员应就逐步扩大国际服务贸易自由化问题进行定期谈判,逐步降低或消除实现国际服务贸易自由化的障碍;同时也指出,对个别发展中成员在开放领域及开放进度等方面要"给予适当的灵活性"。

通过上述各方面可以看出,《服务贸易总协定》及其附件作为WTO体制的组成部分,构成了国际服务贸易体制的原则和行为准则,必然会推动世界国际服务贸易的自由化进程,从而对世界经济和国际服务贸易的发展产生深远的影响。

三、新体制下的国际服务贸易问题

《服务贸易总协定》是人类历史上第一个促进国际服务贸易自由化的国际多边贸易协定,它在总体上明确了国际服务贸易的发展方向和必须遵循的共同规则,但它并不能解决国际服务贸易的所有问题。实际上,在《服务贸易总协定》体制下,国际服务贸易的现实发展还面临以下几个亟待解决的问题:

1. 国际服务贸易理论落后

不像商品的生产和交换,经济学中关于服务的生产和交换的理论著述较少,已有的贸易理论可以说只是解释货物贸易产生和发展的理论。各国经济学家对国际服务贸易的成本、价格、交易方式及比较优势等方面的探索和研究虽然取得了一些成果,但尚未形成系统的、为各国所普遍接受的国际服务贸易理论体系。

发达国家学者主张,货物贸易中的比较成本优势理论同样适用于国际服务贸易,甚至认为修正的赫克歇尔-俄林模型可以说明涉及要素流动的国际服务贸易。他们认为,发达国家具有知识、技术、科学和管理的优势,在高新技术服务领域具有出口优势,但发展中国家具有劳动力和资源的优势,也可以从自由贸易中获得利益。同货物贸易一样,国际服务贸易的收益来源于国际分工所导致的效率提高和国际服务贸易流量的增大,进口提供了比国内市场更便宜、更高质量的服务,因此促进了稀缺资源在各国间的更合理配置。一国的服务在整体上可能处于劣势,但在某些部门会具有比较优势,实行自由贸易必然促进资源在各国间的合理配置,形成规模效益,从而达到发达国家和发展中国家通过国际服务贸易自由化而共同获益的理想。发展中国家不同意自由贸易理论的这种引申,认为自由贸易理论在实践中并非灵丹妙药,发达国家的贸易发展历史也不是依靠自由贸易发展起来的。因此,在经济发展相对落后的阶段,适当的保护主义有利于发展中国家的经济发展,特别是在国际服务贸易领域,理论的形成和应用必须符合经济发展的实际。

2. 国际服务贸易统计数据匮乏

国际服务贸易统计的最大困难在于服务的生产和消费所固有的同步性。这种同步性常常需要双方的行为是发生在同一时点或有某种程度的直接接触。这样就会引起生产者、消费者或者生产要素的国际移动,这些移动都可以算作国际服务贸易的基本内容,但在传统的统计指标中很难反映出来。然而,准确、完整的国际服务贸易统计数据对于国际服务贸易理论的形成、国际服务贸易利益的谈判极其重要。相当多国家的国民账户和国际收支统计中有关服务业的信息都不完善,给测量和比较各种服务活动带来了困难。这方面的问题有:现行统计一般不包括用于农业、采矿业尤其是制造业的服务性投入,一般没有与商品相联系的服务出口记录,各项服务业的分类数据不完整等。

3. WTO 协定的条文解释和法律效力问题

《服务贸易总协定》是 WTO 协定的附录之一,其本身也有相当多的附件,因此各条文解释的统一性以及相互之间的法律效力都还有待未来的国际服务贸易实践来检验。比如说,WTO 协定特别是其附件继承了《服务贸易总协定》"原则当中有例外,例外之中有原则"的灵活特点,几乎每一个附件在涉及某项贸易规则时均列出了例外规定。这除了照顾发展中成员特殊的贸易、经济发展和金融需要,还有满足主要贸易经济体利益要求的原因。如此多的例外规定和免责条款将严重影响新多边贸易体制及其国际服务贸易规则的有效运转,在一定程度上姑息了各种新老贸易保护主义措施的滋长蔓延。此外,由于对货物贸易、国际服务贸易和知识产权实行统一的争端解决机制,这意味着三者之间可以实行跨部门的"交叉报复",即如果某一成员对知识产权保护不当,另一成员可能因该成员保护不当而蒙受损失,从而对该成员产品出口加以限制。"交叉报复"是发达成员在乌拉圭回合争端解决机制谈判中所追求的重要目标,这无疑对服务业欠发达和知识产权保护水平较低的广大发展中成员的贸易权益构成很大的威胁。

第二节 《服务贸易总协定》的产生

服务贸易产生的时间很早,但在漫长的发展过程中只是作为货物贸易的辅助项目,而没有形成一个独立的商业领域。直到第二次世界大战后,随着社会经济的发展和产业结构的调整,服务贸易在经济生活中发挥着越来越重要的作用,成为国际贸易不可或缺的组成部分。随着服务贸易的迅猛发展,多边贸易谈判的重点也从货物贸易逐步转向服务贸易。GATT 所进行的几轮多边贸易谈判中,服务贸易自由化也就成为多边贸易谈判的主要议题之一。

一、《服务贸易总协定》产生的背景

首先,《服务贸易总协定》是以美国为首的发达国家积极倡导服务贸易自由化的结果。在经历了 1979—1982 年的经济危机后,美国经济增长缓慢,在国际货物贸易中赤字日增,而在国际服务贸易领域却占据明显优势,连年顺差。以 1984 年为例,美国的货物贸易有 1 140 亿美元的逆差,而服务贸易却有 140 亿美元的顺差。作为世界上最大的服务贸易出口国,美国急切地希望打开其他国家的服务贸易市场,通过大量的服务贸易出口弥补贸易逆差,推动经济增长;而各国对服务贸易不同程度的限制,成为美国利益最大化的障碍。因此,美国积极倡导实行全球服务贸易自由化。早在东京回合谈判中,美国政府根据 1974 年《贸易法》的授权,试图把服务贸易作为该回合谈判的议题之一,在东京回合所达成的海关估价、政府采购协议中写入了一些服务贸易的内容。美国国会在 1984 年《贸易与关税法》中授权政府就服务贸易等进行谈判,并授权对不在这些问题上妥协的国家进行报复。发展中国家和一些发达国家抵制美国的提议,欧共体起初对美国的提议也持疑虑,但经过调查发现其服务贸易出口量要高于美国,转而坚决支持美国。日本虽然是服务贸易的最大进口国,服务贸易呈逆差态势,但由于其货物贸易强劲的出口能力,在国际贸易

总量中经常保持顺差,加之为调和与美国之间日益尖锐的贸易摩擦,日本始终支持美国。

其次,发展中国家对服务贸易自由化的态度由坚决抵制转为逐步接受。当美国开始提出服务贸易自由化问题时,绝大多数发展中国家都坚决反对,理由是,服务业中的许多部门,如银行、保险、证券、通信、信息、咨询、专业服务(如法律、会计等),都是资本或知识密集型行业,在发展中国家不具备竞争优势。发展中国家的服务部门尚未成熟,经不起发达国家激烈竞争的冲击,过早地实行服务贸易自由化会挤垮这些尚处于幼稚阶段的民族服务业,因此在这些行业具备竞争力以前,发展中国家不会实施开放。有些服务行业还涉及国家主权、机密和安全,发展中国家在这些行业的开放上也存在顾虑。随着发达国家在服务贸易谈判问题上的认识逐步统一,发展中国家坚决抵制的立场有所改变:第一,一些新兴发展中国家和地区的某些服务业已取得相当的优势,如韩国的建筑工程承包就具有一定的国际竞争力,新加坡的航空运输业在资本、成本和服务质量上也具有明显的优势,这些国家希望通过谈判扩大本国优势服务的出口。第二,大部分发展中国家一方面迫于来自发达国家的压力,另一方面也认识到如果不积极参与服务贸易谈判,将会形成由发达国家制定服务贸易规则,而自己只能成为被动接受者的局面,其利益将会受到更大的损害。因此,许多发展中国家也先后表示愿意参加服务贸易谈判。1986年9月,《埃斯特角部长宣言》中将服务贸易作为三项新议题之一列入乌拉圭回合多边贸易谈判议程,拉开了服务贸易首次多边谈判的序幕。

二、乌拉圭回合服务贸易谈判的几个阶段

乌拉圭回合服务贸易谈判大体可分为三个阶段。

第一阶段从1986年10月27日到1988年12月中期审议前。谈判的主要内容包括国际服务贸易定义,适用服务贸易的一般原则、规则,服务贸易协定的范围,现行国际规则、协定的规定,服务贸易的发展及壁垒等。这一阶段各国的分歧很大,主要集中在对国际服务贸易如何界定的问题上,发展中国家要求对国际服务贸易做比较狭窄的定义,将跨国公司内部交易和诸如金融、保险、咨询、法律服务等不必跨越国境的交易排除在外,而美国等发达国家主张较为广泛的定义,将所有涉及不同国民或国土的服务贸易都归为国际服务贸易一类。多边谈判最终基本采取了欧共体的折中意见,即不预先确定谈判的范围,根据谈判需要对国际服务贸易采取不同的定义。

第二阶段从中期审议到1990年6月。在加拿大蒙特利尔举行的中期审议会上,谈判的重点集中于透明度、逐步自由化、国民待遇、最惠国待遇、市场准入、发展中国家更多参与、保障条款和例外等服务贸易的基本原则,此后的工作主要集中于通信、建筑、交通运输、旅游、金融和专业服务等各具体部门的谈判。与此同时,各成员代表同意采纳一套服务贸易的准则,以消除服务贸易中的诸多障碍。各成员分别提出方案,阐述各自的立场和观点,其中1990年5月4日,中国、印度、喀麦隆、埃及、肯尼亚、尼日利亚和坦桑尼亚等几个亚非国家向服务贸易谈判组联合提交了《服务贸易多边框架原则与规则》提案,对最惠国待遇、透明度、发展中国家更多参与等一般义务及市场准入、国民待遇等特定义务做了区分。后来,《关税与贸易总协定》的文本结构采纳了"亚非提案"的主张,并承认了成员发展水平的差异,对发展中国家做出了很多保留和例外,这在相当程度上反映了发展中国

家的利益和要求。

第三阶段从1990年7月到1993年12月。这一阶段由《服务贸易总协定》的框架内容基本明朗到最终达成《服务贸易总协定》。在1990年12月的布鲁塞尔部长级会议上,服务贸易谈判组修订了《服务贸易总协定多边框架协议草案》文本,其中包含海运、内陆水运、公路运输、空运、基础电信、通信、劳动力流动、视听、广播、录音、出版等部门的草案附件,但由于美国与欧共体在农产品补贴问题上的重大分歧而未能最终结束谈判。经过进一步谈判,在1991年年底形成了《实施乌拉圭回合多边贸易谈判成果的最终方案(草案)》,该草案包括6个部分35个条款和5个附件,规定了最惠国待遇、透明度、发展中国家更多参与、市场准入、国民待遇、争端解决等重要条款,基本上确定了协定的结构框架。经过各国的继续磋商谈判,协议草案根据各国的要求进一步修改,1993年12月5日,贸易谈判委员会在搁置了数项一时难以解决的具体服务部门谈判后,最终通过了《服务贸易总协定》。

1994年4月15日,各成员在马拉喀什正式签署《服务贸易总协定》,协定于1995年1月1日和WTO同时生效。至此,长达8年的乌拉圭回合谈判终于宣告结束。虽然有几个具体服务部门的协议尚待进一步磋商谈判,但《服务贸易总协定》作为多边贸易体制下规范国际服务贸易的框架性法律文件,是服务贸易自由化进程中的一个里程碑。

三、服务贸易自由化的后续谈判和成果

WTO自1995年1月1日成立以来,一直致力于继续乌拉圭回合谈判的未尽议题,其中,关于服务贸易具体部门的分项谈判是这些议题中的重头戏。目前,WTO已在金融服务、基础电信和信息技术三方面实现了历史性突破,取得了重要成果。WTO所达成的这三项关于服务贸易的协议,不仅将服务贸易自由化原则向具体成果方面推进了一大步,也对世界经济产生了重要影响。尽管这三项协议目前仅对签约方有约束力,但由于签约方所控制的贸易额在全球相关贸易额中占绝大多数,因此这三项协议所确定的内容在不久的将来也会成为WTO全体成员的义务和承诺。

1.《金融服务协议》

乌拉圭回合一揽子协议于1994年4月15日在马拉喀什签署后,关于金融服务的多边谈判重新开始,目的是使所有成员同意在无条件最惠国待遇的基础上缔结永久性的金融服务协议,促进金融服务贸易自由化。1996年有关谈判方曾在美国宣布退出后,在欧盟的牵头下达成临时协议。1997年12月13日,WTO的70个成员提供了56份开放金融、保险服务市场的清单,其中34份是经过修改的金融服务市场清单。至此,总共有102个成员做出承诺,逐步实现金融服务自由化。《金融服务协议》的主要内容包括:允许外国公司在国内建立金融服务机构并享受与国内公司同等的进入市场的权利;取消对跨境服务的限制;允许外国资本在本国投资项目中所占比例超过50%等。据此,签约方将开放各自的银行、保险、证券和金融服务市场。全球95%以上的金融服务贸易将在这个协议的调整范围内,涉及18万亿美元的证券资产,38万亿美元的国内银行贷款,2.2万亿美元的保险金,由此可见,该协议对全球金融服务业有着巨大的影响。此外,从法律角度而言,这

个协议同样具有深远的意义,根据该协议的规定,绝大多数 WTO 成员对开放其金融服务市场和保证非歧视经营条件做出承诺,使金融服务贸易依照多边贸易规则进行,有助于建立一个具有预见性的、透明的法律环境。《金融服务协议》自 1999 年 3 月 1 日起生效。

2.《全球基础电信协议》

基础电信谈判也是作为《服务贸易总协定》的遗留问题由 WTO 继续开展的。1994 年 5 月,包括美国、日本、欧盟在内的成员自愿参加谈判,目的在于开放年收入达 5 000 亿美元的全球基础电信市场。经过近三年的艰苦谈判,终于在 1997 年 2 月 15 日,69 个 WTO 成员缔结了《全球基础电信协议》,该协议自 1998 年 1 月 1 日起生效,被认为是推动国际电信服务贸易发展的最有力因素。协议的主要内容是敦促各成员向外国公司开放电信市场,并结束在国内电信市场上的垄断行为。协议涉及语音电话、数据传输、传真、电话、电报、移动电话、移动数据传输、企业租用私人线路以及个人通信等各项电信服务。WTO 各成员在电信服务贸易自由化方面承担的义务依协议的规定有所不同。其中,18 个成员将完全取消对外国公司进入本国电信市场的限制,47 个成员允许外国公司对本国电信企业进行控股,而印度等 30 个国家将允许外国资本在本国电信企业中占 25%的股份。由于电信垄断将逐步取消,WTO 各成员电信服务业的竞争必然加剧,这有利于通信技术的更新改造,促使电信服务部门进一步提高服务质量。正如 WTO 第一任总干事雷纳托·鲁杰罗(Renato Ruggiero)所说,这是 WTO 历史上的一个里程碑,它必将给电信服务业及其贸易带来极大的利益,既为发达国家也为发展中国家提供了迎接 21 世纪挑战的最好机遇。

3.《信息技术产品协议》

信息技术产品对电信服务业的发展产生了巨大的影响,因此将信息技术产品贸易自由化与电信服务贸易自由化联系起来,是服务贸易自由化的一项重要内容。1996 年 12 月 13 日,WTO 在新加坡举行部长级会议,美国和欧盟提出签订信息技术产品协议以消除全球信息技术产业的关税。在新加坡部长级会议结束前,WTO 通过了关于信息技术产品的部长级会议宣言,并成立了信息技术产品贸易发展委员会以监督协议的执行,推动信息技术产品贸易的发展以及负责扩大信息技术产品协议的签字方。1997 年 3 月 26 日,40 个成员在日内瓦签订了《信息技术产品协议》,决定到 2000 年以前降低或取消多项信息技术产品的关税,总值约 6 000 亿美元的信息技术产品可望实现自由贸易。《信息技术产品协议》于 1997 年 7 月 1 日生效,其涉及的范围包括电脑、电信设备、半导体、制造半导体的设备、软件、科学仪器等 200 多种信息技术产品。协议要求 2000 年以前将信息技术产品的进口关税降为零(少数签约方如哥斯达黎加、印度尼西亚等的最后期限为 2005 年)。据统计,这些成员的信息技术产品贸易量占全球同类产品贸易量的 92.5%。

四、服务贸易的新一轮谈判

1999 年 11 月,WTO 在美国西雅图召开部长级会议,这标志着新一轮多边贸易谈判的开始。2001 年 11 月,多哈会议发表《部长宣言》,决定在 2003 年正式启动新一轮多边贸易谈判(即"多哈回合谈判")。在此之前,服务贸易理事会已于 2000 年 2 月 25 日召开了特别会议,启动了新一轮服务贸易多边谈判。谈判内容主要分为规则的制定和具体承诺的要价与出价(request and offer)两方面。《部长宣言》把服务贸易列为谈判议题之首,表明未来服务贸易在整个世界贸易中占有更加重要的地位,也预示新一轮服务贸易谈判之路不会平坦。

新一轮WTO服务贸易谈判安排的议题有:

1. 服务贸易标准化

所谓服务贸易标准化,是指对服务提供者和服务产品要建立质量标准规范,以约束服务贸易行为。服务产品是特殊商品,尤其是部分服务产品的生产与消费发生于同一过程,因而其质量很难用类似于实体商品检验的方式予以控制和把握。但国际服务贸易不可能在没有统一质量标准的状态下进行,无论是生产性消费还是生活性消费,消费者都有权利要求购买到符合质量和技术水平的服务。所以,通过建立统一公认的国际服务质量标准体系,对拟进入国际市场的各行业服务的提供者进行资格审查,对服务产品质量进行规范,是WTO管辖的服务贸易的重要内容。

服务贸易标准化谈判的内容包括相关部门服务产品的质量标准(ISO 9000)、环境管理标准(ISO 14000)、安全标准以及专业服务提供者(自然人)的技术资格认定和相互承认等。

关于服务贸易标准化的议题,西雅图会议已进行过讨论。发达国家无论是从服务业的发展历史还是从服务业的技术创新水平来说,都具有无可争议的优势。因此,在国际服务贸易标准制定的过程中,发达国家拥有更多的发言权,有利于通过制定较高的服务质量标准对发展中国家落后的服务业出口设置新的技术贸易壁垒。同时,服务贸易的标准化也使服务业处于发展初期的发展中国家有章可循,为其发展服务贸易创造后发优势。尽管在未来的谈判中标准构成与水平的磋商还有很长的过程,但服务贸易标准的制定和实施将促进世界服务贸易的更快发展。

2. 市场的进一步准入与开放

《服务贸易总协定》及相关部门协议的签署,较好地解决了全球范围内服务业市场对外开放的问题。但在新一轮谈判中,市场的准入与开放依然是谈判的一个议题,尤其在传统服务业部门市场准入与开放的地域范围、时间表、策略、限制性条件等方面,谈判仍将持续进行。

3. 尚未达成协议的敏感部门的自由化

乌拉圭回合谈判结束以后,根据部长级会议通过的有关决定,各成员先后于1997年2月和1997年12月达成了《全球基础电信协议》与《金融服务协议》。但由于多种因素的影响,工作计划中的以下内容并没有完成:在自然人移动问题上,尽管1995年7月曾达成初步协议,但因发达国家不想将普通劳务的流动纳入多边贸易谈判的框架之内,致使一些劳动力大国提出异议;在海运业问题上,美国所拥有的市场份额逐渐缩小,谈判的兴趣不大,几经周折,未能取得预期的成果,服务贸易理事会不得不在1996年决定暂时停止该议题的谈判;在分销服务、建筑服务以及政府采购项下的服务等领域的谈判有待深化。

4. 新兴服务部门与项目

随着服务需求的不断扩大,一些新的服务门类(如航空器的商业发射服务、新的金融衍生服务等)产生了。虽然《服务贸易总协定》关于服务贸易分类表中许多部门下都有"其他"一项,用以涵盖可能产生的新兴服务部门与项目,但在相关的贸易操作中必然会引起新的谈判,并且由于发达国家在新兴服务部门与项目上所占的绝对优势,它们将力求在这一议题的谈判中争取更大的利益。

5. 发展中国家服务业的适度保护

在乌拉圭回合谈判中,货物贸易谈判给发展中国家的制造业以一定程度的保护,相比之下,对服务贸易的保护则更显薄弱,导致发达国家通过国际服务贸易获得更多的好处。2000年,美、英、法、德、日、意依次排列为世界服务贸易的前六名,而发展中国家远没有得到预期的实惠。发展中国家已经认识到其严重性,并在西雅图会议上对此做出强烈反应,声明还不能熟练地掌握和应用《服务贸易总协定》的诸多条款,服务贸易自由化需要逐步进行。

概括起来,新一轮WTO服务贸易谈判的趋势表现为:以已经签订的《服务贸易总协定》为基础和起点,深化和拓展新的谈判领域;在继续完善服务贸易自由化的同时,全面导入服务贸易标准化的谈判进程;将服务贸易谈判与货物贸易进行捆绑式谈判,使WTO各成员之间的利益在总体上实现适度平衡;服务贸易谈判将是发达成员与发展中成员在国际贸易领域最重要的逐利场,而后者的弱势地位会有所改善。

第三节 《服务贸易总协定》的基本内容

《服务贸易总协定》是多边贸易体制下第一个有关国际服务贸易的框架性法律文件,旨在促进世界服务业市场的开放和国际服务贸易在透明与渐进自由化条件下的新发展。它由序言、6个部分(29个条款)、8个附件组成(见表5-2)。

表5-2 《服务贸易总协定》

序言	第9条 商业措施
第一部分 范围与定义	第10条 紧急保障措施
第1条 范围与定义	第11条 支付和转移
第二部分 一般义务与纪律	第12条 确保国际收支的限制
第2条 最惠国待遇	第13条 政府采购
第3条 透明度	第14条 普遍例外
第3条之二 机密信息的披露	第14条之二 安全例外
第4条 发展中国家的更多参与	第15条 补贴
第5条 经济一体化	第三部分 具体承诺
第5条之二 劳动力市场一体化协定	第16条 市场准入
第6条 国内法规	第17条 国民待遇
第7条 认可	第18条 附加承诺
第8条 垄断和专营服务提供者	

(续表)

第四部分　逐步自由化	第28条　术语的定义
第19条　具体承诺义务的谈判	第29条　附件
第20条　具体承诺细目表	**附件**
第21条　细目表的修改	（1）关于第2条豁免的附件
第五部分　机构条款	（2）关于本协定下提供服务的自然人流动的附件
第22条　磋商	（3）关于空运服务的附件
第23条　争端解决和执行	（4）关于金融服务的附件
第24条　服务贸易理事会	（5）关于金融服务的第二附件
第25条　技术合作	（6）关于海运服务谈判的附件
第26条　与其他国际组织的关系	（7）关于电信服务的附件
第六部分　最后条款	（8）关于基础电信谈判的附件
第27条　利益的否定	

《服务贸易总协定》的内容包括以下几部分。

序言

该部分说明了缔结该协定的宗旨、目的和总原则。具体表现在：

（1）鉴于国际服务贸易对世界经济发展日益增长的重要性，谈判各方希望在透明和逐步自由化的条件下，建立一个有关国际服务贸易原则和规则的多边框架，以促进贸易各方的经济增长和发展中国家经济与社会的发展。

（2）在尊重各参与方政策目标的前提下，本着在互利的基础上提高各参与方利益的目的和确保各参与方权利与义务的宗旨，希望通过多轮多边谈判以促进国际服务贸易自由化的早日实现。

（3）希望通过增强发展中国家国内服务能力、效率和竞争力来促进其在国际服务贸易中的更多参与及服务出口的增长。

（4）对最不发达国家在经济、发展、贸易和财政需求方面的特殊困难予以充分的考虑。

序言用较多篇幅和文字强调了发展中国家的积极参与和其自身的特殊情况。发展中国家成员应努力在今后的国际服务贸易的部门开放谈判中，充分利用《服务贸易总协定》的基本原则和目的，争取对自身有利的谈判结果，从根本上改变此序言仅仅是象征性而非实质性地促进各成员特别是发展中国家成员服务水平提高和经济发展的状况。

第一部分　范围与定义

第1条　范围与定义

本部分包括三层内容：第一层，说明了该协定的适用范围，即说明了《服务贸易总协定》适用于成员影响国际服务贸易的各种措施，并且确定了《服务贸易总协定》适用于"服务部门参考清单"所列12种服务部门的国际服务贸易；第二层，界定了国际服务贸易的内涵；第三层，对"各国的措施"和"服务"做了解释性说明。

第二部分 一般义务与纪律

本部分是《服务贸易总协定》的核心内容之一,包括第2条到第15条共14条内容,它规定了各成员必须遵守的一般义务与纪律。这部分条款是各成员签约后必须普遍遵守的,与第三部分有所不同。

第2条 最惠国待遇

《服务贸易总协定》的最惠国待遇与《关税与贸易总协定》第一条的最惠国待遇相似,原则上是指无条件最惠国待遇,但对某些国际协议予以例外处理。《服务贸易总协定》规定,本条款不适用于有关税收、投资保护和司法或管理协助的国际协议,也暂时不适用于《服务贸易总协定》附件中没有列入而由其他国际协议管辖的具体部门。

第3条 透明度

《服务贸易总协定》在本条款中规定:"任何成员除非在紧急情况下应立即并最迟在其生效前,公布所有有关或影响本协定执行的相关措施。本协定成员也应公布其签署参加的有关或影响国际服务贸易的国际协定。"

本条款还规定,本协定成员应该至少一年一度地对本国新法规或现存法规的修改做出说明介绍,对其他成员的询问应做出迅速的答复,任何成员都可以向他方通知另一成员所采取的影响《服务贸易总协定》执行的任何措施,绝密信息可以不加以透露。

第4条 发展中国家的更多参与

本条款有三层含义:第一,有关成员应做出具体承诺以促进发展中国家国内服务能力、效率和竞争力的增强,促进其对有关技术信息的获取,增加产品在市场准入方面的自由度。第二,发达国家应在《服务贸易总协定》生效后的两年内建立"联系点",以使发展中国家的服务提供者更易获取有关服务供给的商业和技术方面的信息,有关登记、认可和获取专业认证方面的信息,服务技术可获得性方面的信息。第三,对最不发达国家予以特殊优惠,准许这些国家不必做出具体的开放服务市场方面的承诺,直到其国内服务业具有竞争力。

第5条 经济一体化

本条款的主要内容是:不阻止各成员参加有关服务贸易协议,不阻碍国际服务贸易自由化的推进;对发展中国家之间的有关协议采取较为灵活的政策,允许其按发展水平达成某些协议;参加有关协议的各方对该协议外的国家不应采取提高壁垒的措施;任何成员决定加入某一协议或对某一协议进行重大修改时,都应迅速通知各成员,而各成员应组成工作组对其进行检查;如果某一成员认为某个协议损害了自己的利益,则按《服务贸易总协定》第21条的程序办理。

第6条 国内法规

本条共有五款,首先,表示对国内规定的尊重,赋予各国一定的权利,其中包括当局引进新规定以管理服务的权利,并对发展中国家做了优惠安排。准许发展中国家设立新的规定,其中包括可以在某些部门为了实现国家政策目标而采取垄断性的授权;允许各成员对服务和服务的提供者提出要求以使其符合某些规定,但这类要求必须建立在合理、客观和非歧视的基础之上,不能给国际服务贸易带来负担和阻碍。其次,对各成员提出了一些义务要求。例如,要求各成员建立起司法、仲裁、管理机构和程序,以便对服务消费者和提供者的要求迅速做出反应；并要求各成员对服务提供授权的申请迅速做出决定；成员不应利用移民限制措施来阻碍《服务贸易总协定》的实施，涉及人员移动的有关具体承诺在《服务贸易总协定》下达成，应允许服务提供人员的移动、暂时居留和工作。

第7条　认可

本条款的宗旨是有关服务的规定、标准、要求应达成一致和相互认可。本条款认为任一成员可以与其他成员就某些有关服务提供的准则达成协议，以促进国际服务贸易的进行。这些协议应该可以允许别的成员加入，其执行也应建立在合理、客观和公正的基础上。另外，协议的参与方应在协议生效后的13个月内，就其协议内容通知各成员，而有关协议的任何重大修改也应及时通知各成员。有的成员还提出，以后采用一种国际统一的标准来处理有关部门的服务。

本条款的主要目的在于促进国际有关服务贸易标准的一致性，即国际服务贸易标准化问题。我们认为这一条款的目的在于鼓励服务贸易标准化从局部扩展到全世界范围内，即从地区或局部的标准化推广到各成员全体的标准化。

第8条　垄断和专营服务提供者

本条款要求一个垄断的服务提供者，在有关市场上提供垄断服务时，其行为不能损害其他成员的服务提供者按《服务贸易总协定》第2、16、17条所享有的权利；还规定当一个行业的垄断服务提供者在其垄断范围外的行业与其他服务提供者进行直接或间接的竞争时，不能利用其垄断地位进行竞争。而当任一成员认为别国的垄断服务提供者损害了本国服务提供者的正当权益时，举证的责任在申诉一方，但不要求其提供有关绝密的信息。本条款还对垄断服务提供者下了定义，包括寡头性质的垄断形式，但本条款对垄断服务这种形式未做褒贬评论。

第9条　商业措施

本条款要求限制某些企业在服务市场上实施影响竞争的做法，包括有关服务出口的反竞争性限制做法，任一成员在其他成员提出要求时，应与有关当局进行磋商以便取消这些做法。

第10条　紧急保障措施

本条款与《关税与贸易总协定》第19条"对某种产品进口的紧急措施"的原则是一致的，它准许某一成员在由于没有预见到的变化或由于某一具体承诺而使某一服务的进口数量太大，以致对本国国内的服务提供者造成了严重损害或威胁时，此成员可以部分或全部地中止此承诺以弥补这一损害。而任何成员要采取这种"紧急保障措施"，应在之前或之后立即向全体成员通知这种措施并提供有关数据，且应与有关成员充分磋商；所有这些紧急措施都应受全体成员的监督，且受影响的其他成员可采取相应的措施。

第11条　支付和转移

本条款规定除非出现第12条的情况，否则《服务贸易总协定》体制下有关国际服务贸易的具体承诺的执行不能因受到支付和货币转移方面的限制而遭到阻碍，且规定《服务贸易总协定》的任何条款都不能影响国际货币基金组织成员在"基金协议条款"下的权利和义务。此条款的目的是保证《服务贸易总协定》体制下的具体承诺能够在支付方面得到执行，而不致被削弱。

第12条 确保国际收支的限制

本条款准许某一成员在其国际收支和金融形势严重恶化的情况下,对其做出具体承诺的国际服务贸易采取限制的措施,或对与这种交易有关的支付和货币转移做出限制,尤其是金融地位比较脆弱的发展中国家为实现其发展目标而维持其外汇储备的要求应予以考虑。本条款还规定这种限制措施要迅速通知各成员且不应超过必要的程度,不对各成员采取歧视性措施,不对其他成员带来不必要的商业和经济损失;采取限制措施的成员应立即就其限制措施同各成员磋商,且应用国际货币基金组织提供的有关数据资料做出判断和评价。

第13条 政府采购

本条款规定《服务贸易总协定》第2、16、17条"不得适用于政府管理机构为政府目的而购买服务的法律、法规或要求,此种购买不是为进行商业转售或为供商业销售而在提供服务过程中使用"。有关政府采购法规将通过谈判来完成,在WTO协议生效后两年内,应就政府采购问题进行多边谈判。

第14条 普遍例外

本条款规定只要符合一定的条件,在一些特定的情况下成员可以采取一些与《服务贸易总协定》不一致的措施。这些条件是:①不得在情况相似的国家之间采取武断和不公平的歧视;②不得借机为国际服务贸易设置限制。特定的情况有两种:一是出于保护公共安全、公共卫生、环境、文化、资源等目的;二是为了维护国内法律和制止欺诈行为。采取的措施要及时通知各成员。

本条款还规定《服务贸易总协定》对各成员的以下方面没有制约作用:①有关国家安全的情况;②有关军事、放射性物质和战争时期等所采取的行动;③为执行《联合国宪章》而采取的行动。但各成员应尽可能得到通知。

本条款与《关税与贸易总协定》的第20、21条类似,基本精神是一致的,宗旨是不干涉各国为了公共安全所采取的措施。

第15条 补贴

本条款规定在某些情况下,补贴会给国际服务贸易带来扭曲性的影响,故各成员应进行多边谈判并制定必要的多边贸易规则以避免这种扭曲;谈判还应提出合适的反补贴程序,并对发展中国家补贴方面的需要予以灵活处理,而各成员应相互通报各自服务提供者的补贴问题,以便进行谈判;还规定受到某成员补贴影响的另一成员可要求就此同该成员进行磋商解决。

第三部分 具体承诺

第16条 市场准入

本条款规定在以本协定认可的方式提供的市场准入方面,各成员应给予其他成员的服务和服务提供者以不低于其在细目表上已同意提供的待遇。若某一成员的细目表上给出了不止一种有关服务提供的市场准入途径,那么其他成员的服务提供者可以自由选择其所乐意的那一种。本条款要求在承担市场准入义务的部门中,原则上不能采取数量限制措施阻碍某一服务的发展。

第17条 国民待遇

本条款规定在不违反本协定的有关规定,而且在遵照其细目表上所例条件和资格的前提下,一成员应该在所有影响服务供给的措施方面,给予任何其他成员的服务和服务提供者以不低于其所给予的国内相同服务或服务提供者的待遇。这与《关税与贸易总协定》第3条的含义相同。

第三部分具体承诺中的市场准入和国民待遇条款是《服务贸易总协定》最重要的条款,也是各方争论的焦点。《服务贸易总协定》在结构上的一个重要特征就是不是将市场准入和国民待遇作为普遍义务,而是作为具体承诺与各个部门或分部的开放联系在一起,以使分歧较小的部门早日达成协议。发展中国家在谈判中应以发展中国家的更多参与原则为先决条件,并且把互惠不局限在发达国家占优势的部门,谋求部门间的妥协以争取在自愿开放的部门中达成有利的协议;同时,应在发达国家坚持资本的国际自由流动时坚持劳动力的国际自由流动,以利于其劳动力优势的发挥。各国在进行部门开放谈判时,应充分考虑各国发展水平和实际情况以及各国竞争优势的不同,本着"利益互惠"的原则达成市场准入方面的具体承诺。"利益互惠"不应是一种绝对数量上的"对等互惠",而应是一种"相互优惠",这样才符合发展水平不同的国家的需要。对于部门开放谈判,发展中国家可以在其自愿开放的部门进行开放市场的谈判,但不应强迫某些国家开放它们难以开放的部门,不能加重发展中国家在国际服务贸易和国际收支方面的负担,更不能损害发展中国家的主权,否则就违反了《服务贸易总协定》的宗旨和目的。

第18条 附加承诺

本条款规定各成员可以就不包括在第16、17条下的影响国际服务贸易的措施进行谈判。

第四部分 逐步自由化

第19条 具体承诺义务的谈判

本条款规定本着进一步提高国际服务贸易自由化的目标,自WTO协定生效之日起不迟于五年定期举行谈判,以逐步实现更高水平的自由化。谈判的目的是减少和消除对国际服务贸易产生不良影响的措施,以实现有效的市场准入。谈判过程应在互惠的基础上给各方带来利益,并保证各方权利与义务的平衡。最不发达国家可以从本协定下的任何减让中获取好处。

本条款认为应充分尊重各国政府的政策目标和各国的发展水平。对某些发展中国家应允许有一定的灵活性,允许其有选择地开放部门和交易类型,并考虑发展中国家的发展目标。

本条款还规定了谈判时应遵守的准则和程序,准则的确立应考虑以下因素:前一阶段谈判结果的评估、发展中国家的更多参与、自愿原则、最不发达国家的特殊困难。

第20条 具体承诺细目表

本条款规定各成员应将与其他成员达成的有关承诺列在其细目表中,且应指明达成协议的部门和分部门。另外,还应包含以下内容:①市场准入的规定、限制和条件;②国民待遇的条件和资格;③任何未就市场准入和国民待遇达成协议的支付方式;④适当情况下,实施这类承诺的时间表;⑤任何实现市场准入的其他措施;⑥这类承诺的生效日期。

同时,还规定有关协议的细目表应附在《服务贸易总协定》之后,使之成为《服务贸易总协定》的一部分。

第21条 细目表的修改

本条款对成员修改和撤回自己的承诺做出了规定:修改和撤回承诺只能发生在其承诺生效三年之后,并且应在一定时间内与受影响的其他成员达成补偿性协议,并通知国际服务贸易理事会。其他成员在受到影响后,有权自行采取补偿性措施对其承诺做出相应的修改和撤回,但是需通知国际服务贸易理事会。

第五部分 机构条款

第22条 磋商

本条款规定任何成员都有权对它认为有损其利益的做法,在本协定原则下向另一成员提出磋商。当任何成员对影响本协定执行的任何事项向另一成员提出磋商请求时,另一成员应给予同情考虑,做出积极的反应,并主动给予适当的机会予以充分的磋商。

第23条 争端解决和执行

第22、23条是《服务贸易总协定》关于国际服务贸易引起争端时所规定的争端解决机制,是建立在《关税与贸易总协定》第22、23条基础之上的。所不同的是,在《服务贸易总协定》中,第22、23条并不解释和扩大到《关税与贸易总协定》争端解决机制所依据的、详细的争端解决程序及其谅解方面。尽管第23条规定了争端解决机制,即成员之间不能达成协议时,适用《关于争端解决规则和程序谅解》,但协定本身认为它应该是不寻求《服务贸易总协定》以外的争端解决机制。

第24条 服务贸易理事会

服务贸易理事会是为了有利于实施本协定和促进实现本协定所期望达到的目标而设立的。其职能体现在两方面:①监督《服务贸易总协定》的实施以促进实现目标。②设立附属机构以有效地分散其职能。第二款规定所有成员都有权向理事会及其附属机构派驻代表。第三款规定由各成员选出理事会主席,理事会主席一经选出,就不能代表他所在成员行使职权。

第25条 技术合作

本条款要求发达国家成员和其他工业化国家成员应尽量为其他成员的服务提供者,特别是来自发展中国家或地区的服务提供者,提供服务方面的技术援助。

第26条 与其他国际组织的关系

本条款规定服务贸易理事会应不断做出适当的安排,与联合国及其专门组织机构和其他政府间有关服务方面的组织进行磋商与合作。

第六部分 最后条款

本部分包括第27条到第29条共3条内容,规定了《服务贸易总协定》中利益的否定、术语的定义和附件。

第27条 利益的否定

本条款规定各成员可以拒绝给予那些不是《服务贸易总协定》的成员,或不适用本协定的另一成员的服务或服务提供者《服务贸易总协定》项下的利益。

第 28 条　术语的定义

本条款对一些术语做了解释性说明和定义。

第 29 条　附件

本条款声明本协定的附件是本协定的有机组成部分。

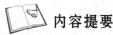 内容提要

1. 同 GATT 体制相比,WTO 体制主要有三个方面的特点:一是法律制度的正式性,二是协定内容的广泛性,三是 WTO 体制的统一性。

2. 1994 年 4 月 15 日,WTO 各成员在马拉喀什正式签署《服务贸易总协定》,协定于 1995 年 1 月 1 日和 WTO 同时生效。至此,长达 8 年的乌拉圭回合谈判终于宣告结束。虽然有几个具体服务部门的协议尚待进一步磋商谈判,但《关税与贸易总协定》作为多边贸易体制下规范国际服务贸易的框架性法律文件,它的出现是服务贸易自由化进程中的一个里程碑。

3. 服务贸易自由化是体现在《关税与贸易总协定》中的基本精神。所谓服务贸易自由化,就是指服务业在各国或地区间没有障碍地自由流动。

 重要术语

WTO　《服务贸易总协定》　服务贸易自由化

 思考题

1.《关税与贸易总协定》是如何产生的?
2.《关税与贸易总协定》的主要内容是什么?
3. WTO 体制对国际服务贸易发展有哪些方面的影响?

阅读推荐与网络链接

1. 陈宪,程大中.黏合剂:全球产业与市场整合中的服务贸易[M].上海:上海社会科学院出版社,2001.
2. 世贸组织秘书处.乌拉圭回合导读(中译本)[M].北京:法律出版社,2000.
3. 汪尧田,李力.国际服务贸易总论[M].上海:上海交通大学出版社,1997.
4. 薛荣久.中国加入 WTO 纵论[M].北京:对外经济贸易大学出版社,2001.
5. http://www.imf.org
6. http://www.mofcom.gov.cn
7. http://www.stats.gov.cn
8. http://www.wto.org

21世纪经济与管理规划教材

国际经济与贸易系列

第六章

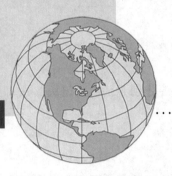

国际服务贸易理论与政策

【学习目标】
- 了解国际服务贸易政策的演变；
- 掌握国际服务贸易自由化政策的正负效应，了解各国服务贸易自由化的情况；
- 掌握服务贸易壁垒的分类，了解各国服务贸易保护政策。

引导案例

特朗普政府推行贸易保护主义政策引发西方媒体普遍关注。多家知名德语国家媒体发表评论，批判特朗普政府贸易保护主义举措，认为特朗普上台之后的一系列贸易政策是在搞逆全球化，而贸易战没有赢家。

德国明镜在线网站发表了题为《向中国学习什么》的评论文章，文章指出中国领导人很早就开始防范单纯靠出口驱动的经济而可能遭受的影响，因此提前采取了扩大内需、刺激借贷等手段，此外完善的工资结构也是值得德国等欧洲国家学习的。文章指出，中国和欧盟有许多共同利益：双方贸易占世界贸易的很大一部分。欧盟是中国最大的贸易伙伴，中国是欧盟的第二大贸易伙伴。

德国《时代周报》也撰文称，全球经济正处在发生巨变的前夜。特朗普凭借着美国超级大国的地位和全球第一大经济体的优势，正在向全世界发起贸易战。这逼迫其他国家纷纷反击美国。报道称，"特朗普正在发起全球贸易战，所有人都必须对抗特朗普"，如果世界各国联合起来，一起反击美国，则美国的抵抗力会逐渐减小。

瑞士《新苏黎世报》发表了题为《特朗普的保护性关税为什么贻害无穷》的评论文章，对特朗普的关税政策提出强烈批评。文章称，增收关税的目的是在中期内实现贸易公平。但事实上，特朗普这样做是为了展现其强权，是为了让贸易伙伴在关税和威胁之下对美国让步。文章表示，特朗普能否达到目的目前不得而知，贸易战将实施多久也还是未知数。但是可以确定的是，特朗普将给美国造成严重的损失，如相互信任被破坏、盟友关系遭冷却、购买力下降及劳动岗位流失等。

德国黑森州政府欧洲及国际事务司前司长、中国商务部投资促进事务局荣誉顾问博喜文对中美经贸摩擦有着自己的看法。他表示，眼下媒体的焦点虽说是指向中美经贸摩擦，但最终影响的是整个世界经济。特别是美国方面已威胁要进一步升级贸易惩罚措施，由此引发的一系列升级连锁反应令人担忧。因为这将影响到全球产业链，损害依然疲软的世界经济，当然还必将损害企业与消费者的利益。过去几十年间，国际经济会议的议程一直围绕着降低关税、减少贸易壁垒展开，现今美国转向保护主义的行为无疑意味着其关税政策倒退到"石器时代"，这种倒退几乎遭到所有主流经济学家的一致诟病。

资料来源：国际舆论批评美国贸易保护政策[EB/OL].(2018-07-24)[2020-09-04].https://www.sohu.com/a/242934219_115423,有删改。

随着国际服务贸易的发展，服务贸易在各国经济中的地位日益重要，在对外经贸关系中发挥着越来越重要的作用，各国都十分重视本国对外服务贸易政策的制定，使服务贸易政策成了各国对外经济政策的重要组成部分。同国际货物贸易一样，国际服务贸易领域也存在自由主义和保护主义两种不同的观点，表现为自由贸易政策与保护贸易政策。但各国政府有关服务贸易的措施更为错综复杂。

第一节　国际服务贸易理论

传统的国际贸易理论虽然强调某种或某些生产要素在产品生产中的作用,但其核心内容是各贸易参加国之间生产优势的差别,这对认识和分析国际服务贸易同样具有重要的意义。

一、比较优势理论

大卫·李嘉图的比较优势理论源于亚当·斯密的绝对成本理论。斯密的绝对成本理论有一个前提,即由于自然和其他条件的制约,各国生产存在一种自然分工。国际贸易对各国都有利,因为交换的双方通过互通有无,都可以节约劳动。依据斯密的观点,一个国家所输出的商品一定在生产上具有绝对优势——其所需的生产成本绝对地少于其他国家。但是,斯密的理论往往与现实不符,并且不适应英国工业资产阶级的发展和企图尽力扩大国外市场的需要。李嘉图从价值规律在国际贸易中的失效出发,通过对失效原因的分析,提出了比较优势理论,对斯密的绝对优势理论进行了修正。

李嘉图认为,价值理论在国际贸易中是失效的,"支配一个国家中商品的相对价值的法则不能支配两个或更多的国家间交换的商品的相对价值"①。主要原因是,国与国之间资本和劳动的转移并不是完全自由的。他认为,理想的商业自由不但假定商品的自由流通,还假定资本和劳动力的自由转移。如果具备这一条件,则国际商品的交换就和国内商品的交换一样按交换规律进行,而国际贸易的地域分工也就只能以生产商品成本的绝对优势为依据。假定只有英国和葡萄牙两国进行贸易,如果葡萄牙生产一定数量的酒需要80个工人一年的劳动,生产一定数量的毛呢需要90个工人一年的劳动,而英国生产同量的酒和毛呢分别需要120个工人与100个工人一年的劳动,则葡萄牙在两种商品的生产上都占有绝对优势。最理想的生产布局应该是酒和毛呢都在葡萄牙生产,而英国则把自己原来可用于这两种商品生产的资本和劳动力都转移到葡萄牙。同时,英国只生产它具有绝对优势的其他商品,并和葡萄牙交换酒和毛呢。

但李嘉图指出,出于种种原因,资本和劳动力实际上不能完全自由地从一个国家转移到另一个国家。这一方面导致价值规律在国际贸易中失效,另一方面又使国际贸易地域分工的原则发生了变化。在这种情况下,各个国家不是只生产本国具有绝对优势的商品,而是生产本国具有相对优势的商品并以之进行交换,商品的价值不是由它生产所花费的劳动时间决定的,而是由它和别国商品进行交换的比率决定的。再以前例说明,葡萄牙在酒和毛呢两种商品的生产上都占有绝对优势,然而酒的生产却比毛呢的生产具有更大的优势。因此,对葡萄牙来说,同时生产这两种商品,把一部分资本和劳动力投入毛呢的生产,另一部分资本和劳动力投入酒的生产,还不如把全部资本和劳动力都投入酒的生产,让英国去生产毛呢,葡萄牙可以用多生产的酒去和英国交换毛呢,这对两国都有利。因为对葡萄牙来说,如果它自己生产一定数量的毛呢,则需要90个工人一年的劳动,而现在它

---

① 李嘉图.政治经济学及赋税原理[M].周洁,译.北京:商务印书馆,1962:112.

只要用 80 个工人一年的劳动生产出的酒就可以交换到同样的毛呢。对英国来说,虽然它用 100 个工人一年的劳动所生产的毛呢只换得葡萄牙 80 个工人一年劳动生产的酒,但是如果由它自己去生产酒,则这一定量的酒就要 120 个工人一年的劳动。以此,李嘉图的结论是:在价值理论存在的前提下,各国都生产与其位置、气候和其他自然或人为的便利条件相适应的商品,取得成本的比较优势,通过扩展市场互相交换商品,可以使劳动在各个国家和产业之间实现更合理的分配,从而使全世界人的福利同时得到增进。简而言之,比较优势理论就是"两利相权取其重,两害相权取其轻"。有经济学家后来评价说:"亚当·斯密和大卫·李嘉图关于贸易好处的结论经得起时间的考验。虽然经济学家对政策问题有分歧,但是他们在支持自由贸易上是一致的。此外,自由贸易的中心论点在过去两个世纪以来并没有多少变化。自斯密和李嘉图的时代以来,尽管经济学领域扩大了范围并精炼了理论,但是经济学家对贸易限制的反对,仍然主要根据相对成本理论。"①

李嘉图在《政治经济学及赋税原理》中反复论证了建立在比较优势理论基础上的贸易对各个参与国都会带来产品增加的好处。他说:"对外贸易可以增加用收入所购买的物品的数量和种类,并且使商品丰富、价格低廉而为储蓄和资本积累提供了刺激力。"②"由于更好地安排劳动,使各国都生产与其位置、气候和其他自然或人为的便利条件相适应的商品,并以之与其他国家的商品相交换,使我们的享受得到增进,这对于人类的幸福说来,其意义就和我们的享受由于利润率的提高而得到的增进是完全一样的。"自由贸易的思想符合完全市场经济的要求和资产阶级的利益。通过宣扬自由贸易理论,李嘉图间接地促进了市场经济在经济生活中的主导地位的形成。在李嘉图看来,完全的经济自由应是国际性的自由。根据当时的客观情况,他指出:"葡萄酒应该在法国和葡萄牙酿造,谷物应该在美国和波兰种植,金属制品和其他商品应该在英国制造。"③只有这样,才能使经济资源在一国甚至全世界得以自由流动并由此实现最优配置。

目前,国际上有一股"新李嘉图主义"思潮。"新李嘉图主义"一词出现在 20 世纪 70 年代的文献中,用以描述以皮罗·斯拉法(Piero Sraffa)《用商品生产商品》一书的精神实质为基础的经济学理论。新李嘉图主义强调国际贸易中的动态均衡和长期均衡,并且始终把收入分配放在贸易理论的中心。该学派和古典的李嘉图贸易理论一样,强调从供给方面来分析贸易的产生、发展和流向。

新李嘉图主义的国际贸易理论与李嘉图贸易理论的不同主要在于:李嘉图是从各国生产的角度,即从各国生产特点的不同和劳动效率高低的不同来解释比较优势的差异;新李嘉图主义不仅从各国生产的角度来分析和比较各国比较优势的差异,而且强调要从各国的分配领域、经济增长、经济发展动态角度来分析和比较各国比较优势的不同。新李嘉图主义的代表兰·斯蒂德曼(Lan Steedman)认为,他的贸易理论是把分析的重点放在贸易与被生产的生产资料、利润、工资和经济增长的联系上,斯蒂德曼强调了收入分配在其理论中的突出作用。按照新李嘉图主义的价格决定方式,影响价格的因素主要是生产资

---

① 曼昆.经济学原理[M].梁小民,译.上海:三联书店,2001:56.
② 李嘉图.政治经济学及赋税原理[M].周洁,译.北京:商务印书馆,1962:112.
③ 同上书,第 113 页。

料投入系数、劳动投入系数、分配率。由于一国生产某产品的单位生产成本是由生产技术、分配关系(表现为利润率、利息率和工资率)、经济增长和经济发展程度等三个方面的因素决定的,不同国家生产某种产品的比较优势的差异不仅表现在生产技术、生产条件、劳动效率等的差异上,而且表现在不同国家分配关系的不同。而影响分配关系变动的一个重要因素是经济增长和经济发展程度。这样,处于不同经济增长阶段、不同经济发展程度的国家生产某种产品的比较优势自然也就不同。

李嘉图的比较优势理论是在以劳动力为主要生产要素的基础上建立起来的,强调劳动力在生产过程中的作用和对商品价值的决定性影响。劳动力是服务经济中最主要的因素,服务产品的不可储存性等特征决定了其对劳动力的依赖关系,所以李嘉图的比较优势理论对服务产品的生产和贸易具有更直接的指导意义。

二、要素禀赋理论

20世纪初,瑞典经济学家伊·赫克歇尔(Eli Heckscher)和贝蒂·俄林(Bertil Ohlin)从生产要素比例的差别而不是生产技术的差别出发,解释了生产成本和商品价格的不同,以此说明比较优势的产生。这个解释克服了斯密和李嘉图贸易模型中的局限性,认为资本、土地以及其他生产要素与劳动力一起都在生产中起重要作用并影响劳动生产率和生产成本;不同的商品生产需要不同的生产要素配置,而各国生产要素的储备比例和要素禀赋不同,正是这种生产要素配置或要素禀赋上的差别才是国际贸易的基础。这就是著名的H-O理论,一种用以说明国际贸易产生的原因和流向的国际贸易纯理论,又叫H-O模型,它建立在对现实经济简化、抽象的严格模型设定基础上。

H-O模型假定只有两种生产要素——劳动力和资本。假定只有两种商品X、Y,且X是劳动密集型商品,Y是资本密集型商品。要素密集是通过对两种商品生产投入的资本—劳动比率(K/L)进行比较而确定的,资本—劳动比率高的为资本密集型商品,资本—劳动比率低的为劳动密集型商品。还假定只有两个国家A、B,且B国资本充裕,A国劳动力充裕。要素充裕是通过对两国生产要素相对价格或生产要素总量相对比例进行比较而确定的,B国的资本价格与劳动力价格之比小于A国,则B国资本充裕,A国劳动力充裕;或者B国的资本总量与劳动力总量之比大于A国,则B国资本充裕,A国劳动力充裕。两国具有相同的偏好,有同一组社会无差异曲线。H-O模型表明资本充裕的国家在资本密集型商品上具有相对优势,劳动力充裕的国家在劳动密集型商品上具有相对优势,一个国家在进行国际贸易时出口密集使用其相对充裕和便宜的生产要素的商品,而进口密集使用其相对缺乏和昂贵的生产要素的商品。例如,美、日拥有的资本资源相对丰富,就生产资本密集型产品出口,资本密集型产品由美、日等发达国家流向发展中国家;劳动密集型产品则由发展中国家流向美、日等发达国家,国际贸易就是这样发生和进行的。俄林这种基于要素禀赋的国际贸易理论,是在承袭李嘉图比较优势理论的基础上经过修补而建立起来的。它在要素成本差异的分析上,吸取了约翰·穆勒的供求价格论,并扩大到国内外一切生产要素和商品价格决定的范围。同时,这种国际贸易理论还认为,各国要素禀赋的差异所引致的各国要素价格的差异,通过彼此的产品贸易,有缩小和均等化的趋势。

要素禀赋理论是以自由竞争市场的假定为前提而建立起来的,因而是适应自由贸易要求的一种国际贸易理论。但在现实生活中,完全的国际自由贸易并不存在,特别是在第二次世界大战以后,一些发达资本主义国家贸易保护主义的倾向还有加强之势。因此,要素禀赋差异的适用性就会受到影响。

斯密和李嘉图的贸易模型以及 H-O 模型实质上都是以国家间先天的生产条件差别为贸易基础的,因此从李嘉图到 20 世纪中期以前的比较优势理论被称为外生比较优势理论。

外生比较优势理论的产生和盛行与当时的产业状况紧密相连,当时的生产形态是劳动密集而非技术密集型,国际贸易的主要产品是初级产品,而资本流动、技术贸易等还处于初步发展阶段。随着 20 世纪 60 年代以来全球经济和国际贸易的迅速发展,外生比较优势理论并不足以解释丰富的贸易形态。比较优势理论体系的学者们引入规模经济、产品差异等概念体系并从专业化、技术差异、制度、博弈以及演化等不同角度完善和拓展了传统比较优势理论。例如,埃尔赫南·赫尔普曼(Elhanan Helpman)和保罗·克鲁格曼(Paul Krugman)引入规模经济来分析比较优势,他们提出一个垄断竞争模型,该模型基于自由进入和平均成本定价,将产品多样性的数目视为由规模报酬和市场规模之间的相互作用内生决定。在自给自足的情况下,一个国家的产品种类数目很小,而贸易丰富了消费者的选择。同时,如果贸易增加了消费者的需求弹性,那么单个厂商的规模效率也能改进。这样,单个厂商就通过规模经济确立了在国际市场中的优势。许多实证研究也表明,出口商通常比内销的厂商规模更大,厂商和产业的规模与出口量之间具有正相关关系。

要素禀赋理论作为比较优势理论的拓展,更强调资源禀赋对国际贸易产品流向的影响,对于认识国际旅游服务、教育服务等与传统资源禀赋密切的服务交易具有直接的指导意义,对于认识一般服务贸易也具有重要意义。

三、马克思对国际贸易利益的分析

马克思对国际贸易的分析是建立在国际贸易利益基础之上的。马克思认为,贸易利益包括对外贸易产生的直接利益和对外贸易产生的间接动态利益。一方面,各国按比较成本规律进行国际贸易,以"两利相权取其重,两害相权取其轻"为原则进行专业化分工,使资源得到更有效的配置,增加了产量。通过交换,各国都得到了多于自己生产的消费量,这是国际贸易产生的直接利益。另一方面,国际贸易产生的间接动态利益,即随着对外贸易的发展,通过一系列的动态转换过程,经济增长可以传递到国内各个经济部门,从而带动国民经济的全面增长。

马克思以资本主义商品经济为分析对象,论证了国际贸易利益机制的运转过程。首先,国际贸易扩大了市场范围,促进了资本主义的生产。资本主义生产的规律,是生产方式的经常改造和生产规模的无限扩大,国家的孤立和闭关自守已经被商品流通破坏。资本家攫取利润的要求引导资本流动的方向不断调整、范围不断扩大,因而扩大生产规模的倾向呈现无止境的趋势,无限扩大的生产便和有限的国内市场相矛盾,开拓国外市场的需求由此产生。这一矛盾驱使资产阶级在世界各地落户,建立联系,抢占世界市场。在资本主义经济发展不平衡规律的作用下,资本主义国家的生产更需要国外市场暂时克服生产与市场之间的矛盾,而且这种对贸易的依赖性随着资本主义发展不平衡而日益加剧,几乎一切生产部门都不同程度地与世界市场直接相关。任何资本主义国家、资本主义各个阶段都需要国外市场,需要对外贸易。马克思指出:"这里还必须补充一点,俄国无论在出售原料和购买工业品方面如果离开英国哪怕是 6 个月也难以支持,这一点在拿破仑封锁大陆时就表现得很明显,而目前更是如此。俄国一旦断绝与英国市场的联系,几个月后就会遭受严重的困难。英国则相反,它不仅可以在若干时期内不要俄国市场,而且可以从其他市场上获得各种俄国的原料。"① 资本主义国家的经济发展史已经证明,对外贸易能够在一定程度上带动或激发经济增长。

其次,国际贸易有直接贸易和间接贸易之分。马克思指出:"'经济学家'详细论述了英国对华贸易的直接的和间接的重要性,在 1858 年,英国对中国的出口额达 2 876 000 英镑,而最近三年来英国从中国的进口额平均每年在 900 万英镑以上,因此中英直接贸易的总额约计 1 200 万英镑。但是除了这种直接交易,另有其他三种重要的贸易,在国际结算的范围内英国或多或少地与它们发生密切的联系,这就是印度与中国、中国与澳大利亚、中国与美国之间的贸易。"②

再次,国际贸易有助于社会总产品实物形态的补偿。资本主义大工业的建立,以及资本主义社会再生产的正常进行,要求社会产品得到实现,在国内市场无法满足的条件下,就通过国际市场使工业制成品和初级产品得以实现。马克思曾明确指出,资产阶级由于开拓了世界市场,使一切国家的生产和消费都成为世界性的……新的工业的建立已经成为一切文明民族生死攸关的问题,这些工业所加工的已经不是本地的原料,而是来自极其遥远的地区的原料;它们的产品不仅供本国消费,而且供世界各地消费……过去那种地方的和民族的自给自足和闭关自守状态,被各民族各方面的互相往来和各方面的互相依赖代替了。国际贸易的发展及世界市场的形成,使各地区之间的相互依赖与日俱增。马克思认为,产业资本家总是面对着世界市场,并且其成本价格不仅同国内的市场价格相比较,而且同全世界的市场价格相比较。在国际贸易的竞争中,资本家总是千方百计地提高劳动生产率、降低成本,以打败竞争对手。

最后,马克思认为,国际贸易的高速增长,特别是出口的高速增长,会给一国经济带来重要的动态利益。出口扩大克服了国内市场狭小的局限,可以获得规模经济利益,这一方面可提高利润率,另一方面会增强国际竞争能力;出口扩大还会加强部门之间的相互联系,带动相关部门的发展,促进国内统一市场的形成;出口的不断扩大会鼓励外国资本的流入,解决国内投资不足的难题,而且会促进先进技术和管理知识的传播,这些都是对一国经济有利的因素。

马克思的分析从根源上揭示了国际贸易发生、发展的内在动力,即对国际贸易利益的追求,而且在这种追求过程中不同国家具有不同的利益所得。国际贸易对发达的、在国际贸易格局中占主导地位的资本主义国家和以出口劳动密集型产品为主的发展中国家具有不同的意义。马克思的这一理论对于我们认识和分析国际服务贸易具有重要的指导意义。

---

① 中央马克思恩格斯列宁斯大林著作编译局.马克思恩格斯全集(第 7 卷)[M].北京:人民出版社,1975:258.
② 中央马克思恩格斯列宁斯大林著作编译局.马克思恩格斯全集(第 13 卷)[M].北京:人民出版社,1975:579—580.

第二节　国际服务贸易政策的演变及内容

国际贸易政策是以服务一国国际贸易为目的而产生的,各国制定国际贸易政策的核心是以国家利益为主导,出发点是国际贸易对一国政治、经济方面的影响。在不同时期,不同国家的国际贸易政策是极不相同的。国际服务贸易政策作为国际贸易政策的一部分,其存在的目的和产生的出发点与传统的国际贸易政策基本一致。

一、国际服务贸易政策的演变

早期的国际服务贸易规模较小,项目单一,在全部国际服务贸易收入中,运输服务和侨汇等相关的银行服务就占了70%以上。新型国际服务贸易,如电信、计算机软件,甚至是信息高速公路、多媒体技术、知识产权及其他与现代生活相关的服务,主要都是在第二次世界大战后才出现的,有些则是在20世纪80年代末、90年代初刚刚兴起的。因此,在贸易政策上,早期的国际服务贸易限制较少,再加上当时的世界政治经济体系主要由少数几个工业发达国家操纵,所以在全球范围内基本上采取的是国际服务贸易自由化政策。

第二次世界大战后初期,西方国家为了恢复经济,从国外大量引进服务人员,并欢迎技术转让和金融服务入境,于是,国际服务贸易进入有组织的、商业利益导向的发展阶段。这一阶段,美国作为世界经济的"霸主",通过"马歇尔计划"和"道奇计划",分别对西欧和日本进行援助,伴随着货物输出,大量的资金和技术等服务也输往境外,并取得了巨额的服务收入。在这一阶段,发达国家总体上对国际服务贸易设置的壁垒较少,但发展中国家对国际服务贸易表现并不积极,设置了重重障碍,限制境外服务的输入。

专栏6-1　　　　　　　　马歇尔计划

马歇尔计划(Marshall Plan)是第二次世界大战后美国援助欧洲的计划,也称欧洲复兴计划。1947年6月5日,美国国务卿乔治·马歇尔(George Marshall)在哈佛大学发表演说时首先提出援助欧洲经济复兴的方案,故名马歇尔计划。他说,当时欧洲经济濒于崩溃,粮食和燃料等物资极度匮乏,而其需要的进口量远远超过其支付能力,如果没有大量的额外援助,欧洲就会面临非常严重的经济、社会和政治危机。他呼吁欧洲国家共同制订一项经济复兴计划,美国则用其生产过剩的物资援助欧洲国家。1947年7月至9月,英国、法国、意大利、奥地利、比利时、荷兰、卢森堡、瑞士、丹麦、挪威、瑞典、葡萄牙、希腊、土耳其、爱尔兰、冰岛等16国的代表在巴黎开会,决定接受马歇尔计划,建立了欧洲经济合作委员会,提出了要求美国在4年内提供援助和贷款224亿美元的总报告。1948年4月,德国西部占领区和的里雅斯特自由区也宣布接受该计划。1948年4月3日,美国国会通过《对外援助法案》,马歇尔计划正式执行。计划原定期限5年(1948—1952年),1951年年底,美国宣布提前结束,代之以"共同安全计划"。美国对欧洲拨款共达131.5亿美元,其中赠款占88%,其余为贷款。

在马歇尔计划实施期间,西欧国家的国民生产总值增长25%。马歇尔计划是第二次世界大战后美国对外经济技术援助最成功的计划。它为北大西洋公约组织和欧洲经济共同体的建立奠定了基础,对西欧的联合和经济的恢复起到了促进作用。

20世纪60年代以后,世界各国经济迅速发展,大家普遍意识到服务外汇收入是一项不可忽视的外汇来源。同时,基于国家安全、领土完整、民族文化与信仰、社会稳定等政治、文化及军事目标,各国均对服务的进出口制定了各种政策和措施,其中不乏鼓励性的,但更多的是限制性的,再加上传统的业已形成的限制性经营惯例,极大地阻碍了国际服务贸易的发展。在该阶段,发展中国家对国际服务贸易的限制尤为显著。

专栏6-2　　　　　　　　《经济合作行动纲领》

1973年9月10日,第四次不结盟国家首脑会议在阿尔及尔召开,有75个国家参加,通过了《经济合作行动纲领》(以下简称《纲领》),强调不结盟国家之间加强经济方面的广泛合作以减少对发达国家的依赖。

《纲领》指出,不结盟国家的国家元首和政府首脑表示:"决心努力实现个别或集体的自力更生。为此,他们一致同意将继续在国家一级一致努力以减少失业、群体性贫困、收入分配悬殊和在经济上依赖发达国家,调动各国的资源使经济的各部分得到全面和平衡的发展。"

《纲领》指出:"为了促进发展中国家之间的贸易,每个发展中国家应该努力实现从其他发展中国家进口的商品增加一倍的目标。

任何发展中国家都不应当给发达国家的进口商品以比发展中国家的进口商品更优惠的待遇。

为便利区域间贸易,应该认真考虑制定包括所有发展中国家的结账和支付协定的可能性。

发展中国家应当建立和加强关于对世界经济有重要意义的主要商品的生产国协会,以便阻止贸易条件的恶化,消灭有害竞争,制止多国公司的有害活动,加强它们讨价还价的力量。

不结盟国家应当通过它们的报纸、期刊、电台、电视台及新闻手段交流和传播有关各个方面的共同成就的情况。不结盟国家应当制订分享这方面经验的计划,尤其是通过宣传方面的代表团的互访,交换电台和电视台节目、影片、书籍和图片,实现文化代表团的互访和举行艺术节。"

由于国际服务贸易对一国经济发展的巨大推动作用,加之经济全球化的影响,各国政府,特别是发展中国家政府,逐步开放国际服务贸易领域,推行国际服务贸易自由化政策。尤其是在乌拉圭回合及以后的服务贸易谈判中,发展中国家大多在国际服务贸易领域做出了实质性的开放承诺。如在1995年7月结束的全球金融服务谈判中,多数发展中国家承诺开放本国金融服务市场,包括允许外资在本国金融机构参股,允许外资在本国建保险公司,允许外资购买本国公司或建立自己的分支机构等。不少发展中国家还对本国的有关法规进行了修改或废除,使其国际服务贸易市场出现了自由化趋势。

由于国际服务贸易项目繁杂、方式多样,且对一国经济、政治、文化安全有着巨大的影响力,加之各国基于本国的发展水平和具体情况,会实施不同的管理手段,从而加剧国际服务贸易政策的复杂性,因此目前世界上许多国家仍采用多种方式对国际服务贸易进行保护,国际服务贸易壁垒和"合法"保护之间仍存在许多"灰色区域",国际服务贸易自由化目标的实现仍然困难重重,充满着不确定性和主观随意性。

二、国际服务贸易政策的内容

与货物贸易相比,国际服务贸易具有更大的多样性与灵活性,不同的服务部门有不同的特点,彼此之间差异很大,因而不同的服务贸易部门有必要实施不同的政策措施。

（一）国际海运业的政策

国际海运业是一项历史悠久的国际服务贸易。它是随着国际贸易的产生和发展而发展起来的。虽然新的运输方式发展迅猛,但到目前为止,海运仍然是国际货物运输的最主要方式,海运运费对进出口商品的价格也有很大的影响,海运运费平均要占商品离岸价的7%—10%,占大宗货物离岸价的30%—50%,海运运费成了影响国际商品价格及贸易格局的重要因素。海运业不仅对商品的国际贸易具有举足轻重的作用,而且它作为一项十分重要的服务贸易,还是世界上许多国家外汇收入的重要来源。鉴于此,当今世界各国的政府都十分重视本国海运业的发展,并采取了各种措施加以扶持,这些措施主要包括以下几个方面。

1. 对外国参与的限制

由于国际海运业在一国对外经济贸易关系中占有举足轻重的地位,因此绝大多数国家对外国资本参与本国的海运业持谨慎态度。例如,虽然美国是世界上对外资开放程度最高的国家之一,但它对海运业也有极为严格的限制。根据美国1952年通过的琼斯法案,美国政府对外资参与本国海运企业做了如下规定:①只有悬挂美国国旗的船舶才可以在美从事海运业,认为这么做可以加强对本国海运业的控制,并有利于在必要时(如战争需要)征调本国船舶。②只有在美国制造的船舶才可以用于在美国从事海运业,但不禁止外国人出资在美国建造船舶并将其用于在美国从事海运业,或是由外国人驾驶本国船舶。③海运企业必须至少有75%的有投票权股份为本国居民所持有,其总经理、董事长必须为美国公民,外国董事在董事会中的比例不能使其能控制董事会的决定。

2. 政府的直接参与

政府直接投资经营海运业,对海运业的影响和控制程度更大。一方面,政府兴办的国有海运企业可以在运费定价、行业发展方向等方面,对私营海运企业起指导作用;另一方面,政府的直接参与还能使政府更易于对海运业进行扶持和资助,使本国海运业更具有国际竞争力。在一些国家,海运业国有化的主要目的是消除或对抗外国竞争。政府对海运业的参与,按其参与程度可以分为:①公私合资(joint-venture)或参与(parternership),指政府与私营企业合资兴办海运企业或入股私营的海运企业。②国有企业,指政府设立完全国有的海运企业。③行业的国有化,即将整个海运业国有化。

在发展中国家的海运业中,政府的参与十分普遍,如利比里亚政府成立了利比里亚航运公司(Liberian Shipping Corporation,LSC),并通过该公司参股了两家重要的航运公司,一家名为全额投资航运公司(Total Investment Shipping Company,TISC),由LSC拥有50%的股份,其余50%由意大利和荷兰的投资者拥有;另一家名为远见航运公司(Provident Shipping Company,PSC),由LSC和瑞典的一家公司共同拥有。在发达国家,海运业的政府参与也并不罕见,如在1977年7月,英国将其19家造船企业、5家海运内燃机制造企业、3家培训公司国有化,并合并成立了英国造船公司(British Ship-builder Corporation,BSC);码头也实行了国有化,并成立了英国运输码头局(British Transport Dock Board)。不过,在1984年英国又重新将这些企业私有化了。

当然,海运业的国有化也存在弊端,由于体制方面的缺陷,国有海运企业往往缺少私营海运企业所具有的效率和活力,而且由于直接参与了海运业的经营,政府无法就海运业的发展做出全局和长远规划。

3. 进口限制

许多国家的政府还通过立法限制本国企业购买外国的船舶及海运服务。例如,秘鲁在1972年曾做出一项规定:秘鲁企业不得从外国购买本国可以制造的船舶;任何外国船舶的采购都必须经秘鲁国家工业委员会的推荐,确认对本国造船业无害后才可以得到批准,所有悬挂秘鲁国旗的船舶均需在秘鲁造船厂制造,其维修也必须在秘鲁造船厂进行,除非秘鲁造船厂无力完成维修任务,或是在十分紧急的情况下,才可以在国外维修;造船及维修船只所需的原材料、零部件,以及船舶用水、食物、用具等的采购也只能在本国进行。另外,政府采购也是贸易保护主义的一项重要措施,一些国家政府在采购船舶及海运服务时,通常对本国的造船企业或海运企业给予照顾。

(二) 国际旅游业的政策

在国际服务业中,旅游业也是历史较为悠久的传统产业。虽然跨国旅行早就存在,但只有进入19世纪以后,随着工业革命带来运输工具的进步,现代旅游业才逐渐出现。19世纪中叶英国人托马斯·库克(Thomas Cook)开创的火车包价旅游,被公认为现代旅游业诞生的标志。此后,国际旅游业得到了迅猛的发展,成为世界上最为重要也最富有活力的部门之一。同时,旅游业对各国经济发展的贡献也是十分巨大的,它给旅游目的国带来了巨额的外汇收入,因此被人们视为"无烟的出口业"。在许多中小国家,如瑞士、新加坡等,旅游业的外汇收入占到了这些国家经常项目收入的很大比重。旅游业对一国的交通、通信、城市建设等行业也会起到极大的促进作用,大批游客的到来又会给当地的餐饮、住宿、零售等行业的发展带来有利的影响,旅游目的国从这些方面赚取的收入甚至可能大大超过直接从旅游服务中所得到的收入。此外,旅游业还有利于提高旅游目的国的声誉,从而对该国吸引外商和外资产生积极的影响。

为了发展旅游业,使其更好地为本国的经济发展服务,同时尽力避免国际旅游业所带来的副作用,政府有必要积极干预本国国际旅游业的发展。这就导致了第二次世界大战以后政府在旅游业中的作用日渐增大,而且越是旅游业在经济中占有重要地位的国家,政府的干预程度往往越高。政府对旅游业的管理主要是通过专门的管理机构进行的。为了制定和实施政府的旅游业政策,绝大部分国家都设有专门机构,在旅游业在经济中占有重要地位的国家,这样的机构甚至具有很高的级别。政府对旅游业的管理一般是通过规划和发展本国的旅游业,提高本国旅游业的竞争能力实现的。

1. 旅游业的规划与开发政策

政府旅游管理机构的一个重要职能是对本国旅游业的发展制定整体的规划,如决定开发建设新的旅游景点、线路,优先发展某些旅游景点或限制某些已趋饱和的旅游景点的发展,制定实现这些规划的措施,搞好旅游基础设施的建设,制定刺激旅游业发展的措施等。政府有关部门在制定旅游发展规划时,应将旅游发展规划同本国经济发展的总体规划很好地结合起来,使两者相互促进,而不是相互掣肘。旅游景点的分布应合理,使之同旅游市场需求的变动趋势相一致。这样才能做到各旅游景点、设施既不会出现过度的拥挤,也不至于因供大于求而导致旅游设施的闲置。

旅游业的规划与发展还涉及旅游资源保护问题。因为旅游资源,不论是自然景观,还是历史遗迹,都是不可再生的,都有一个妥善保护的问题。例如,在旅游城市的建设中,应注意总体协调,避免出现与旅游景点的总体风格不相称的建筑设施,减少破坏环境、污染严重的企业或设施。当因旅游人数过多而可能导致某一处旅游景点受到严重损坏时,应减少旅游人数,甚至在必要时将该旅游景点关闭。对于已受到严重损坏的旅游景点,应在不改变原有特点的前提下加以修复。

旅游业的发展与旅游资源的保护是一对长期困扰人们的矛盾。旅游业的发展固然促进了旅游景区所在地的经济发展,但大量游客的涌入又可能对当地宝贵的、多数是不可再生的旅游资源造成严重损害。其实只要管理得当,旅游业对旅游资源的破坏可以降至最低程度,甚至在某些情况下,旅游业的发展还会对当地的旅游资源保护工作起到促进作用。

2. 旅游业的对外推销政策

政府旅游管理机构的另一个重要职能是代表国家对外推销本国的旅游业,或帮助本国旅游企业向海外推销。如英国旅游管理局在世界各地设有20多个办事处,负责推销英国旅游。该局在伦敦还设有一个中心信息部,收藏种类繁多的有关英国旅游的资料以供国内外用户使用,并出版诸如地图、旅游指南、公关资料、期刊以及提供海外推销用的实物、幻灯片、图片等宣传品。该局还对本国旅游企业在海外的旅游推销活动提供咨询和帮助。

3. 旅游企业的审批和监督

旅游企业及其从业人员的素质不仅关系到一国旅游业的兴衰成败,还关系到一国的对外形象,因此各国的旅游管理机构都对本国旅游企业的建立严格把关,制定关于旅游企业特别是涉外旅游企业的审批制度,任何与旅游有关的企业都必须经旅游管理机构批准才允许成立。对于外资旅游企业,不同国家的开放程度不同,一般是与本国的总体开放水平相适应。不仅如此,对已批准设立的各类旅游企业,各国旅游管理机构也会定期检查,对违反规定的旅游企业给予罚款直至吊销营业执照的处罚。

4. 对旅游业的支持

政府对旅游业的支持一是在财政方面,提供政府投资、减免税待遇、信贷优惠和担保、政府补贴等。二是加强人力资源培训计划。为发展本国的旅游业,各国必须培养高素质的旅游工作人员队伍,如酒店的服务人员、导游以及旅行社、酒店、饭店等旅游机构的经营管理人员等。这些人员的素质高低直接影响一国旅游服务的质量,故各国均对此十分重视。政府主要是通过设立或资助各级旅游专业大学、学院、系或旅游专业人才培训中心的办法,培养高素质的各级旅游人才。例如,瑞士中央政府和地方政府以及瑞士旅馆同业公会联合开办的瑞士洛桑酒店管理学院,就是一所世界著名的培养高级旅游人才的学校,欧洲各著名酒店的许多高级管理人员都是从该校毕业的。三是政府的协调功能。政府在本国的公私旅游机构间进行协调,或在本国旅游企业和外国旅游企业之间进行协调,以拓展本国的旅游业,促进本国旅游业的发展。

(三) 国际金融业的政策

国际金融业在国际服务贸易中占有十分重要的地位,也是服务业中目前对国际贸易影响最大的行业之一。对国际金融业的管理在第二次世界大战以后一直是有关国家政府及国际社会十分关心的问题。下面分别从投资国和东道国两个方面分析国际金融业的政策。

1. 投资国对本国金融业海外业务的管理

多数国家政府对本国金融机构从事海外业务制定了管理措施,这些措施有些是专门针对金融机构的海外业务制定的,有些在客观上会影响本国金融机构海外业务的开展。具体措施主要有:

(1) 业务的申请。金融机构欲到海外开展业务、设立分支机构,通常需要得到本国有关部门的批准。申请时金融机构须提供数据说明自己有足够的金融和管理实力来开展海外业务。例如,根据美国1933年的《联邦储备法》,美国的联邦注册银行如果打算在海外设立分支机构,则至少应有100万美元以上的资本。

(2) 业务范围的限制。各国对各类金融机构在国内可以开展业务的范围也有所规定。但由于管理法规上的差异,各国对金融机构的分类,以及各类金融机构能够提供的金融业务种类的规定各不相同。例如,根据美国的《格拉斯-斯蒂格尔法案》(Glass-Steagall Act),美国商业银行的业务和投资银行、养老基金会、互助基金会、人寿保险公司之类金融机构的业务是严格分开的,前者可以吸收存款、设立支票账户,但不能从事证券发行、买卖等投资业务,而投资银行等金融机构则相反,不能提供支票账户,主要从事证券发行、买卖等投资业务。然而在德国等欧洲大陆国家,则不存在这样的区别,商业银行亦可从事证券发行、买卖等投资业务。这种差异的存在会导致这样一个问题:如果某项业务在国内不允许某类金融机构经营,但在海外为当地政府所允许,则管理当局是否应允许该类金融机构在海外开展此项业务?一般说来,为避免本国金融机构在海外竞争中处于不利地位,政府通常会允许本国金融机构在海外从事在国内不被允许的业务。例如,美国商业银行就被允许在海外开展证券业务。

(3) 财务数据的申报与检查。各国政府的有关部门在对本国金融机构的定期检查中,一般要求其提供详细的海外业务资料。这些资料是各国货币当局了解本国各类金融机构海外业务活动情况的重要资料来源。如美国 1983 年的一项法案规定,美国跨国银行应每季度报告一次风险情况,每月报告一次外汇头寸和期限等。各国货币当局还定期派出检查人员,并在主要的国际金融中心设立常驻机构以现场检查本国金融机构海外分支机构的经营情况。到海外检查本国金融机构的分支机构必须取得东道国政府的许可。在《巴塞尔协议》签订后,东道国政府一般会给予合作,但也有少数例外,如瑞士一般就不允许外国政府代表对在当地的银行机构进行检查(不过近年来限制有所放松)。在这些国家,投资国的货币当局就只好主要依靠当地政府提供的信息和资料。一般说来,当地政府提供的资料也是完整、准确的。

(4) 存款准备金要求。存款准备金制度是政府为确保银行业的安全,保护广大储户的利益而采取的一项措施,曾被誉为 20 世纪 30 年代大萧条后西方出现的两大制度之一(另一制度为社会保险制度)。对于本国银行海外分支机构所获存款是否也应交纳准备金,各国规定不一。有的规定要交,有的规定不必交,还有的规定海外分支机构吸收的外币存款不必交,而本币存款则要交。在 1969 年以前,美国银行总行从海外分支机构拆借的资金不需要交纳准备金,因为同业拆借不属于存款,但在 1969 年 8 月之后,为控制国内银行贷款能力和国内货币供应,美国货币当局对这类借款要求银行提留 10% 的准备金。在 1980 年 3 月《存款机构放松管制和货币控制法》生效之后,该比例下降为 3%。

(5) 外汇交易的管理。外汇交易是一项风险极高的金融业务,各国政府对各类金融机构外汇交易的管理,主要是通过限制各类金融机构持有的各种外汇即期头寸和远期头寸来降低外汇交易风险。此外,一些国家政府还对金融机构提供外汇业务的客户信誉及对单一客户业务占其全部外汇业务的比例做了限制。

2. 东道国对外国金融机构的管理

自 20 世纪 70 年代以来,东道国不断加强对外国金融机构建立在本国的分支机构的经营活动,以及外国金融机构对本国居民开展的金融业务的管理。大致说来,东道国对外国金融机构一般采取以下四种措施:第一,完全禁止外国金融机构进入;第二,虽然允许外国金融机构进入,但对其经营活动有许多限制;第三,对外国金融机构采取所谓的"国民待遇",即与本国金融机构一视同仁;第四,对外国金融机构的进入采取鼓励、优惠政策。比较上述四种措施,其中第一种措施较为极端,目前世界上仅有伊拉克、利比亚、坦桑尼亚等 15 个国家是完全禁止外国金融机构进入的。第三种措施即国民待遇原则是较为公平合理的,无论对整个国际社会还是对东道国都是最为有利的,也符合 WTO 的基本原则,目前发达国家对外国金融机构一般采取这一原则。采取第二种措施的国家既有发达国家也有发展中国家,但发展中国家居多,这是因为发展中国家为发展本国经济,往往对金融业实行严格的政府管制,而且发展中国家在金融业方面实力较弱,几乎无法与发达国家相竞争。也有少数国家和地区对外国金融机构采取第四种措施,这主要是为繁荣本国或本地区经济、赚取外汇收入。采取此种措施的国家和地区大多希望其能成为国际金融中心,如瑞士、巴哈马、巴林、新加坡等国家和中国香港地区等。

东道国对外国金融机构的管理主要集中在以下几个方面：

（1）进入管理。绝大多数国家对外国金融机构进入本国都采取某种管理措施。首先是资格审查。例如在新加坡，外国银行要想在当地设立分支机构，其总行至少应名列世界最大300家银行之中，总行资本价值应在600万新加坡元以上。此外，一些国家还规定外国银行在本国开设分支机构必须提交由总行出具的担保声明书，对分支机构的负债提供担保。

（2）报告与检查。与当地金融机构相同，在当地的外国金融机构分支机构也必须定期向东道国有关金融管理机构申报经营数据，并接受有关部门的检查。从20世纪70年代以后，由于不断发生重大的银行破产事件，几乎所有的发达国家均加强了这方面的要求，申报和检查日趋严格，次数也越来越频繁。例如在德国，德意志银行和联邦银行监察局联合对银行实行定期例行检查，银行须提交信贷报告、月资产负债表、损益表等以供检查。此外，管理机构还可对"问题银行"进行非常规的审核，一经发现问题，立即采取纠正措施，甚至吊销营业执照。

（3）财务控制指标。为确保外国金融机构分支机构的经营安全，避免因这些机构不谨慎的业务活动而造成本国金融市场的不稳定，各国政府均设立了一些明确的财务指标，要求外国金融机构分支机构遵守。这些指标按外国金融机构的不同性质而有所不同。就银行分支机构而言，其指标主要包括：①流动性比率，指银行流动资产和流动负债之比，是衡量银行短期偿债能力最通用的比率。②单一贷款比例，即银行对单一客户贷款占其总贷款资产的比例。该比例过高会严重影响银行的安全性。如美国政府规定单一贷款比例不能超过银行自有资本和盈余的10%。③外汇头寸指标。为使银行避免承受过大的外汇风险，各国银行管理当局对银行持有的外汇头寸（远期的和即期的）均有限制规定。例如英格兰银行规定，银行持有一种货币的头寸不能超过其资本的10%，各种货币的头寸总和不能超过15%。④资本充足率，即银行资本占总资产的比例。在《巴塞尔协议》通过以后，该指标已成为国际社会管理国际银行业共同的也是最为重要的指标。

（4）业务范围的限制。为了保护本国民族金融业，同时也为了本国金融市场的安全，各国一般都对外国金融机构分支机构可从事的业务范围实行限制。例如，在法国，投资业务仅能占外国银行分支机构资本额的10%；日本、加拿大则完全不允许外国银行分支机构向本国工商业投资；在美国，只有参加了联邦存款保险制度的银行才能接受非银行存款，而外国银行分支机构往往不能参加存款保险，因而就不能从事零售存款（对非银行客户存款）业务，而只能从事批发存款（银行同业存款）业务。有些国家则明确规定外国银行分支机构不能从事当地非银行存款业务。还有些国家只允许外国银行分支机构从事外汇业务，不允许从事本币业务。在发展中国家中，业务范围的限制尤为常见，这些国家甚至有时还硬性规定外国银行贷款的部门分配比例。例如，1980年马来西亚政府就规定外国银行贷款中用于住宅的部分应占10%，农业占5%，小企业占20%。马来西亚还限制外国银行对当地跨国公司子公司的贷款，如果这种贷款的金额超过50万美元，则外国银行的贷款份额不得超过50%，余下部分应由本地银行提供。

（5）机构形式的限制。对于外国金融机构可以在本国设立的分支机构的种类，东道国也多采取了各种限制措施。例如，在加拿大，外国银行只能设立子银行，不能设立分行；

新加坡等国则规定外国银行需先设立代表处等机构才可以设立分行和子银行;美国的许多州则规定了所谓对等原则,即只有外国政府允许美国银行在该国设立某种机构,该国银行才能在该州设立此类机构。此外,为防止外国银行控制本国银行业,许多国家对外国银行与当地银行建立合资银行的参股比例也做了限制。例如,加拿大规定外国投资者在合资银行中的股权比例不能超过25%,单个投资者的股权比例不能超过10%。

另外,许多国家或地区还对外国金融机构的地区分布实行控制。

(四)文化、娱乐业的国际服务贸易政策

教育、电影、电视、广播、音乐、戏剧、音像制品、新闻等行业,在经济学中一般被认为是非生产性的,但只要这些服务的提供是有偿的,国际上也把它们归入服务贸易之列。

第二次世界大战后,随着各国之间经济联系的日益紧密,各国之间文化、娱乐领域的交流发展也十分迅速,逐渐成为一项不容忽视的国际服务贸易。文化、娱乐业的服务贸易可以分为两大类:一是音像制品的版权交易、电影放映、歌星的海外演出等无形的服务贸易,与其他形式的服务贸易没有什么不同。二是磁带、唱片、录像带等具有物质形态,因而具备物质商品的许多特征(如可储存、可运输、生产与消费在时间和空间上可以分离),然而其所含有的物质成本远低于其含有的服务成本,从这点上看它又和服务很相近,故被称为"物化服务"(embodied services),其交易亦归入服务贸易之列。例如,一张唱片的材料成本约0.1美元,但其售价可达10美元以上,其中除了少量的录音器材的消耗,绝大部分为聘请乐队、歌星、录音师等的报酬。在许多国家,这两类服务的贸易是分别统计的。

文化、娱乐业的国际服务贸易给其输出国带来的收益是十分巨大的,除上述提到的直接服务和物化服务外,文化、娱乐业的国际服务贸易往往是由一项商品带动一系列相关商品的出口,从而使其能创造出更大的收益。除了经济上的利益,文化、娱乐业的国际服务贸易在政治、文化上也有利于输出国价值观念的扩散,并对输入国意识形态产生一定影响。例如,美国电影在宣传美国价值观方面就功绩赫赫,美国的音乐业、广播业也起了类似的作用,因此美国政府十分注重促进本国文化和娱乐业的出口。美国政府早在1946年就成立了美国电影出口协会,该协会直接隶属于白宫,在美国经济界是唯一享有与外国政府直接交涉的特权的组织。美国的文化、娱乐界还通过各种渠道影响美国政府,让政府出面对他们认为存在对美国文化、娱乐服务采取"不公正待遇"的国家施加压力。1995年以来美国与欧洲在影视业方面的谈判就是一个很好的例证。

与文化、娱乐业的国际服务贸易关系最为密切的是知识产权问题。例如,盗版现象目前是一个世界性的突出问题。在发达国家和发展中国家,音像制品盗版广泛存在。日益泛滥的盗版商品给正常的文化、娱乐业的国际服务贸易造成了惨重的损失。鉴于此,目前许多国家的政府都十分重视本国版权在海外的保护问题。美国在这方面表现得尤为突出。美国在与其他国家发展贸易关系时,对方国家对美国知识产权的保护是否有力是十分关键的因素之一。近年来,美国与其许多贸易伙伴在知识产权方面都发生了摩擦,美国还定期制定并公布它认为对美国知识产权侵犯最严重国家的"黑名单",威胁要对这些国家实行严密监视,若在一定期限内这些国家未能显著地减少对美国知识产权的侵犯,则美国将对这些国家实行贸易制裁。

文化、娱乐业的国际服务贸易涉及经济、文化、政治因素,是一个极为敏感的问题,世界上几乎所有国家和地区都对外国文化与娱乐服务的进入采取严格的限制。即使是一向以自由贸易自诩的发达资本主义国家,这方面的限制也是广泛存在的。如日本《放送法》规定,当外国人要求设立公众直接接收的无线电台时,不论对方国家如何规定均不予以批准;且日本的广播电视企业、团体若由外国人担任业务主管,或其有投票权的股份的 1/5 以上为外国人所持有,则均不发给营业执照。日本《放送法》对日本有线电视也做了类似规定。欧盟在 1997 年修订了一项极为有名的《关于超越国界的电视的指令》,要求欧盟各成员的各电视台"在可能的条件下",至少应将一半的播放时间用于播放成员自己制作的影视节目。在乌拉圭回合关于服务贸易谈判的最终阶段,以法国为首的欧盟国家突然提出:文化、艺术不是一般的商品,不能同其他服务那样按拟定的《服务贸易总协定》的要求实行自由化,应予以特殊的待遇,从而与美国发生了激烈的冲突,最终美国不得不做出让步,同意在乌拉圭回合谈判中不就文化、娱乐业的国际服务贸易签订专门的协议,而将其放到以后的贸易谈判中做进一步的讨论。

　　许多国家在对外国的文化、娱乐服务的进入采取限制措施的同时,还由政府出面大力扶持本国的文化、娱乐事业。发展中国家应更为关注外国文化、娱乐业的进入,这是因为相对于发达国家而言,发展中国家在文化、政治、宗教信仰、伦理道德等方面的差异要大得多,而且部分发展中国家由于经济水平低,无力对抗发达国家文化、娱乐业的影响,导致西方的文化、娱乐、新闻、价值观念等渗透到社会各阶层,严重影响了当地优秀的传统文化、价值观念的继承和发展,甚至会危及这些国家的政治稳定。

　　因此,大多数发展中国家都对外国文化、娱乐业的进入采取了较发达国家更为严格的限制。如许多发展中国家都对近来兴起的卫星电视实行严格的控制,对外国影视、报刊、音像制品的进入也加以限制,对一些不利于本国的外国报刊、文艺作品予以查禁。由于单个发展中国家力量薄弱,发展中国家经常联合起来抵制发达国家文化、娱乐业的影响,并为此召开了一系列国际会议,如 1973 年的阿尔及尔会议、1980 年的贝尔格莱德会议等。在这些会议上,发展中国家提出了"信息主权"的概念,并将其作为建立"国际经济新秩序"的重要组成部分。发展中国家认为,应改变目前国际新闻业为发达国家新闻媒介所垄断的局面,加强对发展中国家的正面新闻报道,使发展中国家目前的情况得到全面真实的反映。为此,发展中国家还联合成立了一家国际通讯社,称为"不结盟国家通讯社联盟",有 40 个发展中国家的新闻机构参与。

第三节　国际服务贸易自由化政策

　　早期的国际服务贸易规模较小,且大多是为货物贸易服务的,在全部国际服务贸易收入中,传统的国际服务贸易行业如运输服务、银行服务等占主要地位,新型国际服务贸易行业所占比重较小,因此在贸易政策上,早期的国际服务贸易限制较少,在全球范围内基本上采取的是国际服务贸易自由化政策。第二次世界大战后国际服务贸易进入有组织的、商业利益导向的发展阶段。

　　从国家角度来看,发达的市场经济国家因其国内服务业竞争力较强,一般主张国际服务贸易自由化,要求发展中国家开放服务市场,以便它们具有优势的服务业能够进入发展中国家市场。服务业比较落后和一些服务部门不具备竞争优势的发展中国家,则不得不对本国的服务市场进行保护,对发达国家的服务业进入本国市场做出各种限制性规定。但有时为了引进外资和先进的技术或服务,发展中国家不仅开放某些服务项目,还常常以税收减免等优惠,鼓励外国服务业进入本国市场,以促进本国服务业的发展。发展中国家在这种两难博弈的过程中,往往会选择以促进本国经济发展为目标,开放本国的服务市场。

一、国际服务贸易自由化政策的理论基础

虽然货物贸易与服务贸易有很大差异,但许多人还是赞成解释货物贸易的理论同样适用于服务贸易。以斯密和李嘉图为代表的古典经济学家倡导国际贸易自由化,其理论基础为李嘉图提出的著名的比较优势理论。将该理论推广到服务领域,赞成国际服务贸易自由化的人们认为,那些在服务业方面拥有优势的国家应扩大其服务产品的出口,其他国家则应开放本国的服务市场,而发展其他部门的生产,以与服务出口国的出口产品相交换;或者当各国在不同的服务行业具有不同的比较优势时,各国应集中生产自己具有相对优势的服务产品,以与别国的其他服务产品相交换,实行服务业的内部贸易。如同商品的国际贸易一样,上述做法的结果必然会提高各贸易参加国整体的资源配置效率,从而使有关各方均能获利。

到2002年,国际服务贸易已占世界贸易总额的25%,若再加上物化国际服务贸易(软件、音像制品等)则要占更大比例。显而易见,国际服务贸易自由化将极大地促进国际贸易的发展,使其在世界经济中占有更重要的地位。不仅如此,国际服务贸易的发展对国际经济关系的影响比货物贸易要大得多,因为有许多服务如投资服务、技术服务、人员流动等要素服务,属于生产要素的国际流动,对世界经济变化有着更为深远的影响,标志着经济联系的不断加强及国际分工的进一步深化。在缺乏生产要素的国际流动之前,各国仅是凭借各自的要素禀赋优势生产具有比较优势的商品并进行交换,在发生了生产要素的国际流动之后,各国可以直接拿自己具有比较优势的生产要素与外国交换,促进本国对外贸易的发展。即使单纯地考虑货物的国际贸易,国际服务贸易自由化也是十分重要的。许多追加型国际服务贸易,如国际运输、广告、维修服务等都是与货物贸易密切相关的,特别是在非价格竞争日益成为国家竞争主流的今天,这些服务对国际货物贸易的意义就更为重要。其他服务如金融服务、保险服务、技术服务等则属于商品生产不可缺少的投入,直接影响着商品的生产和成本的高低,这种国际服务贸易的发展会加速资源流动,提高生产部门的效率,降低其成本,从而促进国际货物贸易的发展。

国际服务贸易自由化本应包括所有国际服务贸易形式,但不同国家在国际服务贸易领域的相对优势不同,在实际经济活动中各自的政策核心也不尽相同。在乌拉圭回合多边国际服务贸易谈判中,以美国为首的发达国家最为关心的是国际服务贸易中增长最快的领域——生产者国际服务贸易的自由化,如银行、保险、电信、咨询、会计、计算机软件和数据处理,以及其他专业性服务贸易的自由化;而发展中国家则侧重于劳动力的流动问题,以发挥自己的相对优势。因此,在国际服务贸易领域就形成了这样一种局面,即各国

都对其强势服务部门实行自由化政策,而对其弱势服务部门实施保护。由于各国服务业的发展水平不一,各国的政策偏好不同,一场旷日持久的有关国际服务贸易自由化的谈判就不可避免了。

二、国际服务贸易自由化政策的正负效应

1. 国际服务贸易自由化政策的正面效应

自由贸易能促进国际分工,提高劳动生产率,使一国经济富有效率,这是在古典贸易理论中早已被证实的结论。经济有效率并不要求所有国家都采用最先进的生产技术。考虑到不同国家的不同资源禀赋和要素价格,经济有效率就要求各国对生产技术的选择应该反映其要素禀赋的稀缺程度,提高资源利用效率。经济无效率就表现为资源利用未达到最优的投入产出组合,比如不发达国家盲目投资资本、技术密集型设备有可能导致低效率,缺乏训练有素的操作人员和充裕的资本等。

贸易自由化之所以能够提高劳动生产率,主要是因为它能够排除合格生产者进入市场的障碍,刺激那些有能力提供优质服务的厂商扩大生产规模,同时迫使那些能力有限的厂商退出市场,所以贸易自由化是实现规模经济、提高经济效益的途径之一。具体原因表现在以下几个方面:

(1) 贸易障碍的拆除使厂商直接面临国外服务和服务提供者的竞争压力,迫使其改进技术、改善经营方式,提高市场竞争力。

(2) 贸易自由化鼓励厂商参与更为广泛的国际市场竞争,从而促进厂商实现规模经济,降低平均成本,提高生产效率。

(3) 将宏观经济稳定性与自由化效应结合起来。一个稳定的宏观经济环境可以创造健康的投资环境,引发技术革新和增长,伴随更高的投资水平,出现更高的生产率增长率。通过社会稳定计划,某些贸易政策的变革可以导致更加稳定的宏观经济环境。

现实中有一些事例证实了实现贸易自由化后劳动生产率和全要素生产率都有所提高。例如,1971—1981年智利实行贸易政策改革后,制造业平均劳动生产率提高了42个百分点;1986年墨西哥实行贸易自由化后,制造业劳动生产率提高幅度由2%增加到4%。20世纪80年代中期,加拿大经济学家理查德·哈里斯(Richard Harris)和戴维·考克斯(David Cox)对美加实现自由贸易后加拿大的得益进行了数量分析,他们的结论是,实现自由贸易后,加拿大的实际收入提高了8.6%。很明显,总体收入的提高与生产率的提高是密切相关的。

另外,贸易自由化还能够改变厂商经营的市场条件,包括运用技术和投资的动机等,促进创新和技术变革。因为自由贸易比保护贸易能提供更多的学习和创新机会,这对企业家学习和创造新技术、新方法,为出口或与进口竞争等提供了更深层次的激励。

国际服务贸易自由化还能够推动服务部门专业化的发展,而服务部门专业化一方面能够产生规模经济效应;另一方面能够促进服务部门技术标准化和服务综合化。这些均是构成一国服务部门竞争力的基础。政府在权衡国家安全利益和国际服务贸易利益时,有时可能更多地强调国家安全利益,有时则更多地考虑维护或提高竞争力。比如,军用信

息技术往往领先于民用信息技术,一旦前者转化为后者,就会极大地推动工业、服务业,特别是国际服务贸易的发展,但当国家安全要求特别强烈时,政府不仅限制军民两用信息技术出口,而且限制这种转化,最终可能损害国家竞争力。

著名经济学家迈克尔·波特等人从不同角度对国际服务贸易自由化与国家竞争力的关系给予了深入的理论分析和数据论证。他们认为,获得低成本优势和寻求产品差异性是国际服务贸易自由化、提高厂商乃至国家竞争力的基础。

2. 国际服务贸易自由化政策的负面效应

国际服务贸易自由化不仅关系到国家竞争力,而且关系到最为敏感的国家安全问题。国家安全涉及五种基本的国家利益,即政治利益、经济利益、军事利益、外交利益和文化利益。推行国际服务贸易自由化政策很有可能对一国的国家安全产生负面影响。

对于发达国家,国际服务贸易自由化主要从以下几方面影响国家安全:

(1) 可能削弱或威胁国家现有的技术领先优势,提高竞争对手的国际竞争实力。

(2) 可能造成技术扩散而给国家安全带来潜在威胁。因为服务贸易中包含大量的高技术要素或信息,一旦这些要素或信息扩散到其他国家,甚至被恐怖组织掌握,就可能危及国家安全或民族利益。

(3) 可能在一定程度上影响本国所在的经济一体化组织的长远利益。

基于这些理由,发达国家或技术领先国家认为有必要长期保持其在国际市场中的技术领先地位,以此获得最大的国家政治、经济和外交利益,并期望通过限制先进技术等服务的出口,长期保持对技术落后国家的信息技术优势,于是出台了各种限制服务出口的政策措施。在中美贸易摩擦中,美国对出口到中国的一些技术密集型产品(如芯片等)的限制,就反映了技术领先国家的态度。

广大发展中国家尽管迫切需要进口包含大量先进技术的现代服务,但又必须考虑进口服务带来的各种可能危及国家安全的负面影响。结合印度学者潘查姆斯基的分析,可以将国际服务贸易自由化对发展中国家的影响概括为以下几个方面:

(1) 将进一步加深发展中国家对发达国家经济、技术的依赖,使发展中国家在一定程度上丧失对经济政策的自主选择权。发展中国家目前许多通行的管制是为了加强对国内服务部门的控制,发展服务业以使服务出口多样化,国际服务贸易自由化将使发展中国家不得不在政策选择上做出调整。

(2) 发达国家金融机构凭借其在金融服务和国际货币发行领域的优势,会削弱发展中国家政府在金融货币管理领域的宏观调控作用。

(3) 由于发展中国家与发达国家在货物与服务生产率上的差距,国际服务贸易自由化将会使发展中国家在服务领域更多地依赖发达国家,并可能使发展中国家服务业的国际化程度降低。

(4) 发展中国家的新兴服务业如银行、保险、航运等将面临发达国家厂商的直接冲击,从而在多方面影响发展中国家的国内就业水平。研究表明,低收入国家服务部门使用的劳动力是发达国家服务部门使用的劳动力的三倍以上,国际服务贸易自由化对发展中国家就业的影响要大大超过发达国家。

（5）国际服务贸易自由化可能损害发展中国家的国家利益和消费者利益。发展中国家对服务进行管制一是为了国家安全，保护文化和降低依赖程度；二是为了保护消费者利益。

尽管国际服务贸易自由化对一国经济、文化、政治安全会带来不可避免的冲击，但其仍是当今国际服务贸易的发展趋势。绝大多数国家对本国服务业的开放做出了不同程度的承诺，表6-1为《服务贸易总协定》不同类型成员对具体服务活动的承诺情况。

表6-1 《服务贸易总协定》不同类型成员对具体服务活动的承诺情况

具体服务活动	国家数量			
	发达国家	发展中国家	转型经济国家	总计
1. 商务服务				
（1）专业服务				
A. 法律服务	25	19	4	48
B. 会计、审计和簿记服务	25	26	4	55
C. 税收服务	22	12	3	37
D. 建筑设计服务	25	21	3	49
E. 工程服务	25	27	4	56
F. 集中工程服务	24	11	3	38
G. 城市规划和园林建筑服务	23	11	3	37
H. 医疗和牙医服务	18	15	4	37
I. 兽医服务	21	3	3	27
J. 助产士、护士、理疗医师和护理员提供的服务	17	21	2	40
K. 其他	14	3	0	17
（2）计算机及相关服务				
A. 与计算机硬件安装有关的咨询服务	24	27	4	55
B. 软件执行服务	24	27	4	55
C. 数据处理服务	24	21	4	49
D. 数据库服务	23	21	4	48
E. 其他	23	7	2	32
（3）研究和开发服务				
A. 自然科学的研究和开发服务	3	11	1	15
B. 人文与社会科学的研究和开发服务	22	12	3	37
C. 跨学科的研究和开发服务	4	9	1	14
（4）房地产服务				
A. 自有或租赁的房地产服务	22	2	0	24

(续表)

具体服务活动	国家数量			
	发达国家	发展中国家	转型经济国家	总计
B. 基于收费或合同的房地产服务	23	3	0	26
（5）无操作人员的租赁服务				
A. 船舶租赁服务	22	5	3	30
B. 航空器租赁服务	22	4	1	27
C. 其他运输设备租赁服务	25	10	3	38
D. 其他机械和设备租赁服务	24	7	1	32
E. 其他	4	2	1	7
（6）其他商务服务				
A. 广告服务	23	16	4	43
B. 市场调研和民意测验服务	24	14	3	41
C. 管理咨询服务	24	25	4	53
D. 与管理咨询相关的服务	24	81	2	107
E. 技术测试和分析服务	21	3	1	25
F. 与农业、狩猎和林业有关的服务	24	11	4	39
G. 与渔业有关的服务	21	9	1	31
H. 与采矿业有关的服务	21	11	2	34
I. 人员提供与就业服务	20	4	1	25
J. 调查和保安服务	20	0	1	21
K. 相关科学和技术咨询服务	12	5	3	20
L. 设备维修和保养服务	23	11	3	37
M. 建筑物清洁服务	25	6	3	34
N. 摄影服务	23	5	4	32
O. 包装服务	20	4	3	27
P. 印刷和出版服务	21	3	5	29
Q. 会议服务	22	7	0	29
R. 其他	19	11	1	31
2. 通信服务				
（1）邮政服务	0	3	0	3
（2）速递服务	4	15	3	22
（3）电信服务				
A. 语音电话服务	0	10	0	10

(续表)

具体服务活动	国家数量			
	发达国家	发展中国家	转型经济国家	总计
B. 分组交换数据传输服务	2	9	0	11
C. 电路交换数据传输服务	2	10	0	12
D. 电传服务	1	6	0	7
E. 电报服务	0	6	0	6
F. 传真服务	1	8	2	11
G. 专用线路租赁服务	1	7	0	8
H. 电子邮件服务	25	19	4	48
I. 语音邮件服务	25	17	4	46
J. 在线信息和数据调用服务	25	21	4	50
K. 电子数据交换服务	25	14	4	43
L. 增值传真服务	9	16	4	29
M. 代码和规程转换服务	25	12	4	41
N. 在线信息和/或数据处理服务	9	16	4	29
O. 其他	4	15	2	21
(4) 视听服务				
A. 电影与录像的制作和分销服务	3	10	0	13
B. 电影放映服务	3	3	0	6
C. 广播和电视服务	2	1	0	3
D. 广播和电视传输服务	2	4	0	6
E. 录音服务	2	2	0	4
F. 其他	2	2	0	4
(5) 其他	0	6	0	6
3. 建筑和相关工程服务				
(1) 建筑物的总体建筑工程服务	24	22	3	49
(2) 民用工程的总体建筑工程服务	24	21	3	48
(3) 安装和组装工程服务	23	19	3	45
(4) 建筑物的装修工程服务	23	13	3	39
(5) 其他	20	13	3	36
4. 分销服务				
(1) 佣金代理服务	23	4	0	27
(2) 批发服务	25	8	4	37

（续表）

具体服务活动	国家数量			
	发达国家	发展中国家	转型经济国家	总计
（3）零售服务	25	9	4	38
（4）特许经营服务	23	5	3	31
（5）其他	14	0	0	14
5. 教育服务				
（1）初等教育服务	18	4	4	26
（2）中等教育服务	19	6	3	28
（3）高等教育服务	18	3	4	25
（4）成人教育服务	18	1	4	23
（5）其他	3	4	2	9
6. 环境服务				
（1）排污服务	23	6	2	31
（2）废物处理服务	24	6	3	33
（3）卫生和类似服务	23	5	3	31
（4）其他	23	6	1	30
7. 金融服务				
（1）所有保险与保险相关服务				
A. 寿险、意外险和健康保险服务	24	38	4	66
B. 非寿险服务	25	37	4	66
C. 再保险及其再保服务	25	41	4	70
D. 保险辅助服务				
（2）银行和其他金融服务	24	36	4	64
A. 接受公众存款和其他应付基金承兑服务	24	35	4	63
B. 所有类型的贷款（包括消费信贷、抵押信贷、商业交易的保理和融资）服务	23	35	4	62
C. 金融租赁服务	24	22	2	48
D. 所有支付和汇划服务	24	25	3	52
E. 担保和承兑服务	23	24	4	51
F. 在交易市场、公开市场或其他场所自行或代客交易服务				
F1. 货币市场票据	23	21	3	47
F2. 外汇	24	23	3	50
F3. 衍生产品，包括但不限于期货期权	24	11	1	36

(续表)

具体服务活动	国家数量			
	发达国家	发展中国家	转型经济国家	总计
F4. 汇率和利率工具,包括掉期和远期利率合约	23	15	3	41
F5. 可转让证券	22	20	3	45
F6. 其他可转让的票据和金融资产,包括金银条块	24	15	0	39
G. 参与各类证券发行的服务	23	27	4	54
H. 货币经纪服务	24	13	0	37
I. 资产管理服务	23	23	2	48
J. 金融资产的清算和结算(包括证券、衍生产品和其他可转让工具)服务	23	13	3	39
K. 咨询和其他辅助金融服务	23	28	2	53
L. 提供与传输其他金融服务提供者提供的金融信息、金融数据处理和相关软件的服务	23	20	2	45
(3) 其他	1	10	0	11
8. 与健康相关的服务和社会服务				
(1) 医院服务	15	15	2	32
(2) 其他人类健康服务	2	4	1	7
(3) 社会服务	13	1	1	15
9. 旅游和与旅游相关的服务				
(1) 饭店和餐馆服务	25	69	4	98
(2) 旅行社和旅游经营者服务	25	53	4	82
(3) 导游服务	24	24	2	50
(4) 其他	1	12	0	13
10. 娱乐、文化和体育服务				
(1) 文娱服务	17	16	1	34
(2) 新闻社服务	22	1	0	23
(3) 图书馆、档案馆、博物馆和其他文化服务	5	40	9	54
(4) 体育和其他娱乐服务	20	15	1	36
(5) 其他	2	2	0	4
11. 运输服务				
(1) 海运服务				
A. 客运服务	3	16	0	19
B. 货运服务	3	22	0	25

（续表）

具体服务活动	国家数量			
	发达国家	发展中国家	转型经济国家	总计
C. 船舶和船员的租赁服务	14	6	0	20
D. 船舶的维修和保养服务	1	8	1	10
E. 拖驳服务	1	3	0	4
F. 海运支持服务	1	6	0	7
（2）内水运输服务				
A. 客运服务	1	4	2	7
B. 货运服务	1	1	2	4
C. 船舶和船员的租赁服务	13	0	2	15
D. 船舶的维修和保养服务	1	0	3	4
E. 拖驳服务	2	0	2	4
F. 内水运输支持服务	2	2	2	6
（3）航空运输服务				
A. 客运服务	0	3	1	4
B. 航空器的维修和保养服务	20	13	4	37
C. 空运支持服务	19	14	2	35
（4）航天运输服务	2	0	0	2
（5）铁路运输服务				
A. 客运服务	4	4	1	9
B. 货运服务	4	5	1	10
C. 推车和拖车服务	3	2	0	5
D. 铁路运输设备的维修和保养服务	19	4	3	26
E. 铁路运输支持服务	2	3	0	5
（6）公路运输服务				
A. 客运服务	23	9	0	32
B. 货运服务	22	14	0	36
C. 商用车辆和司机的租赁服务	18	2	0	20
D. 公路运输设备的维修和保养服务	22	4	3	29
E. 公路运输支持服务	2	2	0	4
（7）管道运输服务				
A. 燃料传输服务	2	0	1	3
B. 其他货物的运输服务	3	1	0	4
（8）所有运输方式的辅助服务				

(续表)

具体服务活动	国家数量			
	发达国家	发展中国家	转型经济国家	总计
A. 理货服务	3	11	0	14
B. 仓储服务	21	13	0	34
C. 货运代理服务	21	9	0	30
D. 其他	19	8	0	27
(9) 其他运输服务	14	6	0	20

三、国际服务贸易自由化政策举例

自由化是国际服务贸易发展的最终趋势,推行国际服务贸易自由化政策有助于优化一国服务业结构,提升服务业竞争力,提高该国在国际分工中的地位。本部分将选取印度和欧盟作为发展中经济体和发达经济体的代表,分析其国际服务贸易自由化政策。

(一) 印度

印度作为当今世界新兴经济体之一,其服务业的发展非常迅速。2012 年,印度国际服务贸易出口额为 1 407 亿美元,占世界国际服务贸易出口总额的 3.2%,位居世界第六;进口额为 1 275 亿美元,占世界国际服务贸易进口总额的 3.1%,位居世界第七。2005—2012 年,印度国际服务贸易出口额年均增长率达到 15%,远超过包括中国在内的国际服务贸易发达国家。印度国际服务贸易的快速发展与其推行国际服务贸易自由化政策密切相关。

1. 电信业

近年来,印度政府为了满足加入 WTO 的要求和不断刺激经济发展,采取了一系列扩大对外开放的政策措施。电信业的开放是其重要组成部分。电信业推行的自由化政策,优化了电信业的投资和市场结构,促进了电信业的发展,增强了电信业的综合竞争力。其具体的开放历程为:

1991 年,印度政府决定开放增值业务市场,并承诺增值业务领域完全由私人企业竞争。

1994 年,印度政府颁布实施了《国家电信法》,允许私有资本进入电信市场,并鼓励与外资联营的民营公司向不同地区的电信产业投资,其中外资比例不得超过 49%;同年 5 月,允许私人资本进入本地基本电信业务和增值电信业务;同年 11 月,将全国划分为 21 个电信服务区,同时开放移动业务。至此,印度各地的基本电话业务市场全部开放。

1997 年,《基础电信协议》达成并生效,印度在《基础电信协议》中承诺,将就开放国内长途业务和国际电信业务市场做出明确安排。

1999 年,印度在新的国家电信政策中指出,将从 2000 年开始开放国内长途业务市场,允许自由竞争;另准备于 2004 年在国际电信业务市场引入竞争。

2001年11月,印度国内长途业务市场开始引入竞争,第一张私有牌照发放给了Bharti Telesonic公司,目前它已经与新加坡电信合建了国际海缆系统i2i。

2004年3月,印度电信管理局实施了一项业内兼并的新政策,要求任何兼并都必须符合某一电信服务区内至少要有3个运营商提供服务的条件,并且兼并后的运营商在同一电信服务区的市场份额不能超过67%。该政策的目的有两个:一是鼓励运营商对本服务区内的竞争对手进行收购,以达到通过兼并使企业做大做强的目的;二是防止垄断的出现。

2005年2月,印度政府又将国内电信业的外商直接投资(FDI)比例上限从原来的49%提高到74%,财政部也简化了电信企业的税收结构。至此,印度电信业对外开放的力度已经超过包括中国在内的许多发展中国家。

2. 建筑业

印度建筑业是印度经济和印度吸引外资的重要组成部分,同时也是印度迅速实现工业化、城市化的基础。建筑业占到印度总项目预算的40%—50%,如高速公路建设、公路新建、铁路新建、能源基地建设、机场建设等。随着印度国家政策的放开和融资环境的宽松,许多建筑开发公司、建筑机械和建材厂商、其他辅助材料供应商和经销商都将扮演重要的角色。

2006年伊始,印度政府宣布开放建筑开发市场,无条件允许外资100%直接投资房地产市场,以刺激建筑行业的发展。

机场建设方面,印度机场管理当局允许合资经营,国内公共事业单位可以持有26%的股份,另外的74%股份由战略合伙人持有。新德里和孟买的国际机场通过允许私人经营,已经获得升级提高,机场建设中外商直接投资已占总投资的49%。

港口码头建设方面,根据印度政府制定的经济自由化政策,允许外国资本和私营企业参与港口码头基础设施的建设。外国企业参与印度港口码头建设和维修的投资比例可达到100%。

(二)欧盟

服务贸易自由化是欧盟实行统一内部市场的重要组成部分。为此,欧盟委员会(以下简称"欧委会")于2004年2月24日提出了《欧洲议会和欧盟理事会关于服务业内部市场指令》(以下简称《指令》)的建议。该《指令》是落实里斯本战略的重要经济改革措施。欧盟理事会在里斯本特别首脑会议上提出的目标是,欧盟将在2010年成为世界最具竞争力和活力的经济地区。为实现这一目标,建成统一的国际服务贸易内部市场势在必行。

欧委会建议的《指令》的宗旨是,建立一个法制环境,以实现国际服务贸易供应商在欧盟成员的居留自由和成员之间国际服务贸易往来的自由,消除阻碍实现国际服务贸易统一内部市场的法律障碍,向国际服务贸易供应商和国际服务贸易用户提供必要的法律保障。《指令》的基本内容具体如下所示:

1. 为消除限制居留自由障碍的建议

(1)简化行政管理。所有欧盟成员应承认其他成员出具的同等效力的文件,不再需要公证或者翻译。建立统一的对话窗口,国际服务贸易供应商可以在此完成所有的行政管理手续。

(2) 对于开展国际服务贸易活动所需的批准程序和手续提出几个有约束性的原则:批准应该是客观、非歧视、准确和清晰的,批准的过程和程序应该透明、公正,递交的申请应该在规定的时间内迅速和不带偏见地得到处理。

(3) 成员应该向国际服务贸易供应商清晰明了地介绍在本国从事某项服务的要求、主管和监督机构,以及可以提供咨询或支持的机构的联系方式,发生法律纠纷时给予协助。

(4) 成员应该最迟于2008年12月31日实现可以在异地通过电子系统完成所有开展国际服务贸易活动的相关程序和手续。

(5) 成员不能直接或间接地出于国籍或所在地原因提出歧视性要求。

(6) 为保持同《指令》的一致性,成员应审查和修改各自的法律规定。

2. 为消除限制成员之间国际服务贸易往来自由障碍的建议

(1) 来源国原则,即国际服务贸易供应商只需遵守其居住国(来源国)的关于国际服务贸易供应商行为、质量、内容、广告、合同和担保的相关规定,而成员(消费国)不能限制其他成员的国际服务贸易供应商所提供的服务。例如,一个波兰的建筑公司在德国工作,只需遵守波兰的法律。按照欧委会的建议,来源国将对在国外的本国国际服务贸易供应商行使监督权。根据这一原则,德国将不能检查来自其他欧盟成员国际服务贸易供应商的居留许可和社会保险等情况。

(2) 不能向来自其他成员的国际服务贸易供应商提出类似成立公司、提交报告和批准申请、明确地址或指定代理等限制性要求。

(3) 国际服务贸易的消费者有权接受其他成员提供的服务,这一权利不能因本国的限制性措施或者官方的或私人的歧视性做法而受到影响;成员不能对国际服务贸易的消费者提出基于国籍或住址的歧视性要求。

(4) 提出鼓励接受其他成员国际服务贸易的措施;成员应向国际服务贸易的消费者通报其他成员有关国际服务贸易消费者保护方面的规定,提供国际服务贸易供应商的详细情况并使国际服务贸易的消费者方便快捷地得到这些信息,介绍国际服务贸易供应商和消费者发生纠纷时应采取的法律援助信息;提供咨询机构信息,扩大国际服务贸易消费者关于国际服务贸易活动的知情权,使得他们能够拥有决策能力。

(5) 对供应商派遣人员的监督程序方面,区分国际服务贸易来源国和国际服务贸易消费国的不同任务。

3. 为增进成员之间在消除障碍方面的相互信任的建议

(1) 在重要问题上,为保护共同利益对法律规定进行协调,就国际服务贸易供应商的信息交换义务、职业担保保险、争端解决以及国际服务贸易供应商资质信息的交换制定统一规定。

(2) 加强成员之间的相互支持与合作,以确保对国际服务贸易的有效监督。

(3) 采取措施,提高国际服务贸易质量,例如对国际服务贸易活动进行自愿认证、完善质量保障体系,加强贸易协会和手工业协会的合作等。

(4) 支持相关利益组织制定共同的行为准则。

该《指令》项下的国际服务贸易包括非常广泛的经济活动,如企业咨询、认证、审计、保养、娱乐、办公室保卫、广告、人员中介、贸易代理、法律税务咨询、房地产推销、建筑、设计、贸易、展会、机动车租赁、保安、旅行社、领航、运动中心、活动中心、休闲、保健、家政、照看老人等服务。

由于欧盟对某些领域制定了专门的法律文件,所以该《指令》不包括金融、电子通信、税收和交通等行业。

2006年2月26日,欧洲议会通过了修改后的《指令》草案。在这次欧洲议会通过的文本中,来源国原则被取消了,即虽然国际服务贸易供应商有权不受限制地进入别国市场,但如果涉及公共安全、公共秩序及健康和环保问题,则国际服务贸易消费国可以按照本国的规定要求国际服务贸易供应商遵守。消费国的劳动法和工资法也同样适用。按照这一《指令》,如果一个波兰的建筑公司在德国工作,则它必须遵守德国的相关规定。至此,通向开放的欧盟国际服务贸易内部市场的道路已经畅通。

印度和欧盟的例子代表了发展中经济体和发达经济体在国际服务贸易自由化方面所采取的政策。但是,我们必须意识到,国际服务贸易所涉及的较多行业,如出版业、文化业、计算机信息服务业等,对一国政治及经济安全方面有着非常重大的影响;加之一些发展中国家的服务业仍处于起步发展阶段,出于对本国服务业的保护,目前世界上大部分国家仍未完全开放本国服务业,依然在一定程度上采取保护政策。

第四节 国际服务贸易保护政策

虽然国际服务贸易自由化能够给贸易参加国带来种种好处,然而在现实经济生活中,国际服务贸易和货物贸易相比存在更多的障碍,服务业也成了各国国内受保护程度最高的行业。特别是20世纪60年代以后,随着世界经济的迅速发展,各国普遍意识到服务外汇收入是一项不可忽视的外汇来源。同时,基于国家安全、领土完整、民族文化与信仰、社会稳定等政治、文化及军事目标,各国均对服务的进出口制定了各种政策和措施,其中有些是有鼓励性的,但更多的是限制性的政策和措施。进入21世纪以来全球服务贸易发展迅速,在全球贸易总额中所占的比重不断上升。在全球服务贸易发展的同时,受各国经济实力、产业结构、服务贸易竞争力等因素影响,贸易不平衡问题日益凸显。发达国家利用自身技术优势、专利垄断地位等在金融服务、分销服务以及高端技术服务等方面频繁制造贸易摩擦,保护国内市场如通过制定较高技术壁垒限制发展中国家进入某些服务领域,又利用贸易自由化、多边贸易规则等打开发展中国家市场,方便其金融、咨询、信息等高端服务进入发展中国家市场等。

一、国际服务贸易保护政策的成因

尽管乌拉圭回合谈判达成了《服务贸易总协定》,各成员在许多方面取得了一致,但依然存在诸多障碍,导致这种现象的根本原因在于服务业本身的特点及其在经济中具有的重要地位。

一国对国际服务贸易采取保护政策首先是为了维护国家经济利益,保护国家经济安全,这一点和货物贸易保护的动机是相同的。因为许多服务部门在经济中具有十分重要的地位,所以各国政府对服务业有着更强烈的保护欲望。交通运输、通信、电力、金融等服务行业属于一国经济的关键部门,控制了这些部门,实际上就等于控制了这个国家的国民经济命脉。

专栏 6-3　　贫困化增长

贫困化增长是某些发展中国家发生的情况,它的含义为:一国出于某种原因(一般总是单一要素供给的极大增长)使传统出口商品的出口规模极大增长,不仅导致该国贸易条件严重恶化,而且导致该国国民福利水平绝对下降。贫困化增长最初是由劳尔·布雷维什(Raul Prebisch)和汉斯·辛格(Hans Singer)提出的。1991年,彼得·林德特(Peter Lindert)在《国际经济学》中归纳了贫困化增长的三个前提条件:一是该国必须是贸易大国,因为只有贸易大国的进出口数量变化才会影响世界商品价格;二是该国必须在很大程度上依赖于国际贸易,因此贸易条件的下降对福利关系重大,足以抵消因能供应更多商品而取得的利益;三是国外对本国出口商品的需求必须是价格弹性较高的,所以出口供给的扩大会导致价格的猛跌。简单来说就是,一国因为某种商品出口量大而影响国际市场价格,出口量增加引起出口价格下降,导致贸易条件恶化,从而消费水平下降。

国际服务贸易涉及另外一个经济问题,即国际贸易引致的专业化利益和经济独立性问题。专业化和国际分工固然可以给各国带来一定的经济利益,但在国民经济结构中,有些部门是必不可少的,如果这些部门缺乏自立能力,一国经济的独立性就会受到极大的威胁。而如果一国经济的基础产业和主导产业为外国资本所控制,则该经济结构将在很大程度上取决于外国资本的需要,这就会导致所谓"依附经济"的产生。在这种经济中,一国的经济及对外贸易的发展对其本国居民来说实际利益是十分有限的,从而出现所谓的"贫困化的经济增长"或"没有经济发展的经济增长"。导致国际服务贸易保护主义的另一个主要理由是政治、文化上的考虑,这是国际服务贸易保护主义不同于货物贸易保护主义的一个很重要的方面。虽然一些服务部门,如教育、新闻、娱乐、影视、音像制品等,并非国民经济命脉,但却属于意识形态领域。任何国家的政府都希望保持本国在政治、文化上的独立性,限制外国文化的大量进入,因此对这些部门进行保护或设置市场进入障碍,不希望为外国资本所控制。

二、国际服务贸易壁垒及其种类

所谓国际服务贸易壁垒,一般是指一国政府对外国服务提供者或服务产品所设置的有妨碍作用的政策措施,即直接或间接地使外国服务提供者增加生产或销售成本的政策措施,都有可能被外国服务提供者认定为贸易壁垒。设置国际服务贸易壁垒的目的,一方面在于保护本国服务市场、扶植本国服务部门,增强其竞争力;另一方面在于抵御外国服务的进入,削弱外国服务提供者的竞争力。

据 GATT 统计,国际服务贸易壁垒多达 2 000 多种。与货物贸易相似,国际服务贸易壁垒也大体划分为关税与非关税壁垒两大类;而与货物贸易不同,非关税壁垒在国际服务贸易理论分析中占有更重要的位置。有关国际服务贸易壁垒分类的讨论有许多,下面介绍两种分类。

服务贸易壁垒一般可分成两大类:

第一类是投资/所有权问题,包括以下几种:①限制利润、服务费和版税汇回母国。②股权限制。外国分支机构的股权全部或者部分由当地人持有或控制,这基本上等同于完全禁止外国企业进入当地市场。③劳工限制,如要求雇用当地劳工,专业人员须经认证以及取得签证和工作许可证等。④歧视性税收,如额外地对外国企业的收入、利润或版税征收不平等的税赋等。⑤对知识产权、商标、版权和技术转移等贸易活动缺乏足够保护。

第二类是贸易/投资问题,包括以下几种:①政府补贴当地企业并协助它们参与当地或第三国市场的竞争。②政府控制的机构频繁地执行一些非营利性目标,以限制外国企业的竞争优势。③烦琐的或歧视性许可证规定、收费或税赋。④对外国企业某些必要的进口物品征收过高的关税,或直接进行数量限制,甚至禁止进口。⑤不按国际标准和惯例定义服务部门和产品。⑥限制性或歧视性政府采购规定。

上述国际服务贸易壁垒的分类较为零散,不便于理论分析。根据世界银行的分类,对国际服务贸易的限制大致可以分为两类:一类是进入限制,指政府对外国服务的进入设置的障碍;另一类是经营限制,指政府对外国服务提供者在该国境内从事服务贸易活动设置的障碍。具体表现在以下几个方面:

(1) 政府采购。同货物贸易一样,政府采购也是国际服务贸易领域内保护主义的一项重要内容。当今世界,政府开支已成为一国国内总需求的重要组成部分,而其中很大一部分构成对服务产品的需求。政府的服务开支内容十分广泛,包括公务人员的聘请、通信、金融、交通运输、法律、文化娱乐等诸多方面。政府在采购这些服务时,可以对本国的服务优先予以考虑,从而造成对外国服务进入的阻碍。

(2) 政府的优惠规定。同政府采购一样,政府补贴、税收减免、信贷优惠等政府优惠措施,在国际货物和国际服务贸易中均是十分普遍的贸易保护形式。对本国国内服务业的政府优惠使外国的服务及服务提供者在该国服务业的市场竞争中处于十分不利的地位,因为倘若在技术水平、管理能力方面差异不大,则获得政府补贴的国内服务企业就能在经营成本上较外国服务企业占有一定优势。出于同样的理由,一国政府对本国服务出口的财政补贴、减免税等鼓励措施,严格说来也是一种贸易保护主义措施。

(3) 外国投资问题。贸易和投资是密切相关的,对于国际服务贸易而言,投资的作用就更为重要。因为服务是无形的、不可储存和不可运输的,所以其生产与消费在时间和空间上常常是统一的。这就要求服务交易时服务提供者和消费者最好能够直接见面,而这除了通过人员流动,只有跨国直接投资才能做到,即一国服务提供者通过在国外设立分支机构直接向外国消费者提供服务。在当今世界,大多数的国际服务贸易都是通过国际投资实现的,即通过商业存在的形式。甚至有些无须提供者和消费者直接见面的服务(如通信、信息、银行结算等可通过线路传输的服务),也需要在国外设立分支机构才可能进一步

（4）知识产权问题。技术服务、技术软件和影视、音像制品等领域的国际服务贸易都涉及知识产权的贸易问题。没有有效的知识产权保护，这些领域的服务提供者就会遭受严重损失，正常的国际贸易就可能无法展开。与其他国际服务贸易障碍相比，知识产权问题有其特殊性，因为其他方面的贸易障碍都表现为对外国服务或产品的限制，而知识产权的侵犯则是对外国服务的自由使用，故知识产权保护还需要考虑如何使其不阻碍正常的国际服务贸易的发展。

（5）人员的国际流动问题。如前所述，国际服务贸易大多要求服务提供者与服务消费者直接见面，这除了可以通过国际投资来实现，还可以通过人员的国际流动来实现。倘若人员在国与国之间的流动存在阻碍，则国际服务贸易是不可能得到迅速发展的。因而作为生产要素的劳动力的跨国移动，自然构成各国政府限制服务提供者进入本国或进入本国后从事经营的主要手段之一。种种移民限制和烦琐的出入境手续，以及由此造成的长时间等待等，都构成人员跨国移动的壁垒形式。在一些专业服务如管理咨询服务中，能否有效地提供高质量服务通常取决于能否雇用到技术熟练的人员。许多服务，如技术咨询服务、医疗服务、教育服务、法律服务等，是只有取得一定专业技术资格的人（如医生、工程师、律师等）才可以提供的。倘若各国相互不承认对方国家授予该国公民的职业资格，则上述类型的服务贸易就不可能在国与国之间大量开展。比如，美国和加拿大存在工作许可证制度，某个美国公司在加拿大的分公司需要维修设备，维修人员就在1公里之外的美国境内，但他们不能进入加拿大境内开展维修业务，分公司只能从更远的地方或用更多的等待时间雇用加拿大的维修人员。同样，若各国对外国公民的学历及职业资格不予承认，则劳动力在国外的求职就会受到阻碍。

如果按照乌拉圭回合谈判采纳的方案，则国际服务贸易壁垒又可以分为两大类：影响市场准入的措施和影响国民待遇的措施。虽然存在某些无法归入以上两大类的其他措施（如知识产权等），但是人们认为现在应集中探讨市场准入和国民待遇问题。市场准入措施是指那些限制或禁止外国企业进入国内市场，从而抑制市场竞争的措施。国民待遇措施是指有利于本国企业但对外国企业存在歧视的措施，包括两大类：一类是为国内生产者提供成本优势，如政府补贴当地生产者；一类是增加外国生产者进入本国市场的成本，以加剧其竞争劣势，如拒绝外国航空公司使用本国航班订票系统或收取高昂的使用费等。

为帮助进一步了解国际服务贸易壁垒的主要种类及其在各行业的表现，表6-2列出了常见的国际服务贸易壁垒的种类及内容。

表6-2　国际服务贸易壁垒简表

壁垒形式	运输		电信	数据处理	银行	保险	工程建筑	广告	影视	会计	法律	软件	旅馆
	空运	水运											
数量、质量限制	√					√		√	√	√			
补贴	√	√	√				√						
政府采购	√	√	√		√	√							

(续表)

壁垒形式	运输		电信	数据处理	银行	保险	工程建筑	广告	影视	会计	法律	软件	旅馆
	空运	水运											
技术标准	√		√				√						
进口许可证		√	√	√		√		√	√				
海关估价		√										√	
货币控制及交易限制						√			√				
特殊就业条件						√				√			√
开业权限制			√		√	√		√					
歧视性税收			√	√		√							√
股权限制					√								√

资料来源:戴超平.国际服务贸易概论[M].北京:中国金融出版社,1997。

注:"√"表示该项壁垒存在于行业中。

第五节 国际服务贸易保护政策举例

当一国或地区服务业在国际服务贸易中处于劣势时,为保护本国或地区国际服务贸易,加快本国或地区服务业的发展,政府必然会采取相应的保护措施。采取保护贸易政策的多是发展中及最不发达国家或地区,它们通过国际服务贸易壁垒来保护国内幼稚服务业的建立和发展;但发达国家同样有大量保护政策,它们采取保护措施是为了提升综合竞争力,争取本国或地区经济利益和维护国家安全。

一、经济合作与发展组织国家服务业管制

经济合作与发展组织(OECD),简称"经合组织",建立于1961年,总部设在巴黎,由包括主要西方国家在内的30个成员组成,包括澳大利亚、奥地利、比利时、加拿大、捷克、丹麦、芬兰、法国、德国、希腊、匈牙利、冰岛、爱尔兰、意大利、日本、韩国、卢森堡、墨西哥、荷兰、新西兰、挪威、波兰、葡萄牙、斯洛伐克、西班牙、瑞典、瑞士、土耳其、英国、美国。OECD国家对服务业的管制主要分为两类:一般管制和行业管制。

1. 一般管制

一般管制是指那些普遍适用于所有行业的管制政策,包括企业成立之初必须履行的行政管理程序,这对中小企业的影响尤其重要。一般管制作为企业的一项固定成本,具有重要的意义,尤其是在公路运输、零售分销和通信服务等竞争性的服务行业中更为突出。这些行业由大量中小规模的企业构成,一般具有较高的流转率和代价高昂的行政管理程序,如复杂烦琐的企业注册登记制度就可能成为市场准入障碍,影响新企业的进入和成长,为市场上已有的企业提供一种保护力量。由这些管制造成的市场准入障碍导致企业固定成本增加的后果必将由消费者来承担。

OECD 各国之间采取的行政管理手段也有很大差别,OECD 经济部的专家曾根据以下三方面内容对 OECD 各国的行政管制进行了总体评估:①各国对企业及个体经营者开业的行政管理要求,如必需的许可证数量、需得到多少相关政府部门的批准、审核批准的平均耽搁期限、相关的直接和间接费用。②各国注册登记系统的特征,如是否存在"默许"原则等。③管制政策及原则的不透明程度。据专家估计,OECD 国家中,管制最为严厉的国家所产生的相关行政成本大约是自由化程度最高的国家的 6 倍。同时,实施严格行政管制的国家往往也会采取较为严格的经济管制,两者均会严重束缚市场机制,给企业带来沉重的行政管理负担,不利于市场竞争,将严重阻碍新企业的诞生和企业创新的动力。

2. 行业管制

行业管制主要是指针对具体行业制定的,包括准入的法律、行政障碍,许可经营的业务范围,以及垂直合并的程度。在一定程度上,行业管制会限制市场准入,影响企业的运营,增加企业的固定成本,降低企业的规模效应。许多行业管制只是对现有企业的一种保护,并没有充分的经济依据,有时甚至是不适用的政策工具。多数 OECD 国家已经注意到这些管制的弊端,并开始实施改革,有一些还是非常彻底的改革,其中公路运输、航空旅客运输和通信改革比较广泛,而铁路运输和电力改革相对滞后。尽管 OECD 国家实施了许多改革,但网络性服务业仍存在许多垄断的不合理现象,竞争力量微弱。

过去 20 年中,虽然 OECD 国家都进行了更加市场化取向的服务业管制改革,但不同国家不同行业的管制程度仍不尽相同。OECD 国家服务业管制的变化是,竞争性服务业(如公路运输业、航空旅客运输业)一般趋于放松管制,越来越多的国家放松对此类服务提供、准入、价格的限制;网络性服务业管制放松的程度则明显小于竞争性服务业,而且一些国家还加强了管制,如加强了对电力、铁路运输业的准入限制。

二、加拿大国际服务贸易保护措施

根据 WTO、《服务贸易总协定》《北美自由贸易协定》等有关规定,加拿大联邦及省区政府先后出台了很多有关国际服务贸易的法律法规,几乎涵盖了国际服务贸易的各个方面。如投资方面有投资法;金融服务方面有银行法、金融管理法和保险公司法等;电信服务方面有电信法、无线电信法和电信计费规则等;广播服务方面有广播法;运输方面有运输法;建筑方面有国家住房建筑法;等等。运用上述法律法规,加拿大各级政府一方面对全国的服务业行为加以规范,另一方面出于保护本国利益的需要,对关乎国计民生和国家政治、经济、文化主权的基础电信、广播、金融等服务领域的市场准入进行限制。其国际服务贸易壁垒主要表现在两方面:一是通过立法限制外国公司的所有权;二是采取各种措施对外国公司的经营行为加以限制和规范。

1. 通过和审核规定

加拿大投资法规定,运输服务、金融服务以及文化产业(出版、电影、电视、音乐和广播)方面,凡是 500 万加元的直接收购和 5 000 万加元的间接收购,或是被收购企业在加拿大资产占被收购资产总值的 50% 以上的 500 万加元的间接收购,必须通报加拿大政府并被审核。同时,所有其他在文化产业方面的投资务必通报加拿大政府并有可能被审核。

2. 所有权限制

航空运输方面：加拿大运输法规定，航空公司外资持股比例不得超过25%。

图书出版和发行方面：加拿大投资法及补充政策方针规定，外商投资新企业只限于加拿大控制的合资企业；外资收购现有的加拿大控制的企业在以下两个条件同时具备时才被允许：①企业处于明确的财务困境；②加拿大企业拥有完全、平等的收购机会。间接收购经过净收益审查后可被允许。

期刊出版方面：加拿大投资法及补充政策方针规定，不允许外资收购加拿大所有或加拿大控制的期刊出版企业；如果承诺作品绝大多数为加拿大人编辑的内容，则允许外商在期刊出版领域投资，包括投资设立企业、直接或间接收购外国企业以在加拿大出版和销售期刊及进入加拿大广告服务市场等；关于期刊出版、发行和销售方面的外商投资需进行净收益审查。

广播方面：加拿大广播法规定，广播业外商持有的有表决权股份的比例不得超过20%，若是母公司，则不得超过33.3%。

电影发行方面：加拿大投资法规定，外商不得收购加拿大控制的发行企业；只有在进口或发行有专营权商品（进口商拥有全球发行权或主要的投资方拥有全球发行权）的情况下，才允许外商投资新设发行企业；只有投资者承诺将其在加拿大所得的部分收益根据国家文化政策进行再投资时，才允许外商直接或间接收购在加拿大境内的外国所有的外国发行企业。

金融服务方面：加拿大联邦银行法以及省级法律规定，不论任何国籍的个人持有大型银行或保险公司的有表决权股份不得超过20%。根据一些省级法律，对信托、贷款公司和证券公司，单个外资持股不得超过10%，且持股总数不得超过25%。

电信服务方面：加拿大电信法规定，对加拿大普通运营商，外商直接持股不得超过20%，间接持股不得超过33.3%，直接和间接混合持股不得超过46.7%。

三、日本国际服务贸易保护措施

日本的国际服务贸易长期处于逆差地位，这就决定了日本的国际服务贸易政策选择相对有限。在服务市场开放的进程中，日本政府的态度是，一方面承诺开放市场，另一方面则坚持逐步开放的原则。但在欧美国家持续不断的压力之下，日本也成了少数几个承诺在100多个服务领域放宽限制的国家之一。由于大多数民间国际服务贸易的出口竞争力较差，日本的服务业发展走的是一条渐进式的开放道路。

以商业零售为例，在商业零售领域，日本虽然很早就允许外商进入该领域，但这更多地表现在形式上，实际情况是日本对商业零售领域采取保护措施。其对商业零售领域的保护主要体现在以下几个方面：

（1）按照日本现行法律规定，从事批发零售业可以有两种组织形式：一是公司制，二是个体经营。因此，日本政府规定，具备一定规模的株式会社（指股份公司性质的商业企业）从事批发、零售，必须有1 000万日元以上的注册资金，而对个人从事批发、零售则没有限制。另外，日本在经营商品的范围上也有少量限制，如石油、汽油的批发、零售只能由少数指定企业经营,对大米的经营也有限制。

(2) 通过《大店法》保护中小商业企业。第二次世界大战后随着大型百货公司和连锁商店的不断增加,个体商店大量倒闭。为了保护个体商店,同时也为了适应商业向外商开放的需要,日本政府一方面组织协调这些个体商店联合起来,实行规模经营,增强竞争力,以减少破产倒闭;另一方面制定《大店法》,规定无论是日本人还是外商要成立大型百货公司,必须征得所在地个体商店的同意,只有经过协商并达成协议后,地方政府才批准其成立。在1991年《大店法》限制放宽以前,外商基本上难以进入日本的流通领域;1991年以后,日本才真正向外商开放零售业,少数外商被允许成立百货公司。在日常管理中,日本政府有关主管部门对零售业各分支行业都规定了具体的经营条件和资格,只有达到条件才允许开业。特别是对食品、药品、浴场等涉及卫生安全标准的行业,日本对其资格审查更加严格。正是这些严格的条件和标准对本国零售业起到了实质性的保护作用。

(3) 建筑与工程服务。日本的《出入境管理法》规定,禁止单纯劳务进入日本市场,只允许中标的外国建筑公司的管理人员、技术人员赴日。此类规定使外国中标者难以运作和管理项目,只能转包给日本建筑商,而日本劳动力成本昂贵,导致日本分包商报价很高,这使得外国中标者成本核算严重恶化,最终只能被迫退标。

(4) 运输服务。①外方代表或外方表决权占1/3以上的公司,在利用船舶或者航空器从事国际货物运输时,适用不同于日本人或日本法人的许可制度。在航空运输方面,外方代表或外方表决权占1/3以上的公司拥有的航空器不能在日本国内注册。②在现行海运体制下,外国船公司只能租用码头,无权经营码头的装卸等业务,这给外国船公司的经营造成了障碍。③事前协议制度。根据日本港运协会的规定,船公司在新开航线、增加停靠港和更换船名时须向该协会提出申请。该协会接到申请后与中央及地方的码头工会进行"事前协议",这导致日本港口装卸费较高,而且外国船公司无法自由选择服务水平较高、费用较低的装卸公司。

(5) 金融服务。日本金融检查制度在实际运用中有时也会对外资金融企业造成实质上的影响。日本对外资银行加入日本国债托管和清算系统会员资格规定了不合理的限制,外资银行反映加入此系统需要加大外资银行对日本国债的投资。日本政府在信托管理服务领域存在非审慎性措施,如规定投资信托管理服务必须由在日本注册的法人机构提供;外资银行的分支机构吸收的存款未纳入日本存款保险的覆盖范围内。

四、美国国际服务贸易保护措施

美国是国际服务贸易自由化的倡导者和主要推动者,但也是国际服务贸易政策变化最为多端、保护主义措施最为复杂和最多的经济体之一。

在国际服务贸易领域,美国虽然总体开放水平较高,但在某些重要领域(比如银行、保险、电信业等)开放度较低,甚至不如一些发展中国家,许多部门在州一级还存在股权比例、服务类型、业务范围、资格要求等诸多限制和最惠国待遇方面的例外。美国在自然人移动、海运和商业卫星发射等部门中的表现也非常保守,且存在与WTO规则不符的歧视性做法。

美国最大的贸易伙伴欧盟,也对美国的贸易保护主义不断提出批评。欧盟认为,美国对国际服务贸易的保护主要体现在以下三个方面：

（1）治外法权（extraterritoriality）式的制裁。美国利用国内立法调节国际经济关系，其实是严重破坏了国际贸易秩序。1996年，美国总统克林顿先后签署了旨在强化对古巴全面制裁的《赫尔姆斯-伯顿法》以及针对伊朗和利比亚的《达马托法》。这两项法案的目的都不是调整美国的国内关系，而是用"301条款"和"特殊301条款"等国内法去处理与别国的贸易纠纷，把美国的法律扩展到美国的领土之外，对同古巴等三国做生意的主权国家及其公司实行连锁制裁。这是对WTO自由贸易原则的公然违抗，是地地道道的治外法权。欧盟强调，美国的《赫尔姆斯-伯顿法》等违背了WTO的自由贸易精神。《赫尔姆斯-伯顿法》和《达马托法》不仅干涉了古巴、伊朗、利比亚的内政，而且干涉了所有同这些国家发展经贸关系的国家的内政，引发了国际社会的极大愤慨。包括英、法、德、日等美国的盟国在内的许多国家纷纷发表声明或谈话予以谴责。1996年10月1日在卢森堡举行的西欧联盟部长理事会上，15国外长一致决定将向WTO仲裁法庭起诉美国的《赫尔姆斯-伯顿法》。欧委会副主席利昂·布里坦（Leon Brittan）强调欧盟"不能容忍美国实施治外法权"。第26届美洲国家组织大会一致通过谴责《赫尔姆斯-伯顿法》的决议，只有美国一票反对。面对巨大的压力，美国政府不得不一再推迟《赫尔姆斯-伯顿法》部分条款的实施。

专栏6-4 《赫尔姆斯-伯顿法》

1996年3月，美国总统克林顿签署了《古巴自由与民主声援法》（LIBERTAD），即所谓的《赫尔姆斯-伯顿法》（the Helms-Burton Act），并计划于同年8月1日正式生效。

《赫尔姆斯-伯顿法》的核心在于其第三条和第四条。第三条规定，为"保护美国国民的财产权"，"在本条款生效后3个月，任何同古巴政府在1959年1月1日以后没收财产有牵连的外国人"，都负有向原先拥有这些财产的美国国民支付相应赔偿和利息的法律义务，美国国民有权根据《赫尔姆斯-伯顿法》向美国法庭提出上诉并要求执行判决。第四条规定，自法案生效之日起，美国国务卿有权拒绝向与被没收财产有牵连的外国人及其配偶、子女或代理人发放签证，司法部部长也有权将他们驱逐出境。

美国根据该法案，把同古巴有经贸关系的一些跨国公司列入了"黑名单"，意欲制裁。与古巴合作开发石油和镍矿的加拿大谢里特国际矿业公司首当其冲，于1996年7月10日被告知如在45天内拒不撤出在古巴的投资，则美国将把它列入拒发签证的名单。到1996年7月底，已有20家加拿大公司位于首批受到惩罚的名单之列，此外，拉丁美洲、欧洲及亚洲的许多企业也被牵扯在内。《赫尔姆斯-伯顿法》的出台和实施在全球范围内引起了轩然大波，立即遭到了国际社会的一致反对和谴责。加拿大总理克雷蒂安谴责美国的决定，强烈反对在美国本土以外的地方实施美国的法律。1996年6月17日，针对美国的《赫尔姆斯-伯顿法》，加拿大正式提出了一项报复性立法议案，即修改加拿大《外国治外法权应对措施法》，使加拿大人能在加拿大法院进行反控，以收回因美国法院根据《赫尔姆斯-伯顿法》所做判决而受到的损失。

美国对加拿大的激烈反应和国际社会的舆论压力显得相对强硬,仍坚持《赫尔姆斯－伯顿法》,并认为自己才是在捍卫自由经济原则和公平原则。

（2）单边主义（unilateralism）政策。欧盟所指的美国贸易单边主义,主要是指美国在争端冲突解决问题上启用1974年《贸易法》和"301条款",单方面采取保护措施,公然违反WTO贸易规则。"301条款"授权美国贸易代表采取单边的行动,即当他们认为外国的法律、政策和做法违反了任一贸易协议的规定,或与贸易协议的规定不一致,或否定了美国贸易协议所享有的权利,并对美国商业造成负担和限制时,贸易代表应当实施强制性的制裁措施,迫使外国政府修改有关政策或做法。"301条款"为美国实行单边主义提供了法律保障。有了这个保障,美国在解决国际争端时,若WTO中的解决条款对其是有利的,那么美国就会极力遵守;但若WTO贸易规则与其利益相抵触,那么美国便会退而求其次以"301条款"为其行动准则。另外,单边主义还表现为美国对其他国家强制实施的单边经济制裁。自1991年"冷战"结束后,克林顿在上任的第一期就对35个国家和地区实行过61次经济制裁。美国的对外经济制裁主要针对它所罗列在"黑名单"上的国家,从"无赖国家"到"邪恶轴心国"等都是美国给其他国家标榜的罪名,也为其进行经济制裁提供了前提条件。美国的经济制裁影响面非常广,有时甚至包括法国、德国、日本等盟国以及中国和俄罗斯这样的大国。

专栏 6-5　　　　　　　　　　"301 条款"

"301条款"是美国1974年《贸易法》第301条的俗称,一般而言,"301条款"是美国贸易法中有关对外国立法或行政上违反贸易协议、损害美国利益的行为采取单边行动的立法授权条款。它最早见于1962年《贸易扩展法》,后经1974年《贸易法》、1979年《贸易协定法》、1984年《贸易与关税法》,尤其是1988年《综合贸易与竞争法》修改而成。"301条款"是指1988年《综合贸易与竞争法》第1301—1310节的内容,包含"一般301条款""特别301条款"（关于知识产权）、"超级301条款"（关于贸易自由化）和具体配套措施,以及"306条款监督制度"。在这个意义上,美国"301条款"又称"301条款制度"。"一般301条款"是美国贸易制裁措施的概括性表述,而"超级301条款""特别301条款"、配套措施等是针对贸易具体领域做出的具体规定,构成了美国"301条款"法律制度的主要内容和适用体系。具体来说就是："特别301条款"是针对知识产权保护和知识产权市场准入等方面的规定；"超级301条款"是针对外国贸易障碍和扩大美国对外贸易的规定；配套措施主要是针对电信贸易中市场障碍的"电信301条款"及针对外国政府机构对外采购中的歧视性和不公正做法的"外国政府采购办法",而且其范围有逐渐扩大的趋势。"一般301条款"是其他"301条款"的基础,其他"301条款"是"一般301条款"的细化。

（3）无处不在的服务贸易壁垒。美国的服务市场准入限制多种多样,例如专业服务方面,美国有些州一级政府制定了非透明和开放的政策以阻碍专业服务市场公平开放；电信服务方面,美国并未按 1998 年生效的 WTO 基础电信协议向欧洲公司全面开放电信市场,尤其是在卫星通信方面,设置了欧洲公司无法进入美国市场的障碍;航空运输服务方面,美国以安全为由限制包括欧盟在内的外国公司在美国航空公司参股控股,从而引起欧盟的不满和担心;海运服务方面,境外所建的船只禁止在美国从事近海运输,以及其他许多对外国船只的歧视等。

五、发展中国家国际服务贸易保护措施

由于发展中国家在国际服务贸易中处于不利的竞争地位,一旦放弃对本国服务业的保护,国内的一些重要基础性服务产业,如银行、保险、电信、航空等就会面临发达国家服务企业的有力冲击,国内的服务企业也有被发达国家跨国公司挤垮或控制的危险,严重者将使整个国民经济蒙受灾难性影响。另外,大量的资本或知识密集型服务的进口将加深发展中国家对发达国家的依赖,尤其是通信、信息等服务(例如数据处理服务)将会使本国信息资料外流到发达国家,这容易导致某些潜在的危险,甚至会影响本国的国家安全。西方发达国家服务企业进入发展中国家新闻媒体、视听、娱乐业后,还会对其文化传统和社会秩序带来影响,损及该国的长期利益。为了维护本国服务业不受冲击,大多数发展中国家对其国内一些关键性的服务部门都采取了相应的保护措施,这也反映在其有关的法律规范中。

菲律宾 1950 年的《统一货币法》规定,禁止外国人参与本国金融业;1954 年的《零售商菲化法》规定,菲律宾的商业零售企业不得与外国企业合资,更不能由外国企业独资经营;1969 年的《金融公司法》规定,不准外国投资者投资于本国金融(财务)公司。印度尼西亚也禁止开设外商独资商店。墨西哥 1973 年的《促进墨西哥对外投资和外来资本在墨西哥投资法》限制外资进入电报、铁路运输、广播电视等行业。秘鲁有关法令禁止外国保险公司向本国的渗入。阿尔及利亚、土耳其和坦桑尼亚等国都禁止外国金融机构在境内开设银行。马来西亚有关法规不允许外资银行吸引和接受马来西亚人的存款,离岸银行只可接受外币存款,与公司从事客户账户的交易仅限于非居民及国外发行的证券。印度、泰国、巴西等国对外资银行的市场准入维持数量限制,同时还对外资银行中的外资股份及高级职员的国籍进行限制,如马来西亚规定在当地商业银行中外资的持股比例不得超过 30%,泰国规定外资在当地银行中的持股比例不得超过已缴注册资本的 25%,印度则规定外资银行在银行体系总资产中所占的比重超过 15% 时,其许可证可被撤销;马来西亚规定每个外资银行的外籍雇员一般限于 2 名,泰国要求外资财务公司和信贷公司 3/4 的董事须有泰国国籍,每个外资银行办事处的外国雇员人数仅为 2 人,获得全面许可的分部的外国雇员人数也不得超过 6 人。

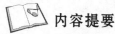
内容提要

1. 比较优势理论,实际上就是在价值理论存在的前提下,各国都生产与其位置、气候和其他自然或人为的便利条件相适应的商品,取得成本的比较优势,通过扩展市场互相交换商品,可以使劳动在各个国家和产业之间实现更合理的分配,从而使全世界人的福利得

到增进。简而言之，比较优势理论就是"两利相权取其重，两害相权取其轻"。

2. 马克思对国际贸易的分析是建立在国际贸易利益基础之上的。马克思认为，贸易利益包括对外贸易产生的直接利益和对外贸易产生的间接动态利益。

3. 一般而言，发达的市场经济国家因其国内服务业竞争力较强，通常主张国际服务贸易自由化。服务业比较落后和在某些服务部门不具备竞争优势的发展中国家，则不得不对本国的服务市场进行保护，对发达国家的服务业进入本国缺乏竞争力的服务市场做出各种限制性规定。

重要术语

比较优势理论　要素禀赋理论　服务贸易自由化　服务贸易壁垒　服务贸易中的保护主义

思考题

1. 国际服务贸易理论包括哪些基本内容？
2. 国际服务贸易政策是如何演变的？
3. 推行国际服务贸易自由化政策的正负效应是什么？
4. 什么是国际服务贸易壁垒？应如何分类？

阅读推荐与网络链接

1. 黄建忠.服务贸易评论[M].厦门：厦门大学出版社，2009.
2. 李国安.WTO 服务贸易多边规则[M].北京：北京大学出版社，2006.
3. 沈大勇，金孝柏.国际服务贸易：研究文献综述[M].北京：人民出版社，2010.
4. 石静霞，陈卫东.WTO 国际服务贸易成案研究[M].北京：北京大学出版社，2005.
5. http://www.imf.org
6. http://www.mofcom.gov.cn
7. http://www.stats.gov.cn
8. http://www.wto.org

21世纪经济与管理规划教材
国际经济与贸易系列

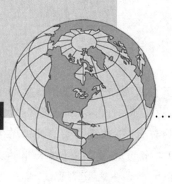

第七章

当代国际服务贸易的国别格局

【学习目标】
- 了解发达国家和发展中国家服务贸易各自的发展特点；
- 熟悉主要服务贸易经济体的服务贸易发展状况与政策。

引导案例

　　经济全球化时代,服务业开放发展成为世界各国参与国际经济合作与竞争的主要途径。全球服务贸易正面临难得的机遇,同时也遭遇不小的挑战。一是全球服务贸易呈现恢复性增长态势。根据WTO的统计,全球服务贸易出口在经历了2015年的5%负增长和2016年的0.5%微增长后,2017年恢复增长势头(增长率达到7.4%),预计2018年还将保持继续增长。二是数字技术成为推动全球服务贸易增长的新动能。据研究,过去15年间,数字经济的增速是全球GDP增速的2.5倍;到2025年,数字经济规模将达到23万亿美元,占全球经济的比重将达到24.3%。由此催生了数字服务贸易的众多新模式与新业态。同时,我们也应看到,自2018年以来,单边主义和保护主义抬头,各国在货物贸易领域的争端也给服务贸易发展带来更多不确定性。

　　总体来看,全球服务经济正在进入一个新时代。服务贸易自由化潮流不可逆转,多国携手维护WTO多边框架体制规则,共同反对贸易保护主义。加强服务领域的交流与合作已成为世界各国的战略选择。

　　资料来源:全球服务贸易正面临着难得机遇 同时也遭遇不小挑战[EB/OL].(2018-09-12)[2020-09-04].http://www.ocn.com.cn/hongguan/201809/mokyj12114950.shtml,有删改。

　　在国际服务贸易的版图中,发达国家占据主导地位,国际服务贸易额最大的前十名国家和地区中,只有中国和印度两个发展中国家。欧盟是世界上国际服务贸易额最大的地区,而且一直是国际服务贸易的净出口地区,2018年其国际服务贸易出口达26 153亿美元,占世界国际服务贸易出口总额的比重达43.4%。2018年亚洲地区国际服务贸易出口达17 378亿美元,占世界国际服务贸易出口总额的比重达28.8%。其中,中国、印度、韩国、新加坡国际服务贸易的迅速发展是促成亚洲地区国际服务贸易发展的主要动力,但同时,这些新兴经济体的国际服务贸易发展的总体水平还不高,国际服务贸易中进口大于出口,亚洲是国际服务贸易的净进口地区。北美地区虽然国际服务贸易额不及亚洲地区,但是美国长期以来一直是世界上最大的国际服务贸易进口国和出口国,该地区是国际服务贸易的净出口地区。其他地区,如拉丁美洲、独联体国家、非洲地区虽然国际服务贸易的发展速度也很快,但是由于基数太小,其国际服务贸易额占世界国际服务贸易总额的比重都还很小。

第一节　美国的服务贸易

一、美国服务贸易的发展特点

(一) 服务进出口长期位居世界首位

　　美国无疑是服务贸易领域的佼佼者。美国服务进出口额自1981年以来长期位居世界首位。尽管美国占全球服务进出口总额的比重在逐渐下降,但其依然是世界上最大的服务进出口国和服务贸易盈余国,并且保持着较大的优势。根据美国商务部经济分析局发布的数据,2016年美国服务进出口额达 12 570.22 亿美元,占世界服务进出口总额的比重达 15.2%。其中,服务出口 7 523.68 亿美元,自 2006 年起年均增长 6.1%,远超世界平均增长水平;服务进口 5 046.54 亿美元,同期年均增长率约为 4%(如表 7-1 所示)。美国服务进出口额是第二位德国的 1.8 倍,第三位英国的 2.3 倍,服务进出口优势非常明显。

表 7-1 美国服务贸易发展情况

年份	进出口总额（亿美元）	出口		进口		顺差（亿美元）
		金额（亿美元）	增长率（%）	金额（亿美元）	增长率（%）	
2006	7 579.03	4 167.38	11.2	3 411.65	12.1	755.73
2007	8 609.71	4 883.96	17.2	3 725.75	9.2	1 158.21
2008	9 418.69	5 328.17	9.1	4 090.52	9.8	1 237.65
2009	8 995.23	5 127.22	-3.8	3 868.01	-5.4	1 259.21
2010	9 726.46	5 633.33	9.9	4 093.13	5.8	1 540.20
2011	10 635.42	6 277.81	11.4	4 357.61	6.5	1 920.20
2012	11 084.24	6 564.11	4.6	4 520.13	3.7	2 043.98
2013	11 625.42	7 014.55	6.9	4 610.87	2.0	2 403.68
2014	12 226.80	7 419.19	5.8	4 807.61	4.3	2 611.58
2015	12 448.90	7 531.50	1.5	4 917.40	2.3	2 614.10
2016	12 570.22	7 523.68	-0.1	5 046.54	2.6	2 477.14
2017	13 189.85	7 808.75	3.7	5 381.10	6.6	2 427.65

资料来源:根据联合国贸易和发展会议(UNCTAD)历年数据整理。

(二)长期保持顺差,且呈扩大趋势

自 1971 年以来,美国服务进出口一直保持顺差。2015 年,美国服务贸易顺差创历史新高,达 2 614.10 亿美元,较 2010 年增加了 1 073.90 亿美元,年均增幅达 9.2%。顺差主要来源于专有权利特许和使用费、金融服务、旅游服务及专业技术服务等,体现了美国服务业在这些行业具有较强的国际竞争力。运输服务、保险服务和计算机信息服务等,则呈现逆差趋势。

(三)服务进出口结构优势明显

美国旅游、运输等传统服务进出口占比较低,依靠美国在教育、科研、金融、保险、通信等产业的优势,其服务进出口中专有权利特许和使用费、金融、保险、教育、电信及专业技术服务等高附加值服务占比较高。近年来,美国传统服务出口规模扩大,2017 年,旅游、运输服务出口占比分别为 27% 和 11.8%,而其他商业服务、专有权利特许和使用费及金融服务出口占比分别高达 19.1%、16.4% 和 14%,三部门合计占服务出口总额的 49.5%;就进口而言,2017 年,旅游、运输服务进口占比分别为 25.1% 和 18.9%,其他商业服务、专有权利特许和使用费及金融服务进口占比分别为 18.6%、9.5% 和 5.4%,三部门合计占服务进口总额的33.5%。可以看出,美国新兴服务出口优势明显,而传统服务在进口方面占有更大比重。

(四)跨国公司附属机构间服务进出口占比提高

2011年,美国服务进出口总额中,附属机构间服务进出口额达2 378.7亿美元,同比增长12.9%,占美国服务进出口总额的27.9%,占比较上年提升1个百分点。其中,美国母公司与其外国附属机构间服务进出口额为1 962亿美元,同比增长15.7%;在美外国附属机构与其母公司间服务进出口额为776.7亿美元,同比增长7.9%。到2016年,美国母公司与其外国附属机构间服务进出口额为3 633亿美元,占美国服务进出口总额的比重上升到28.6%。

(五)贸易市场以欧盟和加拿大为主

从区域来看,欧盟是美国最大的服务出口市场和进口来源地,亚太地区位居第二。从国家来看,发达国家依然是美国的主要贸易伙伴,英国是美国最大的服务进出口伙伴、第二大服务出口市场和第一大服务进口来源地,加拿大是美国第一大服务出口市场、第三大服务进口来源地和第一大服务贸易顺差来源地,作为发展中国家的中国是美国第五大服务出口市场和第十大服务进口来源地。

(六)商业存在模式在美服务贸易中占主体地位

商业存在模式就是通过企业向居民提供服务,美国在国外的附属机构提供的服务贸易规模远超跨境服务贸易规模。2010年,美国跨国公司外国附属机构提供给东道国居民的服务额,是美国本土企业服务出口(跨境贸易)额的2.1倍;外国跨国公司在美附属机构向美国市场提供的服务额,是美国服务进口(跨境贸易)额的1.9倍。

2018年6月,美国国际贸易委员会发布美国服务贸易发展趋势年度报告,根据该报告研究,2016年美国是世界上最大的跨境服务出口国和进口国,尽管相对于2015年,美国2016年跨境服务出口增速仅为0.2%,但美国在全球服务市场中仍是最具竞争力的经济体,是全球第二大单一跨境服务出口国英国跨境服务出口额的两倍多。2017年美国跨境服务出口额增长了7 617亿美元,涨幅为3.8%,进口额增长了5 160亿美元,涨幅为6.8%。其中,视听服务在全球迅速增长;在新兴市场中,计算机服务通过手机变得更加普及,商品制造商在生产流程中将越来越多地应用计算机可支持的服务;美国电信运营商正在投资网络基础设施,将越来越多的设备连接到互联网,并向内容与广告市场进军。

2015年,美国跨国公司的当地分支机构在国外市场提供的服务总额达1.4万亿美元。美国所有外国分支机构销售服务的前三大市场分别是英国(15.8%)、加拿大(8.3%)和爱尔兰(7.9%)。外国公司的美国子公司在2015年的总购买额为9 525亿美元。总部位于日本(16.0%)、英国(14.1%)和德国(13.9%)的公司购买额最大。

二、美国服务贸易的市场战略

第一,以开放国内服务市场为基础,增强国内服务业的竞争优势,为倡导服务贸易自由化奠定基础。1993年,克林顿把信息高速公路建设作为优先发展项目,制定了《国家信息基础设施行动计划》,确保美国未来在信息服务竞争领域的国际领先地位。1994年,克林顿在向国会递交的《出口战略实施报告》中指出：美国政府将集中力量支持国内服务业的发展。从国内经济和就业增长着眼，美国政府优先考虑对环保、信息、能源、交通运输、卫生保健以及金融等服务业提供大力支持，以增强这些服务部门的竞争力。2009年1月，奥巴马在国情咨文中提出"出口倍增计划"，并把"出口倍增计划"的最终目标概括为"确保21世纪仍然是美国的世纪"。

第二，重视巩固传统市场，积极开拓新兴市场。1994年，美国贸易促进协调委员会（TPCC）在其第二个《国家出口战略》报告中指出，美国促进服务贸易出口发展的市场战略方针是：服务业出口要巩固传统市场，打开新兴市场，"两个市场"兼顾。传统市场主要是指欧洲和日本，新兴市场主要是指已确定重点开发的墨西哥、阿根廷、巴西、中国、印度、印度尼西亚、韩国、波兰、土耳其和南非等十大市场。对传统市场的策略主要是，一方面，利用其高新技术产业的优势，不断扩大计算机信息服务、软件程序编制和数据库开发等优势服务业的出口；另一方面，根据《服务贸易总协定》的成果，要求相关国家开放新的服务贸易领域，在美国相关服务产业和相关公司的配合下与这些国家展开具体谈判。对新兴市场主要是通过谈判和具体的贸易促进措施逐步打开市场。由于新兴市场的政治、经济、社会情况复杂多样，对服务贸易的准入政策差异很大，美国十几年来在服务贸易出口方面对新兴市场做了大量针对性调查，根据不同地区的不同情况采取不同的策略，并通过美国贸易代表办公室（USTR）的谈判为服务出口公司提供更好的市场准入机会。

第三，通过多边贸易谈判迫使外国政府消除服务贸易壁垒，增大美国进入他国服务市场的机会。美国政府认为，促进服务业出口的当务之急是迫使外国政府消除服务贸易壁垒，开放市场。因此，美国服务贸易谈判的目标非常明确，就是最大限度地确保海外市场能够开放，提高对美国服务产品的市场准入程度，直到实现完全的贸易自由化。在多边贸易谈判中，美国配合其服务贸易战略，主要向中国等新兴市场施加压力，要求其提高开放程度，同时进一步打开日本、欧洲等传统市场。在区域性谈判方面，美国不断加强在美洲自由贸易区、亚太经济合作组织和经济合作与发展组织等国际组织中就有关服务准入框架制度的磋商并与各国加强沟通；在多边谈判方面，美国主要通过WTO推动相关行业部门的谈判，1997年经美国大力促成的《信息技术产品协议》实施后，最大的受益者就是美国。2000年，美国主动提出了WTO新一轮有关服务贸易谈判的策略。2002年6月，美国在WTO多哈回合谈判中提出了一揽子新要求，包括各国改进并且扩大1995年乌拉圭回合谈判达成的各项义务，这些要求实际上涵盖了所有服务贸易领域。在乌拉圭回合谈判中，美国与其他发达国家联手向发展中国家施加压力，最终达成了《服务贸易总协定》，不仅形成了全球性服务贸易自由化浪潮，而且使美国获得了巨大的收益。美国在积极推动多边贸易谈判的同时，为了缩短谈判时间，保证率先占领外国市场的份额，还常常避开多边贸易谈判，采用双边贸易谈判，凭借其经济实力在谈判中施压，这在一定程度上改善了美国服务业进入他国服务市场的条件。

第四，通过国内立法，把服务贸易、货物贸易、知识产权结合在一起，实行单边报复。1974年，美国国会通过的《贸易法》首次提出，国际贸易既包括货物贸易，又包括服务贸易。该法案第301条款授权总统对阻碍美国服务贸易出口的外国进行报复。1975—1988年，美国曾11次援引"301条款"处理双边服务贸易争端，涉及航空运输、海上运输、广告、广播、电影发行、建筑与工程、保险等部门。例如,迫使日本、韩国等国开放保险市场、建筑市场;迫使东南亚国家开放航空市场,迫使发展中国家开放潜力巨大的保险、电信、金融、专业服务等市场;在中国加入 WTO 的过程中,美国通过双边贸易谈判,迫使中国开放教育、金融、电信、保险等市场。美国 1988 年《综合贸易法》将服务贸易和货物贸易并列作为扩大出口的两项内容,要求外国取消"不公平""不合理"和歧视性的贸易措施,否则,就实行报复。服务贸易也同样适用于"超级 301 条款"。

第五,制定服务业出口部门战略,为服务业向外扩张提供服务。为了促进和扩大服务产品出口,一方面,美国政府以及相关部门制定各种鼓励服务产品出口的计划、政策和措施,如派高级贸易团出访,通过大使、贸易代表甚至总统进行经济外交等,以扩大服务业各部门的出口;另一方面,美国政府的许多部门,包括商务部、贸易代表办公室、财政部、运输部、旅游管理局、进出口银行、国际开发署等都同服务业部门密切合作,为其提供信息服务,开拓进入他国市场的机会。另外,美国政府以及民间团体还设有许多专门的咨询机构,为服务业进入他国市场提供多种帮助。

第六,重视提高服务业的竞争优势。首先,联邦政府高度重视与服务业和服务贸易出口相关的公共投资。为保持旅游、交通基础设施的硬件和软件的领先优势,历届美国政府都重视基础设施和相关的科研投入,在应用信息技术等知识、技术和资本密集型服务业方面的公共投资一直位居各国之首。例如,在信息高速公路方面的大量投入,确立了美国企业在世界信息产业发展及服务贸易竞争中的优势地位。世界上最先进的服务基础设施成为美国服务贸易竞争优势最强有力的支持系统。其次,美国政府重视与服务贸易相关的科技投入。新技术革命的突飞猛进为美国服务业创造了有利的贸易机会。技术的进步极大地提高了交通、运输、通信和信息处理等能力,提高了服务的"可贸易性",而且扩大了服务贸易的范围。技术进步还提供了许多新的工具和手段,大大降低了服务贸易的费用,促进了服务贸易的发展,从而使美国在国际市场上获得了更多的贸易利益。最后,美国的人力资本优势对保持服务贸易竞争优势具有重要意义。经过几十年的努力,美国已拥有世界上人数最多、最具优势的科技人才,依靠这支队伍美国人获得的诺贝尔奖最多,美国科学家在世界主要科技文献上发表的论文最多,美国公民在国内外获得的专利最多。长期高水平的教育投入和人才引进,为美国带来了丰裕的人力资本,使为美国服务贸易提供竞争优势的产业基础得到持续发展,发达的服务业反过来又促进和扩大了对人力资本的投资,形成互相促进的良性循环。

三、美国的服务贸易壁垒

美国是当今世界上最大的服务进出口国,也是服务贸易自由化的积极推行者。美国政府在市场准入方面的立场总的来说是开放的,但是其一些部门仍然存在严格的市场准入和经营业务限制,对外国经营者形成了不公平竞争,这集中表现在金融、海运和空运等领域。

1. 金融业

由银行业、保险业、证券业组成的美国金融业具有全球竞争力。虽然美国在 1999 年 3

月 1 日正式生效的《金融服务协议》中就金融部门的市场准入和国民待遇做出了一些承诺,但承诺的水平有限,尤其是未禁止对金融部门的许多政策性干预,金融领域的谨慎法规仍然受到《服务贸易总协定》分立条款的保护。

经历 20 世纪 30 年代的经济危机后,美国一直按照 1933 年《格拉斯-斯蒂格尔法》的要求,对金融业实行严格的投资和商业银行分业经营限制;按照 1956 年《银行持股公司法》,实行银行和保险公司分业经营限制。20 世纪 90 年代,经济全球化和 IT(信息技术)业带动的美国新一轮经济增长对金融业的发展提出了新的要求。在新的融资要求推动下,银行业与证券业的融合以及银行从事保险业务的步伐加速。1999 年生效的《金融服务现代化法》打破了投资、银行和保险分业经营的限制,但是该法案并没有打破银行业和商业之间的壁垒,外国银行的进入和经营依然受到限制。

在保险方面,各州立法不统一造成了保险市场准入的严重障碍。在美国,保险业由州管理,没有联邦注册或监管的保险公司。每个州有自己的保险法规结构,有不同的注册、偿付和运营要求,而且不是所有的州都有"进入立法终端",外国保险公司要在没有准入立法的州经营保险业务,须先在另一个州注册后才能在该州注册。这种体制限制了外国保险公司进入市场的机会。此外,外国保险公司在业务经营上也受到了不同于美国国内机构的要求。虽然很多州规定外国保险公司可以以分公司或子公司的形式经营,但分公司往往面临与美国保险公司不同的要求,包括注册资金、税收和管理费等。对外国保险公司跨境提供保险业务,联邦政府会征收 1% 的寿险税和 4% 的非寿险税;对外国保险公司跨境提供再保险业务,则会征收 1% 的联邦税。有的州禁止向外国政府拥有或控股的保险公司发放营业许可证,还有的州规定已在其他州获得从事保险业务执照的外国保险公司不得在其州内再设立保险公司。

不论是美国的还是外国的证券经纪人,都应当在美国证券交易委员会(SEC)注册。在 SEC 注册的外国证券经纪人在美国可以享受国民待遇。绝大多数州要求经纪人在州监管当局进行注册。尽管外国证券公司在美国建立分支机构从事交易、经纪业务在法律上是允许的,但操作起来并不容易。1940 年《投资公司法》要求外国投资顾问在 SEC 注册,但 SEC 要求外国共同基金建立另一个完全相同的基金以便注册。这样,外国公司就不大可能满足要求。

2. 专业服务

《服务贸易总协定》的实施对美国专业服务市场的准入产生了一些积极影响,但是由于美国的相关法规往往由各州制定,造成了实际实施中的一些严重障碍。因此,美国专业服务市场的开放和透明度还有待进一步提高,虽然在法律、会计、审计、建筑和相关工程服务、咨询等方面已取得一定进展,但仍然存在大量限制。如自然人移动,对专业服务的监管权保留在州一级,在许可证发放和注册上存在限制。一个在国外合格的专业人员在进入美国某一州时,必须满足大量当地法律和法规的要求。美国各州都出台了对外国专业人员服务机构发放营业执照的法规。各州管理制度的差异和缺乏透明度对外国专业人员服务构成了障碍。此外,严重的限制还表现在当地居民要求方面,如只有注册了的人才能合伙、跨州提供服务等。

3. 通信业

《基础电信协议》自1998年实施以来已经在市场准入方面取得很大进展,但美国在通信业市场准入方面依然存在一些限制,如投资限制、烦冗的手续、有条件的市场进入以及互惠基础上的审批程序。例如,美国虽然允许外资投资电信业,但是外资股份不能超过20%;美国还对进入卫星通信市场进行限制。美国由联邦通信委员会(FCC)负责通信业的市场进入和运营,依据的主要法律有1934年《通信法》(Communications Act of 1934)和1996年修订后的《通信法》(Telecommunication Act of 1996)等。

4. 航空运输业

美国在航空运输业方面并未实现完全的自由化,特别是对外国人拥有和经营的航空公司设有限制,国内航线只限于由国内航空公司营运。

在美国的航空公司中,外国投资者持有的股份不能超过25%,董事会主席及2/3以上的股东和管理者必须是美国人。但运输部门根据个案原则,只要实际控制权保留在美国人手中并且美国和外国投资者所在国签署了开放领空协议,外国投资者就可以通过持有25%以上没有表决权股份的形式来持有一家航空公司的股份。外国航空公司被禁止进行国内航空运输,即不能与美国航空公司竞争提供国内航线服务。从事国内航空客运和货运服务的机组人员必须是美国公民或常驻居民等。

《关税与贸易总协定》涉及计算机存储系统服务、航空运输服务,以及飞机的维修与护养服务等,但是交通权利以及与交通权利的实施直接相关的服务并不在《关税与贸易总协定》的范围之内,尤其是把航线的维护排除在外。美国在《关税与贸易总协定》中的承诺仅限于飞机的维修与护养。而且,美国制定了关于销售和营销航空运输服务以及计算机存储系统服务的运行与规范的最惠国豁免时间表。

美国飞行法案通常要求由美国航空公司承担由美国政府提供经费的货运和客运业务。与美国航空公司分享信号的外国航空公司被认为是美国的承运人。然而,法律授权美国参加双边或多边协议时,如果这个协议与美国国际航空政策目标相一致并且提供同等程度的权利或利益互换,那么将允许由外国航空公司提供这样的服务。"9·11"事件以后,美国总统于9月22日签署了《航空运输安全与系统稳定法》(Air Transportation Safe and System Stabilization Act,ATSSSA),确定由联邦政府以贷款的形式提供经费,稳定和保护美国的航空运输业。该法案共分为六个部分:第一部分是关于航空系统稳定的规定,政府为航空公司提供50亿美元的补偿,并提供100亿美元的贷款担保;第二部分是关于航空保险的规定;第三部分是关于税收的规定;第四部分是关于设立"9·11受害者补偿基金"的规定,给受害者及其家属提供正常诉讼体制之外的另一种救济途径;第五部分是关于航空运输安全的规定;第六部分是关于法条之间独立原则的规定,即某个或某些条款的无效不影响其他条款的效力。

5. 海运业

海运业是美国经济中受保护程度最高的领域之一。《美国大陆架法》和《1920年商船法》(Merchant Marine Act of 1920,也称《琼斯法》)限制外国船只从事近海和美国国内运输业务,美国国内的运输只能由美国船只提供。此外,联邦政府支出项目的运输也由美国船只提供。最近海洋安全措施对贸易的影响也引起关注,这会导致港口间和 WTO 成员间的歧视。除个别情况以外,《琼斯法》和《美国大陆架法》禁止外国制造的船只在美国两码头之间进行直接的贸易或经过一个外国码头的沿岸贸易,与美国岛屿地区及领地的贸易也被包括在沿岸贸易范畴内;外资企业必须得到美国的许可,方能进行深水港的开发及在美国专有经济区捕鱼。此外,外国船只不允许在美国注册进行挖泥、牵引支架和捕捞业务。

在美国,大量的法令要求政府所有或政府融资的货物必须由美国船只承运。50%的政府运输(主要是农产品)、军事运输以及进出口银行提供贷款的运输必须由挂美国国旗的船只承担。外国竞标者能否用挂美国国旗的船只运输货物,只有在授予合同后才能知道。美国联邦海事委员会(FMC),按照美国 1984 年《航运法》和《琼斯法》制定了受控承运人的规定。其中,对受控承运人的定义为"受国家控制,或者国家直接或间接拥有运营资产的航运企业"。受控承运人和其他承运人相比,有很多不公平待遇,例如 30 天运价生效制度。

四、美国有关服务贸易的法律体系

美国的立法是为用户和市场服务的,其立法本位属于用户立法或市场立法。这种立法本位反映在立法文本中,即美国法律对于概念的选择、业务的分类,均以用户和市场权利为视角,而不以技术特征为视角。在美国,针对发展服务贸易而颁布的立法亦是如此。美国许多服务行业位居世界领先地位,拥有巨额贸易顺差,这主要是由于美国政府对服务贸易发展的高度重视,以及完备的服务贸易法律体系。在美国,关于服务贸易的法律法规,主要是国会立法和联邦政府的行政命令,包括对外贸易综合法案中的部分条款、各服务部门立法的相关条款以及专门规定某些行业的市场准入及其条件和限制的法令。

1934 年,美国颁布了《通信法》,该法律为通信服务的发展创造了环境。1934 年的《通信法》是大萧条时期的产物,因此在一定程度上打上了凯恩斯国家干预主义的烙印。到了 20 世纪 90 年代,随着信息技术的迅猛发展和世界范围内经济竞争的明显增强,《通信法》已经越来越不能适应通信服务的发展。1996 年,美国对《通信法》进行了修订,这部法律修正案重新界定了政府、企业和用户之间的权利与义务,强调了政府在保障信息技术发展过程中所必须担当的责任,打破了凯恩斯主义时期所形成的技术界限、业务界限和资本界限;同时,打破了以前由立法所形成的有线电话业务市场、有线电视业务市场和无线电话业务市场之间的壁垒,从而实现了各种技术市场之间的互相渗透,增强了各个业务市场之间的双向竞争。

1974 年,美国颁布了《贸易法》,成为美国保护其国内利益的有力武器,对世界贸易和法律产生了重要影响。该法律建立了以商务部为核心的集中式服务贸易管理制度,赋予商务部、贸易委员会以及贸易代表办公室在管理服务贸易时必要的谈判权、促进权和报复权。除国会立法、联邦政府的行政命令以及美国参加、缔结的国际条约和双边协定外,美国各州的立法还对特定服务部门的资金设立、人员要求、审批程序、税收和业务规则等做了规定。

1985年，美国国会通过了《国际投资和服务贸易调查法》，明确商务部经济分析局为服务贸易的首要统计机构和信息发布机构，有权进行服务业和直接投资的强制性调查，从而保障了服务贸易统计工作的顺利进行。美国国内立法中最基本的是1988年《综合贸易法》，它将服务贸易和货物贸易并列，作为扩大出口的两项内容，从而把1974年《贸易法》中的保障措施、调整援助、出口促进等规定推广到服务贸易领域，如服务贸易同样适用于贸易保障的"201条款"、贸易报复的"超级301条款"以及针对知识产权保护的"337条款"；为降低其他国家的服务贸易壁垒，美国还通过双边或多边协定对服务业领域的市场准入和相关法规进行调整，如在WTO多边贸易体系中促成了《服务贸易总协定》《金融服务协议》《基础电信协议》等文件的签署，并分别和加拿大、墨西哥、以色列、澳大利亚等国签订了双边贸易协议；美国服务业领域的国内立法相对完善，有些是联邦政府立法，有些是各州具有立法权和监管权，还有些是双重监管。美国虽然整体开放程度较高，但依然存在大量的市场准入限制。

1999年，美国颁布了《金融服务现代化法》，进一步完善了美国金融法规，允许金融公司扩大金融服务的规模和经营范畴，推进了美国金融监管的进一步完善，打破了投资、银行和保险分业经营的限制。

专栏 7-1　　　　"201条款"和"301条款"

"201条款"是指美国1974年《贸易法》中第201—204节，被录入《美国法典》第2 251—2 254节，这4节总的题目是"受进口损害的产业的积极调整"。该条款授权总统当来自其他国家的进口产品数量给国内产业造成严重损害或威胁时，可以要求美国国际贸易委员会（ITC）实施补救性措施。美国国际贸易委员会负责确认进口增多是否造成了损害。如果委员会得出了肯定性的结论，就会向总统建议实施补救性措施。最终美国总统决定是否实施补救性措施。2001年6月，美国总统布什指示贸易代表办公室要求美国国际贸易委员会在"201条款"下启动有关钢铁进口对美国国内钢铁产业影响的调查，其后决定对10个进口钢材品种征收8%—30%的关税。

"301条款"是美国1974年《贸易法》中第301条款的简称，其主旨在于保护美国在国际贸易中的利益。根据该条款，美国可以对它认为是"不公平"的其他国家的贸易做法进行调查，并可与有关国家政府协商，最后由总统决定是否采取提高关税、限制进口、停止有关协定等报复措施。1988年，美国国会对"301条款"做了修改，增加了"超级301条款"和"特别301条款"。"超级301条款"主要针对限制美国产品和劳务进入其市场的国家，"特别301条款"则针对那些对知识产权没有提供充分有效保护的国家。按照这两项条款的规定，美国贸易代表可自行对上述国家进行认定、调查和采取报复措施。每年三四月份，美国便会发布"特别301条款评估报告"，全面评估与美国有贸易关系的国家的知识产权保护情况，并视其程度依次分成重点国家、重点观察国家、一般观察国家。对于重点国家，美国将与之谈判；若谈判未果，则实行高关税等报复措施。

| 专栏 7-2 | **"337 条款"** |

美国"337 条款"是美国 1930 年《关税法》第 337 节的简称。美国历次贸易立法不断对该条款加以修正与完善,对确定现行"337 条款"的实体架构与程序运作影响最大的是 1988 年《综合贸易法》和 1995 年《乌拉圭回合协议法》对美国法典第 28 编的修订。该条款成为美国重要的贸易保护手段之一。

"337 条款"规定:美国国际贸易委员会如果发现货物所有者、进口商或承销商及其代理人(1)将货物进口到美国或在美国销售时使用不公平竞争方法和不公平贸易行为,威胁或效果是摧毁或严重损害美国国内产业,或者阻碍该产业的建立,或者限制或垄断美国的贸易和商业;或者(2)将货物进口到美国或为进口到美国而销售,或进口到美国后销售,而该种货物侵犯了美国已经登记的有效且可执行的专利权、商标权、版权或半导体芯片模板权,并且与这四项权利有关的产品有已经存在或在建立过程中的国内产业,则这些不公平竞争方法将被视为非法,美国应予以处理。

以上规定根据不公平贸易行为的性质设立了两套标准:(1)如果不公平贸易行为侵犯了美国法律保护的专利权、商标权、版权、半导体芯片模板权,则申诉方只需证明美国存在相关的产业或正在建立该产业,有关不公平贸易行为即构成非法,而不是以其对美国产业造成损害为要件。在判定美国是否存在该产业时,"337 条款"规定的标准是:在厂房和设备方面的大量投资;劳动力或资本的大量投入;或在产业开发方面的大量投资,包括工程、研发或许可。(2)如果不公平贸易行为未侵犯上述四项权利,则申诉方必须证明:①美国存在相关产业或该产业正在建立过程中;②此种不公平贸易行为的影响或趋势是摧毁或实质性损害美国国内产业,或者阻碍该产业的建立,或者限制或垄断美国的贸易和商业。从"337 条款"的实践来看,绝大多数案件都涉及知识产权而非一般的不公平贸易行为。

美国参与服务贸易法规制定和管理的既有政府部门,又有综合性机构和民间组织。美国国会享有对外贸易的立法权,行政部门负责外贸法的执行。这种执行权由美国贸易代表办公室、商务部国际贸易管理局以及国务院、财政部等共同行使,管理体制既分散又集中。商务部是美国服务贸易管理的主要机构,承担着服务贸易战略的制定,服务贸易数据的统计与分析,服务贸易的双边及多边谈判,对服务贸易企业的海外市场开拓提供信息、金融等方面的支持,以及服务出口促进和贸易救济的具体工作。美国商务部国际贸易管理局设有服务业司,具体负责美国服务业的管理工作。从美国的服务贸易立法和机构设置可以看出,美国已形成了比较完善的服务贸易立法、管理和协调机制,美国发展对外贸易格外重视本国产业和企业竞争力的提升与维护,贸易立法和管理的宗旨就是"美国的贸易利益高于一切"。

五、美国构建的服务贸易出口促进体系

目前,美国联邦及各州服务于服务贸易出口的主要机构大体构成三个体系。

（一）咨询、决策与协调体系

总统出口理事会、联邦贸易促进协调委员会及其"服务出口工作组"、总统贸易政策与谈判顾问委员会以及相关服务行业顾问委员会，共同构成了美国服务贸易咨询、决策与协调体系。

1. 总统出口理事会

总统出口理事会成立于1973年12月，秘书机构设在商务部，是根据《联邦顾问委员会法》(Federal Advisory Committee Act)运作的。尽管不同的政府任期内总统出口理事会面临和关注的出口问题有所不同，但以下问题是普遍受到关注的：出口对美国经济的影响，美国国内法律如税法与反垄断法对出口的影响，出口管制，出口促进。

2. 联邦贸易促进协调委员会及其"服务出口工作组"

根据1992年《扩大出口法》，1993年，美国组建了由商务部部长担任主席，国务院、农业部、贸易代表办公室、进出口银行等19个机构共同组成的贸易促进协调委员会（TPCC）。1995年6月，在贸易促进协调委员会下建立了由助理副部长担任组长的"服务出口工作组"，负责联邦各相关机构有关服务业出口和贸易促进活动的总协调与总归口。其主要功能有：研究制订并协调落实服务先行策略方案；推动相关服务产业贸易和市场数据的进一步收集与分析；沟通信息，交流情况，确定各具体部门所需专业技术重点；研究采取与服务业企业有效沟通联络的方法。

3. 总统贸易政策与谈判顾问委员会

总统贸易政策与谈判顾问委员会主要为有关对外贸易的谈判提供决策咨询意见，共有由总统任命的两年一任的45位委员。他们是根据1974年《贸易法》的要求从影响对外贸易的主要经济领域中选择的代表。该委员会的日常工作主要由贸易代表办公室负责。

4. 相关服务行业顾问委员会

根据法律规定，商务部与贸易代表办公室共同组织成立22个与贸易政策相关的行业顾问委员会，其中服务业专门成立两个行业顾问委员会，一是服务业顾问委员会，二是批发与零售业委员会。这些委员会的成员主要来自企业、行业协会和研究机构，委员会定期开会以提出相关贸易政策建议。

（二）服务贸易促进体系

从横向来看，目前美国能为服务贸易提供服务的，不仅仅是商务部一家，而是多达十几个部门。

1. 商务部

商务部内部与服务贸易相关的部门主要有五个，分别是商务部制造业与服务业司、贸易促进与对外商务服务司、市场准入与条约执行司、商务部直属的普查局和经济分析局。这些部门主要进行行业贸易分析、拟定贸易政策、参加贸易谈判、组织扩大服务出口市场、评估国内外经济政策对相关行业进出口的影响，以及规范行业贸易政策等，以创造良好的产业政策环境，提高美国制造业与服务业的全球竞争力。

2. 美国贸易开发署

美国贸易开发署(USTDA)是由国会直接批准成立并且提供资金的独立机构,其主要使命是,向美国公司在国外的重大基础设施项目提供开发研究赠款,以及与多个跨国开发银团合作实施对外援助,同时帮助美国货物和服务出口。由于美国贸易开发署提供的赠款主要集中在与美国服务贸易关系密切的交通、能源、水利与环境保护、医疗、矿业、资源开发、电信和信息技术与服务上,因此美国贸易开发署对美国服务出口的作用正不断增强。

3. 美国贸易代表办公室

美国贸易代表办公室是总统行政办公室之一,在对外谈判中协调各政府机构,并提出各种谈判方案和意见供总统决策。当前,服务贸易已成为贸易代表办公室的主要工作内容,扩大服务市场准入谈判并在服务贸易国际多/双边谈判中起主导作用是贸易代表办公室的重要工作目标。

(三) 民间出口服务体系

1. 全美服务行业联合会

美国的服务行业一般都有自己单独的商会、协会组织,全美服务行业联合会是这些服务行业的一个联合会,是美国最主要的服务贸易利益团体,经常以代表全美服务贸易利益的姿态出现。其主要宗旨是降低美国服务出口的障碍,提出利于美国服务业发展的政策,以提高美国服务业企业的全球竞争力。

2. 各地区出口理事会

地区出口理事会属于民间非营利组织,主要由各地区从事出口实务的企业家、提供出口服务的服务商以及与出口相关的专家学者组成。其主要宗旨是:提供开拓国际市场的指导与援助,帮助美国企业扩大出口,促进美国经济发展,促进就业。

3. 各服务行业协会或行业出口理事会

美国的服务行业商会、协会组织较多,有全国性的,也有地区性的,还有一些是国际性的,如美国旅游协会、金融协会、展览组织者协会、国际节庆活动协会、全国能源服务公司协会、全国节能出口理事会等。这些专业协会或行业出口理事会一方面对促进政府的决策制定起着重要作用,通过在国内外的活动影响决策实施效果,消除影响服务出口的障碍;另一方面一般都设有与本行业服务出口相关的部门,主要职能是回复或处理会员提出的相关问题,提供信息、举办展览、进行培训、召开会议、组织一些交流活动等,为会员开展服务贸易提供一些基本的服务。

4. 出口法律援助网络

出口法律援助网络是由美国全国律师协会建立的一个面向中小出口企业的民间服务网络。来自美国的在国际贸易方面有资质的律师都可以免费向初期开展出口业务的小企业提供基本的服务。一般是通过当地的小企业局或出口扶助中心来安排相关律师为小企业提供咨询服务。

第二节 欧盟的服务贸易

一、欧盟服务贸易的发展概况

欧盟不仅是世界上最大的货物贸易集团,而且是世界上最大的服务贸易集团。欧盟各国的经济核心是服务业,涵盖信息技术、咨询、银行、保险、经销、运输和旅游等,是欧盟最活跃的经济领域。据统计,欧盟服务业产值占其GDP的70%,服务业从业人口达1.1亿。

以发达的服务业为基础,欧盟成为世界上主要的服务贸易地区,欧盟服务贸易额占到世界服务贸易总额的将近一半,是世界上最大的服务贸易经济体。2017年欧盟的服务出口额为23 281.1亿美元,占世界服务出口总额的42.9%;同年,服务进口额为19 744.3亿美元,占世界服务进口总额的37.8%。2006—2017年,由于受金融危机的影响,2009年欧盟服务进出口总额出现了12.6%的负增长。此后尽管仍然受金融危机的影响,但保持了一定的发展速度,在世界服务贸易中的占比有稳步提高的趋势(见表7-2)。其中,德国、英国、法国长期位居世界服务出口额的第二、三、四名,具有较强的国际竞争力。欧盟服务贸易顺差的扩大首先得益于保险服务贸易由逆差转为顺差,与此同时,金融服务、计算机及信息服务的贸易顺差额也都有所上升,但旅游等服务贸易则呈现逆差趋势。

二、欧盟的服务贸易政策与市场准入

欧盟是世界上最大的经济体,欧盟统计局调查数据显示,2016年欧盟经济总量达到16.4万亿美元,人均GDP 32 102美元。欧盟服务贸易涉及欧盟内部相互间的服务贸易和欧盟外的服务贸易,这使得欧盟的服务贸易政策分成了两个部分:一是区域内部各成员之间的政策,二是区域内各成员与区域外其他国家之间的政策。由于欧盟成员之间的服务贸易额大于各成员与区域外其他国家或地区的服务贸易额,因此欧盟首先致力于内部服务贸易的自由化,经过40年的不懈努力,欧盟成员之间基本上实现了服务贸易自由化。为了确保在服务贸易中的地位,获得更多的经济利益,欧盟还积极推行全球服务贸易自由化,支持建立多边框架来规范和管理服务贸易,要求服务贸易自由化的多边性质应通过某种形式的最惠国待遇原则予以保障,是否存在对外国服务提供者的歧视应以国民待遇原则为尺度来检验,并以此为原则,通过双边和多边谈判,打开他国或地区服务市场的大门,为其服务业的发展提供广阔的空间。

(一)欧盟区域内的服务贸易政策

1. 电信业

欧盟建立电信服务统一大市场的目标是为电信设备和电信服务创造一个自由灵活的市场。为此,欧盟委员会首先致力于消减各成员在电信服务方面的垄断,逐步建立一个对外开放的、自由竞争的电信服务市场。

表7-2 2006—2017年欧盟服务进出口情况

年份	进出口		出口				进口			贸易顺差（亿美元）
	金额（亿美元）	同比增长（%）	世界占比（%）	金额（亿美元）	同比增长（%）	世界占比（%）	金额（亿美元）	同比增长（%）	世界占比（%）	
2006	27 186.5	11.4	45.9	14 462.6	12.3	48.2	12 723.9	10.3	43.5	1 738.7
2007	32 404.9	19.2	46.1	17 335.2	19.9	48.4	15 069.7	18.4	43.7	2 265.5
2008	36 083.9	11.4	45.4	19 205.4	10.8	47.8	16 878.5	12.0	43.1	2 326.9
2009	31 519.3	-12.6	44.5	16 787.7	-12.6	46.7	14 731.6	-12.7	42.2	2 056.1
2010	32 287.6	2.4	41.6	17 219.9	2.6	43.9	15 067.7	2.3	39.3	2 152.2
2011	35 932.4	11.3	41.3	19 394.4	12.6	43.9	16 538.0	9.8	38.6	2 856.4
2012	35 595.5	-0.9	39.5	19 309.5	-0.4	42.5	16 286.0	-1.5	36.5	3 023.5
2013	38 488.9	8.1	40.2	20 899.5	8.2	43.2	17 589.4	8.0	37.2	3 310.1
2014	41 952.7	9.0	40.6	22 678.3	8.5	43.6	19 274.4	9.6	37.5	3 403.9
2015	38 879.8	-7.3	39.7	20 785.2	-8.3	42.1	18 094.6	-6.1	37.3	2 690.6
2016	39 316.7	1.1	40.0	20 896.7	0.5	42.1	18 420.0	1.8	37.8	2 476.7
2017	43 025.4	9.4	40.4	23 281.1	11.4	42.9	19 744.3	6.7	37.8	3 536.8

资料来源：根据联合国贸易和发展会议（UNCTAD）历年数据整理。

早在1987年,欧共体(欧盟的前身)就颁布了《关于欧共体电信发展绿皮书》,建议各成员将电信业由国家垄断逐渐转为以竞争为导向,要求各成员逐步放宽终端市场和设备市场,确保设备鉴定的相互认可,将管理职能和经营职能完全分开,对新的服务采取平衡措施。绿皮书提出了一种国际准入义务,对用户和服务提供者确保一致的、客观的、透明的、非歧视性的市场准入条件,并放开所有的增值电信服务。绿皮书还要求各成员立即取消对进入"选择性"网络(如有线电视、电气或铁道设备装置)提供电信服务的限制,公共有声传动例外。随后,欧盟把开放领域扩大到卫星、有线和移动通信。在1997年的WTO《基础电信协议》的倡导下,欧盟全面开放了其电信市场。

2. 金融业

欧盟金融市场的开放分为三个部分:银行业、保险业和证券业。

(1) 银行业:1973年,欧共体理事会发布指令,规定各成员不能因申请者为非本国居民而拒绝批准新信贷机构的设立,虽然该指令并未得以执行,但可以看出,欧盟早就开始考虑银行业开放的问题。1977年12月,欧共体理事会通过了《第一号银行指令》,该指令提出了"母国控制原则",即由特定信贷机构总部的所在成员主管机构对该信贷机构在各成员经营的各分支机构实行全面监督;该指令还规定,信贷机构应具有"适当的、符合最低标准"的自由资金,并建立由来自成员银行监督机构的3个代表组成的顾问委员会。1989年12月,欧共体又通过了《第二号银行指令》,该指令作为共同体新银行法的核心,主要目标是制定各成员银行监督制度,特别是协调准许营业的条件,消除共同体银行服务活动和设立分支机构的内部障碍,创建单一的银行市场。该指令的实施,使得欧盟内部全面放松了对银行业的管制,提高了私有化,鼓励银行并购和对外扩张,促进了金融监管体制的一体化。这些政策促进了各成员银行业的竞争和快速发展,提高了欧盟银行业的效率和盈利,有助于降低消费者和企业的融资成本,提高欧盟银行业的整体抗风险能力。

(2) 保险业:欧盟内部关于保险业方面的协议按颁布时间可分为四个阶段。

第一代指令包括《非寿险第一指令》和《寿险第一指令》。该指令排除了保险公司设立方面的种种障碍,确立了保险公司在欧盟范围内享有设立自由。

第二代指令包括《非寿险第二指令》和《寿险第二指令》。该指令致力于实现"保险服务自由流动",即允许在任何一个成员已经设立并受其监管的保险人,可以在任何其他成员进行保险销售业务,不需要进一步的监管。

第三代指令包括《非寿险第三指令》和《寿险第三指令》。该指令旨在建立单一执照制,即允许在欧盟范围内,受母国监管的保险人,在不需要任何其他成员国监管的前提下,可以在欧盟范围内自由设立分支机构或代理机构,或以提供服务的方式通过其设立的保险机构向任何成员的保险消费者销售保单,以实现建立保险单一市场的目标。

第四代指令是进入21世纪以来,欧盟为进一步推动以"自由设立保险机构和提供保险服务"为宗旨的各个保险指令的有效贯彻,又颁布了对原保险指令的最新修订版指令。其调整思路是:统一寿险和非寿险业务中自由设立保险机构、自由提供保险服务的各单项指令。特别是将以下几个方面的制度细化,使之更具操作性:有关偿付能力的监管指标体系、保单持有人和保险消费者的保护、金融混业经营方面的统一监管政策和制度。

(3) 证券业：从20世纪70年代开始，欧共体就有关成员在证券领域法律规制的合作规定了三项原则：相互承认原则、最低限度的协调原则以及母国控制原则。这三项原则也体现在欧盟信息披露规则的一体化过程中。关于相互承认原则，欧共体特别制定了两个指令，即《第一相互承认指令》和《第二相互承认指令》。根据相关规定，如果注册地在欧盟任一成员的公司申请在欧盟成员发行或上市，则其必须遵守欧盟指令中的相互承认原则。这些原则规定了任何招股说明书文本必须被申请上市的其他成员确认，而不必获得那些国家监管当局的许可。欧共体及其指令中多边性质的相互承认原则不仅适用于成员，在一定条件下还可能扩展适用于非成员。

除相互承认制度以外，欧盟就证券信息披露规则亦达成了较高程度的协调。欧共体在证券市场进行信息披露统一规制的过程中，重点规制证券上市，进而规制证券发售。规制证券上市的指令主要有1979年通过的《准入指令》和1980年通过的《上市说明书指令》，规制证券发售的指令主要是1989年4月通过的《公开发售指令》。考虑到市场变化的需求，欧盟议会和欧盟理事会于2003年11月通过了《修改说明书指令》，该指令统一了证券公开发行招股说明书及交易招股说明书，建立了一个新的统一信息披露体制，对上市说明书不再单独立法，这是该指令的最大创新之一。应该指出的是，由于《修改说明书指令》对证券公开发行招股说明书及交易招股说明书的统一，相互承认制度将被"通知"制度取代，该制度仅要求发行人对招股说明书概要进行翻译。这说明欧盟信息披露规则一体化即将超越相互适用阶段而进入普遍适用阶段（即区域性的全面一体化阶段）。

3. 运输业

(1) 陆路运输：为了促进欧盟范围内陆路运输服务的自由化，欧盟委员会制定了一系列法规，逐渐消除陆运货物配额限制，使各成员允许非本国车辆运送货物和乘客。截至1991年，欧盟各成员均取消与他国订立的双边陆运货物配额，并以许可证形式允许货物在欧盟内自由运载而不再受各国的配额检查。1992年之后的规定还有：统一各成员对于以汽车提供国际性客运服务的有关规定，简化这类运输所需的程序；统一公路运输危险品检查程序的规定；铁路设施业务量分配及收取设施费用的指令。

(2) 航空运输：1997年4月，欧盟宣布完全开放天空，区域内各成员的航空公司可以在各成员之间自由从事航空客运业务，可以自行制定服务价格，还可以开通到其他国家的航班等。但是各成员关于航空方面的规定还不一样。2000年3月，里斯本欧盟峰会通过了"统一欧洲蓝天"战略，并成立了一个由各成员军民双方高层负责人组成的高级专家小组，指派欧盟主管交通的副主席主持该小组的工作。重点是制定欧洲航空统一监控机构重建纲领，于2004年实现"统一欧洲蓝天"计划。

(3) 内河与海洋运输：欧盟在内河与海洋运输方面颁布的措施包括，成员之间提供内河和海洋运输服务自由化，逐步取消现存的海运货物份额安排，清除各成员在内河和海洋运输方面的各种障碍；使有关证书的申请、核发程序和条件以及其他相关标准统一化；维护公平竞争，制止在内河和海洋运输方面的不正当竞争行为，保护欧盟船队不受来自第三国的不公平低价倾销行为影响。

(二) 欧盟对区域外的服务贸易政策

1. 电信业

由于美国电信业竞争力极强,欧盟为了保护电信业,在开放方面一直有所保留。1997年2月WTO《基础电信协议》生效后,欧盟在语音电话、数据传输、电传、文传、移动电话、移动数据传输和个人通信等方面开放了市场。1990年9月,欧盟通过了一项协调电信、水、能源、运输等部门政府采购的指令,规定各成员政府仅采购那些定有互惠条件的商品,但对采购其他种类的商品也适用相同规定。根据这一指令,如果第三国不从法律上承诺给予欧盟供应商有效的市场准入,则欧盟的采购实体必须拒绝接受超过50%以上的投标或拒绝给予低于3%的价格优惠。

2. 金融业

欧盟有关金融服务的法规在对外关系方面一直体现着对等原则。1988年10月,欧共体委员会在名为《欧洲——世界的伙伴》的文件中宣布,非成员公司要想获得统一大市场的利益,其所在国就必须保证对欧共体提供对等的或者至少是非歧视的机会。1989年的《第二号银行指令》也规定,如果一个国家未向欧共体银行提供国民待遇,则欧共体不向该国金融机构签发许可证。同样,欧盟对非成员的金融业政策可分为银行业、保险业和证券业三方面。

(1) 银行业:根据《第二号银行指令》,如果非成员对欧盟采取了互惠政策,使得欧盟内部成员银行机构能享受国民待遇,则该非成员的银行机构也能取得欧盟成员的银行执照;但如果欧盟成员的银行机构在非成员不能得到同样的竞争机会和"有效市场准入",则非成员的银行机构不能取得欧盟成员颁发的银行执照。一旦取得银行执照,该机构就可以在欧盟区域内自由建立分公司和提供服务。

(2) 保险业:从《非寿险第一指令》的规定来看,欧盟主要是根据互惠条约向第三国开放有关的保险服务,使第三国保险机构获得与欧盟内部保险机构相同的待遇。但通过GATT体系下的谈判,尤其是1995年全球金融服务谈判,欧盟承诺给予第三国保险机构全面最惠国待遇基础上的国民待遇。

(3) 证券业:如果欧盟与第三国有互惠条约,并且第三国法规给予欧盟投资者以平等的保护,则欧盟可能根据与第三国的协议,相互承认根据第三国法规制定和审查的公开发行证券说明书。欧盟对非成员证券机构的市场准入基本上是互惠的国民待遇,同样地,在全球金融服务谈判后,欧盟放宽了这一限制,承诺在全面最惠国待遇基础上给予国民待遇。

3. 运输业

(1) 海洋运输:欧盟海运监管机制建立于20世纪70年代后期,在1986年制定了这方面的共同反倾销政策。为反对国际货运班轮中的不正当定价,理事会1419/2006号条例制定了关于价格承诺或补偿税款的有约束力的程序,并规定在欧盟船东和欧盟利益受到重大损失或损害威胁时,可采取必要的保障行动。另外,第85/4058号条例规定当其他国家用货载分摊方式限制或威胁欧盟运输货物进入该国时,欧盟可采取协调行为;若协调不成,则可采取外交措施或诸如配额、税收方面的反措施。

（2）航空运输:欧盟的航空运输承诺中,对计算机订票和航空运输服务列出了最惠国待遇例外表,涉及计算机守则中的互惠条款。如果第三国对欧盟航空公司不提供同等待遇,则欧盟将解除对该国航空公司自动订票的义务。欧盟认为,运用计算机订票的多边规则不充分,例外是必要的。近年来,欧盟在对外开放领空方面取得了长足的进步,例如2008年3月,欧盟与美国签订"开放天空"航空协议,该协议的签署使得欧盟成员航空公司的飞机可以从欧盟境内任何一个机场飞往美国的任何一个机场,而此前欧盟成员航空公司通常只能经营本国机场至美国的航线。2008年5月,欧盟与澳大利亚也签署了类似的协议。2008年12月,欧盟与加拿大、亚美尼亚、以色列等国分别签署了航空运输合作双边协议,决定扩大航线范围,加强航空安全和保护消费者利益的合作。

第三节　日本的服务贸易

一、日本服务贸易的发展特点

日本的服务贸易总体呈增长趋势,且出口增长快于进口。1980—1989年,日本服务出口和进口的年均增长率分别为8.9%和10.2%;1990—1999年这10年间有所放缓,服务出口增长4.5%,服务进口仅增长2.9%;2000年后,日本服务贸易增长速度加快,2000—2012年,其服务出口和进口年均分别增长7.6%和4.7%。长期以来,日本一直是服务净进口国,服务贸易逆差在20世纪90年代尤为显著,到2018年日本服务出口1 920.06亿美元,进口2 000.47亿美元,服务贸易逆差80.41亿美元(见图7-1)。

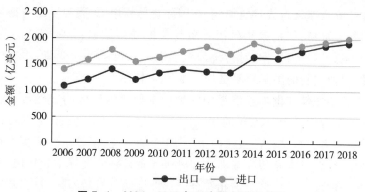

图7-1　2006—2018年日本服务贸易情况

资料来源:根据联合国贸易和发展会议(UNCTAD)历年数据整理。

1. 运输服务是日本第一大服务贸易行业

近年来,日本运输服务贸易总体呈增长态势。运输服务出口额和进口额在日本服务出口总额和进口总额中的年均占比均为30%左右。受国内外因素影响,日本运输服务贸易呈现波动。2005年,日本运输服务出口额为357.9亿美元,到2008年提升至469.7亿美元,年均增长9.5%。此后受金融危机的影响一路下滑,到2016年日本运输服务出口额仅为316.5亿美元。

2. 其他商业服务贸易发展迅速

其他商业服务是日本第二大服务贸易行业,2005—2016年,日本其他商业服务出口额由187.6亿美元提升至386.9亿美元,年均增幅6.8%;进口额由256.6亿美元提升至623.7亿美元,年均增幅高达8.4%;在日本服务贸易出口和进口总额中分别占23.8%和33.8%的份额。近年来,日本其他商业服务贸易增长较快,已扭转20世纪90年代末的下滑局面,在日本服务贸易发展中占据越来越重要的地位。

3. 专有权利使用费出口呈上升趋势,顺差不断扩大

专有权利使用费也是日本最重要的服务贸易行业之一。自2000年以来,日本专有权利使用费出口在起伏中呈上升趋势。特别是2005—2016年,日本专有权利使用费出口额由176.2亿美元提高至391.5亿美元,年均增幅达7.5%,在服务出口总额中的占比也上升至22.2%;同期专有权利使用费进口额由146.3亿美元提高至196.7亿美元,贸易顺差由29.9亿美元猛增至194.8亿美元,增加了5.5倍。

与其货物贸易在国际贸易中的地位相比,日本的服务贸易相对落后,但服务贸易的总体国际竞争实力较强,这与其国内发达的服务业密切相关。2016年,日本的服务业产值占GDP的70%,服务业就业人数占总就业人数的比重达82%。正因为日本的服务贸易具有较大的发展潜力,日本也积极推行服务贸易自由化政策。但从维护本国利益的目的出发,日本对本国的某些服务行业也严加保护,使外国服务和服务提供者在日本市场只能起补充作用,而无法占据重要地位和较大市场份额。

二、日本的服务贸易政策

随着世界经济全球化趋势日益加强,在国际贸易领域中,服务贸易占据越来越重要的地位。日本的服务贸易,特别是金融服务贸易长期受到政府保护,缺乏国际竞争力。因此,日本以振兴服务贸易为目标,对传统的贸易政策进行了重大变革,积极探索双边自由贸易的可能性,以便在新的国际贸易格局中维护日本的利益份额。

首先,日本希望凭借其世界经济强国的地位主导亚洲地区的金融市场。在亚洲金融危机后相关国家金融体系十分脆弱的情况下,日本充当"最后贷款人"的角色,不断扩大其金融大国的影响力。日本经济虽然经历了10年的衰退,但日本经济实力在亚洲地区还是居于重要地位,因此日本希望在亚洲的金融服务贸易领域发挥主导作用,与其世界最大债权国、亚洲唯一的发达经济体身份相符合。亚洲金融危机后不久,日本政府发起了一轮又一轮的金融改革攻势,一是组建、落实"亚洲货币基金",二是发展金融服务业依赖的信息技术,促进东盟10国于2000年11月签订《"电子东盟"框架协议》(E-ASEAN),借以扩大金融服务领域的影响力,并由此带动国内产业结构调整和金融体制改革,其贸易政策也发生了历史性转变。日本还希望通过建立"亚洲货币基金"援助遭受危机打击的亚洲国家,扩大日本的影响力,并在此基础上由日本主导培育亚洲资本市场,缩小与欧美资本市场的巨大差距。但"亚洲货币基金"构想的实际作用与日本的希望存在很大差距。因此,日本积极利用与新加坡协商金融合作的机会,共同设立基金,弥补"亚洲货币基金"的不足;同时,还招募美国的基金进行投资,以便使其共同投资的构想具体化,并推动"亚洲货

币基金"发挥作用。

其次,尽力提高日元作为国际货币的地位。日本大藏省组建了日元国际化推进委员会,召集政府官员、国内外产业界精英和学术界人士讨论日元国际化的可行性,以提高日元的使用率和非居民的持有率,积极推动以日元为核心货币的货币汇率政策。1984年,大藏省发表了题为《关于金融自由化、日元国际化的现状和展望》的政策报告,正式拉开了日元国际化战略的序幕。其后,由于日本政府在推进日元国际化方面采取的一系列政策措施以及日本的经济繁荣,日元国际化出现了迅速发展的局面。1997年东亚金融危机的爆发和1999年欧元的启动,迫使日本政府开始反省以往的日元国际化进程,更加积极地探讨日元国际化的新战略。在2001年1月召开的神户亚欧财长会议上,日本大藏省再次重申了日本政府的上述观点。

最后,强调双边自由贸易政策。根据WTO统计,截至2016年2月,世界上已签订的区域贸易协定多达419个,但亚洲的贸易一体化组织占世界贸易额的份额很小。尽管亚洲有中国、日本、韩国等位居世界前列的贸易区,但贸易一体化程度并不高。同时,随着世界经济的发展,亚洲其他国家或经济体与日本的差距逐步缩小,因此日本认为,固守多边自由贸易是不明智的,如果日本能够首先在亚洲地区分别签订双边自由贸易合作协定,则日本不仅能够获得更大的贸易利益,而且可以逐步形成在服务贸易领域的竞争优势。在日本的积极推动和多方协调下,签订双边自由贸易协定或建立自由贸易区的热潮在亚洲兴起。2000年11月下旬,在新加坡召开的东盟10国及中国、日本、韩国的首脑会议上,东盟提议并就建立包括东盟10国和中、日、韩在内的"东亚自由贸易区"达成了协议。

三、日本的服务贸易壁垒

近年来,日本一方面对服务贸易领域的管理进行改革,积极倡导贸易自由化政策,放宽进出口限制,总体改善了服务贸易准入环境;另一方面又在某些行业设置服务贸易壁垒,影响服务进口的发展。具体表现在以下几个方面。

1. 运输业

首先,外方代表或外方表决权占1/3以上的公司,在利用船舶或者航空器从事国际货物运输时,适用不同于日本人或日本法人的许可制度。如在航空运输方面,外方代表或外方表决权占1/3以上的公司拥有的航空器不能在日本国内注册。其次,在现行海运体制下,外国船公司只能租用码头,无权经营码头装卸等业务,这给外国船公司的经营造成了障碍。另外,根据日本港运协会的规定,船公司在新开航线、增加停靠港和更换船名时须向该协会提出申请。该协会接到申请后与中央及地方的码头工会进行"事前协议",这导致日本港口装卸费较高,而且外国船公司无法自由选择服务水平较高、费用相对较低的装卸公司。

2. 金融业

日本政府对银行业长期以来实施保护政策,虽然外资银行可以通过与日本证券公司合资的方式进入日本信托资本市场,但是日本对外资银行加入日本国债托管和清算系统会员资格做了严格的限制。日本政府在信托管理服务领域存在非审慎性措施,如规定投资信托管理服务必须由在日本注册的法人机构提供,这使其投资回报率极低;外资银行的分支机构吸收的存款未纳入日本存款保险的覆盖范围内。日本制定了一系列措施保护其金融业,包括禁止外资银行作为辛迪加贷款的组织者。尽管外资银行在日本经营已经有30多年的历史,但直到20世纪80年代中期,它们总的借贷资本只占日本借贷市场总额的3%,储蓄占比仅为2%。保险服务方面,日本人寿保险及汽车保险、火灾保险和财产保险等非人寿保险占整个保险市场的95%,只有在包括意外险在内的"第三类保险市场",外国公司才能进入;同时日本规定,保险公司不允许跨类经营,外国公司不能进入主要的保险市场。日本法律还禁止通过邮件推销保险,要求所有同类保险几乎一个价格,因此外国公司不可能通过创造性的促销手段与日本公司竞争。

3. 建筑业

建筑业是日本国民经济的支柱产业之一,日本的建筑市场是高度发达而又保守、封闭的市场。长期以来,日本的不动产业、建筑设计业、建筑公司、建材生产厂家、承包转包建筑队及用户之间相互依赖、相互渗透,形成了一个完整的封闭体系。行业自我封闭、自我保护色彩强烈,具有一套完整的建筑业法规体系,手续繁杂、条件苛刻,其中包括:第一,从事建筑业须注册为日本当地公司,并接受日本政府的属地化管理。不论何种企业,要在日本两个以上地区设立机构,必须由建设大臣批准。第二,对外国建筑公司高层及管理人员有资历及业绩要求,如果达不到,则聘请有资历的日本人经营(如果今后没有足够的营业额,则将被吊销营业执照)。第三,《出入境管理法》规定,外国建筑公司必须至少雇用2名当地人参与管理事务,并且实发工资,必须真正雇用在日本具有从业资格的人充当建筑技术责任者和土木技术责任者,否则吊销其营业执照;禁止单纯劳务进入日本市场,只允许中标的外国建筑公司的管理、技术人员赴日。虽然外国建筑公司获得许可后可进入日本建筑市场,但是外国建筑公司实际上并不能独自承包工程和大量进口使用本国建材,中标的外国建筑公司业务范围局限在建筑设计等相关产业。此类规定使外国建筑公司中标后难以运作和管理项目,只能转包给日本建筑商,而日本劳动力成本高昂,日本分包商报价很高,这使得中标的外国建筑公司成本核算恶化,最后可能被迫退标。

4. 电信业

日本政府长期以来对电信业都有着严格的管理措施,其对电信业颁布了《日本电信商法》《日本电气通信事业法》《日本电报电话公司法》等一系列法规。日本的电信业属于垄断行业,日本电报电话公司(NTT)为垄断企业。由于缺少竞争,日本的电信企业无法与其他发达国家的电信同行竞争。日本邮电省为了改变这一不利局面,逐步开放了日本的电信管制,实施了一系列措施和政策,包括取消国外企业进入电信和有线电视市场的管制,消除用户收费授权,并于2000年5月修订了《电信企业法》,以建立一个法律框架引进外资,通过日、美超高速国际网络推动网络技术和国际网络合作的进一步发展。尽管如此,日本的电信市场仍需进一步开放。

5. 旅游业

除《旅行业法》对外国人在日本建立旅游设施有所限制外,在国民待遇和市场准入方面基本没有限制,国外公司或团体通过资格考试便可在日本开办旅行社。日本旅游业的开放领域还包括宾馆和饭店服务、餐饮服务、旅行社和旅游经营服务、导游服务等。

四、日本服务贸易的法律和管理

日本对服务贸易采取的是分工协调型的管理方式,设立了立法机构、政策制定和执行机构、统计及咨询机构和服务贸易促进机构四大部门。这四个部门协调运作,共同促进服务贸易的发展。为了协调包括各省厅在内的许多服务贸易部门的工作,日本专门建立了内阁会议制度。在日本,制定和颁布贸易政策、法律的过程一般是官、产、学一体化联合决策的过程,上至内阁会议、下至经济产业省①的专业小委员会都是官、产、学结合的典范,以便有效地维护决策的科学性。

日本国会是服务贸易立法机构,通常制定与服务贸易发展相关的法律、法规;外务省向相关的省厅提出制定与服务贸易相关的政策、法律、法规的建议,外务省经济局负责对外签署与服务贸易相关的多边条约和协定,处理贸易纠纷;经济产业省是日本服务产业与服务贸易政策的主要制定者和执行者;日本银行是日本国际金融服务贸易相关政策的制定者和执行者。因此,分工协调是日本服务贸易管理的特色。日本的内阁会议是协调各省厅之间关系的最高官僚机构,内阁会议的议长一般由内阁总理大臣担任,主要成员包括财务省、外务省、经济产业省、国土交通省等重点省大臣以及日本银行和进出口银行总裁等。所有政策法规必须经过内阁会议批准后方可提交日本国会审议。在日本内阁会议中,与服务贸易相关的会议有经济财政咨询会议和知识产权战略会议。

第四节　印度的服务贸易

一、印度服务贸易的发展概况

印度与多数发展中国家不同,多年来其制造业在国民经济中的地位一直无明显提高,服务业却占据越来越重要的地位,其经济增长在很大程度上来源于服务业的贡献。自1991年印度经济改革以来,印度的服务业一直是三大产业中增长速度最快的,年均增长率超过8%。以服务业为基础的服务贸易发展迅速,在国民经济中的地位日渐突出。2002—2011年,印度服务贸易年均增长率达22.66%,比世界年均增长率高出近12个百分点。从总体上看,印度服务贸易具有规模大、增速快、顺差可观等特点。2016年,印度服务出口额为1 839.8亿美元,进口额为1 540.14亿美元,服务贸易顺差达299.66亿美元,位居世界第九。

从产业结构来看,印度在以电子信息等高科技为先导的新兴服务业上具有较强竞争力,如印度软件服务出口规模在全球位居前列。印度国家软件与服务企业协会(NASSCOM)的数据显示,2017年,印度软件服务总收入达到298亿美元,以超过8%的年复合增长率在增长,在软件服务出口方面的就业人数达120万人,软件服务外包占全球服务外包市场的37%。印度软件服务业的增长具体表现在:①IT出口业务继续保持11%—

---

① 相当于中国行政体系中的"部"。

14%的增长。② 云计算领域的投入持续增加。2017年,来自数字服务方面的收入占比达15%—20%,远高于2012年的4%。③ IT供应商建立了世界上最大的移动应用市场之一。随着手机和平板电脑数量的增加,这一细分市场将是一个重要的收入来源。但在建筑、运输等传统服务领域,印度相对落后。

二、印度服务贸易的发展特征

1. 服务贸易持续保持增长态势

根据WTO统计资料,印度服务贸易总额持续增长,近年来显示出强劲增长态势。2005—2016年,印度服务出口年均增长率达10.8%,进口年均增长率达7.4%,远超同期世界服务进出口年均增长率。此外,印度服务出口的国际市场占有率也不断提升,从1990年的0.6%上升到2016年的3.85%。

2. 服务进出口增长率表现出不同趋势

从服务贸易的进出口增长率来看,1997年之前(不含1997年)印度服务进口增长率远远高于出口增长率,1997年之后开始低于出口增长率。1997—2008年,印度服务出口年均增长率为21.5%,高于同期进口年均增长率近15个百分点。印度服务贸易在2002年开始出现顺差,成为服务净出口国,扭转了以往服务贸易一直处于逆差的不利状况,同时也说明印度的服务贸易竞争力在逐渐增强。2008年金融危机后,印度服务进出口额相对下降,2009—2017年印度服务出口额由929亿美元增至1 852.9亿美元,年均增长8.3%;进口额由805.5亿美元增至1 546亿美元,年均增长7.8%。尽管受世界经济环境的影响,印度服务贸易增幅放缓,但仍高于同期世界服务贸易平均增长率,并持续保持贸易顺差。

3. 知识密集型服务出口增长迅速

随着社会、经济及技术的不断变化,印度的服务贸易结构发生了巨大变化。劳动密集型的旅游服务占比不断下降,从1999年的20.7%下降到2002年的12.1%,到2016年保持在13.9%左右;资本密集型的运输服务占比变化不是很大,基本保持在10%左右,到2016年下降到9.4%;而技术密集型的服务占比迅速提升,2016年印度在计算机与信息服务方面的出口占据了其服务总出口的32%,这得益于印度国内发达的软件服务业。印度各项服务的出口增长率都比较高,表明其服务贸易在各方面的均衡发展。

三、印度服务贸易的市场准入与壁垒

在WTO贸易开放的谈判中,印度历来都积极参与整个谈判过程,极力要求发达国家扩大对发展中国家的开放领域,同时印度也是做出服务贸易承诺最多的发展中国家。印度大力提倡工作人员的自由流动,因为印度在电信、软件等服务业的人才丰富且工资率低,所以其涉及的开放领域大多集中在这些具有竞争优势的项目上,而对于金融、法律、零售等相对较弱的领域则持比较谨慎的态度。

1. 高度开放的部门

高度开放的部门主要包括软件服务和电信服务两个部门。软件业是印度近年来取得重大发展的行业之一,其在国际软件市场中的竞争力很强,因此印度对软件业的开放程度很高,除了其他各种配套的优惠措施,还免除进口关税和各种地方税,减免企业所得税,一站式办理政府手续,允许外商独资,等等。对于电信业,早在 1991 年,印度政府就决定开放增值业务市场,并承诺增值业务领域完全由私营企业竞争。1994 年,印度政府颁布实施了《国家电信法》,允许私有资本进入电信市场,并鼓励与外资联营的私营公司向不同地区的电信产业投资,其中外资比例不得超过 49%;同年 5 月,允许私有资本进入本地基本电信业务和增值电信业务;同年 11 月,将全国划分为 21 个电信服务区,同时开放移动业务。至此,印度各地的基本电话业务市场全部开放。在 1996 年和 1997 年向 WTO 提供的电信减让表中,印度承诺在 1999 年审查是否要进一步开放国内长途业务市场,在 2004 年审查国际电信业务市场的开放,并对各种固定设施的服务领域均允许引入一个新的经营者,其许可证由有关当局核发,期限为 10 年,外资股份参与的上限为 26%,依范本提交有关法规环境的承诺。2005 年 2 月,印度政府又将国内电信业的外商直接投资比例上限从原来的 49%提高到 74%,财政部也简化了电信企业的税收结构。至此,印度电信业对外开放的力度已经超过包括中国在内的许多发展中国家。2014 年莫迪政府上台后大力开展市场化改革,2015 年年初撤销印度计划委员会,相继放开建筑、医药、保险、通信等行业,提高私人投资和外资的持股比例上限,允许外资 100%控股建筑、制药等企业。同时,鼓励市场自由竞争,加大对基础设施建设的投入,加强铁路、公路、港口等建设。

2. 适度开放的部门

到 2006 年,虽然印度银行及其他金融服务、建筑及相关工程服务、航空运输服务、保健服务等行业都已向国外开放,但这些行业依然在很大程度上受到政府或相关法律的限制。银行及其他金融服务部门的外资准入存在如下限制:在股票经纪部门,外资股份在当地股份有限合资企业中所占的比重不得超过 49%。在银行部门,外资银行只能以持牌分行和子公司的形式经营,分行牌照的颁发数量每年不超过 12 个;外资银行持牌分行不得在郊区开设办事处,外资银行子公司必须符合设立城郊分行的要求;在国有银行中的外国直接和间接投资总额不得超过 20%的法定上限;外资银行股东的股票权更是被限制在 10%以下。在保险部门,保险公司强制承担农业保险和社会保险等。在建筑及相关工程服务部门,2006 年伊始,印度政府就宣布开放建筑服务市场,允许外资 100%直接投资房地产市场,以刺激建筑业的发展;同时,虽然允许外资进入房地产市场,但开发面积不得少于 100 英亩,开发完成后 3 年内初始投资不得撤回。在保健服务部门,对外资准入不设上限,且自动审批,但是禁止外国自然人以营利为目的提供服务,且自然人移动须经主管部门(印度医疗、牙医和护理委员会)注册。在分销服务部门,除零售业外,其他部门对外资不加限制,但佣金代理服务和特许经营服务须经印度储备银行审批,批发服务须经印度外国投资促进委员会审批,批发服务还受制于其他相关服务,如运输和仓储服务的批准限制。在运输部门,铁路运输尚未对外资开放,航空客运市场的外资准入上限为 49%。

3. 未开放的部门

印度未开放的部门中外国服务提供者面临的主要准入壁垒有:①会计服务部门不允许外国直接投资,外国服务提供者不得从事企业的审计服务。②邮政市场只开放快递服务。③零售业也受到高度保护。④在法律服务部门,印度的《律师法》和《印度律师联合会条例》均对外国法律服务提供者实施严格限制,外国服务提供者若要注册为律师,则会受很多条件的限制;外资绝对禁止,也不允许设立国际性律师事务所;印度律师不得与境外律师达成利润分享协议;外国服务提供者可以被国内律师事务所雇用成为其雇员或咨询人员,但不得成为合伙人,也不允许签署法律文件或代表客户。

内容提要

1. 据 WTO 的统计,近年来国际服务贸易额年均增长率高于同期世界货物贸易额的年均增长率。国际服务贸易增长过程中还呈现出明显的地理分布不平衡,这种不平衡主要是经济发展水平、资本、知识和技术密集型服务贸易的比重加大等原因造成的。已进入服务型社会的发达国家在国际服务贸易中占据优势地位。

2. 在世界国际服务贸易中位居前 25 名的国家和地区主要是发达国家。但这些发达国家的国际服务贸易也存在差距,各国国际服务贸易在该国经济结构中占有不同地位。

3. 发展中国家的服务贸易近年来得到迅速发展,国际服务贸易在国民经济中的地位不断上升,占世界国际服务贸易总额的比重也不断加大。发展中国家和地区服务业不发达,造成其服务贸易以传统项目为主,现代服务贸易项目不具有竞争优势。

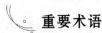

重要术语

美国服务贸易市场战略　日本服务贸易壁垒　印度服务贸易的市场准入与壁垒

思考题

1. 当代国际服务贸易具有哪些特征?
2. 简述发展中国家的服务贸易特点、优势和劣势。
3. 美国、欧盟、日本和印度的服务贸易壁垒各表现在哪些方面?

阅读推荐与网络链接

1. 国际货币基金组织.世界经济展望——重新平衡经济增长[M].北京:中国金融出版社,2010.
2. 裴长洪.经济全球化与当代国际贸易[M].北京:社会科学文献出版社,2007.
3. 亚伯勒,亚伯勒.世界经济贸易与金融[M].7 版.党李明,译.北京:清华大学出版社,2009.
4. 张幼文.经济危机冲击下的世界经济格局[M].上海:上海社会科学院出版社,2010.
5. http://www.imf.org
6. http://www.mofcom.gov.cn
7. http://www.stats.gov.cn
8. http://www.wto.org

21世纪经济与管理规划教材
国际经济与贸易系列

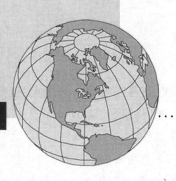

第八章

中国服务贸易的发展及服务业的对外开放

【学习目标】
- 了解当前中国服务贸易的发展特点；
- 掌握中国服务贸易发展落后的原因；
- 了解中国各服务行业服务贸易的发展现状。

> **引导案例**

中国加入 WTO 后的 17 年里,服务贸易取得快速发展,对中国和世界都做出了巨大的贡献。从国际服务贸易规模上看,据统计,2001—2017 年,中国服务贸易进出口总额从 674 亿美元增长到约 6 960 亿美元(合人民币 46 991.1 亿元)。同期,中国服务贸易规模在世界各经济体中的排名也从第 12 位提高到第 2 位。在出口方面,2001—2017 年中国服务贸易出口额从 310 亿美元增长到 2 282 亿美元(合人民币 15 406.8 亿元),年均增长 13.29%。在进口方面,2001—2017 年中国服务贸易进口额从 364 亿美元增长到 4 676 亿美元(合人民币 31 584.3 亿元),年均增长 16.7%,同期中国服务贸易进口额占全球服务贸易进口总额的比重从 2.5%提高到 10%。服务贸易的快速发展,一方面促进了中国服务业的发展,使得中国服务业产值占同期 GDP 的比重从 2001 年的 33.6%稳步快速上升到 2017 年的 51.6%,服务业成为最大的产业部门,并且缩小了中国与世界产业结构的差距;另一方面,中国服务业市场开放为世界服务提供者带来了巨大的市场空间,2010 年中国服务业吸引外商直接投资额首次超过制造业,2013 年中国成为全球第二大服务进口市场,2017 年中国服务业吸引外商直接投资额占比达到 73%。无疑,中国在世界多边贸易体系中取得了互利共赢的结果。

资料来源:加入 WTO 与中国服务贸易发展[EB/OL].(2018-07-09)[2020-09-04].http://www.chinareports.org.cn/jryw/2018/0709/5173.html,有删改。

伴随中国经济的快速发展,以及加入 WTO 后服务业全方位改革开放的不断深入,中国服务业逐步成为国民经济中最重要的经济部门。2018 年,服务业产值占 GDP 的比重为 53.3%,超过第二产业 13.6 百分点,成为中国第一大产业;服务业产值比上年增长 8.0%,高出全国 GDP 增长 1 个百分点。服务业的发展为服务贸易提供了坚实的基础,服务贸易的发展规模不断扩大、国际地位不断提升,服务贸易对促进中国外贸结构转型升级以及推动中国经济发展的作用不断凸显。当然,中国服务贸易的发展还面临不少挑战和制约。一是国际重大事件如全球新冠肺炎疫情多点暴发等,会使跨国人员流动和商务活动受到限制,对跨境旅行、建筑服务、会展服务等涉及自然人移动的服务贸易冲击较大;二是世界经济复苏脆弱乏力,主要经济体需求低迷,外部市场需求收缩,对中国服务进出口带来不利影响;三是中国服务贸易企业大多数是中小型企业,这些企业抗风险能力较弱,经营预期不稳定,国际市场竞争加剧会使它们面临较大的生存压力。

第一节 中国服务贸易的发展

一、中国服务贸易发展的特点

长期以来,服务业发展滞后,成为制约中国服务贸易发展的主要原因。改革开放以来,特别是乌拉圭回合多边贸易谈判和中国加入 WTO 后,中国服务业发展的速度加快,也在一定程度上促进了服务贸易的发展。对外开放已成为中国的基本国策。从十八大报告"全面提高开放型经济水平",到十九大报告"推动形成全面开放新格局",再到二十大报告"推进高水平对外开放",充分表明中国的对外开放不断向更大范围、更深层次、更多领域挺进。中国将致力于创造有利于开放发展的环境,推动构建公正、合理、透明的国际经贸体系,建设开放、包容、普惠、平衡、共赢的经济全球化。

(一) 服务贸易总量呈扩大趋势

改革开放以来,中国服务贸易取得了长足的发展。1982 年,中国服务进出口总额仅 44 亿美元,到 2012 年已增长到 4 829 亿美元,30 年增长了近 109 倍。近年来更是呈现稳步发展态势,进出口增速高于世界平均水平。2013—2017 年,世界服务进出口年均增长率均为 2.4%,而同期中国服务出口年均增长率为 8.6%,高出世界服务出口平均增速的两倍以上。中国服务进出口额占世界服务进出口总额的比重,到 2018 年达到 7.1%(详见表 8-1)。

表 8-1 2006—2018 年中国服务进出口情况

年份	中国服务进出口额			中国服务出口额			中国服务进口额		
	金额(亿美元)	同比增长(%)	世界占比(%)	金额(亿美元)	同比增长(%)	世界占比(%)	金额(亿美元)	同比增长(%)	世界占比(%)
2006	1 949	19.9	3.3	941	19.9	3.1	1 008	20.0	3.4
2007	2 545	30.6	3.6	1 254	33.3	3.5	1 291	28.1	3.7
2008	3 017	18.5	3.8	1 453	15.9	3.6	1 564	21.1	4.0
2009	2 686	-11.0	3.8	1 226	-15.5	3.4	1 460	-6.6	4.2
2010	3 717	38.4	4.8	1 783	45.4	4.5	1 934	32.5	5.0
2011	4 488	20.7	5.2	2 010	12.7	4.6	2 478	28.1	5.8
2012	4 829	7.6	5.4	2 016	0.3	4.4	2 813	13.5	6.3
2013	5 376	11.3	5.6	2 070	2.7	4.3	3 306	17.5	7.0
2014	6 520	21.3	6.3	2 191	5.8	4.2	4 329	30.9	8.4
2015	6 541	0.3	6.7	2 186	-0.2	4.4	4 355	0.6	9.0
2016	6 616	1.1	6.7	2 095	-4.2	4.2	4 521	3.8	9.3
2017	6 957	5.2	6.8	2 281	8.9	4.3	4 676	3.4	9.5
2018	7 918	13.8	7.1	2 668	17	4.6	5 250	12.3	9.9

资料来源:根据联合国贸易和发展会议(UNCTAD)历年数据整理。

(二) 服务贸易大国地位确立

入世后中国服务贸易总量世界排名明显提升。2001 年中国服务进出口世界排名第 13 位;2010 年升至世界第 5 位;2014 年跻身世界第 2 位,其中出口居世界第 5 位(前 4 位依次为美国、英国、德国、法国),进口仅此次于美国,居世界第2位,中国服务贸易大国地位已确立。表8-2显示中国服务进出口从2014年起持续保持世界排名第2位。

表8-2 1997—2017年中国服务进出口世界排名

年份	进出口	出口	进口
2005	7	8	7
2006	7	8	7
2007	6	5	6
2008	6	5	6
2009	6	5	6
2010	5	5	3
2011	4	5	3
2012	4	5	3
2013	4	5	2
2014	2	5	2
2015	2	5	2
2016	2	5	2
2017	2	2	2
2018	2	2	2

资料来源:WTO《2018年世界贸易报告》。

(三)服务贸易长期呈逆差格局

中国服务贸易长期呈逆差状态,且近年来有扩大之势。1997年中国服务贸易逆差为32.2亿美元,2008年超过100亿美元,2012年达797亿美元,到2018年超过2 500亿美元(见表8-3)。服务贸易逆差主要集中于旅游、运输服务、保险服务、专有权利使用费和特许费领域。

表8-3 2005—2018年中国服务贸易逆差及其年增长率

年份	2005	2006	2007	2008	2009	2010	2011	2012	2013	2014	2015	2016	2017	2018
逆差(亿美元)	55	67	36	110	234	150	467	797	1 236	2 137	2 169	2 425	2 394	2 581
增幅(%)		23	-45.6	200	112	-35.7	211	68	55	73	1.48	12	-1.27	7.8

资料来源:根据联合国贸易和发展会议(UNCTAD)历年数据整理。

(四)高附加值服务出口增长较快,服务贸易结构逐步优化

自20世纪90年代下半期开始,中国服务贸易结构发生了明显的变化,旅游服务占比逐年下降,由2005年的37.3%降至2018年的14.8%;运输服务占比随国民经济和对外贸

易的发展起伏不定;新兴服务,特别是通信、计算机和信息服务占比逐步提高,从 2005 年的 3.0%提高到 2018 年的 17.6%(见表 8-4)。服务贸易结构的改变在一定程度上体现了服务贸易多样化和结构不断优化的趋势。

表 8-4　2005—2018 年中国服务出口分类

年份		总计	运输服务	旅游服务	通信、计算机和信息服务	建筑服务	保险服务	金融服务
2005	金额(亿美元)	784.7	154.3	292.9	23.3	25.9	5.5	1.5
	占比(%)	100.0	19.7	37.3	3.0	3.3	0.7	0.2
2006	金额(亿美元)	940.7	210.2	339.5	36.9	27.5	5.6	1.5
	占比(%)	100.0	22.3	36.1	3.9	2.9	0.6	0.2
2007	金额(亿美元)	1 254.5	313.2	372.3	55.2	53.8	9.0	2.3
	占比(%)	100.0	25.0	29.7	4.4	4.3	0.7	0.2
2008	金额(亿美元)	1 225.6	384.2	408.4	78.2	103.3	13.8	3.2
	占比(%)	100.0	31.3	33.3	6.4	8.4	1.1	0.3
2009	金额(亿美元)	1 225.6	235.7	396.8	77.1	94.6	16.0	3.6
	占比(%)	100.0	19.2	32.4	6.3	7.7	1.3	0.3
2010	金额(亿美元)	1 783.4	342.1	458.1	104.8	144.9	17.3	13.3
	占比(%)	100.0	19.2	25.7	5.9	8.1	1.0	0.7
2011	金额(亿美元)	2 010.5	355.7	484.6	139.1	147.2	30.2	8.5
	占比(%)	100.0	17.7	24.1	6.9	7.3	1.5	0.4
2012	金额(亿美元)	2 015.8	389.1	500.3	162.5	122.5	33.3	18.9
	占比(%)	100.0	19.3	24.8	8.1	6.1	1.7	0.9
2013	金额(亿美元)	2 070.1	376.5	516.6	170.9	106.6	39.9	31.9
	占比(%)	100.0	18.2	25.0	8.3	5.1	1.9	1.5
2014	金额(亿美元)	2 191.4	382.4	440.4	201.7	153.6	45.7	45.3
	占比(%)	100.0	17.5	20.1	9.2	7.0	2.1	2.1
2015	金额(亿美元)	2 186.3	385.9	449.7	257.8	166.5	49.8	23.3
	占比(%)	100.0	17.7	20.6	11.8	7.6	2.3	1.1
2016	金额(亿美元)	2 095.3	338.3	444.3	265.3	126.9	41.5	32.1
	占比(%)	100.0	16.1	21.2	12.7	6.1	2.0	1.5
2017	金额(亿美元)	2 280.9	371.0	388.0	277.7	239.3	40.5	36.9
	占比(%)	100.0	16.3	17.5	12.2	10.5	1.8	1.6
2018	金额(亿美元)	2 668.4	423.0	394.5	470.5	265.8	49.2	34.8
	占比(%)	100.0	15.9	14.8	17.6	10.0	1.8	1.3

资料来源:中国商务部、国家外汇管理局。

近年来世界经济增长放缓,国际市场需求锐减,导致对与制造业密切相关的追加性服务——运输和保险的需求减少,市场竞争加剧,而中国运输业和保险业的国际竞争力相对较弱,必然使相关行业的贸易逆差继续扩大。与此同时,金融、通信、计算机和信息服务等出口增长迅速,如2018年这两项服务进出口额合计占比10%(见图8-1)。这种情况必然导致中国服务贸易的出口结构发生变化,呈现出高附加值服务出口较快增长的特征。

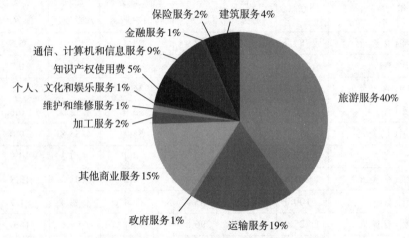

图8-1　2018年中国服务贸易进出口额行业占比

资料来源:根据商务部数据整理。

(五)服务进出口对主要贸易伙伴呈现平稳增长趋势

中国香港、欧盟、美国、东盟和日本是中国内地前五大服务贸易伙伴。中国内地与上述国家(地区)实现的服务进出口额约占中国内地服务进出口总额的2/3。中国香港为中国内地最大的服务出口目的地、进口来源地和顺差来源地,2018年约占中国内地服务出口总额的20%。2018年1—7月,中国与美国服务进出口总额达948.3亿美元,同比增长4.2%,其中中国对美国出口277.2亿美元,自美国进口671.1亿美元,中国对美国贸易逆差393.9亿美元,美国是中国第二大服务贸易伙伴;与"一带一路"沿线市场服务进出口额达1 217亿美元,占中国服务进出口总额的15.4%。

"一带一路"在推动中国服务业"走出去"的过程中发挥了重要作用,中国在新加坡、沙特阿拉伯、巴基斯坦和哈萨克斯坦四国的外向服务业附属机构销售收入排名居前十位,且同比增速均在30%以上。在"一带一路"倡议的引领下,中国与沿线国家和地区在信息技术、工业设计、工程技术等领域的服务外包合作发展迅速,2017年同比增长27.7%,带动中国高铁、通信、移动支付等世界领先的技术标准加快走出去步伐。

(六)服务贸易全面发展的格局初步形成

在服务贸易结构方面,除运输、旅游等传统服务贸易部门继续稳步发展,通信、保险、金融、专有权使用和特许、计算机和信息、咨询、广告等新兴服务贸易呈现较快的发展势头。在区域发展方面,北京、上海、广东、江苏、浙江、天津等省市,发挥地理区位优势,立足于扎实的现代服务业基础,成为服务贸易发展的主力军;而中西部地区、东北地区则发挥独特的资源优势,不断加快发展步伐。

当然,中国服务贸易还存在诸如贸易部门结构不平衡、市场和地区发展过于集中、服务贸易进出口的波动明显大于世界平均水平、统计体系不健全等问题,与中国经济和社会发展的要求有较大差距,需要我们积极采取措施,妥善应对,以保证中国服务贸易的健康可持续发展。

二、中国服务贸易发展落后的原因

中国服务出口之所以在数量和质量上都与发达国家存在较大的差距,主要症结在于以下几方面。

(一)国内服务业发展相对滞后

服务贸易的发展与服务业具有内在联系。首先,从总体上看,中国服务业发展滞后的状况并未根本转变。突出问题是与发达国家相比服务水平不高、结构不合理、体制改革和机制创新滞后,与经济社会持续协调健康发展的要求不相适应。从产业结构上看,中国服务业占GDP的比重提升速度缓慢,2016年服务业所占比重为51.6%,不仅远远低于发达国家70%左右的水平,而且低于印度尼西亚、菲律宾和印度等发展中国家约10个百分点。服务业占比偏低既说明中国服务业不发达,又说明中国产业结构相对落后,社会生产力发展水平较低。

其次,中国服务业各部门间的发展严重失衡,一些部门比较发达,另一些部门则处于落后状态。在中国服务业结构中,低附加值的餐饮业、批发零售业、交通运输业,以及房地产业、金融服务业等发展速度较快,而发达国家以信息、咨询、科技等新兴服务业为主,国际竞争力较高。随着中国经济的发展,对生产性服务的需求将日益增大,将会促进金融、保险、咨询等新兴服务业的增长;随着居民生活水平的提高,教育、现代医疗、电子商务等也将获得更大的发展空间。

再次,中国服务业发展水平较低,不仅是由于资金短缺、技术落后,更为重要的是部分服务业改革相对滞后,经济体制和经营机制不适应现代市场经济发展的要求。有些服务业部门存在一定的市场进入壁垒,导致经营机制僵化、效率低下。尽管一些部门近年来发展迅速,经济效益有所提高,但面对国际市场的竞争,中国服务业企业因不熟悉国际市场竞争规则、竞争力水平低下而受到了冲击。

最后,国际服务市场的竞争在很大程度上是一种人力资本的竞争,中国服务业从业人员存在文化水平较低、专业理论知识不足、服务队伍不精干,甚至语言上的障碍等问题,必然影响到服务业的发展。

(二)服务贸易管理体制不适应

根据《服务贸易总协定》确定的服务贸易的四种模式,人员的流动对服务贸易有至关重要的影响,而中国对出国人员的管理相对滞后,在一定程度上影响了服务贸易的发展。主要表现在:

(1)从业人员素质低,是中国服务业落后的一个重要表现。以文化素质为例,在中国服务业从业人员中,具有高等教育文凭的人员在传统服务业中所占的比重较小,服务业从业人员的专业素质和品格素质与国外同行业的人员素质相比差距较大。

（2）部门间综合协调有待加强，直接影响服务贸易效率。一些服务输出项目涉及很多方面，项目承包单位难以承担整个项目所需的服务工作，需要来自不同地区和单位的人员，而当前中国的人事体制不利于调动各方面的专门人才。此外，协调机制不健全，以致外贸公司之间削价竞争等不良现象时有发生，也会影响中国服务业企业的国际竞争能力。

（三）信息渠道不畅通，利用率不高

中国至今还未真正建立起一个统一、完整的搜集、传递服务贸易信息的网络，也没有统一的信息处理机构，有关信息主要由服务单位自己搜集、处理和加工，影响到信息的利用率。由于市场经济不发达、市场功能不完善等因素的影响，中国的信息传递渠道比较狭窄，如果获得的信息又由于缺乏统一的信息处理机构而不能充分利用，就会提高搜集和使用信息的成本，在一定程度上影响中国服务贸易的发展。

（四）服务业技术创新不足

随着服务业的发展和服务贸易结构的改善，新技术在服务贸易和服务产品竞争中所起的作用越来越大，这就要求服务业企业不断进行技术创新，提高服务产品的质量，开发新型的服务产品。国际经验已经证明，服务业的发展已经与高新技术产业化密不可分。服务业与其他产业一样，也存在市场营销策略和专业技术诀窍的差异问题。由于服务生产的过程就是消费的过程，服务人员不仅需要掌握先进的管理方法、专业技术和技能，而且要有较高的市场营销技能。技术和市场营销技能差距的缩小不可能靠自我保护来实现，必须进入国际市场，从国际市场引进、消化先进的市场营销技巧和管理方法，以提高自身的竞争力。

三、中国服务业的市场发展潜力

尽管中国服务贸易发展存在许多问题，但这并不意味着服务贸易的发展前景暗淡，相反，中国服务贸易具有很大的发展潜力。一方面，服务业占中国GDP的比重会越来越大，服务贸易占对外贸易的比重会越来越高；另一方面，生产性服务业（如金融业、电信业、信息服务业等）是其他产业赖以生存和发展的基础，其对外开放程度和发展水平直接关系到中国的投资环境，关系到国民经济和社会发展目标能否实现。因此，中国服务业市场对外开放，发展服务贸易是中国对外开放的内在要求和动力。

在过去较长一段时期里，中国国民经济一直保持着快速稳定的发展势头，2008年金融危机爆发，中国经济不仅避免了金融危机的冲击，继续保持对外贸易和人民币汇率的稳定，而且在危机中成为拉动世界经济增长的主要经济体之一，成为世界上经济持续增长最快的国家。制造业的迅速发展，无疑对中国生产性服务业的发展提出了新的要求，同时也提供了良好的发展前景。中国服务业发展相对滞后，像电信业、信息服务业、银行业、保险业和证券业等发展比较落后、供求矛盾突出的行业，具有更大的市场发展潜力。另外，中国有13亿人口，生活性消费的市场规模和发展潜力巨大，同样能够为服务业和服务贸易的发展提供强有力的支撑。

落后的服务业发展水平、服务业企业较弱的国际竞争力以及巨大的服务业市场发展

潜力,使得 WTO 成员对中国服务业市场的开放提出了更高的要求,也使中国服务业市场具有更大的吸引力。

第二节 中国服务业的对外开放进程

与中国改革开放的渐进性特征相对应,中国服务业开放也选择了一条先试点、后推广、再加速发展的路径,完成了从封闭型经济到初步开放、继而全方位开放的转变,阶段性进程的特征十分明显。

一、改革开放初期试点性开放阶段(1978—1991 年)

中国长期以来实行计划经济,重视物质产品生产的发展,而对服务业在国民经济发展中的地位和作用认识不足,在改革开放初期相当长的时间内,服务业仍未被摆放到应有的位置,在开放问题上,服务业初期开放层次不齐,个别领域开放相当早,但是更多领域开放较晚。中国最早的三家中外合资企业其实都属于服务业:第一家是 1980 年中国民用航空北京管理局与香港中国航空食品公司合资成立的北京航空食品有限公司,拉开了中国吸引外资的大幕。第二家是中美合资的北京建国饭店,1980 年 6 月开工建设,1982 年 3 月底正式营业。第三家是北京长城饭店,创建于 1980 年,1985 年正式竣工营业。餐饮、旅游饭店、以外销为主的房地产开发是这一时期开放的主要领域。旅游饭店是服务业中最早向国际市场开放、最早与国际标准接轨的行业,所以旅游饭店业在改革开放初期一度成为外商投资的重点,投资规模甚至大于工业项目。20 世纪 80 年代初建成的北京建国饭店、广东白天鹅饭店、南京金陵饭店等八家合资饭店成为中国吸引外资最早、规模最大的一批项目。

80 年代后随着吸引外资、引进技术和货物进出口的发展,服务进出口的领域越来越宽,相关的货物追加服务、通信、金融、保险、技术、经营管理咨询、人员培训等服务进出口也随之迅速发展。1982 年,中国服务进出口额为 44 亿美元,1991 年增长到了 108 亿美元,其间中国服务进出口额在世界服务进出口总额中所占的比重较为稳定,出口额占世界服务出口总额的比重保持在 0.7%—0.8%,进口额保持在 0.4%—0.5%,进出口总额保持在 0.6%—0.7%。

二、中期扩大开放阶段(1992—2001 年)

(一)加快服务业和服务贸易发展的法规政策集中出台

20 世纪 80 年代以来,伴随着发达国家工业化的实现,世界经济结构加速调整,产业发展明显向服务业倾斜,其对经济发展的贡献迅速超过第一、二产业,成为推动世界经济发展的"引擎"。顺应世界经济发展的这一趋势,中国开始调整产业发展战略,逐步将服务业发展提上重要议程。1992 年 6 月 16 日,中共中央、国务院做出《关于加快发展第三产业的决定》(以下简称《决定》),这是中国促进服务业发展的第一个重要文件,《决定》还提出了加快发展第三产业的 13 条政策和措施。1992 年 10 月,党的十四大提出"大力促进第三产业的兴起"。1994年,中国再次进行了财税、金融、外汇、外贸以及投资体制等方面的重大改革,为第三产业的加快发展创造了有利条件。1994年通过实施的《中华人民共和国对外贸易法》为服务贸易的发展提供了法律保障。1995年6月,国务院发布了《指导外商投资方向暂行规定》和《外商投资产业指导目录》。1997年2月,国务院批准《外商投资产业指导目录》修订本。1997年9月,党的十五大对服务业开放的定调是"有步骤地推进服务业的对外开放"。

(二)参与服务贸易谈判并做出初步承诺

在乌拉圭回合谈判期间,中国作为发展中国家参加了整个谈判过程,而且参与制定了《服务贸易总协定》。1990年5月4日,中国联合印度、喀麦隆、埃及等发展中国家向服务贸易谈判组提交了对《服务贸易总协定》文本结构具有重大影响的"亚非提案"。1991年7月,中国第一次提交初步承诺开价单,对银行、航运、旅游、近海石油勘探、专业服务和广告等六个行业的市场开放做出了初步承诺。1992年10月,中国又把保险、陆上石油服务、商业零售、建筑工程和计算机服务等领域列入初步承诺开价单。1993年4月,中国又将开价单做了调整,初步承诺开放银行、保险、旅游(酒店、餐馆)等服务业市场。1993年9月,中国再次修改初步承诺开价单,进一步加大服务业对外开放程度,并于同年11月提交了服务贸易减让表草案。1998年7月,在WTO中国工作组第八次会议上,中国在服务业方面的谈判取得进展,就电信、金融、零售、法律、会计、专业服务领域的开放提出了许多实质性建议。根据1999年11月15日达成的中美关于中国加入世界贸易组织协议,中国在服务贸易领域的市场准入范围进一步扩大。

(三)试点开放向深度和广度进军,服务贸易进入快速增长期

1991—2001年,中国大部分服务业都在试点基础上有限度地对外开放。虽然不同服务业的开放形式和力度有较大差别,但整体来看服务业市场对外商投资的限制逐步放松,外商以商业存在的方式进入中国服务业市场的部门和领域不断扩大,形成了覆盖金融、保险、交通运输、仓储、建筑、商业、房地产、科研、教育、卫生、信息咨询等十几个部门的对外开放格局。中国对外承包工程、劳务合作、国际科技合作与交流等也不断增多。海洋运输、会计、零售业等已有很高的开放程度,有些部门甚至已超过承诺的初期开放水平,外资银行进入中国的数量也开始增多。但仍有一部分重要的服务业领域对外开放程度相对较低,如对金融业的业务范围和地域实施严格的限制;电信业在2000年9月出台《外商投资电信管理规定》,允许外资以合资的方式进入电信领域;交通运输部2001年11月发布《外商投资道路运输业管理规定》,允许外资以独资方式进入公路货运领域,而客运仅限于合资;铁路方面则于2000年8月允许外资以合资的方式进入货运领域。这一时期中国服务贸易规模迅速扩大,进出口总额从1991年的108亿美元增加到了2001年的719亿美元。除1998年和2001年外,其他年份中国服务出口额的增长率都在10%以上,特别是1991—1994年增长率在20%以上;服务进口额也快速增长,从1991年的39亿美元增加到了2001年的390亿美元。

三、后期履行承诺全面开放阶段(2002年至今)

（一）加快形成服务业开放发展新战略和新的政策体系

进入21世纪以来,随着经济全球化的迅猛发展,服务业在世界经济中的地位持续攀升,全球经济竞争的重点从货物贸易转向服务贸易。国内经济结构战略性调整也进入重要时期,提高服务业在三次产业结构中的比重、加快转变经济增长方式、有效缓解资源短缺的瓶颈制约、尽快使服务业成为国民经济的主导产业,成为中国国民经济长期的战略任务。因此,这一时期服务业的开放发展遇到了前所未有的机遇和挑战。2001年12月20日,国务院办公厅转发国家计委《关于"十五"期间加快发展服务业若干政策措施意见的通知》,指出加快发展服务业是国民经济持续快速健康发展的重要保障,是提高国际竞争力和国民经济整体素质的有力措施。意见提出加快服务业发展的12个方面的政策措施,在扩大对外开放方面,提出要通过扩大开放,促进服务业管理体制、企业机制、组织形式以及服务品种的创新;促进先进服务技术和标准的引进,带动服务业整体水平的提高;促进和培育服务业比较优势的形成,增强国际竞争力,减少服务贸易逆差;有步骤地进一步开放银行、保险、证券、电信、外贸、商业、文化、旅游、医疗、会计、审计、资产评估、国际货运代理等领域;鼓励有条件的企业实行"走出去"战略。发展服务业的跨国公司;鼓励开展设计咨询、对外工程和技术承包、劳务合作。2007年和2008年,《国务院关于加快发展服务业的若干意见》《国务院办公厅关于加快发展服务业若干政策措施的实施意见》先后出台,彰显了加快服务业发展的重要性、急迫性。

（二）履行承诺逐步形成整体开放的新格局

入世时中国对各类服务业的开放均做出了承诺,承诺水平较高,但各个领域对外开放的时间表和最终开放程度不完全一致,不同服务贸易方式的承诺内容明显不同。关于境外消费、商业存在和自然人流动,对所有部门至少都做出了局部的承诺;在跨境交付方面,对超过80%的部门做出了承诺。与其他国家相比,中国的承诺较多,但是在商业存在方面仍然有较多的限制。

入世后中国服务业对外开放的速度明显加快。在清理和修订法律法规方面,中国采取了大规模行动,共清理与对外经贸业务有关的法律法规2 300多件。到2006年,随着有关法律法规的清理告一段落,以及服务业的开放承诺基本实现,中国进入WTO后过渡期。按照中国加入WTO的承诺,从2006年11月12日起,除个别领域外,中国取消服务业对外资的限制,至此,中国服务业整体开放的新格局基本形成。2007年,外资对中国四大服务行业(批发和零售业、住宿和餐饮业、租赁和商务服务业、居民服务和其他服务业)直接投资企业数量合计达到11 085家,实际使用外资84.6亿美元。入世之后中国服务业按承诺稳步开放,整体发展良好,不少服务业出现快速发展势头,规模明显扩大,质量和竞争力明显提高。

（三）服务贸易特别是新兴服务贸易部门发展迅猛

2001年以来,中国抓住承接国际服务业转移的历史机遇,加速发展服务贸易。2006年中国服务进口突破千亿美元大关,2007年服务出口首超千亿美元;2012年中国服务进出口总额达到4 705亿美元。

中国服务贸易结构进一步优化,新兴服务出口增速加快,计算机和信息、咨询、广告和宣传等新兴服务出口增长迅猛,不仅超过了其他服务的增长速度,而且超过了发达国家相应领域的增长速度。2001—2012年,中国计算机和信息服务出口从4.6亿美元增长到145亿美元,咨询服务出口从8.9亿美元增长到335亿美元,广告和宣传服务出口从24.1亿美元增长到47亿美元。

2018年,中国服务贸易规模创历史新高,结构持续优化,质量明显提升。一是2018年服务贸易总额达到7 918亿美元,同比增长11.5%,已经连续5年位居世界第二;二是知识密集型服务贸易稳步增长,2018年中国知识密集型服务贸易额同比增长20.7%,占服务贸易总额的比重达到32.4%,比上年提升了2.5个百分点;三是服务贸易创新发展试点地区贸易额占比提升,17个服务贸易创新发展试点地区服务贸易额合计占全国服务贸易总额的比重为76.7%,引领示范作用不断增强,推动了服务贸易的开放创新;四是市场更加多元,中国已经与全球200多个国家和地区建立了服务贸易往来,已有14个国家与中国建立了服务贸易双边合作机制。

(四)内地与港澳服务领域开放合作加强

中国内地与港澳地区服务领域的开放合作日益紧密是这一阶段的特色。自2003年始,内地分别与香港、澳门签署了《关于建立更紧密经贸关系的安排》(简称CEPA),以及CEPA附件和五项补充协议,内地逐步扩大对港澳服务业开放的领域和程度。商务部于2006年连续发布《外商投资商业领域管理办法》的补充规定和补充规定(二),专门鼓励香港、澳门服务提供者在内地设立商业企业。截至2012年,内地在金融、法律、会计、建筑、旅游、医疗、物流等40个领域分别对香港和澳门实施了338项和383项开放措施,涉及内地30多个政府部门。多数行业对港澳投资放宽或取消股权比例限制,降低注册资本、资质条件等门槛,放宽投资地域和经营范围等。

2017年内地与香港服务贸易额达1 482.6亿美元,同比上升0.2%,香港是内地第一大服务贸易伙伴。其中,内地对香港出口590.4亿美元,自香港进口892.2亿美元。从服务类别上看,自港进口以旅游业为主,进口金额达自港进口总额的70.5%;对港出口以运输业、旅游业和其他商业服务业为主,出口金额分别占对港出口总额的24.6%、24.4%和22.3%。

(五)服务外包成为中国承接国际服务业转移的新亮点

2006年以来,中国将服务外包确定为发展服务贸易的重要手段,鼓励承接信息管理、数据处理、技术研发、工业设计等国际服务外包业务,充分利用外资的示范效应和技术带动效应,促进现代服务业的发展,增加服务业在国民经济中的比重,增强国际竞争力。截至2012年,中国已设立21个服务外包示范城市,服务外包企业共21 159家,从业人员达428.9万人(其中大学以上学历占67.8%)。2012年,中国承接服务外包合同执行金额达465.7亿美元(其中离岸服务外包占72.2%)。

2012年后,中国服务业对外开放步伐进一步加快,一方面是扩大市场准入试点,在上海自贸试验区、广州自贸试验区、北京等地,都推出了金融、健康医疗、文化科研等不同领域的试点举措。未来的全面开放,就是要将这些试点产生的可复制经验推向全行业、全地域。另一方面是服务外包的持续发展,2017年,中国服务外包执行金额达1 261.4亿美元,同比增长18.48%。其中,离岸服务外包执行金额达796.7亿美元,同比增长13.15%。国际服务外包已经成为推动中国服务贸易发展的新引擎和新动能。同时,国务院还相继批复同意了《深化服务贸易创新发展试点总体方案》等,在进一步完善管理体制等8个方面明确了试点任务,比如探索建立商务、海关、税务、外汇等部门信息共享、协同执法的服务贸易监管体系等,将为服务贸易的进一步发展创造良好的制度环境。

第三节 中国加入世界贸易组织的服务贸易谈判承诺

在加入WTO之前,中国服务业已经实行相当程度的开放,这是因为中国服务业在改革开放中获得了发展,增强了竞争力,所以服务业开放的承诺水平较高。世界银行在关于各国对服务贸易所做承诺的一项研究中,分别考察了中国在加入WTO后一年内和过渡期结束后服务业的开放状况。该项研究认为,中国政府在加入WTO后,在境外消费、商业存在和自然人移动方面,对所有部门至少都做出了局部的承诺;在跨境交付方面,对超过80%的部门做出了承诺。与其他国家相比较,中国的承诺较多,但是在商业存在方面仍然有较多的限制。在过渡期结束后,中国承诺开放市场的比率为57.4%。

虽然中国对服务业各领域的开放均做出了承诺,但是服务业各领域在对外开放的时间表和最终开放程度方面并不完全一致。

一、中国金融业的入世承诺及进展

中国在加入WTO之前对金融业已经有步骤地实行了对外开放。在加入WTO之前,中国的金融业在商业存在方面对外资准入资格、进入形式、股权比例和业务范围等方面还存在较多的限制。在加入WTO之时,中国政府对服务贸易的各方面均做出了承诺,服务贸易将在更深的层次和更广泛的领域展开。

(一)中国银行业的入世承诺

第一,中国承诺开放所有外币业务,入世后即允许外资银行对所有客户(包括中资企业和中国居民)经营所有外汇业务(包括公司业务和零售业务)。

第二,中国将在5年内逐步取消对外资银行的地域和客户限制,在此期间每年新增4座城市允许外商经营业务。中国首先开放深圳、上海、大连、天津;在2002年开放广州、青岛、南京、武汉。在中国入世后2年内,允许外资银行对中国企业办理人民币业务。允许外资银行设立同城营业网点,审批条件与中资银行相同。

第三,在业务范围上,外资银行可以接受所有公众贷款、存款和其他应付基金的承兑,各种类型的贷款,包括抵押贷款(例如房屋抵押贷款)、消费信贷、信用卡信贷及金融租赁,所有支付资金的划汇及担保承兑等。

第四,在服务提供方面,外资银行可以跨境支付。在境外消费方面,外资银行的信用卡消费将不受国界的限制。

(二)中国保险业的入世承诺

根据《服务贸易总协定》,国际保险服务包括四种方式,即跨境交付、境外消费、商业存在和自然人移动。中国政府承诺:针对跨境交付,除国际海运、航空、货运险和再保险,以及大型商业险和再保险经纪业务外,其他不做承诺;针对境外消费,除保险经纪业务不做承诺外,其他未做限制;针对自然人移动,除跨行业的水平承诺(即包含保险业在内的普遍承诺)外,其他不做承诺。针对商业存在的承诺,具体表现在以下几个方面:

第一,机构设立方面,允许外国非寿险公司在华设立分公司或合资公司,合资公司外资股权比例可以达到51%;允许外国寿险公司在华设立合资公司,外资股权比例不超过50%,外方可以自由选择合资伙伴,合资保险经纪公司外资股权比例可以达到50%;中国入世后3年内,外资股比不超过51%。

第二,地域限制方面,允许外国寿险公司、非寿险公司在上海、广州、大连、深圳、佛山提供服务;中国入世后2年内,允许外国寿险公司、非寿险公司在以下城市提供服务:北京、成都、重庆、福州、苏州、厦门、宁波、沈阳、武汉。

第三,业务范围方面,允许外国非寿险公司从事没有地域限制的"统括保单"和大型商业险保险业务,允许外国非寿险公司提供境外企业的非寿险服务、在华外商投资企业的财产险及与之相关的责任险和信用险服务,中国入世后2年内,允许外国非寿险公司向中国和外国客户提供全面的非寿险服务;允许外国寿险公司向外国公民和中国公民提供个人(非团体)寿险服务;允许外国(再)保险公司以分公司、合资公司或独资子公司的形式提供寿险和非寿险的再保险服务,且没有地域限制或发放营业许可的数量限制。

第四,营业许可方面,营业许可的发放不设经济需求测试(即数量限制)。申请设立外资保险机构的资格条件是:投资者应为在WTO成员有超过30年经营历史的外国保险公司;必须在中国设立代表处连续2年;在提出申请前一年年末总资产不低于50亿美元。

(三) 中国证券业的入世承诺

证券业在中国仍属于幼稚产业,根据WTO有关保护性规定,中国对外资证券机构的进入可实施一定的准入限制。但在限制之前,有两个基本前提:一是允许外国证券服务者在中国设立机构并有开业权;二是确保外国证券服务者在中国境内提供国内暂缺的任何形式的新金融服务。中国在加入WTO时,针对证券业做出了一系列市场准入的承诺,主要内容如下:

第一,跨境交付方面,外国证券机构可直接从事B股交易。

第二,商业存在方面,外国证券机构在华代表处可成为证券交易所的特别会员;自加入时起,允许设立合资基金管理公司,外资股权比例最多可达33%,3年内可增至49%;入世后3年内,允许设立合资证券公司,外资股权比例最多可达1/3。合资公司可从事A股的承销,B股、H股及政府和公司债权的承销,交易和基金的发起。

第三,外国证券机构可以从事财务顾问、投资咨询等金融咨询类业务。

入世以来,金融业的对外开放给中国金融业带来了先进的金融技术、金融服务方式和金融产品设计理念,加快了中国金融业全方位的创新进程。在外资进入中国金融业以及国内金融机构改革的综合推动下,中国金融业充分借鉴国际先进经验,创新和完善国内金融组织体系。例如,工商银行、建设银行、交通银行等商业银行设立基金管理公司,进行金融业综合经营试点等。

通过借鉴国际成功经验,中国有关商业银行发行了次级债券和金融债券,拓宽了金融机构直接融资渠道,弥补了缺乏主动负债工具的缺陷,资本充足率进一步提高;积极推出了银行业住房抵押贷款证券化(MBS)、信贷资产证券化(ABS)业务试点,国家开发银行发起的信贷资产支持证券和中国建设银行发起的个人住房抵押贷款支持证券成功发行。

通过金融业对外开放,中国引进了发达国家金融业的先进经验,为中国金融机构在资产负债管理、风险控制、金融服务等方面提供了大量新理念、新技术和新方法。中国金融机构改变了过去传统的经营方式,围绕建立"以客户为中心"的经营理念和机制,创新服务体系,在金融产品、业务、流程和管理等各方面,建立与国际接轨的服务机制,大大提高了服务质量和经营管理水平。中国的企业和居民在投资理财、支付结算、财务咨询等方面得到了前所未有的各种金融服务,普通居民可以享受到银行卡支付、网上交易等现代化金融服务带来的便利。

二、中国旅游业的入世承诺及进展

《服务贸易总协定》中的旅游业,包括宾馆与饭店、旅行社及旅游经纪人服务社、导游服务和其他,被称为"旅游及相关服务"。

（一）中国旅游业的入世承诺

中国旅游业的入世承诺主要集中在饭店、餐馆及旅行社等几个方面。根据承诺,符合条件的外国服务提供者可以在中国政府指定的旅游度假村/区及北京、上海、广西和西安开办中外合资旅行社;不迟于2003年12月31日,外国服务提供者在中国建设、发展和经营饭店、餐馆将不再受企业设立形式和股权比例方面的限制;不迟于2003年1月1日,旅行社将被允许外资控股;不迟于2005年12月31日,允许设立外商独资旅行社,要求满足主要从事度假旅游业务且年收入超过5 000万元两个条件;不迟于2005年12月31日,取消对合资旅行社设立分支机构的限制,但合资旅行社不能经营中国公民出境旅游业务。

（二）旅游业履约状况与进展

入世以来,中国旅游业认真履行WTO规则,积极兑现入世承诺,旅游市场对外开放不断迈出新的步伐,受到了WTO有关成员的积极肯定和评价。

中国饭店业已全面开放,全球主要大型国际饭店集团都已进入中国市场。饭店业是改革开放以来中国旅游业利用外资最早、最快、最多的领域。入世以前,利用外资建设的饭店,不仅包括中方控股的合资饭店,还包括一些外方控股、外方独资的饭店。为了管理好这些外资饭店,国家允许投资者从境外聘请饭店管理集团、高级经营管理人员,后来连内资饭店也学习和采用了这一做法,实际上相当于在商业存在、自然人移动方面已无限制。入世以后,为了全面履行中国的入世承诺,针对境外消费没有限制的承诺内容,中国将涉外饭店星级标准修订为饭店星级标准,把旅游饭店的统计对象由原来的涉外饭店修改为星级饭店,实现了中国饭店统计口径与世界旅游业的接轨。截至2016年年底,全国纳入星级饭店统计管理系统的星级饭店共计11 685家,其中有9 861家完成了2016年财务状况表的填报,并通过省级旅游行政管理部门审核。在9 861家星级饭店中,五星级饭店800家,四星级饭店2 363家,三星级饭店4 856家,二星级饭店1 771家,一星级饭店

71家;共拥有客房142.0万间,床位248.3万张,2016年实现营业收入总额2 027.3亿元,上缴营业税金66.9亿元,全年平均客房出租率为54.7%。

2003年6月12日,中国公布了《设立外商控股、外商独资旅行社暂行规定》,这标志着旅游业在加快兑现入世承诺方面又向前迈出一步,中国设立外商控股、外商独资旅行社的条件进一步放宽,外商只要获得《旅行社业务经营许可证》、办理工商登记,就可在中国设立中外合资和中外合作的旅行社。外资旅行社不能设立分支机构,也不能经营中国公民出境旅游业务。除此之外,外资旅行社享受与内资旅行社同等待遇。外资旅行社经批准可以在中国境内设立常驻机构,但该常驻机构只能从事旅游咨询、联络、宣传活动,不得经营旅游业务。截至2017年,全国纳入统计范围的旅行社共有27 939家,同比增长1.2%;全年旅行社接待的入境游客为1 942.9万人次,同比下降1.8%;旅行社组织出境旅游的总人数为5 727.2万人次,同比增长23.3%。其中,组织出国游4 498.4万人次,同比增长39.2%;组织港澳游918.0万人次,同比下降9.5%;组织台湾游310.8万人次,同比下降21.9%。

三、中国零售业的入世承诺及进展

零售业是服务业中的重要领域。改革开放以来,随着中国服务业的蓬勃发展,零售业的作用和地位越来越显著。就在中国加入WTO的前几天,全球最大的零售业巨头沃尔玛在中国"挥师北上",在北京开设了5家商店。根据中国的入世承诺,率先在零售业履行部分条款,逐步扩大开放领域,减少限制。

(一)中国零售业的入世承诺

入世后,中国允许外商设立从事佣金代理、批发和零售服务的合营公司,从事除烟草及其制品、食盐、书报、杂志、药品、农药、农膜、化肥、原油、成品油以外商品的进口和批发、零售业务;入世后3年内,逐步取消对合营公司的数量、地域、股权和企业设立方式方面的限制;入世后5年内,除烟草的批发和零售、食盐的批发,逐步取消对其他商品的经营限制。对于国内零售商十分关注的市场准入限制,入世后,外商即可在5个经济特区(深圳、珠海、汕头、厦门、海南)和北京、上海、天津、广州、大连、青岛以合资企业的方式提供服务,其中北京、上海两地合资企业不能超过4家,其他城市不能超过2家。北京4家中的2家可在同城设立分支机构。郑州、武汉两地入世后即可开放设立合资零售企业。对于零售企业资本准入限制,协议规定,入世后不超过2年,合资零售企业可以由外资控股,并开放所有省会城市及重庆、宁波。

(二)零售业履约状况与进展

总体来说,中国零售业严格按照入世承诺进行开放。2004年6月1日,《外商投资商业领域管理办法》(以下简称《办法》)正式实施。从这天起,外资零售企业将获准在中国境内所有省级城市合法开设店铺,一部分中小型外资零售企业可由地方商业主管部门直接审批。《办法》特别说明,自2004年12月11日起,商业领域的开放将全面取消地域限制。

零售业属于主动提前开放的行业,在入世前已开始对内资与外资开放。因此,零售业不仅是中国加入WTO后最先全面开放的行业之一,而且其实际开放进程也快于入世时间表,目前已形成国有、民营和外资三足鼎立的局面。全球50家最大的零售企业中已有40多家在中国开设店铺。在分销领域,截至2011年,已批准设立从事分销业务的外资商业企业达2 861家,全球大型跨国零售巨头如沃尔玛、家乐福、麦德龙等均已进入中国,并得到快速发展。

2005年年底,中国政府取消了对外资商业企业的数量、地域和股权比例限制,全面开放市场。1992年以来,中国已累计批准设立外资商业企业1 341家,开设店铺5 657个;而2005年一年新设的外资商业企业数量就超过了1992—2004年批准设立的外资商业企业的总和。外资大型连锁超市在中国的市场份额不断扩大,2005年已超过1/4,少数城市达到50%以上。中国商业领域利用外资从1992年开始,截至2003年9月,全国实际使用外资约30亿美元,批准设立外资商业企业264家,分店2 200多个,其中绝大部分为新型流通业态。到2011年,全国共设立外资商业企业2 861家,实际使用外资63.8亿美元。

大批外资商业企业的进入,对中国流通现代化起到了重要作用。国内的流通企业学到了世界上先进的管理经验、营销技术和流通业态,促进了国内流通企业的发展。中国零售百强销售总额从2001年的2 342.36亿元迅速扩张到2012年的23 786.5亿元,进入百强的外资零售企业共22家,销售额合计4 089.5亿元,占百强销售总额的比重为17.2%,比2011年下滑2.4个百分点;2017年进入百强的外资零售企业共21家(非电商),数量比2016年增加2家,销售额合计4 858.18亿元,占百强销售总额的比重为8.0%,比2016年下滑1个百分点,降幅较上年略有扩大。国有零售企业依靠并购重组、整合行业资源的方式做大做强;民营零售企业则利用较好的市场定位和灵活的经营管理迅速崛起,在管理、技术等方面形成了独特的经营模式,逐渐成为国内零售业中的强势企业。

四、中国建筑业的入世承诺及进展

建筑业是国民经济的重要产业,是保持国民经济持续快速发展的重要经济部门。

(一)中国建筑业的入世承诺

根据WTO的分类标准,建筑业属于服务贸易内容。在具体的谈判部门分类中,建筑业属于建筑和相关工程服务部门。中国建筑业的入世承诺包括以下两个方面:

1. 关于市场准入

入世后,中国允许设立中外合资、合作建筑业企业,允许外资控股;中国入世后5年内,允许设立外商独资建筑业企业。外商独资建筑业企业只允许承包以下工程:

(1)全部由外商投资或拨款资助的建设项目。

(2)由国际金融组织资助并依据贷款协议条款进行国际招标而授予的建设项目。

(3)外商投资等于或超过50%的中外合营建设项目和外商投资少于50%但技术上难以由中国建筑业企业单独执行的中外合营建设项目。

(4)由中方投资,但中方建筑业企业难以单独执行的建设项目,经省级政府批准,可以由中外建筑业企业联合承接。

2. 关于国民待遇

中国承诺，中国入世后 3 年内取消对合资、合作建筑业企业的非国民待遇限制，即取消对中外合资、合作建筑业企业的以下两条限制：一是合资、合作建筑业企业的注册资本金与国内建筑业企业的注册资本金有微小区别；二是合资、合作建筑业企业有承包外资工程的义务。中国入世后 5 年开始允许外商成立独资建筑业企业。

（二）建筑业履约状况与进展

建筑业是中国实行改革开放政策后最早开放的行业之一。从 1984 年开始，中国的工程建设领域开始实行招投标制度，改变了过去由政府行政分配任务的做法，建筑市场的竞争机制开始建立。工程建设招投标制度在中国的建立和发展，为有竞争实力的境外承包商进入中国建筑市场承包工程提供了条件。在以后的十多年里，中国出台了一系列政策法规，确定了改革开放后建筑业对外开放的市场准入标准。

目前，中国建筑领域的法制框架已基本形成，《中华人民共和国建筑法》以及相继出台的《中华人民共和国招标投标法》《中华人民共和国合同法》构成了规范建筑活动的三大法律支柱。《建设工程质量管理条例》《建设工程勘察设计管理条例》以及大量部门规章的出台，作为配套法规完善了建筑法规的内容。在境外资本进入方面，《外商投资建筑业企业管理规定》《外商投资及中外合作工程设计管理规定》《境外城市规划机构及个人入境从事城市规划管理规定》为境外资本进入中国建筑领域构建了基本的法制框架，对外商设立建筑业企业、承揽工程做出了详细的规制。

为适应入世的新形势，使中国现有的强制性行业标准符合《技术性贸易壁垒协议》（WTO/TBT）的要求，2002 年 4 月 8 日，国家经贸委对已公布的强制性行业标准进行了清理，废止了建材等行业的 58 项强制性行业标准，将水泥制品能耗等级定额等 509 项强制性行业标准转为推荐性行业标准。

除了对既有标准的清理整顿，中国还面对入世后的国际市场走向制定了一系列符合行业发展的新标准。在绿色建筑方面，《建筑照明设计标准》《绿色建筑评价标准》《居住建筑节能设计标准》等一系列标准为改变中国建筑能耗严重高于世界平均水平的现状起到了积极作用。

五、中国信息产业的入世承诺及进展

信息产业是中国国民经济的基础产业、支柱产业和增强综合国力的战略性产业。

（一）中国信息产业的入世承诺

中国关于信息产业的入世承诺主要包括以下几个方面：

1. 信息技术产品 2005 年实行零关税

中国承诺遵守 WTO《信息技术产品协议》，在 2003 年 1 月 1 日前取消 2/3 的信息技术产品关税，到 2005 年 1 月 1 日对余下的信息技术产品实行零关税，并取消所有信息技术产品配额。

2. 分步骤开放电信服务业

中国加入 WTO 的文件和国务院颁布的《外商投资电信企业管理规定》，都允许外商

投资电信业务,但须按照国际惯例和中国国情分层次、分步骤、分阶段,逐步、有序地开放。

入世后,外国企业可以在北京、上海、广州成立拥有30%股权的合资公司,提供增值电信服务,1年以后股权比例可增至49%,2年以后可增至50%,地域限制也逐渐放开。入世1年后,外国企业可以在北京、上海、广州成立拥有25%股权的合资公司,提供基础电信服务,包括移动电话和固定电话,3年以后股权比例可增至35%,5年以后可增至49%,地域限制也逐渐放开。

3. 允许外国企业从事集成电路及计算机软件、硬件服务

入世起,外国企业在中国可以不受限制地经营与计算机硬件安装、数据处理、制表服务和分时服务等相关的咨询服务;对软件提供服务的范围包括系统与软件咨询服务、系统分析服务、系统设计服务、程序服务、系统支持服务、数据加工服务和投入准备服务。但外国企业在中国只能以合资企业的形式提供服务。

(二) 信息产业履约状况及进展

20世纪90年代以来,中国电子信息产业取得了飞速的发展,以销售收入衡量的产业规模在2001年就已经跃居各产业之首,成为国民经济的重要支柱产业。电子信息产业连续多年都是中国制造业中利用外资最多的部门,其中计算机、通信设备制造、视听等产品出口在全球占有较大的份额,同时保持了较快的增长。中国的电子元器件产业尽管这几年增长较快,但在全球所占份额十分有限,产业国际竞争力比较弱。整机产业(计算机、通信设备制造、视听)竞争力较强,而电子元器件产业竞争力较弱的格局客观上反映了中国电子信息产业仍处于加工组装阶段的现实。

2004年4月,韩国SK电讯与中国联通合资成立了立足于增值业务领域的联通时科公司,从而成为中国入世后首家在华开展实质性业务的外资电信运营商。目前,国外电信运营商与国内电信运营商主要的合作模式是建立战略合作伙伴关系。例如,英国电信与中国网通签署战略合作协议,法国电信与中国电信共同投资在广州、北京建立研发中心,西班牙电信与中国网通建立战略合作伙伴关系等。西班牙电信在2005年斥资2.4亿欧元收购中国网通2.99%的股份,并计划将持有中国网通的股权比例最高提升至9.9%。西班牙电信与中国网通的合作为其他国外电信运营商提供了示范作用。

总之,中国在服务贸易领域的开放承诺通过具体服务部门的法律、法规和规章的修改与制定,一一得到了落实,外国服务提供者的市场准入水平大幅提高。WTO分类的160多个服务贸易部门中,中国已经开放100多个,占62.5%,接近发达成员水平。根据入世承诺,中国制定和完善了金融、保险、电信、外贸、商业、运输、建筑、旅游、证券、基金、中介等服务领域的法律法规,服务业成为外商投资的新热点,特别是国务院决定取消789项行政审批项目,标志着世人瞩目的中国行政审批制度改革迈出了实质性的一步,推动了服务贸易的自由化。

第四节 入世对中国服务业发展的影响

入世以后,中国服务业进一步扩大对外开放,这对中国服务业的改革与发展带来了深刻的影响。过去封闭和垄断经营的行业走向市场化,国内外对服务业的投资增加,服

务业就业率上升,拉动了服务消费,促进了服务业较快增长。入世以来,中国服务贸易稳步发展,贸易规模迅速扩大。2012年,在世界经济低迷、市场需求不旺的情况下,中国的服务贸易以"稳中求进"为目标,采取积极措施推动服务贸易发展,取得了显著成效。

一、推动中国服务业的市场化进程

中国加入WTO以来,服务业市场对外开放不仅受国内相关法规的制约,更重要的是要执行中国政府对WTO的承诺。这样,服务业的市场化进程加快构成了对服务业发展的首要影响因素。

(一) 放开经营

入世以后,中国服务业市场在对外开放的同时,还对国内企业开放,过去由极少数国有企业垄断或半垄断经营的行业走向市场化,由市场调配服务资源。符合条件的国内企业投资机会大量增加,与外国企业合资经营或国内企业独资经营进入电信、外贸、金融等行业,这些敏感性行业投资量的增加会进一步加剧竞争,给国内原有企业带来直接冲击。

(二) 规范服务标准

伴随WTO服务贸易规范化的进程,中国服务业市场在对外开放的同时,也逐步走向规范化:一是服务提供者资格认证标准的规范化。放开经营不是说所有的投资者都可以进入某个领域。在逐步给予外商国民待遇的过程中,外商或外国人的资格认证标准也要与国内企业或个人的标准逐步一致,即服务提供者资格认证标准的规范化。二是服务质量标准的规范化。只有规范服务质量标准,竞争才有尺度。因此,服务业各行业的资格认证和质量认证体系迅速建立起来。

二、促进中国服务业的发展

由于服务业市场逐步放开,经营范围增加,投资规模扩大,服务业成为中国国民经济体系中增长最快的部门。加入WTO对中国服务业的促进具体表现在以下几方面。

(一) 增加服务业投资

伴随着中国服务业市场开放程度的提高,中国服务业投资总额呈现出较快的增长势头,服务业固定资产投资占全社会固定资产投资总额的比重不断提高。在外商投资企业对服务业投资增长较快的同时,服务业也成为国内企业投资的热点。

自20世纪90年代下半期以来,中国政府实行积极的财政政策和稳健的货币政策,加大固定资产投资,重点是包含水利和电力在内的基础设施投资,第三产业已经成为全社会固定资产投资的热点和最大领域,完成投资占全社会固定资产投资总额的比重不断提高。随着中国产业结构调整力度的逐渐加大,中国服务业固定资产投资占全社会固定资产投资总额的比重呈现上升趋势,文化、体育和娱乐业,租赁和商务服务业等成为投资增长最快的行业。2018年中国分行业固定资产投资(不含农户)增长速度如表8-5所示。

表 8-5　2018 年中国分行业固定资产投资（不含农户）增长速度　　　　单位：%

行　　业	比上年增长	行　　业	比上年增长
总计	5.9	金融业	-13.1
农、林、牧、渔业	12.3	房地产业	8.3
采矿业	4.1	租赁和商务服务业	14.2
制造业	9.5	科学研究和技术服务业	13.6
电力、热力、燃气及水生产和供应业	-6.7	水利、环境和公共设施管理业	3.3
建筑业	-13.9	居民服务、修理和其他服务业	-14.4
批发和零售业	-21.5	教育	7.2
交通运输、仓储和邮政业	3.9	卫生和社会工作	8.4
住宿和餐饮业	-3.4	文化、体育和娱乐业	21.2
信息传输、软件和信息技术服务业	4.0	公共管理、社会保障和社会组织	-18.0

资料来源：《2018 年国民经济和社会发展统计公报》。

（二）促进中国服务业的技术进步

随着信息技术的快速发展及其在经济和社会发展中的应用程度的提高，发达国家服务业已经打破传统的定义和范畴，尤其是银行、保险、证券、电信和医疗等诸多行业的技术含量大幅提高，新兴的服务产品层出不穷。中国服务业市场对外开放以后，国际服务业跨国公司和银行为中国许多行业提供了新兴的服务产品，填补了中国服务业一些领域的空白，如电信增值服务中的国际互联网服务、远程教育和医疗服务等。

（三）提高服务质量

由于中国服务业基础落后，服务质量较差，外国服务业企业进入中国市场之后，在技术、研发、管理、经营理念、营销手段以及服务态度方面，都对国内服务业企业发挥了示范作用，促进了中国服务业企业服务质量的提高。改革开放以来，中国服务业的经营管理发生了翻天覆地的变化，与国际先进水平的距离逐渐缩小，尤其是饭店管理、商业零售等行业，进步更是突出，这与外国服务业企业的先进示范作用有着密切的关系。

（四）拉动服务业消费需求

外商进入中国服务业领域，扩大了中国服务业投资，使得服务业在地域上得到了普遍发展，服务业在区域发展方面的不平衡问题有所缓解，服务业日趋朝着网络化经营的方向发展，更加方便了民众和企业的服务性消费。

服务业市场对外开放，丰富了服务产品的种类，提高了服务质量，消费者拥有了更多的选择机会。国内服务业企业面临外国企业竞争，必须改善经营管理，提高服务质量，使消费者提升服务的购买力，从而扩大服务业消费。中国服务业市场对外开放，在提高服务质量的同时，也会导致部分行业服务产品价格的下降，进而提升消费者的购买力，增加消费需求。例如,中国国际航空客运价格、货物海运运价等,近年来都有明显的降低,使得消费者的群体扩大,消费总量增加,市场总容量膨胀;电信业仅仅在消除了中国电信一家垄断经营的局面之后,由于中国联通进入市场,就使电话资费尤其是初装费大幅降低,随后,中国移动电话和固定线路电话的用户急剧增加。

(五)扩大服务业就业

服务业从总体上说是劳动密集型行业,服务业的发展必然带动劳动就业的增加,提高就业率。从 1985 年到 1995 年,中国第三产业就业人数占当年全社会就业总人数的比例由 16.7% 上升到 24.8%,中国服务业呈现快速发展势头。到 2005 年这一比例上升到 30%。入世后中国服务业持续发展,吸纳的就业人口不断增加,截至 2011 年,第三产业就业人数达到 2.7 亿人,首次超过第一产业,占全社会就业总人数的 35.7%,比 2005 年提高了 5.7 个百分点,成为吸纳就业人数的支柱产业。但与其他国家比较,中国第三产业就业人数还远低于国际平均水平,且大部分分布在劳动密集型产业,以知识为基础的现代服务业发展水平相对滞后。在绝大多数国家和地区,第三产业被认为是最能容纳劳动力的领域,这表明随着人均 GDP 的提高和城镇化进程的加速,作为第三产业的服务业会成为容纳劳动力的主渠道。2017 年,中国服务业新登记企业 479.4 万户,同比增长 7.5%,服务业就业人数约为 35 880 万人,约占全社会就业总人数的 46.21%。2010—2018 年中国第三产业就业人数变化如图 8-2 所示。

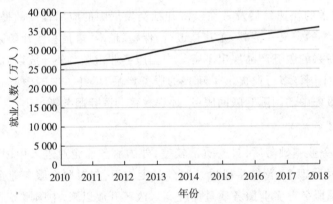

图 8-2　2010—2018 年中国第三产业就业人数变化

资料来源:国家统计局。

三、改善中国服务业的投资环境

(一)基础性服务业快速发展

多年来,由于中国基础性服务业市场需求规模不断扩大,外商对这些基础性服务业的投资一直保持较好的势头。1985 年,运输、邮电业吸收外资 1.0568 亿美元,1995 年增加到 16.9698 亿美元,10 年间增加了 15 倍。1998 年由于国际经济环境的影响,外商直接投资虽然出现大幅下降,但运输、邮电业等基础性服务业的外商直接投资增加到了 23.9 亿美元。到 2002 年,中国吸收的外商直接投资大幅增长,实际使用外资金额首次跃居全球第一位,全年外商投资新设立企业34 171家,合同外资金额达827.68亿美元,实际使用外资527.43亿美元。其中,服务领域新设立企业8 059家,比上年增长26.44%,所占比例从2001年的19.94%提升至23.59%。2012年,中国实际吸收外资1 117.2亿美元,其中服务业吸收外资占全国实际使用外资总额的48.2%,连续两年超过制造业。此外,高端产业吸收外资明显增加,2012年,通用设备制造业实际使用外资42.17亿美元,同比增长31.82%。外资的大规模进入直接促进了中国服务业的发展。

随着中国围绕探索实行准入前国民待遇加负面清单管理制度,深入推进外资领域"放管服"改革,管理体制实现重大变革,利用外资规模稳定增长,质量和水平稳步提升。2018年,全国新设立外商投资企业60 533家,同比增长69.8%;实际使用外资金额1 349.7亿美元,同比增长3%。其中,农、林、牧、渔业新设立外商投资企业639家,同比增长10.4%;实际使用外资金额7.1亿美元,同比下降10%。制造业新设立外商投资企业6 152家,同比增长23.4%;实际使用外资金额411.7亿美元,同比增长22.9%。服务业新设立外商投资企业53 696家,同比增长78.6%;实际使用外资金额918.5亿美元,同比下降3.8%。从投资来源地看,前十位国家或地区(以实际投入外资金额计)实际投入外资总额1 284.6亿美元,占全国实际使用外资金额的95.2%,同比增长3.1%。对中国内地投资前十位国家或地区依次为:中国香港地区(960.1亿美元)、新加坡(53.4亿美元)、中国台湾地区(50.3亿美元)、韩国(46.7亿美元)、英国(38.9亿美元)、日本(38.1亿美元)、德国(36.8亿美元)、美国(34.5亿美元)、荷兰(12.9亿美元)、中国澳门地区(12.9亿美元)。

据商务部统计,在WTO分类的160个服务贸易部门中,中国已开放100个,占62.5%,接近发达成员平均水平。与此同时,服务外包、连锁经营、无店铺销售等新兴业态也获得了较快发展。外商对服务业投资的扩大,有效地促进了流通业经营效率的提升、国内消费市场的扩大和企业生产经营环境的改善。

(二) 生产性服务业快速发展

生产性服务主要是为生产经营主体提供的服务,是从企业内部服务部门分离和独立出来进行发展的新兴产业,是经济发展的关键。除运输服务和邮电服务以外,中国金融服务、分销服务和专业服务等领域的对外开放,不仅直接吸收了外商投资,更重要的是为国民经济其他产业的发展提供了必要的、便捷的服务,创造了良好的投资环境。

1. 金融服务

金融业是经济发展的命脉。中国银行业、保险业和证券业不同程度的对外开放,增加了服务总量和服务品种,为企业信贷、资金周转、融资和风险担保等提供了更加广泛和优质的服务。仅以外汇业务为例,外国金融机构以其广泛的国际市场服务网络、良好的商业信誉以及低廉的经营成本,取得了对华业务的快速增长,外国银行的外汇资产、外汇贷款、外汇存款等项目所占比重迅速提高,特别是在国际结算方面具有明显的竞争优势。

2. 分销服务

市场经济就是要把企业生产出来的产品转化为在市场上出售的商品,从这个意义上说,批发和零售等分销服务,是市场经济条件下生产周期的最后环节,也是关键的一环。中国分销服务市场的开放,使企业与市场直接连接起来,尤其是物流服务作为新兴的商业流通业态,为中国制造业企业产品走向市场发挥了积极作用。新的商业流通形式和管理科学的外商投资企业进入中国市场,有助于中国国民经济的发展,更好地满足公众的生活需要。

3. 专业服务

信息技术革命已经将人类带入信息时代。21世纪,知识经济将会成为全球经济的主旋律。知识经济要求人类经济活动的知识含量提高,因此世界经济对专业服务的需求会逐步增加。专业服务作为知识和技术密集型行业,在当今世界经济的发展中占有举足轻重的地位。伴随经济全球化趋势的加强和人口老龄化等自然资源禀赋差异的加剧,专业服务正蕴含着更大的发展潜力,并将在服务贸易自由化和标准化进程中得到进一步发展。例如律师服务,从1992年到2018年共有215家外国律师事务所驻华代表机构通过2017年度检验,获准在中国境内执业,提供境外法律服务,分布在北京、上海、广州、天津、辽宁、福建、浙江等地。这从一个侧面表明了中国外向型经济的快速发展和中外经贸技术合作与交流的持续增加,更直接地反映了中国专业服务的发展。

(三) 生活服务多样化

入世以后,中国服务业市场进一步对外开放,家庭生活性服务和社会生活性服务将朝着多样化的方向发展,以满足公众不同层次的需要。

首先,服务种类多样化。例如,社区服务、医疗服务、商业零售服务等居民生活必需的服务将超越传统服务的范畴,方便居民生活的服务品种增加,不再仅有单一的服务品种。其次,同类服务的提供者增多,公众获得了更多的选择余地,而不再像从前那样只能从少数服务业企业那里获取质量较差的服务。最后,服务价格多样化。由于服务种类的增加和服务提供者的增多,公众在选择服务产品的同时促进了服务行业的竞争,在新技术和新产品诞生的同时,垄断的服务价格被合理的、有竞争力的价格取代,公众可以在众多的价位中选择适合自己的服务。

四、调整法律体系

入世以后,在中国服务业市场开放的同时,与服务贸易相关的法律体系也根据WTO的规则和中国服务业市场化进程的需要,进行了必要的调整。主要表现在两个方面:

(一) 完善国内法律体系

中国服务业的法制化建设起步较晚,法律体系不健全,一些行业的法律法规过时,另一些行业还没有立法。尤其是在计划经济向市场经济过渡时期的法律法规普遍比较抽象,执行起来困难较多,这对于日趋开放的服务业市场的规范和发展是十分不利的。因此,完善国内原有法律体系的工作将进一步增强,以为中国服务业的发展提供科学的游戏规则。我国经济体制改革的目标是建立社会主义市场经济,市场经济的基本特征是竞争,需要通过竞争引导资源流动,实现资源的合理配置,但市场竞争必须是公平、合理的,否则就可能导致市场功能的失灵或扭曲。这就需要完善法律体系,运用法律手段规范和制裁不正当竞争行为,维护公平、合理的市场秩序。

(二) 以 WTO 规则为依据,增强立、改、废的力度

中国与服务贸易相关的法律法规中最为欠缺的是对于外商投资企业的开放和竞争方面的立法。由于过去服务业的开放极为有限,尤其是比较敏感的服务业,基本上是处于开放的试点阶段,没有公开承诺,也没有相应的规范监管措施。因此,当执行具备法律效率的承诺时,中国遇到的一个重大障碍就是国内没有相应的法律体系来支撑,使中国履行这些承诺的难度加大。因此,中国亟须填补这些法律空白,与 WTO 规则相一致,以规范和约束国内市场的国际竞争,这也是维护良好的市场秩序的必要条件。加入 WTO 后,按照 WTO 相关规则的要求及中国市场经济条件下法制建设的需要,中国进行了大量法律修改。对原来不统一的经济法制度加以修改,解决"内外有别"的两套制度安排所带来的不平等问题;随着改革的全面深化和对外开放的进一步扩大,为促进公平竞争,还进行了经济法方面大量的"立改废",使中国法律体系不断完善、成熟,更适应经济全球化发展的要求。

五、推动中国服务业企业的国际化经营

对外开放作为一种经济发展战略,包括"引进来"和"走出去"两个层次。中国加入WTO 以后,国内外环境发生了较大变化,中国服务业企业的国际化经营将得到新的发展。

(一) 中国企业面临更大的市场

截至 2020 年 5 月,WTO 有 164 个成员,24 个观察员,按照 WTO 的相关原则,中国入世以后在履行必要的开放市场的义务的同时,还享有相应的权利,其他成员按照其向WTO 的承诺,也对中国开放市场,而不再有歧视性待遇。中国在入世的同时还参加了《政府采购协议》等,中国服务业企业可以按照国际公开竞争的程序进入所有成员的内部市场参与国际竞争。这给中国服务业企业带来了更多的商业机会,提高了其国际竞争力。

(二) 提高中国优势服务业的国际竞争力

中国服务业总体水平落后,在国际市场上没有绝对的竞争优势,但是经济全球化背景下的国际竞争,是比较优势的竞争。中国部分服务业在一定的市场范围内拥有相当的国际竞争力,包括国际工程承包、国际旅游、计算机服务、海运服务、金融服务、医疗服务等。

按企业经营规模和资产规模,中国一些服务业企业的国际排名位居榜首。在联合国《世界投资报告》评选的来自发展中国家的最大跨国公司排名中,中国中建集团等进入前10 位。在国际工程承包市场,中国有 30 家企业进入全球最大的 225 家承包商之列。在国际最大的服务业企业排名中,中国中化集团和中国银行也是名列前茅。目前,中国主要服务行业的龙头企业,有的已经在国际市场占有相当的市场份额,如中远集团、中建集团、中国银行等;有的国际化经营的发展潜力巨大,如国旅集团、中国国际航空公司、中国工商银行等。甚至在金融服务和基础电信服务领域,中国企业在亚洲、非洲和拉丁美洲的一些国家也拥有一定的竞争力。目前,中国电信企业已经进入非洲市场。随着中国企业走向国际市场,中国的金融企业必将走向国际化经营,在一些发展中国家建立分支机构,向中国

境外企业提供金融服务,并逐步开拓国际市场。

(三)提高中国企业的国际竞争力

入世以后,服务业市场对外开放,外商投资企业在技术、管理、营销、经营理念和经营方向以及服务质量等方面发挥了重要的示范作用,尤其是许多行业的外商投资以合资经营的方式进入中国市场,中方在合资经营中学习到的经验和技术更多。这些都有利于提高中国企业的国际竞争力。

经过四十多年的改革开放,中国企业在合理吸收外国投资者的技术、管理经验以后,已经走向国际市场。中建集团、中化集团的国际化经营,都是改革开放的产物。在扩大外国投资者对服务业投资的同时,中国企业通过引进外资增强国际竞争力,获得规范的服务质量和资格认证后,积极展开对外投资,进军国际市场。特别是中国服务业企业已经开始注重服务企业和服务产品的品牌效应。目前在国内服务业市场,餐饮和商业零售的连锁经营、专卖,国际海运和航空服务业,中国企业与国际跨国公司的联合经营,都体现了中国企业对国际市场的认知程度在不断提高,这是开拓国际市场的重要手段。

入世以来,中国服务业的发展为中国的服务贸易提供了必要的前提和基础,在规范国内法律体系和熟悉WTO规则的条件下,促进了中国服务贸易的进一步发展。

内容提要

1. 自入世以来,中国严格按照入世承诺,在服务领域的各行业都分别履行了开放义务,进行了贸易条件方面的调整,使外资企业基本享受国民待遇,服务范围和领域不断扩大,外资在服务贸易中所占的比重不断提高。

2. 作为WTO的正式成员,中国在提高服务业开放度的同时,对外经贸关系也得到了迅速发展,服务业利用外资屡创历史新高,服务贸易也得到了进一步发展。

3. 按照国际通行的规则和惯例开展对外经贸活动,是中国改革开放的重要内容。随着WTO体制的建立,中国在国际服务贸易领域也需要继续熟悉和掌握WTO体制的有关服务贸易规则,在同国际规则和惯例接轨的前提下,建立自己的国际服务贸易管理体制。

重要术语

中国服务贸易结构　服务贸易管理体制　中国服务业的入世承诺

思考题

1. 中国服务贸易发展具有哪些特征?
2. 造成中国服务贸易逆差的原因有哪些?
3. 中国金融业的入世承诺包括哪些内容?

4. 中国电信业的市场开放进程是怎样的？

5. 简述"十四五"期间中国国际服务贸易的目标和措施。

阅读推荐与网络链接

1. 国家统计局.中国统计年鉴(2010)[M].北京:中国统计出版社,2010.

2. 国家统计局.中国统计年鉴(2011)[M].北京:中国统计出版社,2011.

3. 黄少军.服务业与经济增长[M].北京:经济科学出版社,2000.

4. 厉以宁.非均衡的中国经济[M].北京:中国大百科全书出版社,2009.

5. 麦迪森.中国经济的长期表现(修订版)[M].伍晓鹰,马德斌,译.上海:上海人民出版社,2011.

6. 熊晓琳.新型工业化道路中的对外贸易发展战略研究[M].北京:中国社会科学出版社,2009.

7. http://www.imf.org

8. http://www.mofcom.gov.cn

9. http://www.safe.gov.cn

10. http://www.stats.gov.cn

21世纪经济与管理规划教材
国际经济与贸易系列

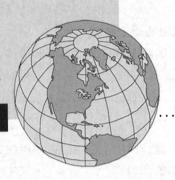

第九章

国际服务外包

【学习目标】

- 能够掌握服务外包的概念和主要形式,并运用理论解释服务外包产生的动因;
- 基本了解世界服务外包的现状和主要承接国的优劣分析;
- 熟悉中国服务外包的发展概况以及中国迎接服务外包应采取的应对措施。

引导案例

2013年,IBM将原本低利润的外包业务出售,并提出将聚焦云计算等高利润业务。IBM不仅收购了数十家云计算服务公司,而且与一些云计算服务公司展开合作,还表示将在全球五大洲建立15个云数据中心,推动云计算服务。截至2014年,IBM已经投资80亿美元,收购全球18家云计算服务公司,全球云数据中心的建设投入也已超过10亿美元。数据显示,2014年,IBM的云计算业务收入达70亿美元,增幅高达60%,其中云服务收入达30亿美元,增长75%,是IBM全球外包业务增长的主要动力。IBM有超过120种软件SaaS服务,并为世界500强企业前25位中的24家企业提供云计算服务。此外,IBM拥有名为SoftLayer的IaaS(基础架构即服务)基础设施及名为Bluemix的PaaS(平台即服务)服务平台。IBM正在努力帮助既有的及新的外包企业客户,使其外包业务转向IBM的混合云平台。

资料来源:服务外包全球化案例分析[EB/OL].(2017-12-02)[2020-09-04].http://www.istis.sh.cn/list/list.aspx? id = 10882&y7bRbP = qAkWqGcZBhnZBhnZBk8jX0KXE6E0dpSRtByXq7AX6I0qqha,有删改。

服务外包凭借其信息技术承载度高、附加值大、资源消耗低、吸纳就业(特别是大学生就业)能力强、国际化程度高等特点,已成为各国和地区普遍关注的热点与竞相发展的产业,在经济全球化和服务业跨国转移浪潮中扮演着重要角色。中国承接以服务业为重点的新一轮国际产业转移,成为全球离岸服务外包第二大目的地。中国服务外包产业从无到有、从小到大,已经成为新兴服务业的重要组成部分,是推动服务业开放和国际化发展的重要力量。

第一节 服务外包简介

一、外包的概念

"外包"一词最早见于1990年加里·哈默尔(Gary Hamel)和哥印拜陀·普拉哈拉德(Coimbatore Prahaoad)发表在《哈佛商业评论》上的一篇题为《企业的核心竞争力》(The core competence of the corporation)的文章,外包的英语为"outsourcing",是"outside source using"的缩写,可直译为外部资源利用,所以外包就是指企业整合、利用其外部最优秀的专业化资源,从而达到降低成本、提高效率、充分发挥自身核心竞争力的一种管理模式。毕博管理咨询公司将服务外包定义为"企业为了将有限的资源专注于其核心竞争力,以信息技术为依托,利用外部专业服务供应商的知识和劳动力,来完成原来由企业内部完成的工作,从而达到降低成本、提高效率、提升企业对市场环境的应变速度并优化企业核心竞争力的一种服务模式"。外包是什么?简单地说,外包就是企业为提高核心竞争力,专注于做自己最擅长的事情,而把非核心业务委派给外部擅长做这些工作的专业组织去做。

最早应用该模式的是世界上最大的 IT 承包公司——电子数据系统公司(EDS)的创始人罗斯·佩罗(Ross Perot),他在 20 世纪 70 年代后半期因外包其他公司的信息系统而使公司迅速崛起,也使外包在信息产业内迅速流行起来。Corbett Group 对全球 200 余家超大型企业决策人物进行了有关外包市场的调查,结果显示外包已经成为一项企业用以提高核心竞争力、降低运营成本、巩固市场份额的战略性手段。美国著名的管理学家彼德·德鲁克(Peter Drucker)曾预言:在十年至十五年之内,任何企业中仅做后台支持而不创造营业额的工作都应该外包出去。"做你最擅长的(核心竞争力),其余的外包!"已经成为一种不可逆转的趋势。外包不仅在 IT 业,在生产、物流、营销等众多领域内也逐渐被广泛使用。

外包根据业务领域的不同可以分为制造业外包和服务外包两大类。

(一) 制造业外包

制造业外包又称蓝领外包、生产外包,是指制造业企业将生产过程中的非核心生产业务或加工方式外包给外部生产企业承担,使发包企业集中于核心生产业务,从而达到降低生产成本、提高经济效益、增强竞争力的目的。

制造业外包是最基本、最常见的外包形式,出现于 20 世纪初工业生产进入大规模机械化时期。制造商出于降低成本的目的将产品零部件外包给接包商生产,结果促进了社会化、专业化水平的提高,从整体上提高了劳动生产率。

目前,越来越多的著名制造业企业不再拥有厂房和设备,不再在生产过程中扮演过多的角色,而是将生产环节安排到劳动力成本较低的国家,以提高生产环节的效率,它们自己则专注于新产品的开发、设计和销售。著名的运动鞋制造商耐克公司就是运用制造业外包获取巨额利润的典型,耐克公司的员工专门负责设计、监制和销售,所有产品的生产由分散在世界各地的合同制造商来完成,外包使其大大降低了生产成本,快速响应市场需求。

(二) 服务外包

服务外包又称白领外包,是指服务型企业将价值链中原本由自身提供的非核心业务,外包给外部服务供应商来完成,自己则专注于核心业务的经济模式。

20 世纪 90 年代初,主要发达国家开始普及使用 IT。随着网络技术的发展和通信成本的迅速下降,远程 IT 产业应运而生,作为服务外包起源的 IT 服务外包得到了迅速发展。从全球视角来看,服务外包的发展是资源要素在世界范围内优化配置的结果,即外包业务从生产成本高的地区转移到生产成本低的地区,从发达国家不断向拥有低成本、高素质人才的发展中国家转移。由于网络信息不受空间的限制,服务业比制造业更容易打破地理界限,发展成为全球性业务,因此服务外包比制造业外包发展更为迅速。

二、服务外包的分类

服务外包根据不同的依据可以分成不同的类别。

(一) 按供应商的地理分布状况划分

这种划分方式强调的是接、发包双方所处的地理位置是否来自同一个国家与地区。

（1）在岸外包（onshore），指外包业务的发包方和接包方同处于一个国家与地区，外包工作在国内完成。

（2）近岸外包（nearshore），指外包业务的发包方和接包方是地理位置相邻的国家与地区，相邻的国家与地区在文化背景等方面比较类似，因而具有一定的成本优势。

（3）离岸外包（offshore），指外包业务的发包方和接包方来自不同的国家与地区，外包工作跨国完成。由于劳动力成本差异，发包商通常来自劳动力成本较高的国家与地区，如欧美、日本等，而接包方多来自印度、中国等。由于离岸外包主要强调降低成本，而全球通信网络的发展和完善使得将业务外包给劳动力成本低廉的国家成为可能，目前的服务外包多采用离岸外包的方式。

（二）按外包业务的不同划分

1. 信息技术外包

信息技术外包（information technology outsourcing，ITO）是最早出现的服务外包方式，是指服务外包的发包方以合同的方式，委托信息技术服务提供商向企业提供部分或全部的信息技术服务。

信息技术外包的主要业务范围包括：

（1）系统操作服务，指服务型企业根据需要将本公司IT系统的具体操作外包给信息技术服务提供商。外包的主要内容有银行数据、信用卡数据、各类保险数据、保险理赔数据、医疗/体检数据、税务数据、法律数据（包括信息）的处理及整合。

（2）系统应用服务，指服务型企业将本公司IT系统的设计、升级、维护等活动外包给信息技术服务提供商。外包的主要内容包括信息工程及流程设计、管理信息系统服务、远程维护等。目前在所有的信息技术外包业务范围内，系统应用服务外包显示出最强劲的增长势头。

（3）基础技术服务，指服务型企业将本公司IT系统的技术支持工作外包给信息技术服务提供商。外包的主要内容包括承接技术研发、软件开发设计、基础技术或基础管理平台整合等。基础技术服务是由于跨国公司越来越专注于自身的核心能力建设而逐渐出现的。

2. 业务流程外包

业务流程外包（business process outsourcing，BPO）是指企业将自身基于信息技术的业务流程委托给专业化服务提供商，由其对指定业务进行管理、运作和维护等。

业务流程外包的主要业务范围包括：

（1）企业内部管理服务，指外包企业（接包方）为客户提供企业内部各类管理服务，包括后勤服务、人力资源服务、工资福利服务、会计服务、财务中心、数据中心及其他内部管理服务等。

（2）企业业务运作服务，指外包企业（接包方）为客户提供技术研发服务、销售及批发服务、产品售后服务（售后电话指导、维修服务）及其他业务流程环节的服务等。

（3）供应链管理服务，指外包企业（接包方）为客户提供采购、运输、仓库/库存管理等整体方案服务。

业务流程外包是发包商将本公司职能部门的全部或部分功能(比如事务处理、政策服务、索赔管理、人力资源、财务)转移给外包服务供应商。外包服务供应商根据服务协议在其系统中对这些职能进行管理。业务流程外包提供的服务涉及金融、保险、医疗、人力资源、抵押、资产管理以及销售和营销等领域。

3. 知识流程外包

知识流程外包(knowledge process outsourcing,KPO)是指企业将知识密集型业务外包给服务供应商,外包服务供应商利用全球数据库等信息资源获取信息,经过分析研究最终将报告呈现给客户,作为决策的依据。知识流程外包的流程可以简单归纳为:获取数据—进行研究、加工—销售给咨询公司、研究公司或终端客户。知识流程外包涉及专业化程度比较高的知识密集型服务。

目前服务外包主要集中在信息技术外包和业务流程外包,其中信息技术外包占据了超过50%的全球服务外包市场份额,而业务流程外包则占据了将近30%的市场份额,它们都是基于IT技术的服务外包。信息技术外包强调技术,更多涉及成本和服务;业务流程外包则强调业务流程,解决的是有关业务效果和运营效益的问题。业务流程外包往往涉及若干业务准则并常常要接触客户,因此意义和影响更重大。相对于传统的信息技术外包来说,业务流程外包具有很大的增长潜力,并将成为服务外包市场发展的主要力量。

(三) 按外包业务的具体内容划分

1. 财务外包

财务外包(finance and accounting outsourcing,FAO)是发包商将财务管理过程中的某些事项或流程外包给外部专业机构代为操作和执行的一种财务管理模式。

财务外包可以分为传统财务外包和现代网络财务外包两种形式。传统财务外包主要是根据企业的需要将整个财务管理活动分解成若干个模块,如财务报表编制、应付和应收账款管理、现金和银行存款管理、薪金发放及其账册管理、纳税申报、内部审计等,将这些模块中企业不擅长管理或不具有优势的部分外包给那些在该方面具有专业水平的机构。现代网络财务外包是利用提供财务应用服务的网络公司搭建的网络财务应用平台,通过合同或协议方式,将企业全部或部分财务系统业务外包给服务供应商,由服务供应商通过互联网的专营网站为企业提供专业的理财服务,并且要求服务供应商保证财务信息质量、及时给予必要咨询指导的一种财务外包方式。

财务外包比较适合新建企业、业务较少的企业、业务季节性较强的企业等。

企业之所以要把财务外包出去,一方面是因为自身经验不足、能力不够,另一方面是出于自身利益最大化的考虑。如今,财务外包的意义已经不仅限于降低成本,它更是一种强化企业战略管理的有力措施。很多企业自成立之日起,财务工作就委托给专业的财务企业去打理,这样做既规范了企业财务管理制度,规避了很多风险,又可以从专业会计师那里获取有利于企业发展的财税信息。

2. 客户关系管理外包

客户关系管理外包是指企业将客户关系管理等非核心业务交给专业的、具有实际操作经验的公司进行管理。

客户关系管理(customer relationship management,CRM)的概念最早由高德纳咨询公司提出,是指为企业提供全方位的管理视角,赋予企业更完善的客户交流能力,使企业的收益最大化。客户关系管理是一种基于互联网的应用系统。它通过对企业业务流程的重组来整合客户信息资源,以更有效的方法来管理客户关系,在企业内部实现信息和资源的共享,从而降低企业运营成本,为客户提供更经济、快捷、周到的产品和服务,保持和吸引更多的客户,以求达到企业利润最大化的目的。

企业把客户关系管理外包给供应商后,可以省掉购买客户关系管理系统的成本及软件维护、系统升级和聘用培训专门员工等费用,只需支付服务费用就可以享受经济实惠、质量稳定的客户关系管理方式。

面对竞争日益激烈的市场,越来越多的企业认识到,能否拥有客户将成为它们生存与否的关键,客户满意度对企业的重要性越来越突出。而客户服务的运作成本通常很高,自行实施一个客户关系管理系统需要的费用高、时间长,这就使得企业想要寻找更为便宜、更加专业化的外包服务供应商。雇用客户关系管理外包服务供应商可以使企业享受专业化服务、提高工作效率、降低客户关系维护和巩固的成本,同时还能腾出更多的时间开展具有优势的业务。

3. 研发外包

研发外包是指将企业价值链上研究开发这一环节外包给外部做研发更优秀的企业,以达到合理利用资源、增强企业竞争力的目的。企业能享受的服务包括:研发,产品设计、开发与测试,项目管理,设计流程管理,设计文档管理,设计分析,资本维护与管理等。

企业进行研发外包主要是出于以下考虑:第一,从新产品开发角度来看,研发外包可以加快新产品开发速度,缩短新产品生命周期;第二,从技术角度来看,研发外包可以帮助企业充分利用研发的外部力量,达到技术与知识的互补,获取新技术和新供给,实现技术追赶和技术转换;第三,从能力角度来看,研发外包是不具备研发能力的企业的最佳选择;第四,从产品性质角度来看,科技含量较高的生物技术、化学材料、制药产业等,由于其技术复杂,研发过程涉及的部门、研究主体较多,单个企业很难完成,必须外包。

研发工作一直被认为是很多企业保持生命力的重要源泉,但是在知识经济发达的今天,很多研发项目需要丰厚的资金、专业化的人才和先进的设备支持,同时企业还要承担巨大的财务风险。在专业化分工日益完善的情况下,企业为了把精力集中投入优势业务,致力于品牌形象的维护和提升等,把技术性强且给企业带来很多难题的研发工作外包给专业机构,能使研发更迅速、成本更低。

研发外包在给企业带来诸多好处的同时,也存在种种风险,是否选择研发外包,企业决策者需要慎重考虑。研发外包的风险主要在于,可能促进新的竞争对手的出现;企业研发的相关机密信息可能被外包服务供应商有意或无意地泄露,给企业带来难以估计的损失。

4. 人力资源外包

人力资源外包其实是将企业的人力资源管理和整个组织机构的运作管理委托给人力

资源外包服务供应商代为处理,从而在企业人事管理、企业技术资源管理、企业提供的服务等各方面提高运作效率,并降低成本。

人力资源管理服务是指那些支持核心人力资源管理活动与人力资源管理流程的服务,包括工资与税收管理、医疗与福利管理、养老金与退休金管理、员工沟通设计与管理以及其他与人力资相关的服务等。

人力资源外包可以帮助企业的人力资源管理者从日常烦琐的工作中逐步解脱出来,集中精力于企业更高层次的人力资源开发与管理工作;可以有效地控制和降低企业的运营成本,实现高效的运作和服务;提供企业接触新管理技术的机会,提高响应的速度和效率;帮助企业吸引人才和留住人才,提高员工的满意度,降低员工的流失率;引导企业专心经营核心资源,开展核心业务,发展核心竞争力。

中国许多企业尤其是一些新兴的中小企业,由于资金和规模的限制,没有系统的人事制度,不能为员工提供完备的福利待遇和培训机会,更没有战略性人力资源规划,因而难以招到优秀员工,员工满意度差、流动性高,这些都制约着企业的发展。采用人力资源外包,企业可以借助外部资源弥补自身的不足,提高自身人力资源管理的水平,增强市场竞争力。

5. 物流外包

所谓物流外包,就是制造企业或销售企业为集中资源、节省管理费用、增强核心竞争力,将没有比较优势的物流业务以合同的方式委托给专业的物流公司(第三方物流)运作。

物流外包的业务流程可以划分为以下四个子流程:

(1)订单管理流程,包括订单获取、格式化数据、订单路由、订单确认、交易处理(借记卡或贷记卡处理与授权)。订单管理活动逐渐需要成熟的软件,当客户订单在供应链中移动时对其进行转化、路由和管理。

(2)退货管理流程。退货管理也称返还物流、处理产品回收,包括被退回产品的合适服务、包装和会计处理。

(3)运输管理流程,包括运输的采购、计划、优化和执行。特殊的活动有:与核心运输者进行合同谈判,建立行程安排指导,管理运输者合同,计划订单的最优出货,优化出货,跟踪运输中的货物,审计和支付处理,运输者绩效监控,出货后的交货确认。

(4)仓库、库存和订单履行管理流程。订单经过路由后,合适的仓库或履行中心会负责该订单的提货、包装和出货。这方面的服务包括采购订单管理、发票生成、提货/包装/出货服务等。库存管理涉及监控库存水平、根据需要补货、将完成的产品送到合适的地点。

企业选择物流外包主要是出于以下考虑:第一,物流外包可以使企业专注研发核心业务,提高效率,维持和提高在核心业务上的优势;第二,专业的第三方物流企业可以利用规模经营的专业优势和成本优势,通过提高各环节资源的利用率,提供更好的运输解决方案;第三,与企业自身经营物流相比,第三方物流企业在组织企业的物流活动方面更有经验、更专业化。

虽然物流外包能给企业带来许多好处,但是中国物流外包的发展与发达国家相比还有很大差距,中国物流外包市场目前尚未成熟,供需关系极不稳定,出于对第三方物流认识上的不足,多数企业保留着物流业务,整个社会的物流效率较低。随着企业对第三方物流认识的加深和物流外包市场的成熟,物流外包业务必然会得到迅速发展。

6. 营销外包

营销外包是指企业将营销活动尤其是渠道的开发与管理全权委托给拥有专门技能和网络的外部机构处理,企业只是在战略上进行全程监控并规定收益回报的下限,其他营销风险全部由外包机构承担;如果将生产、人力资源管理、财务管理等价值链环节也外包给专业的外部机构,企业就可以将核心能力集中于"产品研发+品牌经营"的关键性领域,以获取巨额"净值"回报。

营销外包是信息与网络技术发展的产物,外包服务供应商提供的服务包括销售产品与服务、渠道开发、售后服务、客户服务、广告、品牌管理、公共关系、直接营销、促销活动、企业沟通、会议组织、业务拓展、市场研究等。

企业采取营销外包的模式,可以减少一些如专业人员的薪水等常用开支;有利于企业在资源有限的情况下,将精力集中于核心业务,以取得更大的竞争优势;可以减少营销风险,节约时间成本和某些费用,降低客户流失风险等。

营销外包对企业的作用不可低估,但是否将关乎企业长期利益的营销活动外包出去,许多经营者对其必要性持怀疑态度。现实中比较适宜采用营销外包的行业主要是房地产和家电行业,这两个行业由于其产品的高附加值和营销的专业化特征,是国内较早实行营销外包的行业。

7. 金融外包

金融外包是指金融企业持续地利用外包供应商(可以是集团内的附属实体或集团外的实体)来完成以前由自身承担的业务活动。外包可以是将某项业务(或业务的一部分)从金融企业转交给服务供应商操作,或由服务供应商进一步转交给另一服务供应商操作(即"转包")。

采用金融外包可以使企业将资源集中于核心业务,扬长避短,在弥补不足的同时获得更好的发展;可以降低企业的运营成本并对成本加强控制;可以在进行金融外包的同时为企业其他项目获得免费资源;可以分散风险,降低企业所承担的特定风险,等等。

金融外包始于20世纪70年代,并在90年代得到迅速发展。受到利润率下降的影响,欧美等成熟市场的金融机构开始通过外包的方式降低成本、提高效率。金融外包主要存在于业务流程外包和信息技术外包两大领域。金融机构也逐渐形成了明确的外包战略。外包已不仅仅是一种降低成本的方法,在企业业务流程整合和转型中也发挥着重要的作用。随着中国金融领域开放程度的不断提高以及竞争的日益激烈,国内金融企业要想在激烈的竞争中站稳脚跟,就必须了解国际金融外包的动态,借鉴国外金融外包的经验,把现有的资源集中到核心业务上去,形成核心竞争力。

除了上述外包形式,还有文件外包、后勤服务外包、电子商务外包等。

三、外包的理论基础

近年来,服务外包的发展速度很快,对国民经济的影响也越来越显著,国际上有关外包产生的理论解释也是层出不穷,主要有以下几种。

(一) 核心竞争力理论

该理论认为,企业具有各种各样的能力,也有一定的专长,但不同的能力与专长的重要性是不一样的,那些能够给企业带来长期竞争优势和超额利润的能力与专长,才是企业的核心能力。企业的竞争优势是由其能力决定的,企业应该确定企业的核心业务或核心竞争力。核心竞争力最重要的特点是竞争对手无法仿制,或者仿制起来难度很大。如果某项业务不是企业的核心业务,但它对企业的核心竞争力很重要,那么企业可以把该项业务外包给最好的专业公司,从而使企业能够把更多的资源投入核心业务,创造核心优势,最终提高企业的核心竞争力。

(二) 比较优势理论

大卫·李嘉图以英国和葡萄牙进行贸易为例,提出了著名的国际分工和贸易理论——比较优势理论:如果一国与别国相比有相对优势,并实行专业化生产,则无论它与别国相比是否有绝对优势,它总可以通过贸易获利。对应地,我们可以用该理论解释业务外包:一企业甲与另一企业乙相比在 A 和 B 业务(或职能)上都有比较优势,如果甲企业把 B 业务外包给乙企业,甲和乙都实行专业化生产,那么双方都可以通过外包获利。

比较优势规定了不同地区或国家进行专业化分工的结构和贸易方向,解释了世界贸易发展的原因和方向。外包战略正是这一理论在企业资源分配方面的实际应用,也就是"只做自己做得最好的,其他的交给别人去做"。

(三) 资源基础理论

企业是各种资源的集合体,每一家企业拥有的资源各不相同,具有差异性,企业独特的异质资源是企业的竞争力所在。首先,资源是针对特定的企业而言的,不同企业的资源是有差异的,某种资源对于一家企业而言是一种资源,但对于另一家企业而言则不然。其次,资源可以是任何有形和无形的资产,如机器设备、资金、品牌、专利技术等。

资源基础理论认为,一家企业在其所处的行业中要赢得竞争优势、获取高于行业平均水平的利润就要具备卓越的产品与较低的成本,而这些优势的取得又取决于资源的优越性以及企业配置它们的方式。企业要赢得并保持这一优势就必须依据竞争战略来获取并配置其资源,有时可以通过外包来填补其实施战略所需的资源缺口。由于客观条件的限制,企业不可能获得自身所需的所有资源,如果通过外包能够充实并扩展企业现有的资源基础,那么就会出现企业间的项目合作、战略联盟、兼并等具有外包性质的经营管理行为。

(四) 价值链理论

价值链理论认为,企业创造价值的过程可以分解为一系列互不相同但又相互关联的增值活动,从而构成一个价值链。价值链的各环节互相联系、互相影响,一个环节的运行质量直接影响其他环节,一旦出错,就会对价值链整体造成致命损伤,还会对价值体系产生很大影响。因此,企业可以把某个薄弱环节外包给擅长的企业,从根本上提高价值链的运行质量。

（五）交易成本理论

所谓交易成本,简单地讲,就是指人们完成一笔交易所付出的货币、时间、精力和体力等各种成本。根据一项交易由内部完成和由外部完成所产生成本的不同,可以把交易成本分为内部交易成本和外部交易成本。交易成本理论认为,如果一项业务的内部交易成本大于外部交易成本,那么这项业务就应该改用外包的方式经营;相反,则应该由内部交易来完成。

（六）木桶效应

经济学中著名的"木桶理论",是指木桶的最大盛水量是由最短的木板决定的。要增加木桶的盛水量,就必须增加短木板的长度。换句话说,企业竞争力的大小并不是由其最强势的环节决定的,而是取决于企业最弱的一环。

将该原理应用于企业经营,就是由于企业资源的有限性以及成本的限制,企业要将每个薄弱环节都做到最好是不现实的。实施外包,就是将管理这个木桶先打散,将短木板抽出来,然后用外部的长木板替代短木板,这样木桶的盛水量就有了提高。外包就是将自己的弱势职能外包给该领域领先的专业公司,从而提高整个企业的绩效。

四、外包的优势分析

外包可以提高企业绩效,增强企业核心竞争力。具体来说,业务外包能够给企业带来以下优势。

1. 外包有利于企业降低成本

大量研究表明,降低成本是企业进行外包的重要动力。外包实现成本节约的途径有三方面：

（1）通过外包服务供应商的规模经济获得成本节约。在外包中,多个客户共享生产设备,不仅节约了安装和建设费用,而且提高了各种设备、原材料、能源的利用率和劳动生产率。规模越大,成本越低。

（2）通过劳动力成本差异降低成本。目前由于劳动力成本的差异,外包的发包商通常来自美国、日本、欧洲等发达国家和地区,外包服务供应商则大多来自劳动力成本较低的国家,如印度、菲律宾、中国等。利用劳动力成本差异进行外包,将生产或服务外包到劳动力成本较低的国家和地区,是大多数跨国公司进行外包的最初动机。

（3）通过外包服务供应商的专业化服务降低运营成本。与企业自身运营相比,外包服务供应商能以更低的运营成本提供更专业化的服务,而且其运营成本更容易预测和控制。

2. 外包有利于提高或培育企业核心竞争力

企业进行外包的一个重要目的是使企业集中精力于核心业务,提高或者培育核心竞争力。所谓企业核心竞争力,是指在一定的框架下,企业所拥有的基于独特的知识和技术积累的一种竞争能力。

在当今如此激烈的竞争环境中,企业一旦丧失其核心竞争力,必然走向衰落,最终会被市场无情地淘汰。培养企业核心竞争力是一个动态的长期过程,需要企业投入大量的时间和精力,即使是已经具备较强核心竞争力的企业,也需要努力维护和不断发展核心竞争力。放弃那些自己不擅长的非主流业务,将力量集中到企业的核心业务上,围绕自己的核心竞争力分配财力、人力和物力,这是现代企业纷纷采取的战略措施。因此,业务外包成为各企业广泛采用的手段,它为企业增强核心竞争力做出了贡献,具有其他方式无法比拟的作用。

3. 外包有利于提高服务质量及客户满意度

在日益激烈的市场竞争环境中,客户的需求对企业的重要性更加明显,但是企业可能难以满足客户越来越多样化的需求。外包服务供应商通过自身专业化的发展,具备更多在其专业服务领域内的知识和经验,能够帮助企业提高服务质量。企业通过外包可以加快对客户需求的响应速度,使产品快速适应市场,从而提高客户的满意度,以保证企业为客户提供稳定、可靠的高水平服务。

4. 外包有利于企业获取业务专长

外包服务供应商要同多方面的客户打交道,在相关的知识、速度和效率方面有丰富的专业经验,企业在同这样的外包服务供应商建立外包关系后,可以通过交流和学习,吸取外包服务供应商的专业经验,获取更多的信息。

5. 外包有利于企业分散风险

企业可以通过多方外包分散风险,即将不同的业务流程外包给多个外包服务供应商。比如,将人力资源流程外包给最擅长此道的服务商,而将物流外包给另一个服务商,信息技术开发与维护则又是一个服务商。多方外包主要是为了避免风险过高,防止套牢在一个供应商上,以达到最佳组合的优势。

第二节 国际服务外包的发展

一、国际服务外包的现状及发展趋势

(一) 国际服务外包的现状

20 世纪 60—80 年代,全球软件与服务外包市场开始发展,初期 IT 服务以硬件为导向,主要发展软件测试和维护外包,数据处理服务是早期业务流程外包服务供应商提供的主要服务,有些公司开始尝试将非核心业务外包给其他国家的第三方服务商。20 世纪 80 年代,服务业出现国际化加速转移的趋势,离岸服务商开始建立战略联盟及全球离岸交付中心,强化本土化交付能力,离岸外包得到了突飞猛进的发展。根据印度 IT 行业组织 Nasscom 的研究报告,在 2007 年,IT 服务市场和业务流程市场在全球科技支出中占主导地位,总计超过 1 万亿美元,占总支出的 61% 以上。其中,IT 服务市场总支出近 4 950 亿美元,比 2006 年的 4 670 亿美元增长了 6%;业务流程外包市场增长率达到 10%,支出达

到5 422亿美元。然而受欧洲债务危机、美元持续贬值和全球性通货膨胀的影响,全球服务外包行业还处于不景气时期。TPI(综合生产力创新)指数显示,2010年全球服务外包市场合同金额为794亿美元,同比下降11%;信息技术外包合同金额为624亿美元,同比下降3.7%;业务流程外包合同金额为170亿美元,同比下降31%。因此,全球服务外包行业仍然没有恢复到金融危机以前的水平。2016年全球离岸服务外包市场规模达2 037.9亿美元,同比增长6.9%,增长速度超过全球服务外包市场。其中,信息技术外包、业务流程外包和知识流程外包规模分别约为1 019.6亿美元、465.2亿美元和653.1亿美元,占比分别为47.4%、21.8%和30.5%,增长速度分别为6.0%、7.5%和7.8%。传统的离岸信息技术外包增长放缓,业务流程外包、研发外包增长较快。

从服务外包市场分布来看,当前国际上的服务外包转移方市场主要集中于北美、西欧和日本,这三个地区转移的服务外包总量约占全球的80%以上。美国是世界上最大的软件生产国和出口国,已经形成完整的产业链,成为国际离岸服务外包产业的主要源头。得益于其经济基础与科技实力,美国长期处于全球离岸服务外包市场的领先地位,来自美国的离岸服务外包业务量占全球离岸服务外包市场规模的64%以上。由于对成本的追求和社会分工的细化,业务外包可以很好地降低成本,使资源得到合理利用,确保在服务外包市场上的领先地位,西欧和其他地区也逐渐扩大了服务外包的业务量。欧洲占全球离岸服务外包市场规模的18%,日本占10%,其他国家合计不到10%。全球服务外包市场严重依赖于美、日、欧,使产业格局呈现一种"中心—外围"的发展形态。

2016年,在全球信息技术外包市场中,美洲是规模最大的市场,占据了51.7%的份额,增长率为3.2%;欧洲、中东和非洲地区占据了31.3%的份额,增长率为1.7%;亚太地区是增速最快的市场,占据了17%的份额,增长率为6.8%。在全球业务流程外包市场中,美洲依然是规模最大的市场,占据了62%的份额;欧洲、中东和非洲地区占据了21%的份额,增长率为2%;亚太地区占据了16%的份额,但增速最快。在全球离岸信息技术外包市场中,美国占据了67%的份额;其次是英国,占据了9.2%的份额;整个欧洲、中东和非洲地区占据了23%的份额,亚太地区则占据了接近10%的份额。

根据高德纳咨询公司的研究,目前服务外包承接国以发展中国家为主,其中亚洲约占45%,印度、中国、菲律宾等为主要代表。发达国家如加拿大、澳大利亚等也加入了承接国际服务外包的竞争行列,这些国家的国内服务外包行业比较成熟,已经形成一定的产业规模和发展优势,但是和发展中国家相比,人力资源优势已经不复存在。由于在成本和质量上的综合优势,印度、菲律宾等国成了最受离岸外包发包方青睐的地区,成为离岸外包市场的领导者。如菲律宾凭借其在语言、人才、文化方面的优势,大力发展服务外包行业,2010年服务外包业务增长23%,其话务服务行业营业收入达到63亿美元,超越印度成为全球最大的话务服务外包国家。按照目前服务外包承接国竞争力的强弱,外包承接国已经分成了不同档次,大体上有三个层次:第一承接国为加拿大、印度、爱尔兰、俄罗斯、菲律宾;第二承接国为澳大利亚、新西兰、中国、马来西亚、墨西哥、西班牙;第三承接国为中东欧国家、印度尼西亚、以色列、泰国、巴西、埃及、巴基斯坦、南非等。另外,近年来许多贫困、落后的中小国家(如柬埔寨、肯尼亚、斯里兰卡等)的服务外包行业也得到了飞速发展。例如,2010年斯里兰卡信息技术与商务外包产业产值达到3.9亿美元,同比增长

25%，国内从业人员达到 35 000 人，相关企业达到 150 家。2017 年，美国科尔尼管理咨询公司在金融吸引力、人才技能和可获得性、商业环境三个方面对五个国家进行分析研究，发布了全球离岸服务外包目的地指数（global service location in dex）排名，其中印度、中国和马来西亚保持前三位。2016 年，印度离岸服务外包市场规模达 1 170 亿美元，同比增长 8.3%，约占印度服务出口额的 47%；马来西亚离岸服务外包总收入约 43 亿美元，其中约 1/3 来自欧洲，主要是政府服务、银行和保险领域，其次是美国，主要是金融、研发和信息技术领域。马来西亚地处南亚中心位置，拥有丰富的年轻、高素质劳动力，良好的教育培养体系，逐渐成为亚洲商业服务发展中心之一。

（二）国际服务外包的发展趋势

20 世纪 90 年代以来，随着信息技术的迅速发展，许多企业都把非核心服务活动交给外部企业执行，服务外包蓬勃发展。在美国、欧洲等发达国家和地区，无论是小型公司还是大型跨国公司，纷纷把有限的资源集中于核心业务，而把其余业务交给外部专业公司。服务外包已经成为企业获取专业服务、减少开支、增强竞争优势的一个重要手段。近年来，国际服务外包出现了一些新趋势：

（1）服务外包手段增多，多元化发展趋势明显。世界经济已进入服务经济时代，服务外包成为各国参与全球产业分工、调整经济结构的重要途径。大数据、物联网、移动互联、云计算等信息技术的应用，既创造着广泛的服务需求，又给服务的提供带来技术模式和交付模式方面的新变革。传统的劳动密集型人工服务时代逐步进入智能化服务时代，服务效率不断提升。发包企业主要关注点从降低成本向获取专业服务拓展，对接包企业信息技术和专业服务能力的要求越来越高，高技术、高附加值的综合性服务外包将快速增长。2008 年毕马威的研究报告已经把知识流程外包列为现实的、主流的外包选择之一。目前知识流程外包正处于发展初期，产业规模比较小，但是在新兴产业发展的浪潮之下，一定能成为全球服务外包行业新的推动力量，极大地促进全球经济的发展。

专栏 9-1　　　　　　　　知识流程外包

知识流程外包是业务流程外包的高智能延续，是业务流程外包最高端的一个类别。一般来说，知识流程外包是指将公司内部具体的业务承包给外部专门的服务供应商。知识流程外包的中心任务是以业务专长而非流程专长为客户创造价值。由此，知识流程外包将业务流程外包甚至整个外包产业推向了更高层次，更多地寻求先进的分析与技术技能以及果断的判断。知识流程外包更加集中在高度复杂的流程，这些流程需要由具有广泛教育背景和丰富工作经验的专家来完成。工作的执行要求专家们对某一特殊领域、技术、行业或专业具有精准、高级的知识。

知识流程外包公司的类型包括：

（1）商业研究/商务智能（分类市场研究、市场规模、竞争策划、创新鉴定等）；

（2）市场研究（电话调查、客户满意度研究、品牌研究、消费者倾向研究等）；

（3）股票、金融及保险研究；

(4) 数据分析、财务分析、风险分析及数据挖掘等;
(5) 数据管理(数据录入、数据采集、数据清洗、数据集成及管理)。

(2) 离岸外包成为新趋势。从服务外包的范围来看,由于跨国公司战略的转变和信息技术的发展,服务外包突破国家的界限呈现离岸化趋势。离岸外包成为企业新宠是企业进行战略调整的结果,有利于企业节约成本,利用技术熟练的劳动力资源。跨国公司在选择离岸外包承接商时,海外劳动力成本是决定性因素,技术能力、服务质量等是次要因素。服务外包领域已经从软件、IT、医药等高技术行业延伸到商业流程、供应链管理等服务链条的各个环节。为争取更多的市场份额,跻身全球价值链中高端环节,全球70多个国家(地区)将承接国际服务外包确立为战略重点,拓展国际服务市场,并不断加大对企业能力建设的政策支持力度。印度、中国、爱尔兰等国将继续维持服务外包竞争优势地位,俄罗斯、墨西哥、马来西亚、越南、菲律宾等国的接包能力和市场地位正快速提升。发展中国家随着基础设施的完善以及服务提供能力的增强,已经成为服务外包的主要承接市场,印度、中国、爱尔兰、菲律宾、俄罗斯、新加坡、巴西等国家在服务外包领域都取得了显著的进步。为了实现发展,避免承接国之间竞争的加剧,避开同质化竞争,承接国必须清楚自身的优势和特点,把握整个行业的发展趋势,向特色化、差异化的方向发展。

(3) 企业外包的动因由成本驱动向增强核心竞争力转变。企业外包的动因不仅仅是降低成本,更多的是增强核心竞争力,这是新一轮服务外包的重要特点。正是这一驱动使企业不断地外包自己不擅长的业务,专注于自己擅长的业务。外包对企业核心能力的强化主要体现在构建核心技术、突出核心业务、改善体制弊端等方面。

(4) 业务流程和IT相结合的复合型外包发展迅速。从市场结构上看,目前全球服务外包正逐渐从最基础的技术外包转向高层次的业务流程外包。为了适应企业新型业务的发展,发包商越来越倾向于将信息技术外包和业务流程外包捆绑在一起,在提供技术外包的同时提供业务流程外包。

二、国际服务外包承接市场

(一) 国际服务外包承接市场现状

经济全球化的深入发展和信息技术的广泛应用,使服务的可贸易成分提高,引发全球新一轮产业结构调整。发达国家跨国公司将非核心的服务职能向国外特别是新兴市场国家和地区迅速转移,而接包的竞争已在许多国家展开。

由于劳动力成本低廉、服务质量高,国际服务外包的承接地大多为发展中国家,且逐渐向亚洲、拉丁美洲和东欧地区发生转移。其中,亚洲的承接国最多,约占45%,印度是亚洲最主要的承接国,美国的外包市场几乎被印度垄断,其次是中国和东盟;欧洲的主要承接国是爱尔兰等东欧国家;拉丁美洲的主要承接国是巴西。

服务外包能使承接方实现自身的经营服务专业化,扩大经营规模,从中获取经济利益。国际服务外包市场发展潜力巨大,在全球产值居前1 000家的企业中,有95%的企业制定了服务外包战略。为了把握这一难得的历史机遇,提升自己在服务外包产业链中的地位,越来越多的国家和地区采取了积极措施推动服务外包的发展。

(二)国际服务外包主要承接国优劣势比较

2008年,高德纳咨询公司发布了信息技术外包业务的30个首选承接国排行榜。中国、巴西、俄罗斯、印度榜上有名,继续成为承接欧美发达国家信息技术外包业务的主要国家,但墨西哥、波兰和越南等新的信息技术外包承接国也脱颖而出,向中国等国发起了强劲挑战。高德纳咨询公司此次评估了72个国家吸引信息技术外包业务的能力,其评估标准有10个,包括成本结构、IT劳动力、知识产权保护法律、政府支持等因素。印度、菲律宾、爱尔兰、俄罗斯等国是当今世界上具有较高服务水平的承接国,本部分将对这些国家的优劣势进行分析,希望对中国的服务外包产业起到借鉴作用。

1. 印度

一提起印度,人们常用"世界办公室"来形容其在国际服务外包中的绝对优势地位。印度的服务外包产业始于20世纪80年代,30多年里取得了令人瞩目的成就,也给印度带来了巨大的利润。至2018年,印度已经占有全球软件外包市场总额的65%以及全球服务外包市场总额的46%,世界500强企业中有1/5在印度设立了研发中心,有220家从印度获得软件支持。

印度的外包产业具有以下几方面优势:

(1)人力资源丰富,人才储备量大。印度是人口大国,也是人力资本大国,拥有庞大的知识分子队伍和良好的专业化技能。印度有多所名校,每年可培育出大量的专业化人才。印度高校注重培养"复合型"的软件人才,为适应软件外包业务发展需求,一方面,重视计算机学科与其他学科的交叉培养,软件工程师不仅懂得软件程序设计,而且深谙哲学、历史、艺术等;另一方面,重视学生语言表达能力的培养,印度软件工程师的沟通能力普遍较强。

(2)政府政策的支持。印度政府高度重视软件产业和服务外包,把外包看成印度经济结构中不可缺少的环节,设有专门为外包服务的部门。1986年印度政府制定了《计算机软件出口、软件发展和软件培训政策》,明确了印度软件产业发展战略目标,并对从事IT外包的企业给予特别的优惠政策。印度欢迎外资IT企业,不向外包企业收取任何税收,企业在印度发展服务外包的成本比在中国低30%左右。

(3)服务质量高,人力成本低。印度技术型劳动者素质较高,而且在英语方面有天然的优势,英语是印度的官方语言之一,这为承接欧美国家服务外包提供了重要条件。另外,印度技术人员的年薪远远低于欧美等国同等水平的技术人员。

(4)建立有效的行业协会。印度软件与服务业企业行业协会成立于1988年,有专职员工50人,软件出口和外包服务企业会员1 000多家,是印度信息技术产业团体和非营利机构。该协会致力于把印度打造成世界软件强国,在帮助印度成为全球外包行业基地中发挥了重要作用。

(5)其他优势。印度大城市的基础设施完善;拥有质量标准体系,至2017年年底取得CMM(软件能力成熟度认证标准)4级以上的软件企业有40多家(全球共70家);承接服务能力高;等等。

印度的外包产业也有其劣势,如人才流失率高,印度技术人员的薪水远低于其他国家同等水平的技术人员,导致印度人才外流现象严重;大城市之外的地区基础设施差,印度的主要技术中心位于班加罗尔和新德里。

2. 菲律宾

进入21世纪后,越来越多的欧美企业将部分服务与软件业务外包给成本相对低廉兼具备合格劳动力的国家和地区,在这一领域中,印度起步最早且具备语言优势,因此一直处于"领头羊"的地位。与此同时,菲律宾在全球外包领域的崛起引起了大家的关注。菲律宾位于亚洲的中心,交通便利,在国际商务活动中是海运、空运的必经之路。菲律宾是东西商业交流的十字路口,也是进入东盟市场的重要关口,是当前世界经济发展最快的区域之一。2016年菲律宾服务外包收入达229亿美元,其中呼叫中心及业务流程外包业务收入为128亿美元,信息技术外包业务收入为30亿美元,健康信息管理服务业务收入为24亿美元。

菲律宾在服务外包方面起步较早,发展十分迅速,是重要的服务外包承接国之一。在服务外包领域,菲律宾具有以下方面的优势:

(1) 拥有足够的人才资源,技术人才集中。菲律宾7 700万人口中有2 900万是技术工人,其中IT及电脑科学专业人员7万人、工程师3.5万人、注册会计师10万人、商务管理人员10万人;此外,每年还新增38万大学毕业生,补充专业人才队伍。

(2) 具有语言优势。菲律宾通用英语,采用美国模式的教育体系,全国文化普及率达94.6%,72%的人能流利使用英语,易接受外来文化。菲律宾曾经是美国的殖民地,与美国的文化联系密切,在政治、经济、文化、法律、社会体制等方面都与美国相通,许多专业人员曾在美国接受过培训,了解美国市场。与其他国家相比,菲律宾技术人员精通英语,熟悉国际水平的专业知识及用户服务标准,具备良好的业务能力及职业道德,容易与发包国沟通。

(3) 人力成本低,基础设施完善。菲律宾普通劳动力成本为平均每月234美元,低于亚洲大多数国家,略高于印度和印度尼西亚;技术人员月薪在400—800美元;白领雇员平均工资仅为美国的1/4;此外,服务人员精通英语,熟悉西方的专业知识,还能节省岗前培训费用;人才流动率低。在基础设施方面,菲律宾拥有充足的设施、完备的办公区,还有40万平方米的接纳能力,租赁价格低廉,仅为美国、印度等地区的1/4,这些办公区大多由国际房地产公司管理,有合理的租赁协议。

(4) 政府支持力度大。菲律宾政府致力于信息产业和外包产业的发展,对外国投资采取鼓励政策。外国公司在经济特区开展业务,前4—8年为免税期,免税期后可继续享受优惠待遇,只交5%的营业税;公司还可免税进口特殊材料和设备、免缴码头使用费、自由使用托运设备、雇用外籍职员等。

(5) 地理位置具有战略优势。菲律宾位于亚洲的中心,交通便利,飞机行程4小时内能到达亚洲各大城市。该地区是当前世界经济发展最快的区域之一,是东西商业交流的十字路口,也是进入东盟市场的重要关口,在国际商务活动中是海运、空运的必经之路。

菲律宾的外包产业也有其劣势,例如与其他外包承接国如印度相比,菲律宾的成本较高,而且服务质量不如印度。

3. 爱尔兰

爱尔兰软件产业自20世纪90年代以来快速发展,带动了爱尔兰经济十多年来的高速增长,形成了自己独特的发展模式,成为服务外包承接强国,赢得了"欧洲软件之都""欧洲硅谷""软件王国""有活力的高技术国家"等美誉。根据WTO数据,2017年爱尔兰电信、计算机和信息服务出口851.6亿美元,同比增长18%。爱尔兰生产了欧洲市场43%的计算机、60%的配套软件,被称为欧洲的软件之都,也是全球最大的电信、计算机和信息服务出口国之一。爱尔兰作为欧洲离岸服务外包的中心,其外包业务的主导领域是计算机与软件服务,其主要市场是美国和欧盟。作为欧盟成员和欧洲的门户,爱尔兰吸引了绝大多数全球领军软件公司、科技公司、互联网公司、IT服务公司在其国内设立欧洲总部。全球排名前10家的软件公司中有9家、前20家的金融服务公司中有15家、前10家的制药公司中有9家,都将欧洲总部设在爱尔兰。

爱尔兰外包产业的优势主要体现在以下几个方面:

(1) 政府政策的支持。相对于印度政府来说,爱尔兰政府实施了更多有利于服务外包发展的政策,制定了一系列的支持措施,包括建立完善的法律环境,制定税收优惠政策和明确的政府企业政策。从政策咨询、制定、实施、监督到部门协调、中介促进等各个环节,政府都设立了相应的部门或机构履行职责。例如,爱尔兰政府成立了专门机构——爱尔兰投资发展署(Investment and Development Agency of Ireland, IDA)负责招商引资,为外国投资商提供优质服务等。

(2) 人才优势。爱尔兰高度重视教育培养,其公共教育开支在国民收入中所占的比例在发达国家中位居第二,高达14%左右。如今跨国公司之所以青睐爱尔兰,其重要原因之一就是爱尔兰拥有大量高素质的软件人才。爱尔兰的教育模式独特,软件专业前两年学习基础知识,第三年在生产一线实习,第四年进行设计,这样大学生在毕业之后就具有实际工作经验和项目领导能力。

(3) 语言和文化优势。爱尔兰既是欧盟成员,又是英语国家,经济发展以欧洲大市场为依托,与欧美的联系使得很多欧美国家优先考虑到爱尔兰投资。另外,出于历史原因,留在美国的4 000万爱尔兰侨民也促进了爱尔兰与美国IT界的联系。

(4) 其他优势。爱尔兰的基础设施优良,拥有良好的品牌形象,在长期为跨国公司提供外包服务的过程中形成了核心竞争力,服务质量高。

爱尔兰外包产业的劣势主要有:爱尔兰是西欧的一个岛国,国土面积仅有7万平方公里,人口不到420万人,国内市场需求很小,必须依赖国外市场;由于近年来IT相关专业的学生数目大大缩水,合格的IT类毕业生数目短缺;另外,爱尔兰的人力成本相对较高。

4. 俄罗斯

近年来,随着俄罗斯经济的迅速复苏,其IT产业的发展也十分惊人,俄罗斯发达的高等教育和比比皆是的未充分就业的拔尖人才,以及坚实的工程技术实力和科研成果,使俄罗斯把外包的目标瞄准了高端编程业务,在世界信息技术外包领域迅速崛起,成为世界软件服务出口的佼佼者。2017年俄罗斯软件及信息技术外包服务公司营业额达到143亿美元,同比增长19%。其中,出口88亿美元,同比增长16%。

俄罗斯的外包产业具有以下优势:

(1) 人才优势。尽管苏联解体以来俄罗斯对科研的投入大幅减少,但是俄罗斯高水平的基础教育,特别是数学教育,能保证每年培养出大量的优秀人才。可以说,无论是在绝对数量上,还是在占总人口的比例上,俄罗斯的科研人员在世界上都位居前列。世界银行的资料显示,俄罗斯拥有100多万名技术熟练人员,超过美国、日本和中国,并3倍于印度。俄罗斯把外包目标瞄准高端编程业务,大型外国公司已经认识到,可以在俄罗斯找到"在美国或是印度找不到的优秀的程序员",因此它们将越来越多的项目外包给俄罗斯IT企业。

(2) 国内需求巨大。俄罗斯是世界上地域最辽阔、面积最广大的国家。俄罗斯工业基础雄厚,拥有巨大的经济潜力,随着俄罗斯经济的迅速增长,无论是政府机关、企业、学校,还是单个居民,对个人电脑及其程序设计软件的需求都日益增多。

(3) 政府政策的支持。2004年年底普京的印度之行使他认识到,发展IT产业对国家经济增长有巨大的推动作用,俄罗斯发展IT产业于2004年11月18日得到政府的确认。俄罗斯计划2010年以前在莫斯科、圣彼得堡、新西伯利亚和下诺夫哥罗德四个地区设立IT科技园,以更好地满足不断增长的IT产业的需要。另外,政府还设立了专门针对IT企业的风险投资基金,为IT企业融资和化解经营风险提供协助。

俄罗斯在发展IT产业方面也存在许多落后之处,如基础设施落后,政局不稳,沿用过去的税收体制和法律不利于商业发展,IT产业规模不大,高科技人才流失现象严重,等等。

通过对几个主要承接国的分析可以看出,政府在推动本国服务外包产业发展的过程中扮演的角色相同,都制定了优惠的外资政策以提高本国服务外包产业的吸引力。而且,服务外包承接国积极发展本国服务外包产业的目的是优化和提升产业结构、增加出口收入和创造就业,从而快速为本国带来巨大的经济和社会利益。

第三节 服务外包在中国的发展

一、中国服务外包市场发展现状

(一) 中国服务外包市场发展概况

随着中国对外开放步伐的加快和经济结构的转换,特别是服务业的发展以及政府的推动,近年来中国服务外包产业的发展速度很快。2011—2018年,中国离岸服务外包合同执行金额逐年增长,2018年达到886.5亿美元,且保持着高速增长势头(见图9-1)。服务外包产业已成为综合运用"两个市场、两种资源"的新途径,成为新时期中国开放型经济发展的新支点。服务外包产业的强劲增长,为服务业发展注入了源源不断的新动力。目前中国已形成以北京、上海、大连、成都、合肥等21个服务外包示范城市为样板,以大连软件园、安徽服务外包软件产业园等84个服务外包示范园区为主力,动漫、软件、物流、金融、生物医药等多领域同步发展的多元化、全面化发展的格局。2018年中国信息技术外包、业务流程外包和知识流程外包离岸服务合同执行金额分别为401.3亿美元、153.3亿美元和 332.0 亿美元，知识流程外包同比增长超过同期信息技术外包与业务流程外包的增长速度，以软件研发和信息技术服务为代表的信息技术外包仍占据主导地位，中国承接国际服务外包向高端化发展态势明显。

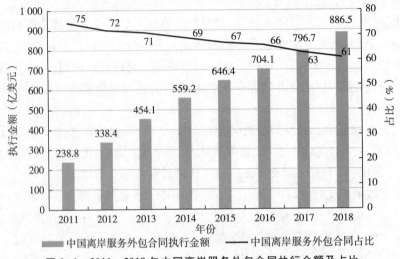

图 9-1 2011—2018 年中国离岸服务外包合同执行金额及占比

资料来源：根据商务部数据整理。

（二）中国服务外包市场的特点

在全球服务外包市场中，中国所占的份额还比较小，服务外包总体水平比较落后，多数业务处于价值链的低端，但是发展速度较快，发展潜力巨大。总体上，中国的服务外包市场呈现出以下特点：

（1）服务外包发展以信息技术外包为主。中国的信息技术外包起步较早，发展日益成熟，随着全球离岸软件服务外包逐步转移到中国，离岸信息技术外包业务所占比重迅速上升。2012 年中国服务外包企业共签订服务外包合同 144 636 份，合同金额 612.8 亿美元，同比增长 37%，执行金额 465.7 亿美元，同比增长 43.8%。其中，国际服务外包合同金额 438.5 亿美元，同比增长 34.4%。服务外包业务仍以信息技术外包为主，信息技术外包、业务流程外包和知识流程外包占比分别为 56.1%、15.5% 和 28.4%。2018 年继续保持增长态势，全年中国服务外包企业共签订服务外包合同金额 1 472.3 亿美元，执行金额 1 450.3 亿美元，同比分别增长 8.6% 和 12.9%。其中，国际服务外包合同金额 1 203.8 亿美元，执行金额 886.5 亿美元，同比分别增长 8.2% 和 11.3%，增幅有所下降。

业务流程外包在中国的兴起和发展是最近几年的事，其发展还不成熟，主要集中在呼叫中心、文件管理等劳动密集型领域，人力资源、金融、财务会计、研究开发等方面还处于开发阶段。但在全球服务外包浪潮的影响下，社会各界对业务流程外包的重视程度不断提高，产业发展环境不断完善，加上中国经济发展迅速，众多跨国公司纷纷进入中国，使得中国业务流程外包的需求不断增长。但是，中国在承接业务流程外包方面仍处于低端，在品牌形象、服务质量、服务经验、行业积累等方面缺乏竞争力。不过，随着中国信息技术及信息技术外包的发展，以信息技术为依托的业务流程外包服务方式也会逐步发展起来。

(2) 服务对象以欧、美为主,日本、东南亚等国家和地区所占比重逐渐提高。中国承接的服务外包主要来自美国、欧洲、日本、韩国以及东南亚等。2012 年中国承接美国、欧盟和日本的外包执行金额依次为 89.4 亿美元、54.6 亿美元和 48.3 亿美元,占总执行金额的 26.6%、16.2% 和 14.4%。中国与"一带一路"沿线国家和地区的服务外包合作发展势头良好。截至 2017 年年底,中国服务外包的业务范围已经遍及五大洲 200 多个国家和地区。中国与"一带一路"沿线国家在信息技术、工业设计、工程技术等领域不断加强服务外包合作,2017 年执行金额首次突破 1 000 亿元,达到 1 029.3 亿元(见图 9-2),同比增长 27.7%,带动中国高铁、核电、通信、移动支付等世界领先的技术和标准加快走出去步伐。

图 9-2　2013—2018 年中国与"一带一路"沿线国家服务外包合同执行金额及占比
资料来源:根据商务部数据整理。

(3) 承接服务外包的区域结构呈现分散化。从地域角度来看,在过去两年,跨国公司在中国的新一线城市逐渐新设了离岸交付中心或开发中心,外包业务逐步向这些地区转移。跨国公司在新一线城市的重新布局,使中国离岸外包服务供应商的地域分布更为合理,缓和了离岸外包服务供应商过度集中在几个发达城市所造成的成本及人才压力。目前,中国比较大的离岸外包服务供应商均在南京、西安、成都、重庆、武汉等新一线城市设置了分公司或者开发中心,未来新一线城市转移趋势将会更为明显。自 2017 年以来,中国在全国推广实施技术先进型服务企业税收优惠政策,营造了稳定、公平、透明、可预期的营商环境。示范城市离岸服务外包占全国的 91.6%,业务不断向价值链中高端转型升级;非示范城市的发展积极性显著提升,2018 年承接离岸服务外包执行金额达 541.6 亿元,同比增长 21.7%,占全国的比重提高了 3.8 个百分点。

二、中国发展服务外包的机遇

在全球金融危机的冲击下,越来越多的跨国公司和金融机构为降低成本,把更多的业务外包到成本更低的国家和地区,这为中国承接国际服务外包业务提供了难得的机遇。

1. 政府的支持

服务外包产业是现代高端服务业的重要组成部分,具有信息技术承载度高、附加值大、资源消耗低、环境污染少、吸纳就业（特别是大学生就业）能力强、国际化水平高等特点。近年来，中国政府高度重视服务业的发展，相继出台了一批扶持服务外包产业发展的政策措施，把承接国际服务外包作为扩大国际服务贸易的重点。

2009年2月，国务院办公厅下发了《关于促进服务外包产业发展问题的复函》，批准北京等20座城市为中国服务外包示范城市，并将在试点城市实行一系列鼓励和支持措施，从税收优惠、财政资金支持、实用人才培训、特殊劳动工时、金融支持、知识产权保护和投资环境改善等诸多方面推进服务外包产业发展。这是中国第一次从国家层面提出针对服务外包产业的扶持政策，说明政府已经意识到并开始重视服务外包产业对经济的拉动作用。

2. 人力资源丰富

服务外包企业需要大量的中高层次人才，如软件外包企业招聘的员工90%以上是本科生，而中国人力资源充足。经过多年的教育积累，中国已经形成较大的知识人才储备。2018年，全国高校毕业生达820万人，比上年增加25万人。中国具有大批受过高等教育的高素质劳动力，并且人力成本低廉，人才流失率相对较低，这是中国发展服务外包的巨大优势，为中国发展国际服务外包提供了必要的条件。但是，由于中国在服务外包方面起步较晚，且大学教育与实际工作需求之间存在一定差距，因此服务外包方面的专业人才和高端人才的培养依然相对欠缺。

3. 市场需求旺盛

美国物流管理协会驻中国首席代表王国文博士曾指出，服务外包并非完全发生在服务业，制造业和其他行业所需要的服务流程更倾向于对外发包。在全球制造向具有劳动力规模和成本优势的发展中国家转移的浪潮中，中国抓住了机会，成为全球制造中心，拥有巨大的制造业市场，大量的制造业外商直接投资为承接服务业离岸外包提供了市场需求和机会。2001—2010年，中国制造业实际使用外资金额达4 173.12亿美元，占所有行业外商实际直接投资金额的59.61%，截至2010年的累计数据表明，第二产业实际使用外资金额占比（62.85%）远大于第三产业（35.17%）。截至2017年年底，中国实有注册的外商投资企业近59万家，自1993年起中国利用外资规模稳居发展中国家首位。这些外商投资企业将为本土企业承接服务外包业务提供更多的市场渠道。制造业企业是中国外包服务的潜在客户，应该利用自身制造业的优势积极发展服务外包。

4. 其他

除了上述几点，中国发展服务外包还具有许多有利条件，随着对外开放的不断深入，中国的投资环境越来越好。例如，许多城市交通、通信等基础设施不断改善，产业集群迅速发展，形成了较强的产业配套能力，外商投资政策环境不断完善等。另外，高速增长的经济环境、稳定的政治环境等，都为吸引跨国公司的服务外包业务创造了条件。

三、中国发展服务外包的障碍

服务外包在中国的贸易和对外合作中占有越来越重要的地位，离岸外包已经成为推动中国服务出口的重要引擎。近年来，中国信息技术外包产业发展非常迅速，已涌现出一批服务外包的基地城市和龙头企业。但与印度和爱尔兰等国相比，中国的服务外包产业在综合能力上还有很大的差距。

1. 专业人才缺乏

中国虽然人力资源丰富，却缺乏大量英语优秀的专业技术人才和具有国际化水平的人才，服务外包市场对人才的国际化程度提出了更高的要求，对英语的熟练程度特别是口语水平要求更高。近年来，中国从业人员的英语总体水平虽然有大幅度提高，但是直接对话能力仍相对较弱，英语应用水平较差。另外，中国还缺乏具有国际市场运作经验和管理才能的高端人才，对国际商务运行规则、法律规则的把握和运用能力有待提高。缺乏专业化的人才直接导致中国在服务外包领域的竞争力不强。

2. 政策措施和知识产权保护力度不够

首先，中国与服务外包相关的政策远远不能满足服务外包发展的需要。服务外包的发展涉及宽领域、多部门，需要完善的配套措施进行产业支持。从服务外包企业的工商登记政策、人才政策到税收政策、财政政策等，需要有一整套的优惠政策对服务外包产业进行扶持。其次，知识产权制度不完善。许多服务发包企业对承接地的知识产权保护环境要求极为严格，尤其是研发外包，研发信息一旦泄露出去，对企业造成的损失将难以估计，而跨国公司对其知识产权的担忧也影响着承接地的选择。政策措施不完善和知识产权保护力度不够等极大地阻碍了中国服务外包产业的发展。

3. 服务外包承接企业实力较弱

中国服务外包承接企业对服务外包产业的认知度不够，尽管服务外包产业在国际分工合作中扮演着重要角色，也有着广阔的发展前景，但是许多人对其内涵、表现形式和发展规律等缺乏深入了解，对其投入不够，未建立严格的管理制度，缺乏健全的研发和营销网络，技术人员与客户沟通能力较弱，整体处于低端水平。以物流外包为例，目前中国实施物流外包的企业中，有超过30%的客户对物流供应商不满意，主要原因是合作双方沟通不畅，信息反馈滞后，缺乏应急措施，物流供应商的信息技术系统落后，不能对物流活动进行有效跟踪和监控，缺乏标准化的运作程序，同一客户不同项目、不同环节服务水平参差不齐，缺乏持续改进机制，服务功能单一，等等。而在美国，有80%的企业对物流供应商感到满意。服务外包行业的成熟度低、承接商的实力薄弱等问题影响着中国承接服务外包的能力。

4. 语言和文化差异

语言和文化的融合能力是外包中的一个重要因素。良好的语言沟通能力是外包双方合作的基础，外包过程中涉及大量的沟通，如果没有良好的语言沟通能力，就很容易造成双方的误解和冲突。另外，相同的文化背景更容易增进双方的信任和相互理解。在不同的文化背景下，人们的思维模式和行为方式有很大区别。发包商在寻找伙伴时有两个非常重要的标准，这两个标准都和文化有关，首先要看外包服务供应商的企业文化如何，其次要看外包服务供应商的企业文化是否与自己的企业文化匹配。现阶段中国信息技术外包业务的主要市场是日本和韩国，它们与中国具有融合的文化背景和较好的语言沟通基础。

整体上看,中国属于国际上第二层次的承接国,面临许多的不足和挑战,相对于其他知名的服务外包承接国,中国在全球服务外包产业中所占比重较低。在国际金融危机的背景下,作为全球服务外包市场上的参与者,中国软件服务外包产业也受到较大影响,产业的发展速度有所降低。因此,中国要想在服务外包领域占据一席之地,要走的路还很长,要解决的问题也很多。但有一点是可以确定的:中国必须认清自己的长处和特点,找到一条适合国情的道路,并且脚踏实地、坚持不懈地走下去。

四、中国发展服务外包的应对措施

20世纪90年代,由于跨国公司把大量业务外包出去,印度诞生了Infosys、Wipro、Satyam、Tata等著名软件业企业。经过十几年的积累,印度的外包业已经形成一定规模。印度目前有软件服务企业3 000多家,从业者超过50万人,其中前10家企业的人员规模多在万人以上,最大的企业已接近4万人。印度居全球IT服务输出的首位,比加拿大、爱尔兰、菲律宾和南非的总和还多,而且还在以每年30%的速度增长。麦肯锡的调查显示,中国IT服务一年的收入不到印度的一半,且市场零碎,缺少具有规模优势的大企业。印度人建立起来的信誉给中国人带来了极大的压力。中国是正在兴起的服务外包承接国,在承接服务外包业务的规模、能力和质量等方面要与印度竞争,还有相当大的差距。面对全球服务外包快速增长的发展态势,中国要在发挥自身优势的同时,采取有效措施,积极建设有利于服务外包发展的环境,推动服务外包的发展。

1. 制定相应的优惠政策

印度、菲律宾等国家政府高度重视服务外包,为服务外包的发展制定了一系列优惠政策。中国政府应该借鉴这些国家的经验,从战略上认识到承接服务外包的重要性,给予服务外包企业更多的政策支持和资金支持,提供具有竞争力的税收支持以及优惠的土地使用政策等。

目前,承接离岸服务外包业务在中国刚刚开始,为此,政府应制定实施战略,有步骤地推进。一是要加强宣传。在国内,外包是一个新生事物,应加强各级政府和企业的认识。二是要制定相关产业发展政策。目前,国家有关部门正在制定相关发展战略,如商务部实施的"千百十工程"等,但应配套相关实施细则,以保证战略的实施。三是地方政府应根据具体情况制定相应的发展战略。四是要避免产业趋同化现象。由于各地区的产业结构不同,目标市场不同,制定服务外包发展战略的重点也应有所侧重。

2. 制订国际化人才培养计划

承接离岸服务外包业务,人才是关键性问题。由于跨国公司外包业务的技术标准普遍较高,技术开发周期短,同时还存在语言、文化背景等诸多不同因素,因此,中国承接服务外包业务不仅需要一批具有研发能力的技术型人才,而且需要通晓国际规则的法律人才、管理人才以及外语人才。

中国承接欧美企业服务外包的一大困难是缺少既懂技术又精通英语的有国际市场运作经验的全方位人才,所以中国要调整人才培养战略,根据服务外包产业所涉专业的特点,探索多种模式培养服务外包人才;调整专业结构适应服务外包产业需要,地方所属高校的计算机科学与技术专业要以造就应用型人才为主要目标,大力培养服务外包人才,示范性软件学院要以培养高端服务外包人才为主;同时,可以深化高校与服务外包企业的合作,使"中国服务外包示范城市"的地方政府、服务外包企业和高校成立服务外包企业合作联盟,提高学生的动手实践能力。

3. 完善知识产权保护制度

知识产权保护是服务外包得以发展的基础,是提高服务外包产业的竞争力、附加值和适应高端服务委托的需求。因为外包是同一品牌产品的分包,所以外包要求共享大家所拥有的知识产权,如商业秘密、商标、工业品设计、专利、版权和相关权利等都渗透在不同层次的外包环节。外包过程中的核心技术流失正是许多跨国公司所担忧的,因此只有严格保护知识产权,才能分享知识产权资产的收益。外国发包商出于自身利益的考虑,会谨慎选择向知识产权保护力度不足的国家转移服务,中国虽然有保护知识产权的法律法规,但是执行力度弱,而且中国一些企业仍然缺乏知识产权保护意识,这种状况已经影响到软件、设计等外包业务的拓展。因此,政府应该进一步完善和健全知识产权保护制度,逐步建立健全有效的知识产权保护体系,为企业创造良好的法律环境。

全球经济危机也给了中国服务外包企业一个突围的机会。在金融危机的冲击下,越来越多的跨国公司和金融机构为降低成本,将把更多的业务外包给低成本国家和地区,这为中国积极承接国际服务外包业务提供了难得的机遇。中国可以借机将自身的服务定位升级,因为中国服务外包产业仍处于初级阶段,所以承接的业务也处在整个产业链的中低端。过去危机没有到来时,中国企业没有时间和精力去提升自己的业务能力,但是危机过后数据和信息处理压力相对减轻了,这就给了中国企业一个休养生息的机会。

专栏 9-2　中国软件外包的精品案例——文思与仁科

北京文思创意软件技术有限责任公司(以下简称"文思公司")是中国软件外包行业的领先企业,主营软件本地化和软件测试业务,自 1995 年成立以来发展迅速,至 2004 年第二季度,已拥有近 600 名高素质员工。公司总部设在北京,在中国上海、武汉、深圳、大连、香港以及美国、日本都设有办事处。文思公司凭借良好的企业运行机制、稳定的人才队伍、科学的管理手段、高效的工作作风、踏实负责的工作态度、丰富的跨文化沟通经验,已成为 IBM、微软、惠普、甲骨文、爱普生、富士施乐、硅图等国际知名 IT 企业的软件外包服务供应商,是中国最大的软件外包企业之一。

2004 年 4 月,文思公司通过竞标,赢得了美国仁科公司 BOT 模式软件外包项目。此项目的发包方美国仁科公司是行业领先企业,具有极高的国际知名度;项目规模大,模式具有开创性。此项目的启动是中国软件外包行业的一件大事,是欧美企业对华软件外包的一个大手笔。

文思公司是仁科公司在华传统的软件外包战略伙伴,2000 年开始为仁科公司提供软件外包服务,2001 年以来一直是仁科公司在华唯一的服务提供商。此次项目招标始于仁科公司 2004 年 3 月 26 日发出标书邀请,招标的命题为"仁科公司在华开发中心和合作伙伴",项目的核心内容是为仁科公司在华建设并运营一个成功的开发中心。经过若干家软件外包企业的竞标,又经过仁科公司的实地考察和两阶段遴选,以及招投标双方谈判,项目招标于 2004 年 5 月底结束,并正式启动外包项目。文思公司在自身国际化团队的努力之下,成为仁科公司最终选中的唯一一家服务提供商。

专栏 9-3　软件外包中的 BOT 模式

BOT(Build-Operate-Transfer)模式,即建设—运行—交付模式,又称交钥匙工程,是国际贸易术语,常见于路、桥、水库、场馆等大型公共工程的国际招标建设。其主要特点为承包者开发、融资、建设公共项目,运作使之盈利,并在其运转良好阶段将其交付给公共团体。

在不断演进的过程中,BOT 模式已经突破传统行业,也不仅限于公共事业领域的项目。国际企业在全球化经营中,常常发现当地服务商通过本土优势提供硬件、软件、人力资源以及运营的一揽子服务,能缩短本土化周期并降低风险。这样的一种方式正是 BOT 模式的精华所在。出于不同战略意图和不同外包国家市场的考虑,近年来欧美企业纷纷开始在软件外包领域尝试 BOT 模式。发包商通常要求承包企业根据预算在指定的期限内建立项目所需的技术团队及相应的办公设施,使之正常运行并盈利。此后,承包企业将运行良好的整个团队以双方商定的合适的价格转卖给发包商。当然,最后是否或何时履行交付环节,一般由合作双方根据实际情况决定。

这种模式不仅降低了发包商的运作成本,而且为其提供了足够的时间了解当地市场及其文化状况,使之更快地适应在该地区的项目运作方式。此种创新模式在欧美企业软件对印度、俄罗斯等国的外包实践中已有成功的经验。然而在中国,软件外包尚属新兴行业,BOT 模式是没有先例的。文思—仁科 BOT 项目的签订是中国软件外包行业发展的里程碑,将迅速提升其综合技术管理水平,使其逐渐成为国际软件外包产业的一员并最终参与国际竞争。

 内容提要

1. 外包是指企业利用其外部优秀的专业化资源,达到降低成本、提高效率、充分发挥自身核心竞争力的一种管理模式。其核心是企业专注于做自己最擅长的事情,而把非核心业务委派给外部擅长做这些工作的专业组织去做。根据不同的划分标准,外包具有不同的形式。

2. 20 世纪 60—80 年代,全球软件与服务外包市场开始发展,初期 IT 服务以硬件为导向,数据处理服务是早期业务流程外包服务供应商提供的主要服务。从 80 年代开始,服务业出现国际化加速转移的趋势。当前国际上的服务外包转移方市场主要集中于北美、西欧和日本,这三个地区转移的服务外包总量约占全球的80%以上。

3. 近年来,中国服务外包产业发展速度加快,但在全球服务外包市场中所占份额还比较小,服务外包总体水平比较落后,多数业务处于价值链的低端。这就要求中国企业在发挥自身优势的同时,采取有效措施,积极建设有利于服务外包发展的环境,推动服务外包的发展。

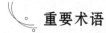

重要术语

外包　信息技术外包　业务流程外包　知识流程外包

思考题

1. 什么是外包？服务外包是如何分类的？
2. 外包的理论依据有哪些？
3. 国际服务外包的发展趋势是什么？
4. 世界服务外包主要承接国有哪些？它们各自有什么优势？
5. 中国承接服务外包面临哪些障碍？可以采取什么应对措施？

阅读推荐与网络链接

1. 汪应洛.服务外包概论[M].西安:西安交通大学出版社,2007.

2. 朱晓明,潘龙清.服务外包——把握现代服务业发展新机遇[M].上海:上海交通大学出版社,2006.

3. http://chinasourcing.mofcom.gov.cn/

4. http://fms.mofcom.gov.cn/article/ex/

5. http://tradeinservices.mofcom.gov.cn/index.shtml

6. http://www.waibao.com.cn/

附录1　中国加入世界贸易组织议定书

（标准中文版全文）

序　言

世界贸易组织（"WTO"），按照WTO部长级会议根据《马拉喀什建立世界贸易组织协定》（"《WTO协定》"）第12条所作出的批准，与中华人民共和国（"中国"），

忆及中国是《1947年关税与贸易总协定》的创始缔约方，

注意到中国是《乌拉圭回合多边贸易谈判结果最后文件》的签署方，

注意到载于WT/ACC/CHN/49号文件的《中国加入工作组报告书》（"工作组报告书"），

考虑到关于中国WTO成员资格的谈判结果，

协议如下：

第一部分　总　则

第1条　总体情况

1. 自加入时起，中国根据《WTO协定》第12条加入该协定，并由此成为WTO成员。

2. 中国所加入的《WTO协定》应为经在加入之日前已生效的法律文件所更正、修正或修改的《WTO协定》。本议定书，包括工作组报告书第342段所指的承诺，应成为《WTO协定》的组成部分。

3. 除本议定书另有规定外，中国应履行《WTO协定》所附各多边贸易协定中的、应在自该协定生效之日起开始的一段时间内履行的义务，如同中国在该协定生效之日已接受该协定。

4. 中国可维持与《服务贸易总协定》（"GATS"）第2条第1款规定不一致的措施，只要此措施已记录在本议定书所附《第2条豁免清单》中，并符合《服务贸易总协定》《关于第2条豁免的附件》中的条件。

第2条　贸易制度的实施

（A）统一实施

1.《WTO协定》和本议定书的规定应适用于中国的全部关税领土，包括边境贸易地区、民族自治地方、经济特区、沿海开放城市、经济技术开发区以及其他在关税、国内税和

法规方面已建立特殊制度的地区(统称为"特殊经济区")。

2. 中国应以统一、公正和合理的方式适用和实施中央政府有关或影响货物贸易、服务贸易、与贸易有关的知识产权("TRIPS")或外汇管制的所有法律、法规及其他措施以及地方各级政府发布或适用的地方性法规、规章及其他措施(统称为"法律、法规及其他措施")。

3. 中国地方各级政府的地方性法规、规章及其他措施应符合在《WTO协定》和本议定书中所承担的义务。

4. 中国应建立一种机制,使个人和企业可据以提请国家主管机关注意贸易制度未统一适用的情况。

(B) 特殊经济区

1. 中国应将所有与其特殊经济区有关的法律、法规及其他措施通知WTO,列明这些地区的名称,并指明界定这些地区的地理界线。中国应迅速,且无论如何应在60天内,将特殊经济区的任何增加或改变通知WTO,包括与此有关的法律、法规及其他措施。

2. 对于自特殊经济区输入中国关税领土其他部分的产品,包括物理结合的部件,中国应适用通常适用于输入中国关税领土其他部分的进口产品的所有影响进口产品的税费和措施,包括进口限制及海关税费。

3. 除本议定书另有规定外,在对此类特殊经济区内的企业提供优惠安排时,WTO关于非歧视和国民待遇的规定应得到全面遵守。

(C) 透明度

1. 中国承诺只执行已公布的,且其他WTO成员、个人和企业可容易获得的有关或影响货物贸易、服务贸易、TRIPS或外汇管制的法律、法规及其他措施。此外,在所有有关或影响货物贸易、服务贸易、TRIPS或外汇管制的法律、法规及其他措施实施或执行前,应请求中国应使WTO成员可获得此类措施。在紧急情况下,应使法律、法规及其他措施最迟在实施或执行之时可获得。

2. 中国应设立或指定一官方刊物,用于公布所有有关或影响货物贸易、服务贸易、TRIPS或外汇管制的法律、法规及其他措施,并且在其法律、法规或其他措施在该刊物上公布之后,应在此类措施实施之前提供一段可向有关主管机关提出意见的合理时间,但涉及国家安全的法律、法规及其他措施、确定外汇汇率或货币政策的特定措施以及一旦公布则会妨碍法律实施的其他措施除外。中国应定期出版该刊物,并使个人和企业可容易获得该刊物各期。

3. 中国应设立或指定一咨询点,应任何个人、企业或WTO成员的请求,在咨询点可获得根据本议定书第2条(C)节第1款要求予以公布的措施有关的所有信息。对此类提供信息请求的答复一般应在收到请求后30天内作出。在例外情况下,可在收到请求后45天内作出答复。延迟的通知及其原因应以书面形式向有关当事人提供。向WTO成员作出的答复应全面,并应代表中国政府的权威观点。应向个人和企业提供准确和可靠的信息。

(D) 司法审查

1. 中国应设立或指定并维持审查庭、联络点和程序,以便迅速审查所有与《1994年关税与贸易总协定》("GATT 1994")第10条第1款、《服务贸易总协定》第6条和《TRIPS协定》相关规定所指的法律、法规、普遍适用的司法决定和行政决定的实施有关的所有行政行为。此类审查庭应是公正的,并独立于被授权进行行政执行的机关,且不应对审查事项的结果有任何实质利害关系。

2. 审查程序应包括给予受须经审查的任何行政行为影响的个人或企业进行上诉的机会,且不因上诉而受到处罚。如初始上诉权需向行政机关提出,则在所有情况下应有选择向司法机关对决定提出上诉的机会。关于上诉的决定应通知上诉人,作出该决定的理由应以书面形式提供。上诉人还应被告知可进一步上诉的任何权利。

第3条 非歧视

除本议定书另有规定外,在下列方面给予外国个人、企业和外商投资企业的待遇不得低于给予其他个人和企业的待遇:

(a)生产所需投入物、货物和服务的采购,及其货物据以在国内市场或供出口而生产、营销或销售的条件;

(b)国家和地方各级主管机关以及公有或国有企业在包括运输、能源、基础电信、其他生产设施和要素等领域所供应的货物和服务的价格和可用性。

第4条 特殊贸易安排

自加入时起,中国应取消与第三国和单独关税区之间的、与《WTO协定》不符的所有特殊贸易安排,包括易货贸易安排,或使其符合《WTO协定》。

第5条 贸易权

1. 在不损害中国以与符合《WTO协定》的方式管理贸易的权利的情况下,中国应逐步放宽贸易权的获得及其范围,以便在加入后3年内,使所有在中国的企业均有权在中国的全部关税领土内从事所有货物的贸易,但附件2A所列依照本议定书继续实行国营贸易的货物除外。此种贸易权应为进口或出口货物的权利。对于所有此类货物,均应根据GATT 1994第3条,特别是其中第4款的规定,在国内销售、许诺销售、购买、运输、分销或使用方面,包括直接接触最终用户方面,给予国民待遇。对于附件2B所列货物,中国应根据该附件中所列时间表逐步取消在给予贸易权方面的限制。中国应在过渡期内完成执行这些规定所必需的立法程序。

2. 除本议定书另有规定外,对于所有外国个人和企业,包括未在中国投资或注册的外国个人和企业,在贸易权方面应给予其不低于给予在中国的企业的待遇。

第6条 国营贸易

1. 中国应保证国营贸易企业的进口购买程序完全透明,并符合《WTO协定》,且应避免采取任何措施对国营贸易企业购买或销售货物的数量、价值或原产国施加影响或指导,但依照《WTO协定》进行的除外。

2. 作为根据GATT 1994和《关于解释1994年关税与贸易总协定第17条的谅解》所作通知的一部分,中国还应提供有关其国营贸易企业出口货物定价机制的全部信息。

第7条 非关税措施

1. 中国应执行附件3包含的非关税措施取消时间表。在附件3中所列期限内,对该附件中所列措施所提供的保护在规模、范围或期限方面不得增加或扩大,且不得实施任何新的措施,除非符合《WTO协定》的规定。

2. 在实施 GATT 1994 第 3 条、第 11 条和《农业协定》的规定时,中国应取消且不得采取、重新采取或实施不能根据《WTO 协定》的规定证明为合理的非关税措施。对于在加入之日以后实施的、与本议定书或《WTO 协定》相一致的非关税措施,无论附件 3 是否提及,中国均应严格遵守《WTO 协定》的规定,包括 GATT 1994 及其第 13 条以及《进口许可程序协定》的规定,包括通知要求,对此类措施进行分配或管理。

3. 自加入时起,中国应遵守《TRIMs 协定》,但不援用《TRIMs 协定》第 5 条的规定。中国应取消并停止执行通过法律、法规或其他措施实施的贸易平衡要求和外汇平衡要求、当地含量要求和出口实绩要求。此外,中国将不执行设置此类要求的合同条款。在不损害本议定书有关规定的情况下,中国应保证国家和地方各级主管机关对进口许可证、配额、关税配额的分配或对进口、进口权或投资权的任何其他批准方式,不以下列内容为条件:此类产品是否存在与之竞争的国内供应者;任何类型的实绩要求,例如当地含量、补偿、技术转让、出口实绩或在中国进行研究与开发等。

4. 进出口禁止和限制以及影响进出口的许可程序要求只能由国家主管机关或由国家主管机关授权的地方各级主管机关实行和执行。不得实施或执行不属国家主管机关或由国家主管机关授权的地方各级主管机关实行的措施。

第 8 条　进出口许可程序

1. 在实施《WTO 协定》和《进口许可程序协定》的规定时,中国应采取以下措施,以便遵守这些协定:

(a) 中国应定期在本议定书第 2 条(C)节第 2 款所指的官方刊物中公布下列内容:

——按产品排列的所有负责授权或批准进出口的组织的清单,包括由国家主管机关授权的组织,无论是通过发放许可证还是其他批准;

——获得此类进出口许可证或其他批准的程序和标准,以及决定是否发放进出口许可证或其他批准的条件;

——按照《进口许可程序协定》,按税号排列的实行招标要求管理的全部产品清单,包括关于实行此类招标要求管理产品的信息及任何变更;

——限制或禁止进出口的所有货物和技术的清单,这些货物也应通知进口许可程序委员会;

——限制或禁止进出口的货物和技术清单的任何变更,用一种或多种 WTO 正式语文提交的这些文件的副本应在每次公布后 75 天内送交 WTO,供散发 WTO 成员并提交进口许可程序委员会。

(b) 中国应将加入后仍然有效的所有许可程序和配额要求通知 WTO,这些要求应按协调制度税号分别排列,并附与此种限制有关的数量(如有数量),以及保留此种限制的理由或预定的终止日期。

(c) 中国应向进口许可程序委员会提交其关于进口许可程序的通知。中国应每年向进口许可程序委员会报告其自动进口许可程序的情况,说明产生这些要求的情况,并证明继续实行的需要。该报告还应提供《进口许可程序协定》第 3 条中所列信息。

(d) 中国发放的进口许可证的有效期至少应为 6 个月,除非例外情况使此点无法做到。在此类情况下,中国应将要求缩短许可证有效期的例外情况迅速通知进口许可程序委员会。

2. 除本议定书另有规定外,对于外国个人、企业和外商投资企业在进出口许可证和配额分配方面,应给予不低于给予其他个人和企业的待遇。

第 9 条 价格控制

1. 在遵守以下第 2 款的前提下,中国应允许每一部门交易的货物和服务的价格由市场力量决定,且应取消对此类货物和服务的多重定价做法。

2. 在符合《WTO 协定》,特别是 GATT 1994 第 3 条和《农业协定》附件 2 第 3、4 款的情况下,可对附件 4 所列货物和服务实行价格控制。除非在特殊情况下,并须通知 WTO,否则不得对附件 4 所列货物或服务以外的货物或服务实行价格控制,且中国应尽最大努力减少和取消这些控制。

3. 中国应在官方刊物上公布实行国家定价的货物和服务的清单及其变更情况。

第 10 条 补贴

1. 中国应通知 WTO 在其领土内给予或维持的、属《补贴与反补贴措施协定》("《SCM 协定》")第 1 条含义内的、按具体产品划分的任何补贴,包括《SCM 协定》第 3 条界定的补贴。所提供的信息应尽可能具体,并遵循《SCM 协定》第 25 条所提及的关于补贴问卷的要求。

2. 就实施《SCM 协定》第 1 条第 2 款和第 2 条而言,对国有企业提供的补贴将被视为专向性补贴,特别是在国有企业是此类补贴的主要接受者或国有企业接受此类补贴的数量异常之大的情况下。

3. 中国应自加入时起取消属《SCM 协定》第 3 条范围内的所有补贴。

第 11 条 对进出口产品征收的税费

1. 中国应保证国家主管机关或地方各级主管机关实施或管理的海关规费或费用符合 GATT 1994。

2. 中国应保证国家主管机关或地方各级主管机关实施或管理的国内税费,包括增值税,符合 GATT 1994。

3. 中国应取消适用于出口产品的全部税费,除非本议定书附件 6 中有明确规定或按照 GATT 1994 第 8 条的规定适用。

4. 在进行边境税的调整方面,对于外国个人、企业和外商投资企业,自加入时起应被给予不低于给予其他个人和企业的待遇。

第 12 条 农业

1. 中国应实施中国货物贸易承诺和减让表中包含的规定,以及本议定书具体规定的《农业协定》的条款。在这方面,中国不得对农产品维持或采取任何出口补贴。

2. 中国应在过渡性审议机制中,就农业领域的国营贸易企业(无论是国家还是地方)与在农业领域按国营贸易企业经营的其他企业之间或在上述任何企业之间进行的财政和其他转移作出通知。

第 13 条 技术性贸易壁垒

1. 中国应在官方刊物上公布作为技术法规、标准或合格评定程序依据的所有正式的或非正式的标准。

2. 中国应自加入时起,使所有技术法规、标准和合格评定程序符合《TBT 协定》。

3. 中国对进口产品实施合格评定程序的目的应仅为确定其是否符合与本议定书和《WTO 协定》规定相一致的技术法规和标准。只有在合同各方授权的情况下,合格评定机构方可对进口产品是否符合该合同的商业条款进行合格评定。中国应保证此种针对产品是否符合合同商业条款的检验不影响此类产品通关或进口许可证的发放。

4.(a)自加入时起,中国应保证对进口产品和国产品适用相同的技术法规、标准和合格评定程序。为保证从现行体制的顺利过渡,中国应保证自加入时起,所有认证、安全许可和质量许可机构和部门获得既对进口产品又对国产品进行此类活动的授权;加入 1 年后,所有合格评定机构和部门获得既对进口产品又对国产品进行合格评定的授权。对机构或部门的选择应由申请人决定。对于进口产品和国产品,所有机构和部门应颁发相同的标志,收取相同的费用。它们还应提供相同的处理时间和申诉程序。进口产品不得实行一种以上的合格评定程序。中国应公布并使其他 WTO 成员、个人和企业可获得有关其各合格评定机构和部门相应职责的全部信息。

(b)不迟于加入后 18 个月,中国应仅依据工作范围和产品种类,指定其各合格评定机构的相应职责,而不考虑产品的原产地。指定给中国各合格评定机构的相应职责将在加入后 12 个月通知 TBT 委员会。

第 14 条　卫生与植物卫生措施

中国应在加入后 30 天内,向 WTO 通知其所有有关卫生与植物卫生措施的法律、法规及其他措施,包括产品范围及相关国际标准、指南和建议。

第 15 条　确定补贴和倾销时的价格可比性

GATT 1994 第 6 条、《关于实施 1994 年关税与贸易总协定第 6 条的协定》("《反倾销协定》")以及《SCM 协定》应适用于涉及原产于中国的进口产品进入一 WTO 成员的程序,并应符合下列规定:

(a)在根据 GATT 1994 第 6 条和《反倾销协定》确定价格可比性时,该 WTO 进口成员应依据下列规则,使用接受调查产业的中国价格或成本,或者使用不依据与中国国内价格或成本进行严格比较的方法:

(i)如受调查的生产者能够明确证明,生产该同类产品的产业在制造、生产和销售该产品方面具备市场经济条件,则该 WTO 进口成员在确定价格可比性时,应使用受调查产业的中国价格或成本;

(ii)如受调查的生产者不能明确证明生产该同类产品的产业在制造、生产和销售该产品方面具备市场经济条件,则该 WTO 进口成员可使用不依据与中国国内价格或成本进行严格比较的方法。

(b)在根据《SCM 协定》第二、三及五部分规定进行的程序中,在处理第 14 条(a)项、(b)项、(c)项和(d)项所述补贴时,应适用《SCM 协定》的有关规定;但是,如此种适用遇有特殊困难,则该 WTO 进口成员可使用考虑到中国国内现有情况和条件并非总能用作适当基准这一可能性的确定和衡量补贴利益的方法。在适用此类方法时,只要可行,该 WTO 进口成员在考虑使用中国以外的情况和条件之前,应对此类现有情况和条件进行调整。

（c）该WTO进口成员应向反倾销措施委员会通知依照(a)项使用的方法，并应向补贴与反补贴措施委员会通知依照(b)项使用的方法。

（d）一旦中国根据该WTO进口成员的国内法证实其是一个市场经济体，则(a)项的规定即应终止，但截至加入之日，该WTO进口成员的国内法中须包含有关市场经济的标准。无论如何，(a)项(ii)目的规定应在加入之日后15年终止。此外，如中国根据该WTO进口成员的国内法证实一特定产业或部门具备市场经济条件，则(a)项中的非市场经济条款不得再对该产业或部门适用。

第16条 特定产品过渡性保障机制

1. 如原产于中国的产品在进口至任何WTO成员领土时，其增长的数量或所依据的条件对生产同类产品或直接竞争产品的国内生产者造成或威胁造成市场扰乱，则受此影响的WTO成员可请求与中国进行磋商，以期寻求双方满意的解决办法，包括受影响的成员是否应根据《保障措施协定》采取措施。任何此种请求应立即通知保障措施委员会。

2. 如在这些双边磋商过程中，双方同意原产于中国的进口产品是造成此种情况的原因并有必要采取行动，则中国应采取行动以防止或补救此种市场扰乱。任何此类行动应立即通知保障措施委员会。

3. 如磋商未能使中国与有关WTO成员在收到磋商请求后60天内达成协议，则受影响的WTO成员有权在防止或补救此种市场扰乱所必需的限度内，对此类产品撤销减让或限制进口。任何此类行动应立即通知保障措施委员会。

4. 市场扰乱应在下列情况下存在：一项产品的进口快速增长，无论是绝对增长还是相对增长，从而构成对生产同类产品或直接竞争产品的国内产业造成实质损害或实质损害威胁的一个重要原因。在认定是否存在市场扰乱时，受影响的WTO成员应考虑客观因素，包括进口量、进口产品对同类产品或直接竞争产品价格的影响以及此类进口产品对生产同类产品或直接竞争产品的国内产业的影响。

5. 在根据第3款采取措施之前，采取此项行动的WTO成员应向所有利害关系方提供合理的公告，并应向进口商、出口商及其他利害关系方提供充分机会，供其就拟议措施的适当性及是否符合公众利益提出意见和证据。该WTO成员应提供关于采取措施的决定的书面通知，包括采取该措施的理由及其范围和期限。

6. 一WTO成员只能在防止和补救市场扰乱所必需的时限内根据本条采取措施。如一措施是由于进口水平的相对增长而采取的，而且如该项措施持续有效的期限超过2年，则中国有权针对实施该措施的WTO成员的贸易暂停实施GATT 1994项下实质相当的减让或义务。但是，如一措施是由于进口的绝对增长而采取的，而且如该措施持续有效的期限超过3年，则中国有权针对实施该措施的WTO成员的贸易暂停实施GATT 1994项下实质相当的减让或义务。中国采取的任何此种行动应立即通知保障措施委员会。

7. 在迟延会造成难以补救的损害的紧急情况下，受影响的WTO成员可根据一项有关进口产品已经造成或威胁造成市场扰乱的初步认定，采取临时保障措施。在此种情况下，应在采取措施后立即向保障措施委员会作出有关所采取措施的通知，并提出进行双边磋商的请求。临时措施的期限不得超过200天，在此期间，应符合第1款、第2款和第5款的有关要求。任何临时措施的期限均应计入第6款下规定的期限。

8. 如一 WTO 成员认为根据第 2 款、第 3 款或第 7 款采取的行动造成或威胁造成进入其市场的重大贸易转移，则该成员可请求与中国和/或有关 WTO 成员进行磋商。此类磋商应在向保障措施委员会作出通知后 30 天内举行。如此类磋商未能在作出通知后 60 天内使中国与一个或多个有关 WTO 成员达成协议，则请求进行磋商的 WTO 成员在防止或补救此类贸易转移所必需的限度内，有权针对该产品撤销减让或限制自中国的进口。此种行动应立即通知保障措施委员会。

9. 本条的适用应在加入之日后 12 年终止。

第 17 条　WTO 成员的保留

WTO 成员以与《WTO 协定》不一致的方式针对自中国进口的产品维持的所有禁止、数量限制和其他措施列在附件 7 中。所有此类禁止、数量限制和其他措施应依照该附件所列共同议定的条件和时间表逐步取消或加以处理。

第 18 条　过渡性审议机制

1. 所获授权涵盖中国在《WTO 协定》或本议定书项下承诺的 WTO 下属机构①，应在加入后 1 年内，并依照以下第 4 款，在符合其授权的情况下，审议中国实施《WTO 协定》和本议定书相关规定的情况。中国应在审议前向每一下属机构提供相关信息，包括附件 1A 所列信息。中国也可在具有相关授权的下属机构中提出与第 17 条下任何保留或其他 WTO 成员在本议定书中所作任何其他具体承诺有关的问题。每一下属机构应迅速向根据《WTO 协定》第 4 条第 5 款设立的有关理事会报告审议结果（如适用），有关理事会应随后迅速向总理事会报告。

2. 总理事会应在加入后 1 年内，依照以下第 4 款，审议中国实施《WTO 协定》和本议定书条款的情况。总理事会应依照附件 1B 所列框架，并按照根据第 1 款进行的任何审议的结果，进行此项审议。中国也可提出与第 17 条下任何保留或其他 WTO 成员在本议定书中所作任何其他具体承诺有关的问题。总理事会可在这些方面向中国或其他成员提出建议。

3. 根据本条审议问题不得损害包括中国在内的任何 WTO 成员在《WTO 协定》或任何诸边贸易协定项下的权利和义务，并不得排除或构成要求磋商或援用《WTO 协定》或本议定书中其他规定的先决条件。

4. 第 1 款和第 2 款规定的审议将在加入后 8 年内每年进行。此后，将在第 10 年或总理事会决定的较早日期进行最终审议。

第二部分　减　让　表

1. 本议定书所附减让表应成为与中国有关的、GATT 1994 所附减让和承诺表及《服务

---

① 货物贸易理事会、与贸易有关的知识产权理事会、服务贸易理事会、国际收支限制委员会、市场准入委员会（包括《信息技术协定》）、农业委员会、卫生与植物卫生措施委员会、技术性贸易壁垒委员会、补贴与反补贴措施委员会、反倾销措施委员会、海关估价委员会、原产地规则委员会、进口许可程序委员会、与贸易有关的投资措施委员会、保障措施委员会和金融服务委员会。

贸易总协定》所附具体承诺表。减让表中所列减让和承诺的实施期应按有关减让表相关部分列明的时间执行。

2. 就 GATT 1994 第 2 条第 6 款(a)项所指的该协定日期而言,本议定书所附减让和承诺表的适用日期应为加入之日。

第三部分 最后条款

1. 本议定书应开放供中国在 2002 年 1 月 1 日前以签字或其他方式接受。
2. 本议定书应在接受之日后第 30 天生效。
3. 本议定书应交存 WTO 总干事。总干事应根据本议定书第三部分第 1 款的规定,迅速向每一 WTO 成员和中国提供一份本议定书经核证无误的副本和中国接受本议定书通知的副本。
4. 本议定书应依照《联合国宪章》第 102 条的规定予以登记。

2001 年 11 月 10 日订于多哈,正本一份用英文、法文和西班牙文写成,三种文本具有同等效力,除非所附减让表中规定该减让表只以以上文字中的一种或多种为准。

附录2 服务贸易总协定

各成员，

认识到服务贸易对世界经济增长和发展日益增加的重要性；

希望建立一个服务贸易原则和规则的多边框架，以期在透明和逐步自由化的条件下扩大此类贸易，并以此为手段促进所有贸易伙伴的经济增长和发展中国家的发展；

期望在给予国家政策目标应有尊重的同时，通过连续回合的多边谈判，在互利基础上促进所有参加方的利益，并保证权利和义务的总体平衡，以便早日实现服务贸易自由化水平的逐步提高；

认识到各成员为实现国家政策目标，有权对其领土内的服务提供进行管理和采用新的法规，同时认识到由于不同国家服务法规发展程度方面存在的不平衡，发展中国家特别需要行使此权利；

期望便利发展中国家更多地参与服务贸易和扩大服务出口，特别是通过增强其国内服务能力、效率和竞争力；

特别考虑到最不发达国家由于特殊的经济状况及其在发展、贸易和财政方面的需要而存在的严重困难。

特此协议如下：

第一部分 范围与定义

第1条 范围与定义

1. 本协定适用于各成员影响服务贸易的措施。
2. 就本协定而言，服务贸易定义为：
（a）自一成员领土向任何其他成员领土提供服务；
（b）在一成员领土内向任何其他成员的服务消费者提供服务；
（c）一成员的服务提供者通过在任何其他成员领土内的商业存在提供服务；
（d）一成员的服务提供者通过在任何其他成员领土内的自然人存在提供服务。
3. 就本协定而言：
（a）"成员的措施"指：
（i）中央、地区或地方政府和主管机关所采取的措施；
（ii）由中央、地区或地方政府或主管机关授权行使权力的非政府机构所采取的措施。
在履行本协定项下的义务和承诺时，每一成员应采取其所能采取的合理措施，以保证其领土内的地区、地方政府和主管机关以及非政府机构遵守这些义务和承诺。

（b）"服务"包括任何部门的任何服务，但在行使政府职权时提供的服务除外。

（c）"行使政府职权时提供的服务"指既不依据商业基础提供，也不与一个或多个服务提供者竞争的任何服务。

第二部分　一般义务与纪律

第2条　最惠国待遇

1. 关于本协定涵盖的任何措施，每一成员对于任何其他成员的服务和服务提供者，应立即和无条件地给予不低于其给予任何其他国家同类服务和服务提供者的待遇。

2. 一成员可维持与第1款不一致的措施，只要该措施已列入《关于第2条豁免的附件》，并符合该附件中的条件。

3. 本协定的规定不得解释为阻止任何成员对相邻国家授予或给予优惠，以便利仅限于毗连边境地区的当地生产和消费的服务的交换。

第3条　透明度

1. 除紧急情况外，每一成员应迅速公布有关或影响本协定运用的所有普遍适用的措施，最迟应在此类措施生效之时。一成员为签署方的有关或影响服务贸易的国际协定也应予以公布。

2. 如第1款所指的公布不可行，则应以其他方式使此类信息可公开获得。

3. 每一成员应迅速并至少每年向服务贸易理事会通知对本协定项下具体承诺所涵盖的服务贸易有重大影响的任何新的法律、法规、行政准则或现有法律、法规、行政准则的任何变更。

4. 每一成员对于任何其他成员关于提供属第1款范围内的任何普遍适用的措施或国际协定的具体信息的所有请求应迅速予以答复。每一成员还应设立一个或多个咨询点，以应请求就所有此类事项和需遵守第3款中的通知要求的事项向其他成员提供具体信息。此类咨询点应在《建立世界贸易组织协定》（本协定中称"《WTO协定》"）生效之日起2年内设立。对于个别发展中国家成员，可同意在设立咨询点的时限方面给予它们适当的灵活性。咨询点不必是法律和法规的保存机关。

5. 任何成员可将其认为影响本协定运用的、任何其他成员采取的任何措施通知服务贸易理事会。

第3条之二　机密信息的披露

本协定的任何规定不得要求任何成员提供一经披露即妨碍执法或违背公共利益或损害特定公私企业合法商业利益的机密信息。

第4条　发展中国家的更多参与

1. 不同成员应按照本协定第三部分和第四部分的规定，通过谈判达成有关以下内容的具体承诺，以便利发展中国家成员更多地参与世界贸易：

（a）增强其国内服务能力、效率和竞争力，特别是通过在商业基础上获得技术；

（b）改善其进入分销渠道和利用信息网络的机会；

(c) 在对其有出口利益的部门和服务提供方式上实现市场准入自由化。

2. 发达国家成员和在可能的限度内的其他成员,应在《WTO 协定》生效之日起 2 年内设立联络点,以便利发展中国家成员的服务提供者获得与其各自市场有关的、关于以下内容的信息:

(a) 服务提供的商业和技术方面的内容;

(b) 专业资格的登记、认可和获得;

(c) 服务技术的可获性。

3. 在实施第 1 款和第 2 款时,应对最不发达国家成员给予特别优先。鉴于最不发达国家的特殊经济状况及其发展、贸易和财政需要,对于它们在接受谈判达成的具体承诺方面存在的严重困难应予特殊考虑。

第 5 条 经济一体化

1. 本协定不得阻止任何成员参加或达成在参加方之间实现服务贸易自由化的协定,只要此类协定:

(a) 涵盖众多服务部门①;

(b) 规定在该协定生效时或在一合理时限的基础上,对于(a)项所涵盖的部门,在参加方之间通过以下方式不实行或取消第 17 条意义上的实质上所有歧视:

(i) 取消现有歧视性措施;

(ii) 禁止新的或更多的歧视性措施,但第 11 条、第 12 条、第 14 条以及第 14 条之二下允许的措施除外。

2. 在评估第 1 款(b)项下的条件是否得到满足时,可考虑该协定与有关国家之间更广泛的经济一体化或贸易自由化进程的关系。

3.(a) 如发展中国家为第 1 款所指类型协定的参加方,则应依照有关国家总体和各服务部门及分部门的发展水平,在第 1 款所列条件方面,特别是其中(b)项所列条件方面给予灵活性。

(b) 尽管有第 6 款的规定,但是在第 1 款所指类型的协定只涉及发展中国家的情况下,对此类协定参加方的自然人所拥有或控制的法人仍可给予更优惠的待遇。

4. 第 1 款所指的任何协定应旨在便利协定参加方之间的贸易,并且与订立该协定之前的适用水平相比,对于该协定外的任何成员,不得提高相应服务部门或分部门内的服务贸易壁垒的总体水平。

5. 如因第 1 款下的任何协定的订立、扩大或任何重大修改,一成员有意修改或撤销一具体承诺,因而与其减让表中所列条款和条件不一致,则该成员应至少提前 90 天通知该项修改或撤销,并应适用第 21 条第 2 款、第 3 款和第 4 款中所列程序。

6. 任何其他成员的服务提供者,如属根据第 1 款所指协定参加方的法律所设立的法人,则有权享受该协定项下给予的待遇,只要该服务提供者在该协定的参加方领土内从事实质性商业经营。

---

① 此条件应根据部门数量、受影响的贸易量和提供方式进行理解。为满足此条件,协定不应规定预先排除任何服务提供方式。

7.(a)属第1款所指任何协定参加方的成员应迅速将任何此类协定及其任何扩大或重大修改通知服务贸易理事会,它们还应使理事会可获得其所要求的有关信息。理事会可设立工作组,以审查此类协定及其扩大或修改,并就其与本条规定的一致性问题向理事会提出报告。

(b)属第1款所指的在一时限基础上实施的任何协定参加方的成员应定期就协定的实施情况向服务贸易理事会提出报告。理事会如认为必要,可设立工作组,以审查此类报告。

(c)依据(a)项和(b)项所指的工作组的报告,理事会可向参加方提出其认为适当的建议。

8. 属第1款所指的任何协定参加方的成员,不可对任何其他成员从此类协定中可能获得的贸易利益寻求补偿。

第5条之二 劳动力市场一体化协定

本协定不得阻止任何成员参加在参加方之间实现劳动力市场完全一体化①的协定,只要此类协定:

(a)对协定参加方的公民免除有关居留和工作许可的要求;

(b)通知服务贸易理事会。

第6条 国内法规

1. 在已作出具体承诺的部门中,每一成员应保证所有影响服务贸易的普遍适用的措施以合理、客观和公正的方式实施。

2.(a)对每一成员应维持或尽快设立司法、仲裁或行政庭或程序,在受影响的服务提供者请求下,对影响服务贸易的行政决定迅速进行审查,并在请求被证明合理的情况下提供适当的补救。如此类程序并不独立于作出有关行政决定的机构,则该成员应保证此类程序在实际中提供客观和公正的审查。

(b)(a)项的规定不得解释为要求一成员设立与其宪法结构或其法律制度的性质不一致的法庭或程序。

3. 对已作出具体承诺的服务,如提供此种服务需要得到批准,则一成员的主管机关应在根据其国内法律法规被视为完整的申请提交后一段合理时间内,将有关该申请的决定通知申请人。在申请人请求下,该成员的主管机关应提供有关申请情况的信息,不得有不当延误。

4. 为保证有关资格要求和程序、技术标准和许可要求的各项措施不致构成不必要的服务贸易壁垒,服务贸易理事会应通过其可能设立的适当机构,制定任何必要的纪律。此类纪律应旨在特别保证上述要求:

(a)依据客观的和透明的标准,例如提供服务的能力和资格;

(b)不得比为保证服务质量所必需的限度更难以负担;

(c)如为许可程序,则这些程序本身不成为对服务提供的限制。

---

① 一般情况下,此类一体化为其参加方的公民提供自由进入各参加方就业市场的权利,并包括有关工资条件及其他就业和社会福利条件的措施。

5.(a)在一成员已作出具体承诺的部门中,在按照第4款为这些部门制定的纪律生效之前,该成员不得以以下方式实施使此类具体承诺失效或减损的许可要求、资格要求和技术标准:

(i)不符合第4款(a)项、(b)项或(c)项中所概述的标准的;

(ii)在该成员就这些部门作出具体承诺时,不可能合理预期的。

(b)在确定一成员是否符合第5款(a)项下的义务时,应考虑该成员所实施的有关国际组织①的国际标准。

6.在已就专业服务作出具体承诺的部门,每一成员应规定适当程序,以核验任何其他成员专业人员的能力。

第7条 认可

1.为使服务提供者获得授权、许可或证明的标准或准则得以全部或部分实施,在遵守第3款要求的前提下,一成员可承认在特定国家已获得的教育或经历、已满足的要求或已给予的许可或证明。此类可通过协调或其他方式实现的承认,可依据与有关国家的协定或安排,也可自动给予。

2.属第1款所指类型的协定或安排参加方的成员,无论此类协定或安排是现有的还是在将来订立,均应向其他利害关系成员提供充分的机会,以谈判加入此类协定或安排,或与其谈判类似的协定或安排。如一成员自动给予承认,则应向任何其他成员提供充分的机会,以证明在该其他成员获得的教育、经历、许可或证明以及满足的要求应得到承认。

3.一成员给予承认的方式不得构成在适用服务提供者获得授权、许可或证明的标准或准则时在各国之间进行歧视的手段,或构成对服务贸易的变相限制。

4.每一成员应:

(a)在《WTO协定》对其生效之日起12个月内,向服务贸易理事会通知其现有的承认措施,并说明此类措施是否以第1款所述类型的协定或安排为依据;

(b)在就第1款所指类型的协定或安排进行谈判之前,尽早迅速通知服务贸易理事会,以便向任何其他成员提供充分的机会,使其能够在谈判进入实质性阶段之前表明其参加谈判的兴趣;

(c)如采用新的承认措施或对现有措施进行重大修改,则迅速通知服务贸易理事会,并说明此类措施是否以第1款所指类型的协定或安排为依据。

5.只要适当,承认即应以多边议定的准则为依据。在适当的情况下,各成员应与有关政府间组织或非政府组织合作,以制定和采用关于承认的共同国际标准和准则,以及有关服务行业和职业实务的共同国际标准。

第8条 垄断和专营服务提供者

1.每一成员应保证在其领土内的任何垄断服务提供者在有关市场提供垄断服务时,不以与其在第2条和具体承诺下的义务不一致的方式行事。

2.如一成员的垄断提供者直接或通过附属公司参与其垄断权范围之外且受该成员具体承诺约束的服务提供的竞争,则该成员应保证该提供者不滥用其垄断地位在其领土内

---

① 有关国际组织指成员资格对至少所有WTO成员的有关机构开放的国际机构。

以与此类承诺不一致的方式行事。

3. 如一成员有理由认为任何其他成员的垄断服务提供者以与第1款和第2款不一致的方式行事,则在该成员请求下,服务贸易理事会可要求设立、维持或授权该服务提供者的成员提供有关经营的具体信息。

4. 在《WTO协定》生效之日后,如一成员对其具体承诺所涵盖的服务提供给予垄断权,则该成员应在所给予的垄断权预定实施前不迟于3个月通知服务贸易理事会,并应适用第21条第2款、第3款和第4款的规定。

5. 如一成员在形式上或事实上授权或设立少数几个服务提供者,且实质性阻止这些服务提供者在其领土内相互竞争,则本条的规定应适用于此类专营服务提供者。

第9条 商业措施

1. 各成员认识到,除属第8条范围内的商业惯例外,服务提供者的某些商业惯例会抑制竞争,从而限制服务贸易。

2. 在任何其他成员请求下,每一成员应进行磋商,以期取消第1款所指的商业惯例。被请求的成员对此类请求应给予充分和积极的考虑,并应通过提供与所涉事项有关的、可公开获得的非机密信息进行合作。在遵守其国内法律并在就提出请求的成员保障其机密性达成令人满意的协议的前提下,被请求的成员还应向提出请求的成员提供其他可获得的信息。

第10条 紧急保障措施

1. 应就紧急保障措施问题在非歧视原则基础上进行多边谈判。此类谈判的结果应在不迟于《WTO协定》生效之日起3年的一日期生效。

2. 在第1款所指的谈判结果生效之前的时间内,尽管有第21条第1款的规定,但是任何成员仍可在其一具体承诺生效1年后,向服务贸易理事会通知其修改或撤销该承诺的意向;只要该成员向理事会说明该修改或撤销不能等待第21条第1款规定的3年期限期满的理由。

3. 第2款的规定应在《WTO协定》生效之日起3年后停止适用。

第11条 支付和转移

1. 除在第12条中设想的情况外,一成员不得对与其具体承诺有关的经常项目交易的国际转移和支付实施限制。

2. 本协定的任何规定不得影响国际货币基金组织的成员在《国际货币基金组织协定》项下的权利和义务,包括采取符合《国际货币基金组织协定》的汇兑行动,但是一成员不得对任何资本交易设置与其有关此类交易的具体承诺不一致的限制,根据第12条或在基金请求下除外。

第12条 确保国际收支的限制

1. 如发生严重国际收支和对外财政困难或其威胁,一成员可对其已作出具体承诺的服务贸易,包括与此类承诺有关的交易的支付和转移,采取或维持限制。各方认识到,由于处于经济发展或经济转型过程中的成员在国际收支方面的特殊压力,可能需要使用限制措施,特别是保证维持实施其经济发展或经济转型计划所需的适当财政储备水平。

2. 第 1 款所指的限制:

(a) 不得在各成员之间造成歧视;

(b) 应与《国际货币基金组织协定》相一致;

(c) 应避免对任何其他成员的商业、经济和财政利益造成不必要的损害;

(d) 不得超过处理第 1 款所指的情况所必需的限度;

(e) 应是暂时的,并应随第 1 款列明情况的改善而逐步取消。

3. 在确定此类限制的影响范围时,各成员可优先考虑对其经济或发展计划更为重要的服务提供。但是,不得为保护一特定服务部门而采取或维持此类限制。

4. 根据第 1 款采取或维持的任何限制,或此类限制的任何变更,应迅速通知总理事会。

5. (a) 实施本条规定的成员应就根据本条采取的限制迅速与国际收支限制委员会进行磋商。

(b) 部长级会议应制定定期磋商的程序①,以便能够向有关成员提出其认为适当的建议。

(c) 此类磋商应评估有关成员的国际收支状况和根据本条采取或维持的限制,同时特别考虑如下因素:

(i) 国际收支和对外财政困难的性质和程度;

(ii) 磋商成员的外部经济和贸易环境;

(iii) 其他可采取的替代纠正措施。

(d) 磋商应处理任何限制与第 2 款一致性的问题,特别是依照第 2 款(e)项逐步取消限制的问题。

(e) 在此类磋商中,应接受国际货币基金组织提供的与外汇、货币储备和国际收支有关的所有统计和其他事实,结论应以基金对磋商成员国际收支状况和对外财政状况的评估为依据。

6. 如不属国际货币基金组织成员的一成员希望适用本条的规定,则部长级会议应制定审议程序和任何其他必要程序。

第 13 条 政府采购

1. 第 2 条、第 16 条和第 17 条不得适用于管理政府机构为政府目的而购买服务的法律、法规或要求,此种购买不是为进行商业转售或为供商业销售而在提供服务过程中使用。

2. 在《WTO 协定》生效之日起 2 年内,应就本协定项下服务的政府采购问题进行多边谈判。

第 14 条 普遍例外

在此类措施的实施不在情形类似的国家之间构成任意或不合理歧视的手段或构成对服务贸易的变相限制的前提下,本协定的任何规定不得解释为阻止任何成员采取或实施以下措施:

---

① 各方理解,第 5 款下的程序应与 GATT 1994 的程序相同。

(a) 为保护公共道德或维护公共秩序①所必需的措施；

(b) 为保护人类、动物或植物的生命或健康所必需的措施。

(c) 为使与本协定的规定不相抵触的法律或法规得到遵守所必需的措施,包括与下列内容有关的法律或法规：

(i) 防止欺骗和欺诈行为或处理服务合同违约而产生的影响；

(ii) 保护与个人信息处理和传播有关的个人隐私及保护个人记录和账户的机密性；

(iii) 安全。

(d) 与第17条不一致的措施,只要待遇方面的差别旨在保证对其他成员的服务或服务提供者公平或有效地②课征或收取直接税。

(e) 与第2条不一致的措施,只要待遇方面的差别是约束该成员的避免双重征税的协定或任何其他国际协定或安排中关于避免双重征税的规定的结果。

第14条之二 安全例外

1. 本协定的任何规定不得解释为：

(a) 要求任何成员提供其认为如披露则会违背其根本安全利益的任何信息。

(b) 阻止任何成员采取其认为对保护其根本安全利益所必需的任何行动：

(i) 与直接或间接为军事机关提供给养的服务有关的行动；

(ii) 与裂变和聚变物质或衍生此类物质的物质有关的行动；

(iii) 在战时或国际关系中的其他紧急情况下采取的行动。

(c) 阻止任何成员为履行其在《联合国宪章》项下的维护国际和平与安全的义务而采取的任何行动。

2. 根据第1款(b)项和(c)项采取的措施及其终止,应尽可能充分地通知服务贸易理事会。

第15条 补贴

1. 各成员认识到,在某些情况下,补贴可对服务贸易产生扭曲作用。各成员应进行谈判,以期制定必要的多边纪律,以避免此类贸易扭曲作用。③ 谈判还应处理反补贴程序适当性的问题。此类谈判应认识到补贴在发展中国家发展计划中的作用,并考虑到各成员特别是发展中国家成员在该领域需要灵活性。就此类谈判而言,各成员应就其向国内服务提供者提供的所有与服务贸易有关的补贴交换信息。

---

① 只有在社会的某一根本利益受到真正的和足够严重的威胁时,方可援引公共秩序例外。

② 旨在保证公平或有效地课征和收取直接税的措施包括一成员根据其税收制度所采取的以下措施：(i) 认识到非居民的纳税义务由源自或位于该成员领土内的应征税项目确定的事实,而对非居民服务提供者实施的措施；(ii) 为保证在该成员领土内课税或征税而对非居民实施的措施；(iii) 为防止避税或逃税而对非居民或居民实施的措施,包括监察措施；(iv) 为保证对服务消费者课征或收取的税款来自该成员领土内的来源而对在另一成员领土内或自另一成员领土提供的服务的消费者实施的措施；(v) 认识到按世界范围应征税项目纳税的服务提供者与其他服务提供者之间在课税基础性质方面的差异而区分这两类服务提供者的措施；(vi) 为保障该成员的课税基础而确定、分配或分摊居民或分支机构,或有关联的人员之间,或同一人的分支机构之间收入、利润、收益、亏损、扣除或信用的措施。第14条(d)款和本脚注中的税收用语或概念,根据采取该措施的成员国内法律中的税收定义和概念,或相当的或类似的定义和概念确定。

③ 未来的工作计划应确定有关此类多边纪律的谈判如何进行以及在什么时限内进行。

2. 任何成员如认为受到另一成员补贴的不利影响，则可请求与该成员就此事项进行磋商。对此类请求，应给予积极考虑。

第三部分　具 体 承 诺

第 16 条　市场准入

1. 对于通过第 1 条确认的服务提供方式实现的市场准入，每一成员对任何其他成员的服务和服务提供者给予的待遇，不得低于其在具体承诺减让表中同意和列明的条款、限制和条件。[①]

2. 在作出市场准入承诺的部门，除非在其减让表中另有列明，否则一成员不得在其一地区或在其全部领土内维持或采取按如下定义的措施：

（a）无论以数量配额、垄断、专营服务提供者的形式，还是以经济需求测试要求的形式，限制服务提供者的数量；

（b）以数量配额或经济需求测试要求的形式限制服务交易或资产总值；

（c）以配额或经济需求测试要求的形式，限制服务业务总数或以指定数量单位表示的服务产出总量[②]；

（d）以数量配额或经济需求测试要求的形式，限制特定服务部门或服务提供者可雇用的、提供具体服务所必需且直接有关的自然人总数；

（e）限制或要求服务提供者通过特定类型法律实体或合营企业提供服务的措施；

（f）以限制外国股权最高百分比或限制单个或总体外国投资总额的方式限制外国资本的参与。

第 17 条　国民待遇

1. 对于列入减让表的部门，在遵守其中所列任何条件和资格的前提下，每一成员在影响服务提供的所有措施方面给予任何其他成员的服务和服务提供者的待遇，不得低于其给予本国同类服务和服务提供者的待遇。[③]

2. 一成员可通过对任何其他成员的服务或服务提供者给予与其本国同类服务或服务提供者的待遇形式上相同或不同的待遇，满足第 1 款的要求。

3. 如形式上相同或不同的待遇改变竞争条件，与任何其他成员的同类服务或服务提供者相比，有利于该成员的服务或服务提供者，则此类待遇应被视为较为不利的待遇。

第 18 条　附加承诺

各成员可就影响服务贸易、但根据第 16 条或第 17 条不需列入减让表的措施，包括有关资格、标准或许可事项的措施，谈判承诺。此类承诺应列入一成员减让表。

---

①　如一成员就通过第 1 条第 2 款(a)项所指的方式提供服务作出市场准入承诺，且如果资本的跨境流动是该服务本身必需的部分，则该成员由此承诺允许此种资本跨境流动；如一成员就通过第 1 条第 2 款(c)项所指的方式提供服务作出市场准入承诺，则该成员由此承诺允许有关的资本转移进入其领土内。

②　第 2 款(c)项不涵盖一成员限制服务提供投入的措施。

③　根据本条承担的具体承诺不得解释为要求任何成员对由于有关服务或服务提供者的外国特性而产生的任何固有的竞争劣势作出补偿。

第四部分 逐步自由化

第 19 条 具体承诺义务的谈判

1. 为推行本协定的目标,各成员应不迟于《WTO 协定》生效之日起 5 年开始并在此后定期进行连续回合的谈判,以期逐步实现更高的自由化水平。此类谈判应针对减少或取消各种措施对服务贸易的不利影响,以此作为提供有效市场准入的手段。此进程的进行应旨在在互利基础上促进所有参加方的利益,并保证权利和义务的总体平衡。

2. 自由化进程的进行应当尊重各成员的国家政策目标及其总体和各部门的发展水平。个别发展中国家成员应有适当的灵活性,以开放较少的部门,放开较少类型的交易,以符合其发展状况的方式逐步扩大市场准入,并在允许外国服务提供者进入其市场时,对此类准入附加旨在实现第 4 条所指目标的条件。

3. 对于每一回合,应制定谈判准则和程序。就制定此类准则而言,服务贸易理事会应参照本协定的目标,包括第 4 条第 1 款所列目标,对服务贸易进行总体的和逐部门的评估。谈判准则应为处理各成员自以往谈判以来自主采取的自由化和在第 4 条第 3 款下给予最不发达国家成员的特殊待遇制定模式。

4. 各谈判回合均应通过旨在提高各成员在本协定项下所作具体承诺总体水平的双边、诸边或多边谈判,推进逐步自由化的进程。

第 20 条 具体承诺细目表

1. 每一成员应在减让表中列出其根据本协定第三部分作出的具体承诺。对于作出此类承诺的部门,每一减让表应列明:

(a) 市场准入的条款、限制和条件;

(b) 国民待遇的条件和资格;

(c) 与附加承诺有关的承诺;

(d) 在适当时,实施此类承诺的时限;

(e) 此类承诺生效的日期。

2. 与第 16 条和第 17 条不一致的措施应列入与第 16 条有关的栏目。在这种情况下,所列内容将被视为也对第 17 条规定了条件或资格。

3. 具体承诺减让表应附在本协定之后,并应成为本协定的组成部分。

第 21 条 细目表的修改

1. (a) 一成员(本条中称"修改成员")可依照本条的规定,在减让表中任何承诺生效之日起 3 年期满后的任何时间修改或撤销该承诺。

(b) 修改成员应将其根据本条修改或撤销一承诺的意向,在不迟于实施修改或撤销的预定日期前 3 个月通知服务贸易理事会。

2. (a) 在本协定项下的利益可能受到根据第 1 款(b)项通知的拟议修改或撤销影响的任何成员(本条中称"受影响成员")请求下,修改成员应进行谈判,以期就任何必要的补偿性调整达成协议。在此类谈判和协定中,有关成员应努力维持互利承诺的总体水平,使其不低于在此类谈判之前具体承诺减让表中规定的对贸易的有利水平。

（b）补偿性调整应在最惠国待遇基础上作出。

3.（a）如修改成员和任何受影响成员未在规定的谈判期限结束之前达成协议，则此类受影响成员可将该事项提交仲裁。任何希望行使其可能享有的补偿权的受影响成员必须参加仲裁。

（b）如无受影响成员请求仲裁，则修改成员有权实施拟议的修改或撤销。

4.（a）修改成员在作出符合仲裁结果的补偿性调整之前，不可修改或撤销其承诺。

（b）如修改成员实施其拟议的修改或撤销而未遵守仲裁结果，则任何参加仲裁的受影响成员可修改或撤销符合这些结果的实质相等的利益。尽管有第 2 条的规定，但是此类修改或撤销可只对修改成员实施。

5. 服务贸易理事会应为更正或修改减让表制定程序。根据本条修改或撤销承诺的任何成员应根据此类程序修改其减让表。

第五部分　机 构 条 款

第 22 条　磋商

1. 每一成员应对任何其他成员可能提出的、关于就影响本协定运用的任何事项的交涉所进行的磋商给予积极考虑，并提供充分的机会。《争端解决谅解》（DSU）应适用于此类磋商。

2. 在一成员请求下，服务贸易理事会或争端解决机构（DSB）可就其通过根据第 1 款进行的磋商未能找到满意解决办法的任何事项与任何一个或多个成员进行磋商。

3. 一成员不得根据本条或第 23 条，对另一成员属它们之间达成的与避免双重征税有关的国际协定范围的措施援引第 17 条。在各成员不能就一措施是否属它们之间的此类协定范围达成一致的情况下，应允许两成员中任一成员将该事项提交服务贸易理事会。① 理事会应将该事项提交仲裁。仲裁人的裁决应为最终的，并对各成员具有约束力。

第 23 条　争端解决和执行

1. 如任何成员认为任何其他成员未能履行本协定项下的义务或具体承诺，则该成员为就该事项达成双方满意的解决办法可援用 DSU。

2. 如 DSB 认为情况足够严重有理由采取此类行动，则可授权一个或多个成员依照 DSU 第 22 条对任何其他一个或多个成员中止义务和具体承诺的实施。

3. 如任何成员认为其根据另一成员在本协定第三部分下的具体承诺可合理预期获得的任何利益，由于实施与本协定规定并无抵触的任何措施而丧失或减损，则可援用 DSU。如 DSB 确定该措施使此种利益丧失或减损，则受影响的成员有权依据第 21 条第 2 款要求作出双方满意的调整，其中可包括修改或撤销该措施。如在有关成员之间不能达成协议，则应适用 DSU 第 22 条。

---

① 对于在《WTO 协定》生效之日已存在的避免双重征税协定，此类事项只有在经该协定各参加方同意后方可提交服务贸易理事会。

第 24 条　服务贸易理事会

1. 服务贸易理事会应履行对其指定的职能,以便利本协定的运用,并促进其目标的实现。理事会可设立其认为对有效履行其职能适当的附属机构。
2. 理事会及其附属机构应开放供所有成员的代表参加,除非理事会另有决定。
3. 理事会主席应由各成员选举产生。

第 25 条　技术合作

1. 需要此类援助的成员的服务提供者应可使用第 4 条第 2 款所指的咨询点的服务。
2. 给予发展中国家的技术援助应在多边一级由秘书处提供,并由服务贸易理事会决定。

第 26 条　与其他国际组织的关系

总理事会应就与联合国及其专门机构及其他与服务有关的政府间组织进行磋商和合作作出适当安排。

第六部分　最　后　条　款

第 27 条　利益的否定

一成员可对下列情况拒绝给予本协定项下的利益:

(a) 对于一项服务的提供,如确定该服务是自或在一非成员或与该拒绝给予利益的成员不适用《WTO 协定》的成员领土内提供的。

(b) 在提供海运服务的情况下,如确定该服务是:

(i) 由一艘根据一非成员或对该拒绝给予利益的成员不适用《WTO 协定》的成员的法律进行注册的船只提供的;

(ii) 由一经营和/或使用全部或部分船只的人提供的,但该人属一非成员或对该拒绝给予利益的成员不适用《WTO 协定》的成员。

(c) 对于具有法人资格的服务提供者,如确定其不是另一成员的服务提供者,或是对该拒绝给予利益的成员不适用《WTO 协定》的成员的服务提供者。

第 28 条　术语的定义

就本协定而言:

(a) "措施"指一成员的任何措施,无论是以法律、法规、规则、程序、决定、行政行为的形式还是以任何其他形式。

(b) "服务的提供"包括服务的生产、分销、营销、销售和交付。

(c) "各成员影响服务贸易的措施"包括关于下列内容的措施:

(i) 服务的购买、支付或使用;

(ii) 与服务的提供有关的、各成员要求向公众普遍提供的服务的获得和使用;

(iii) 一成员的个人为在另一成员领土内提供服务的存在,包括商业存在。

(d) "商业存在"指任何类型的商业或专业机构,包括为提供服务而在一成员领土内:

(i) 组建、收购或维持一法人;

（ⅱ）创建或维持一分支机构或代表处。

（e）服务"部门"：

（ⅰ）对于一具体承诺，指一成员减让表中列明的该项服务的一个、多个或所有分部门；

（ⅱ）在其他情况下，则指该服务部门的全部，包括其所有的分部门。

（f）"另一成员的服务"：

（ⅰ）指自或在该另一成员领土内提供的服务，对于海运服务，则指由一艘根据该另一成员的法律进行注册的船只提供的服务，或由经营和/或使用全部或部分船只提供服务的该另一成员的人提供的服务；

（ⅱ）对于通过商业存在或自然人存在所提供的服务，指由该另一成员服务提供者所提供的服务。

（g）"服务提供者"指提供一服务的任何人。[①]

（h）"服务的垄断提供者"指一成员领土内有关市场中被该成员在形式上或事实上授权或确定为该服务的独家提供者的任何公私性质的人。

（i）"服务消费者"指得到或使用服务的任何人。

（j）"人"指自然人或法人。

（k）"另一成员的自然人"指居住在该另一成员或任何其他成员领土内的自然人，且根据该另一成员的法律：

（ⅰ）属该另一成员的国民；

（ⅱ）在该另一成员中有永久居留权，如该另一成员：没有国民，或按其在接受或加入《WTO协定》时所作通知，在影响服务贸易的措施方面，给予其永久居民的待遇与给予其国民的待遇实质相同，只要各成员无义务使其给予此类永久居民的待遇优于该另一成员给予此类永久居民的待遇。此种通知应包括该另一成员依照其法律和法规对永久居民承担与其他成员对其国民承担相同责任的保证。

（l）"法人"指根据适用法律适当组建或组织的任何法人实体，无论是否以营利为目的，无论属私营所有还是政府所有，包括任何公司、基金、合伙企业、合资企业、独资企业或协会。

（m）"另一成员的法人"指：

（ⅰ）根据该另一成员的法律组建或组织的并在该另一成员或任何其他成员领土内从事实质性业务活动的法人；

（ⅱ）对于通过商业存在提供服务的情况：由该成员的自然人拥有或控制的法人，或由（i）项确认的该另一成员的法人拥有或控制的法人。

（n）法人：

（ⅰ）由一成员的个人所"拥有"，如该成员的人实际拥有的股本超过50%；

[①] 如该服务不是由法人直接提供，而是通过如分支机构或代表处等其他形式的商业存在提供，则该服务提供者（即该法人）仍应通过该商业存在被给予本协定项下规定给予服务提供者的待遇。此类待遇应扩大至提供该服务的存在方式，但不需扩大至该服务提供者位于提供服务的领土以外的任何其他部分。

(ii) 由一成员的个人所"控制",如此类人拥有任命其大多数董事或以其他方式合法指导其活动的权力;

(iii) 与另一成员具有"附属"关系,如该法人控制该另一人,或为该另一人所控制,或该法人和该另一人为同一人所控制。

(o)"直接税"指对总收入、总资本或对收入或资本的构成项目征收的所有税款,包括对财产转让收益、不动产、遗产和赠与、企业支付的工资或薪金总额以及资本增值所征收的税款。

第29条 附件

本协定的附件为本协定的组成部分。

关于第2条豁免的附件

范围

1. 本附件规定了一成员在本协定生效时豁免其在第2条第1款下义务的条件。

2. 《WTO协定》生效之日后提出的任何新的豁免应根据其第9条第3款处理。

审议

3. 服务贸易理事会应对所给予的超过5年期的豁免进行审议。首次审议应在《WTO协定》生效后不超过5年进行。

4. 服务贸易理事会在审议中应:

(a) 审查产生该豁免的条件是否仍然存在;

(b) 确定任何进一步审议的日期。

终止

5. 就一特定措施对一成员在本协定第2条第1款下义务的豁免在该豁免规定的日期终止。

6. 原则上,此类豁免不应超过10年。无论如何,此类豁免应在今后的贸易自由化回合中进行谈判。

7. 在豁免期终止时,一成员应通知服务贸易理事会已使该不一致的措施符合本协定第2条第1款。

豁免清单

[根据第2条第2款议定的豁免清单在《WTO协定》的条约文本中作为本附件的一部分。]

关于本协定项下提供服务的自然人流动的附件

1. 本附件在服务提供方面,适用于影响作为一成员服务提供者的自然人的措施,以及影响一成员服务提供者雇用的一成员的自然人的措施。

2. 本协定不得适用于影响寻求进入一成员就业市场的自然人的措施,也不得适用于在永久基础上有关公民身份、居住或就业的措施。

3. 依照本协定第三部分和第四部分的规定，各成员可就在本协定项下提供服务的所有类别的自然人流动所适用的具体承诺进行谈判。应允许具体承诺所涵盖的自然人依照该具体承诺的条件提供服务。

4. 本协定不得阻止一成员实施对自然人进入其领土或在其领土内暂时居留进行管理的措施，包括为保护其边境完整和保证自然人有序跨境流动所必需的措施，只要此类措施的实施不致使任何成员根据一具体承诺的条件所获得的利益丧失或减损。①

关于空运服务的附件

1. 本附件适用于影响定期或不定期空运服务贸易及附属服务的措施。各方确认在本协定项下承担的任何具体承诺或义务不得减少或影响一成员在《WTO 协定》生效之日已生效的双边或多边协定项下的义务。

2. 本协定，包括其争端解决程序，不得适用于影响下列内容的措施：

（a）业务权，无论以何种形式给予；

（b）与业务权的行使直接有关的服务但本附件第 3 款中的规定除外。

3. 本协定适用于影响下列内容的措施：

（a）航空器的修理和保养服务；

（b）空运服务的销售和营销；

（c）计算机预订系统（CRS）服务。

4. 本协定的争端解决程序只有在有关成员已承担义务或具体承诺，且双边和其他多边协定或安排中的争端解决程序已用尽的情况下方可援引。

5. 服务贸易理事会应定期且至少每 5 年一次审议空运部门的发展情况和本附件的运用情况，以期考虑将本协定进一步适用于本部门的可能性。

6. 定义：

（a）"航空器的修理和保养服务"指在航空器退出服务的情况下对航空器或其一部分进行的此类活动，不包括所谓的日常维修。

（b）"空运服务的销售和营销"指有关航空承运人自由销售和推销其空运服务的机会，包括营销的所有方面，如市场调查、广告和分销。这些活动不包括空运服务的定价，也不包括适用的条件。

（c）"计算机预订系统（CRS）服务"指由包含航空承运人的时刻表、可获性、票价和定价规则等信息的计算机系统所提供的服务，可通过该系统进行预订或出票。

（d）"业务权"指以有偿或租用方式，往返于一成员领土或在该领土之内或之上经营和/或运载乘客、货物和邮件的定期或不定期服务的权利，包括服务的地点、经营的航线、运载的运输类型、提供的能力、收取的运费及其条件以及指定航空公司的标准，如数量、所有权和控制权等标准。

---

① 对某些成员的自然人要求签证而对其他成员的自然人不作要求的事实不得视为使根据一具体承诺获得的利益丧失或减损。

关于金融服务的附件

1. 范围和定义

(a) 本附件适用于影响金融服务提供的措施。本附件所指的金融服务提供应指提供按本协定第 1 条第 2 款定义的服务。

(b) 就本协定第 1 条第 3 款(b)项而言,"在行使政府职权时提供的服务"指:

(i) 中央银行或货币管理机关或任何其他公共实体为推行货币或汇率政策而从事的活动;

(ii) 构成社会保障法定制度或公共退休计划组成部分的活动;

(iii) 公共实体代表政府或由政府担保或使用政府的财政资源而从事的其他活动。

(c) 就本协定第 1 条第 3 款(b)项而言,如一成员允许其金融服务提供者从事本款(b)项(ii)或(iii)所指的任何活动,与公共实体或金融服务提供者进行竞争,则"服务"应包括此类活动。

(d) 本协定第 1 条第 3 款(c)项不得适用于本附件涵盖的服务。

2. 国内法规

(a) 尽管有本协定的任何其他规定,但是不得阻止一成员为审慎原因而采取措施,包括为保护投资人、存款人、保单持有人或金融服务提供者对其负有信托责任的人而采取的措施,或为保证金融体系完整和稳定而采取的措施。如此类措施不符合本协定的规定,则不得用作逃避该成员在本协定项下的承诺或义务的手段。

(b) 本协定的任何规定不得解释为要求一成员披露有关个人客户的事务和账户的信息,或公共实体拥有的任何机密或专有信息。

3. 承认

(a) 一成员在决定其有关金融服务的措施应如何实施时,可承认任何其他国家的审慎措施。此类承认可以依据与有关国家的协定或安排,通过协调或其他方式实现,也可自动给予。

(b) 属(a)项所指协定或安排参加方的一成员,无论该协定或安排是将来的还是现有的,如在该协定或安排的参加方之间存在此类法规的相同法规、监督和实施,且如适当,还存在关于信息共享的程序,则应向其他利害关系成员提供谈判加入该协定或安排的充分机会,或谈判达成类似的协定或安排。如一成员自动给予承认,则应为任何其他成员提供证明此类情况存在的充分机会。

(c) 如一成员正在考虑对任何其他国家的审慎措施予以承认,则不得适用第 7 条第 4 款(b)项。

4. 争端解决

关于审慎措施和其他金融事项争端的专家组应具备与争议中的具体金融服务有关的必要的专门知识。

5. 定义

就本附件而言:

(a) 金融服务指一成员金融服务提供者提供的任何金融性质的服务。金融服务包括

所有保险及其相关服务,及所有银行和其他金融服务(保险除外)。金融服务包括下列活动:

保险及其相关服务

(i) 直接保险(包括共同保险):

(A) 寿险;

(B) 非寿险。

(ii) 再保险和转分保。

(iii) 保险中介,如经纪和代理。

(iv) 保险附属服务,如咨询、精算、风险评估和理赔服务。

银行和其他金融服务(保险除外)

(v) 接受公众存款和其他应偿还基金。

(vi) 所有类型的贷款,包括消费信贷、抵押信贷、商业交易的代理和融资。

(vii) 财务租赁。

(viii) 所有支付和货币转移服务,包括信用卡、赊账卡、贷记卡、旅行支票和银行汇票。

(ix) 担保和承诺。

(x) 交易市场、公开市场或场外交易市场的自行交易或代客交易:

(A) 货币市场工具(包括支票、汇票、存单);

(B) 外汇;

(C) 衍生产品,包括但不仅限于期货和期权;

(D) 汇率和利率工具,包括换汇和远期利率协议等产品;

(E) 可转让证券;

(F) 其他可转让票据和金融资产,包括金银条块。

(xi) 参与各类证券的发行,包括承销和募集代理(无论公开或私下),并提供与该发行有关的服务。

(xii) 货币经纪。

(xiii) 资产管理,如现金或证券管理、各种形式的集体投资管理、养老基金管理、保管、存款和信托服务。

(xiv) 金融资产的结算和清算服务,包括证券、衍生产品和其他可转让票据。

(xv) 提供和传送其他金融服务提供者提供的金融信息、金融数据处理和相关软件。

(xvi) 就(v)至(xv)目所列的所有活动提供咨询、中介和其他附属金融服务,包括信用调查和分析、投资和资产组合的研究和咨询、收购咨询、公司重组和策略咨询。

(b) 金融服务提供者指希望提供或正在提供金融服务的一成员的自然人或法人,但"金融服务提供者"一词不包括公共实体。

(c) "公共实体"指:

(i) 一成员的政府、中央银行或货币管理机关,或由一成员拥有或控制的、主要为政府目的执行政府职能或进行活动的实体,不包括主要在商业条件下从事金融服务提供的实体;

(ii) 在行使通常由中央银行或货币管理机关行使的职能时的私营实体。

关于金融服务的第二附件

1. 尽管有本协定第 2 条和《关于第 2 条豁免的附件》第 1 款和第 2 款的规定,但是一成员仍可在《WTO 协定》生效之日起 4 个月后开始的 60 天内,将与本协定第 2 条第 1 款不一致的有关金融服务的措施列入该附件。

2. 尽管有本协定第 21 条的规定,但是一成员仍可在《WTO 协定》生效之日起 4 个月后开始的 60 天内,改善、修改或撤销列入其减让表的有关金融服务的全部或部分具体承诺。

3. 服务贸易理事会应为适用第 1 款和第 2 款制定必要的程序。

关于海运服务谈判的附件

1. 第 2 条和《关于第 2 条豁免的附件》,包括关于在该附件中列出一成员将维持的、与最惠国待遇不一致的任何措施的要求,只有在以下日期方可对国际海运、附属服务以及港口设施的进入和使用生效:
(a) 根据《关于海运服务谈判的部长决定》第 4 段确定的实施日期;
(b) 如谈判未能成功,则为该决定中规定的海运服务谈判组最终报告的日期。

2. 第 1 款不得适用于已列入一成员减让表的任何关于海运服务的具体承诺。

3. 尽管有第 21 条的规定,但是自第 1 款所指的谈判结束起至实施日期前,一成员仍可改善、修改或撤销在本部门的全部或部分具体承诺而无须提供补偿。

关于电信服务的附件

1. 目标

认识到电信服务部门的特殊性,特别是其作为经济活动的独特部门和作为其他经济活动的基本传输手段而起到的双重作用,各成员就以下附件达成一致,旨在详述本协定中有关影响进入和使用公共电信传输网络和服务的措施的规定。因此,本附件为本协定提供注释和补充规定。

2. 范围

(a) 本附件应适用于一成员影响进入和使用公共电信传输网络和服务的所有措施。[①]

(b) 本附件不得适用于影响电台或电视节目的电缆或广播播送的措施。

(c) 本附件的任何规定不得解释为:

(i) 要求一成员在其减让表中规定的之外授权任何其他成员的服务提供者建立、建设、收购、租赁、经营或提供电信传输网络或服务;

(ii) 要求一成员或要求一成员责成其管辖范围内的服务提供者建立、建设、收购、租赁、经营或提供未对公众普遍提供的电信传输网络或服务。

---

① 本项被理解为每一成员应保证采取任何必要的措施使本附件的义务适用于公共电信传输网络和服务的提供者。

3. 定义

就本附件而言：

（a）"电信"指以任何电磁方式传送和接收信号。

（b）"公共电信传输服务"指一成员明确要求或事实上要求向公众普遍提供的任何电信传输服务。此类服务可特别包括电报、电话、电传和数据传输，其典型特点是在两点或多点之间对客户提供的信息进行实时传输，而客户信息的形式或内容无任何端到端的变化。

（c）"公共电信传输网络"指可在规定的两个或多个网络端接点之间进行通信的公共电信基础设施。

（d）"公司内部通信"指公司内部或与其子公司、分支机构进行通信的电信，在遵守一成员国内法律和法规的前提下，还可包括与附属公司进行通信的电信。为此目的，"子公司""分支机构"和适用的"附属公司"应由每一成员定义。本附件中的"公司内部通信"不包括向与无关联的子公司、分支机构或附属公司提供的商业或非商业服务，也不包括向客户或潜在客户提供的商业或非商业服务。

（e）对本附件的各款或各项的任何提及均包括其中所有各国。

4. 透明度

在适用本协定第 3 条时，每一成员应保证可公开获得的关于影响进入和使用公共电信传输网络和服务条件的有关信息，包括：服务的收费及其他条款和条件；与此类网络和服务的技术接口规范；负责制定和采用影响进入和使用标准的机构的信息；适用于终端连接或其他设备的条件；可能的通知、注册或许可要求（若有的话）。

5. 公共电信传输网络和服务的进入和使用

（a）每一成员应保证任何其他成员的任何服务提供者可按照合理、非歧视的条款与条件进入和使用其公共电信传输网络及服务，以提供其减让表中包括的服务。此义务应特别通过(b)至(f)项的规定实施。①

（b）每一成员应保证任何其他成员的服务提供者可进入和使用其境内或跨境提供的任何公共电信传输网络或服务，包括专门租用电路，并为此应保证在遵守(e)项和(f)项规定的前提下，允许此类服务提供者：

（i）购买或租用和连接终端或服务提供者提供服务所必需的其他网络接口设备；

（ii）将专门租用或拥有的电路与公共电信传输网络及服务互连，或与另一服务提供者租用或拥有的电路互联；

（iii）在提供任何服务时使用该服务提供者自主选择的操作规程，但为保证公众可普遍使用电信传输网络及服务所必需的情况除外。

（c）每一成员应保证任何其他成员的服务提供者可使用公共电信传输网络及服务在其境内或跨境传送信息，包括此类服务提供者的公司内部通信，以及使用在任何成员领土内的数据库所包含的或以机器可读形式存储的信息。如一成员采取严重影响此类使用的

---

① 非歧视一词理解为本协定定义的最惠国待遇和国民待遇，反映在具体部门中，该词指"不低于在相似情况下给予同类公共电信传输网络或服务的任何其他使用者的条款和条件"。

任何新的或修改的措施,则应依照本协定有关规定作出通知,并进行磋商。

(d) 尽管有上一项的规定,但是一成员仍可采取必要措施,以保证信息的安全和机密性,但要求此类措施不得以对服务贸易构成任意的或不合理的歧视或构成变相限制的方式实施。

(e) 每一成员应保证不对公共电信传输网络及服务的进入和使用附加条件,但为以下目的所必需的条件除外:

(i) 保障公共电信传输网络和服务提供者的公共服务责任,特别是使其网络或服务可使公众普遍获得的能力;

(ii) 保护公共电信传输网络或服务的技术完整性;

(iii) 保证任何其他成员的服务提供者不提供该成员减让表中承诺所允许之外的服务。

(f) 只要满足(e)项所列标准,进入和使用公共电信传输网络和服务的条件可包括:

(i) 限制此类服务的转售或分享使用;

(ii) 使用特定的技术接口与此类网络和服务进行互联的要求,包括使用接口协议;

(iii) 必要时,关于此类服务互操作性的要求,以及鼓励实现第7款(a)项所列目标的要求;

(iv) 终端和其他网络接口设备的定型,以及与此类设备与此类网络连接有关的技术要求;

(v) 限制专门租用或拥有的电路与此类网络或服务互联,或与另一服务提供者租用或拥有的电路互联;

(vi) 通知、注册和许可。

(g) 尽管有本节前几项的规定,但是一发展中国家成员仍可在与其发展水平相一致的情况下,对公共电信传输网络及服务的进入和使用可设置必要的合理条件,以增强其国内电信基础设施和服务能力,并增加其参与国际电信服务贸易。此类条件应在该成员减让表中列明。

6. 技术合作

(a) 各成员认识到高效和先进的电信基础设施在各国,特别是在发展中国家中是扩大其服务贸易所必需的。为此,各成员赞成和鼓励发达国家与发展中国家的公共电信传输网络及服务的提供者以及其他实体,尽可能全面地参与国际和区域组织的发展计划,包括国际电信联盟、联合国开发计划署和国际复兴开发银行。

(b) 各成员应鼓励和支持发展中国家之间在国际、区域和次区域各级开展电信合作。

(c) 在与有关国际组织进行合作时,各成员在可行的情况下,应使发展中国家可获得有关电信服务以及电信和信息技术发展情况的信息,以帮助增强其国内电信服务部门。

(d) 各成员应特别考虑向最不发达国家提供机会,以鼓励外国电信服务提供者在技术转让、培训和其他活动方面提供帮助,支持发展其电信基础设施,扩大其电信服务贸易。

7. 与国际组织和协定的关系

(a) 各成员认识到电信网络及服务的全球兼容性和互操作性的国际标准的重要性,承诺通过有关国际机构的工作,包括国际电信联盟和国际标准化组织,以促进此类标准。

(b) 各成员认识到政府间和非政府组织和协定,特别是国际电信联盟,在保证国内和全球电信服务的有效运营方面所起的作用。各成员应作出适当安排,以便就本附件实施过程中产生的事项与此类组织进行磋商。

<h3 style="text-align:center">关于基础电信谈判的附件</h3>

1. 第 2 条和《关于第 2 条豁免的附件》,包括在该附件中列出一成员将维持的、与最惠国待遇不一致的任何措施的要求,只有在下列日期方可对基础电信生效:

(a) 根据《关于基础电信谈判的部长决定》第 5 条确定的实施日期;

(b) 如谈判未能成功,则为该决定规定的基础电信谈判组最终报告的日期。

2. 第 1 款不得适用于已列入一成员减让表的任何关于基础电信服务的具体承诺。

附录3　与贸易有关的知识产权协定

各成员，

期望减少对国际贸易的扭曲和阻碍，并考虑到需要促进对知识产权的有效和充分保护，并保证实施知识产权的措施和程序本身不成为合法贸易的障碍；

认识到，为此目的，需要制定有关下列问题的新的规则和纪律：

（a）GATT 1994 的基本原则和有关国际知识产权协定或公约的适用性；

（b）就与贸易有关的知识产权的效力、范围和使用，规定适当的标准和原则；

（c）就实施与贸易有关的知识产权规定有效和适当的手段，同时考虑各国法律制度的差异；

（d）就在多边一级防止和解决政府间争端规定有效和迅速的程序；

（e）旨在最充分地分享谈判结果的过渡安排。

认识到需要一个有关原则、规则和纪律的多边框架，以处理冒牌货的国际贸易问题；

认识到知识产权属私权；

认识到各国知识产权保护制度的基本公共政策目标，包括发展目标和技术目标；

还认识到最不发达国家成员在国内实施法律和法规方面特别需要最大的灵活性，以便它们能够创造一个良好和可行的技术基础；

强调通过多边程序达成加强的承诺以解决与贸易有关的知识产权争端从而减少紧张的重要性；

期望在 WTO 与世界知识产权组织（本协定中称"WIPO"）以及其他有关国际组织之间建立一种相互支持的关系；

特此协议如下：

第一部分　总则和基本原则

第 1 条　义务的性质和范围

1. 各成员应实施本协定的规定，各成员可以但并无义务，在其法律中实施比本协定要求更广泛的保护，只要此种保护不违反本协定的规定。各成员有权在其各自的法律制度和实践中确定实施本协定规定的适当方法。

2. 就本协定而言，知识产权一词指作为第二部分第 1 节至第 7 节主题的所有类别的知识产权。

3. 各成员应对其他成员的国民给予本协定规定的待遇。就有关的知识产权而言，其他成员的国民应理解为符合《巴黎公约》(1967)、《伯尔尼公约》(1971)、《罗马公约》和《关于集成电路的知识产权条约》规定的保护资格标准的自然人或法人,假设所有 WTO 成员均为这些公约的成员。任何利用《罗马公约》第 5 条第 3 款或第 6 条第 2 款中规定的可能性的成员,均应按这些条款中所预想的那样,向与贸易有关的知识产权理事会("TRIPS 理事会")作出通知。

第 2 条　知识产权公约

1. 就本协定的第二部分、第三部分和第四部分而言,各成员应遵守《巴黎公约》(1967) 第 1 条至第 12 条和第 19 条。

2. 本协定第一部分至第四部分的任何规定不得背离各成员可能在《巴黎公约》《伯尔尼公约》《罗马公约》和《关于集成电路的知识产权条约》项下相互承担的现有义务。

第 3 条　国民待遇

1. 在知识产权保护方面,在遵守《巴黎公约》(1967)、《伯尔尼公约》(1971)、《罗马公约》或《关于集成电路的知识产权条约》中各自规定的例外的前提下,每一成员给予其他成员国民的待遇不得低于给予本国国民的待遇。就表演者、录音制品制作者和广播组织而言,此义务仅适用于本协定规定的权利。任何利用《伯尔尼公约》第 6 条或《罗马公约》第 16 条第 1 款(b)项规定的可能性的成员,均应按这些条款中所预想的那样,向 TRIPS 理事会作出通知。

2. 各成员可利用第 1 款下允许的在司法和行政程序方面的例外,包括在一成员管辖范围内指定送达地址或委派代理人,但是这些例外应为保证遵守与本协定规定发生不相抵触的法律和法规所必需,且这种做法的实施下会对贸易构成变相限制。

第 4 条　最惠国待遇

对于知识产权保护,一成员对任何其他国家国民给予的任何利益、优惠、特权或豁免,应立即无条件地给予所有其他成员的国民。一成员给予的属下列情况的任何利益、优惠、特权或豁免,免除此义务:

(a) 自一般性的、并非专门限于知识产权保护的关于司法协助或法律实施的国际协定所派生;

(b) 依照《伯尔尼公约》(1971) 或《罗马公约》的规定所给予,此类规定允许所给予的待遇不属国民待遇性质而属在另一国中给予待遇的性质;

(c) 关于本协定项下未作规定的有关表演者、录音制品制作者以及广播组织的权利;

(d) 自《WTO 协定》生效之前已生效的有关知识产权保护的国际协定所派生,只要此类协定向 TRIPS 理事会作出通知,并对其他成员的国民不构成任意的或不合理的歧视。

第 5 条　关于取得或维持保护的多边协定

第 3 条和第 4 条的义务不适用于在 WIPO 主持下订立的有关取得或维持知识产权的多边协定中规定的程序。

第 6 条　权利用尽

就本协定项下的争端解决而言,在遵守第 2 条和第 4 条规定的前提下,本协定的任何规定不得用于处理知识产权的权利用尽问题。

第 7 条 目标

知识产权的保护和实施应有助于促进技术革新及技术转让和传播,有助于技术知识的创造者和使用者的相互利益,并有助于社会和经济福利及权利与义务的平衡。

第 8 条 原则

1. 在制定或修改其法律和法规时,各成员可采用对保护公共健康和营养,促进对其社会经济和技术发展至关重要部门的公共利益所必需的措施,只要此类措施与本协定的规定相一致。

2. 只要与本协定的规定相一致,可能需要采取适当措施以防止知识产权权利持有人滥用知识产权或采取不合理地限制贸易或对国际技术转让造成不利影响的做法。

第二部分 关于知识产权效力、范围和使用的标准

第 1 节 版权和相关权利

第 9 条 与《伯尔尼公约》的关系

1. 各成员应遵守《伯尔尼公约》(1971)第 1 条至第 21 条及其附录的规定。但是,对于该公约第 6 条之二授予或派主的权利,各成员在本协定项下不享有权利或义务。

2. 版权的保护仅延伸至表达方式,而不延伸至思想、程序、操作方法或数学概念本身。

第 10 条 计算机程序和数据汇编

1. 计算机程序,无论是源代码还是目标代码,应作为《伯尔尼公约》(1971)项下的文字作品加以保护。

2. 数据汇编或其他资料,无论机器可读还是其他形式,只要由于对其内容的选取或编排而构成智力创作,即应作为智力创作加以保护。该保护不得延伸至数据或资料本身,并不得损害存在于数据或资料本身的任何版权。

第 11 条 出租权

至少就计算机程序和电影作品而言,一成员应给予作者及其合法继承人准许或禁止向公众商业性出租其有版权作品的原件或复制品的权利。一成员对电影作品可不承担此义务,除非此种出租已导致对该作品的广泛复制,从而实质性减损该成员授予作者及其合法继承人的专有复制权。就计算机程序而言,如该程序本身不是出租的主要标的,则此义务不适用于出租。

第 12 条 保护期限

除摄影作品或实用艺术作品外,只要一作品的保护期限不以自然人的生命为基础计算,则该期限自作品经授权出版的日历年年底计算即不得少于 50 年,或如果该作品在创作后 50 年内未经授权出版,则为自作品完成的日历年年底起计算的 50 年。

第 13 条 限制和例外

各成员对专有权作出的任何限制或例外规定仅限于某些特殊情况,且与作品的正常利用不相冲突,也不得无理损害权利持有人的合法权益。

第 14 条　对表演者、录音制品(唱片)制作者和广播组织的保护

1. 就将其表演固定在录音制品上而言,表演者应有可能防止下列未经其授权的行为:固定其未曾固定的表演和复制该录制品。表演者还应有可能阻止下列未经其授权的行为:以无线广播方式播出和向大众传播其现场表演。

2. 录音制品制作者应享有准许或禁止直接或间接复制其录音制品的权利。

3. 广播组织有权禁止下列未经其授权的行为:录制、复制录制品、以无线广播方式转播以及将其电视广播向公众传播。如各成员未授予广播组织此类权利,则在遵守《伯尔尼公约》(1971)规定的前提下,应给予广播的客体的版权所有权人阻止上述行为的可能性。

4. 第 11 条关于计算机程序的规定在细节上作必要修改后应适用于录音制品制作者和按一成员法律确定的录音制品的任何其他权利持有人。如在 1994 年 4 月 15 日,一成员在录音制品的出租方面已实施向权利持有人公平付酬的制度,则可维持该制度,只要录音制品的商业性出租不对权利持有人的专有复制权造成实质性减损。

5. 本协定项下表演者和录音制品制作者可获得的保护期限,自该固定或表演完成的日历年年底计算,应至少持续至 50 年年末。按照第 3 款给予的保护期限,自广播播出的日历年年底计算,应至少持续 20 年。

6. 任何成员可就第 1 款、第 2 款和第 3 款授予的权利,在《罗马公约》允许的限度内,规定条件、限制、例外和保留。但是,《伯尔尼公约》(1971)第 18 条的规定在细节上作必要修改后也应适用于表演者和录音制品制作者对录音制品享有的权利。

第 2 节　商　　标

第 15 条　可保护客体

1. 任何标记或标记的组合,只要能够将一企业的货物和服务区别于其他企业的货物或服务,即能够构成商标。此类标记,特别是单词,包括人名、字母、数字、图案的成分和颜色的组合以及任何此类标记的组合,均应符合注册为商标的条件。如标记无固有的区别有关货物或服务的特征,则各成员可以由通过使用而获得的显著性作为注册的条件。各成员可要求,作为注册的条件,这些标记应为视觉上可感知的。

2. 第 1 款不得理解为阻止一成员以其他理由拒绝商标的注册,只要这些理由不背离《巴黎公约》(1967)的规定。

3. 各成员可以将使用作为注册条件。但是,一商标的实际使用不得作为接受申请的一项条件。不得仅以自申请日起 3 年期满后商标未按原意使用为由拒绝该申请。

4. 商标所适用的货物或服务的性质在任何情况下不得形成对商标注册的障碍。

5. 各成员应在商标注册前或在注册后迅速公布每一商标,并应对注销注册的请求给予合理的机会。此外,各成员可提供机会以便对商标的注册提出异议。

第 16 条　授予的权利

1. 注册商标的所有权人享有专有权,以阻止所有第三方未经该所有权人同意在贸易过程中对与已注册商标的货物或服务的相同或类似货物或服务使用相同或类似标记,如此类使用会导致混淆的可能性。在对相同货物或服务使用相同标记的情况下,应推定存在混淆的可能性。上述权利不得损害任何现有的优先权,也不得影响各成员以使用为基础提供权利的可能性。

2.《巴黎公约》(1967)第 6 条之二在细节上作必要修改后应适用于服务。在确定一商标是否驰名时,各成员应考虑相关部门公众对该商标的了解程度,包括在该成员中因促销该商标而获得的了解程度。

3.《巴黎公约》(1967)第 6 条之二在细节上作必要修改后应适用于与已注册商标的货物或服务不相类似的货物或服务,只要该商标在对那些货物或服务的使用方面可表明这些货物或服务与该注册商标所有权人之间存在联系,且此类使用有可能损害该注册商标所有权人的利益。

第 17 条　例外

各成员可对商标所授予的权利规定有限的例外,如合理使用描述性词语,只要此类例外考虑到商标所有权人和第三方的合法权益。

第 18 条　保护期限

商标的首次注册及每次续展的期限均不得少于 7 年。商标的注册应可以无限续展。

第 19 条　关于使用的要求

1. 如维持注册需要使用商标,则只有在至少连续 3 年不使用后方可注销注册,除非商标所有权人根据对商标使用存在的障碍说明正当理由。出现商标人意志以外的情况而构成对商标使用的障碍,例如对受商标保护的货物或服务实施进口限制或其他政府要求,此类情况应被视为不使用商标的正当理由。

2. 在受所有权人控制的前提下,另一人使用一商标应被视为为维持注册而使用该商标。

第 20 条　其他要求

在贸易过程中使用商标不得受特殊要求的无理妨碍,例如要求与另一商标一起使用,以特殊形式使用或要求以损害其将一企业的货物或服务区别于另一企业的货物或服务能力的方式使用。此点不排除要求将识别生产该货物或服务的企业的商标与区别该企业的所涉具体货物或服务的商标一起使用,但不将两者联系起来。

第 21 条　许可和转让

各成员可对商标的许可和转让确定条件,与此相关的理解是,不允许商标的强制许可,且注册商标的所有权人有权将商标与该商标所属业务同时或不同时转让。

第 3 节　地 理 标 识

第 22 条　地理标识的保护

1. 就本协定而言,地理标识指识别一货物来源于一成员领土或该领土内一地区或地方的标识,该货物的特定质量、声誉或其他特性主要归因于其地理来源。

2. 就地理标识而言,各成员应向利害关系方提供法律手段以防止:

(a) 在一货物的标志或说明中使用任何手段标明或暗示所涉货物来源于真实原产地之外的一地理区域,从而在该货物的地理来源方面使公众产生误解;

(b) 构成属《巴黎公约》(1967)第 10 条之二范围内的不公平竞争行为的任何使用。

3. 如一商标包含的或构成该商标的地理标识中所标明的领土并非货物的来源地,且如果在该成员中在此类货物的商标中使用该标识会使公众对其真实原产地产生误解,则该成员在其立法允许的情况下可依职权或在一利害关系方请求下,拒绝该商标注册或宣布注册无效。

4. 根据第 1 款、第 2 款和第 3 款给予的保护可适用于虽在文字上表明货物来源的真实领土、地区或地方,但却虚假地向公众表明该货物来源于另一领土的地理标识。

第 23 条 对葡萄酒和烈酒地理标识的附加保护

1. 每一成员应为利害关系方提供法律手段,以防止将识别葡萄酒的地理标识用于并非来源于所涉地理标识所标明地方的葡萄酒,或防止将识别烈酒的地理标识用于并非来源于所涉地理标识所标明地方的烈酒,即使对货物的真实原产地已标明,或该地理标识用于翻译中,或附有"种类""类型""特色""仿制"或类似表达方式。

2. 对于一葡萄酒商标包含识别葡萄酒的地理标识或由此种标识构成,或如果一烈酒商标包含识别烈酒的地理标识或由此种标识构成,一成员应在其立法允许的情况下依职权或在一利害关系方请求下,对不具备此来源的此类葡萄酒或烈酒,拒绝该商标注册或宣布注册无效。

3. 在葡萄酒的地理标识同名的情况下,在遵守第 22 条第 4 款规定的前提下,应对每一种标识予以保护。每一成员应确定相互区分所涉同名标识的可行条件,同时考虑保证公平对待有关生产者且使消费者不致产生误解的需要。

4. 为便利葡萄酒地理标识的保护,应在 TRIPS 理事会内谈判建立关于葡萄酒地理标识通知和注册的多边制度,使之能在参加该多边制度的成员中获得保护。

第 24 条 国际谈判:例外

1. 各成员同意进行谈判,以加强根据第 23 条对单个地理标识的保护。一成员不得使用以下第 4 款至第 8 款的规定,以拒绝进行谈判或订立双边或多边协定。在此类谈判中,各成员应自愿考虑这些规定继续适用于其使用曾为此类谈判主题的单个地理标识。

2. TRIPS 理事会应继续对本节规定的适用情况进行审议:第一次审议应在《WTO 协定》生效后 2 年之内进行。任何影响遵守这些规定下的义务的事项均可提请理事会注意,在一成员请求下,理事会应就有关成员之间未能通过双边或诸边磋商找到满意解决办法的事项与任何一成员或多个成员进行磋商。理事会应采取各方同意的行动,以便利本节的运用,并促进本节目标的实现。

3. 在实施本节时,一成员不得降低《WTO 协定》生效之日前已在该成员中存在的对地理标识的保护。

4. 本节的任何规定均不得要求一成员阻止其任何国民或居民在货物或服务方面继续以类似方式使用另一成员识别葡萄酒或烈酒的一特定地理标识,如其国民或居民在相同或有关的货物或服务上在该成员领土内已连续使用该地理标识(a) 在 1994 年 4 月 15 日前已至少有 10 年,或(b) 在该日期之前的使用是善意的。

5. 如一商标的申请或注册是善意的,或如果一商标的权利是在以下日期之前通过善意的使用取得的:

(a) 按第六部分确定的这些规定在该成员中适用之日前;

(b) 该地理标识在其起源国获得保护之前。

为实施本节规定而采取的措施不得因一商标与一地理标识相同或类似而损害该商标注册的资格或注册的有效性或商标的使用权。

6. 如任何其他成员关于货物或服务的地理标识与一成员以通用语文的惯用术语作为其领土内此类货物或服务的普通名称相同,则本节的任何规定不得要求该成员对其他成员的相关标识适用本节的规定。如任何其他成员用于葡萄酒产品的地理标识与在《WTO协定》生效之日一成员领土内已存在的葡萄品种的惯用名称相同,则本节的任何规定不得要求该成员对其他成员的相关标识适用本节的规定。

7. 一成员可规定,根据本节提出的关于一商标的使用或注册的任何请求必须在对该受保护标识的非法使用已在该成员中广为人知后 5 年内提出,或如果商标在一成员中的注册日期早于上述非法使用在该成员中广为人知的日期,只要该商标在其注册之日前已公布,则该请求必须在该商标在该成员中注册之日起 5 年内提出,只要该地理标识未被恶意使用或注册。

8. 本节的规定绝不能损害任何人在贸易过程中使用其姓名或其业务前任的姓名的权利,除非该姓名使用的方式会使公众产生误解。

9. 各成员在本协定项下无义务保护在起源国不受保护或已停止保护,或在该国中已废止的地理标识。

第 4 节 工 业 设 计

第 25 条 保护的要求

1. 各成员应对新的或原创性的独立创造的工业设计提供保护。各成员可规定,如工业设计不能显著区别于已知的设计或已知设计特征的组合,则不属新的或原创性设计。各成员可规定该保护不应延伸至主要出于技术或功能上的考虑而进行的设计。

2. 每一成员应保证为获得对纺织品设计的保护而规定的要求,特别是有关任何费用、审查或公布的要求,不得无理损害寻求和获得此种保护的机会。各成员有权通过工业设计法或版权法履行该项义务。

第 26 条 保护

1. 受保护的工业设计的所有权人有权阻止第三方未经所有权人同意而生产、销售或进口所载或所含设计是一受保护设计的复制品或实质上是复制品的物品,如此类行为为商业目的而采取。

2. 各成员可对工业设计的保护规定有限的例外,只要此类例外不会与受保护的工业设计的正常利用发生无理抵触,也不会无理损害受保护工业设计所有权人的合法权益,同时考虑第三方的合法权益。

3. 可获得的保护期限应至少达到 10 年。

第 5 节 专 利

第 27 条 可授予专利的客体

1. 在遵守第 2 款和第 3 款规定的前提下,专利可授予所有技术领域的任何发明,无论是产品还是方法,只要它们具有新颖性、包含发明性步骤,并可供工业应用。在遵守第 65

条第 4 款、第 70 条第 8 款和本条第 3 款规定的前提下,对于专利的获得和专利权的享受不因发明地点、技术领域、产品是进口的还是当地生产的而受到歧视。

2. 各成员可拒绝对某些发明授予专利权,如在其领土内阻止对这些发明的商业利用是维护公共秩序或道德,包括保护人类、动物或植物的生命或健康或避免对环境造成严重损害所必需的,只要此种拒绝授予并非仅因为此种利用为其法律所禁止。

3. 各成员可拒绝对下列内容授予专利权:

(a) 人类或动物的诊断、治疗和外科手术方法。

(b) 除微生物外的植物和动物,以及除非生物和微生物外的生产植物和动物的主要生物方法。但是,各成员应规定通过专利或一种有效的特殊制度或通过这两者的组合来保护植物品种。本项的规定应在《WTO 协定》生效之日起 4 年后进行审议。

第 28 条 授予的权利

1. 一专利授予其所有权人下列专有权利:

(a) 如一专利的客体是产品,则防止第三方未经所有权人同意而进行制造、使用、标价出售、销售或为这些目的而进口该产品的行为;

(b) 如一专利的客体是方法,则防止第三方未经所有权人同意而使用该方法的行为,并防止使用、标价出售、销售或为这些目的而进口至少是以该方法直接获得产品的行为。

2. 专利所有权人还有权转让或以继承方式转移其专利并订立许可合同。

第 29 条 专利申请人的条件

1. 各成员应要求专利申请人以足够清晰和完整的方式披露其发明,使该专业的技术人员能够实施该发明,并可要求申请人在申请之日,或在要求优先权的情况下在申请的优先权日,指明发明人所知的实施该发明的最佳方式。

2. 各成员可要求专利申请人提供关于申请人相应的国外申请和授予情况的信息。

第 30 条 授予权利的例外

各成员可对专利授予的专有权规定有限的例外,只要此类例外不会对专利的正常利用发生无理抵触,也不会无理损害专利所有权人的合法权益,同时考虑第三方的合法权益。

第 31 条 未经权利持有人授权的其他使用

如一成员的法律允许未经权利持有人授权即可对一专利的客体作其他使用,包括政府或经政府授权的第三方的使用,则应遵守下列规定:

(a) 授权此种使用应一事一议。

(b) 只有在拟使用者在此种使用之前已经按合理商业条款和条件努力从权利持有人处获得授权,但此类努力在合理时间内未获得成功,方可允许此类使用。在全国处于紧急状态或在其他极端紧急的情况下,或在公共非商业性使用的情况下,一成员可豁免此要求。尽管如此,在全国处于紧急状态或在其他极端紧急的情况下,应尽快通知权利持有人。在公共非商业性使用的情况下,如政府或合同方未作专利检索即知道或有显而易见的理由知道一有效专利正在或将要被政府使用或为政府而使用,则应迅速告知权利持有人。

(c) 此类使用的范围和期限应仅限于被授权的目的,如果是半导体技术,则仅能用于公共非商业性使用,或用于补救经司法或行政程序确定为限制竞争行为。

（d）此种使用应是非专有的。

（e）此种使用应是不可转让的,除非与享有此种使用的那部分企业或商誉一同转让。

（f）任何此种使用的授权应主要为供应授权此种使用的成员的国内市场。

（g）在充分保护被授权人合法权益的前提下,如导致此类使用的情况已不复存在且不可能再次出现,则有关此类使用的授权应终止。在收到有根据的请求的情况下,主管机关有权审议这些情况是否继续存在。

（h）在每一种情况下应向权利持有人支付适当报酬,同时考虑授权的经济价值。

（i）与此种使用有关的任何决定的法律效力应经过司法审查或经过该成员中上一级主管机关的独立审查。

（j）任何与就此种使用提供的报酬有关的决定应经过司法审查或该成员中上一级主管机关的独立审查。

（k）如允许此类使用以补救经司法或行政程序确定的限制竞争的行为,则各成员无义务适用（b）项和（f）项所列条件。在确定此类情况下的报酬数额时,可考虑纠正限制竞争行为的需要。如导致授权的条件可能再次出现,则主管机关有权拒绝终止授权。

（l）如授权此项使用以允许利用一专利（"第二专利"）,而该专利在不侵害另一专利（"第一专利"）的情况下不能被利用,则应适用下列附加条件:

（i）与第一专利中要求的发明相比,第二专利中要求的发明应包含重要的、具有巨大经济意义的技术进步;

（ii）第一专利的所有权人有权以合理的条件通过交叉许可使用第二专利具有的发明;

（iii）就第一专利授权的使用不得转让,除非与第二专利一同转让。

第 32 条　撤销/无效

对任何有关撤销或宣布一专利无效的决定应可进行司法审查。

第 33 条　保护期限

可获得的保护期限不得在自申请之日起计算的 20 年期满前结束。

第 34 条　方法专利:举证责任

1. 就第 28 条第 1 款（b）项所指的侵害所有权人权利的民事诉讼而言,如一专利的客体是获得一产品的方法,则司法机关有权责令被告方证明其获得相同产品的方法不同于已获专利的方法。因此,各成员应规定至少在下列一种情况下,任何未经专利所有权人同意而生产的相同产品,如无相反的证明,则应被视为是通过该已获专利方法所获得的:

（a）如通过该已获专利方法获得的产品是新的;

（b）如存在实质性的可能性表明该相同产品是由该方法生产的,而专利所有权人经过合理努力不能确定事实上使用了该方法。

2. 只有满足（a）项所指条件或只有满足（b）项所指条件,任何成员方有权规定第 1 款所指的举证责任在于被指控的侵权人。

3. 在引述相反证据时,应考虑被告方在保护其制造和商业秘密方面的合法权益。

第6节 集成电路布图设计(拓扑图)

第 35 条 与《IPIC 条约》的关系

各成员同意依照《IPIC 条约》第 2 条至第 7 条(第 6 条第 3 款除外)及第 12 条和第 16 条第 3 款,对集成电路的布图设计(拓扑图)(本协定中称"布图设计")提供保护,此外还同意遵守下列规定。

第 36 条 保护范围

在遵守第 37 条第 1 款规定的前提下,如从事下列行为未经权利持有人授权,则应视为非法:为商业目的进口、销售或分销一受保护的布图设计、含有受保护的布图设计的集成电路或含有此种集成电路的物品,只要该集成电路仍然包含非法复制的布图设计。

第 37 条 无须权利持有人授权的行为

1. 尽管有第 36 条的规定,但是如从事或命令从事该条所指的与含有非法复制的布图设计的集成电路或包含此种集成电路的物品有关的行为的人,在获得该集成电路或包含该集成电路的物品时,不知道且无合理的根据知道其中包含此种非法复制的布图设计,则任何成员不得将从事该条所指的任何行为视为非法。各成员应规定,在该人收到关于该布图设计被非法复制的充分通知后,可对现有的存货和此前的订货从事此类行为,但有责任向权利持有人支付费用,数额相当于根据就此种布图设计自愿达成的许可协议应付的合理使用费。

2. 第 31 条(a)项至(k)项所列条件在细节上作必要修改后应适用于任何有关布图设计的非自愿许可情况或任何未经权利持有人授权而被政府或为政府而使用的情况。

第 38 条 保护期限

1. 在要求将注册作为保护条件的成员中,布图设计的保护期限不得在自提交注册申请之日起或自世界任何地方首次进行商业利用之日起计算 10 年期限期满前终止。

2. 在不要求将注册作为保护条件的成员中,布图设计的保护期限不得少于自世界任何地方首次进行商业利用之日起计算的 10 年。

3. 尽管有第 1 款和第 2 款的规定,任何一成员仍可规定保护应在布图设计创作 15 年后终止。

第7节 对未披露信息的保护

第 39 条

1. 在保证针对《巴黎公约》(1967)第 10 条之二规定的不公平竞争而采取有效保护的过程中,各成员应依照第 2 款对未披露信息和依照第 3 款提交政府或政府机构的数据进行保护。

2. 自然人和法人应有可能防止其合法控制的信息在未经其同意的情况下以违反诚实商业行为的方式向他人披露,或被他人取得或使用,只要此类信息:

(a) 属秘密,即作为一个整体或就其各部分的精确排列和组合而言,该信息尚不为通常处理所涉信息范围内的人所普遍知道,或不易被他们获得;

(b) 因属秘密而具有商业价值;

(c) 由该信息的合法控制人,在此种情况下采取合理的步骤以保持其秘密性质。

3. 各成员如要求,作为批准销售使用新型化学个体制造的药品或农业化学物质产品的条件,需提交通过巨大努力取得的、未披露的试验数据或其他数据,则应保护该数据,以防止不正当的商业使用。此外,各成员应保护这些数据不被披露,除非属于为保护公众所必需,或除非采取措施以保证该数据不被用在不正当的商业使用中。

第8节 对协议许可中限制竞争行为的控制

第40条

1. 各成员同意,一些限制竞争的有关知识产权的许可活动或条件可对贸易产生不利影响,并会妨碍技术的转让和传播。

2. 本协定的任何规定均不得阻止各成员在其立法中明确规定在特定情况下可构成对知识产权的滥用并对相关市场中的竞争产生不利影响的许可活动或条件。如以上所规定的,一成员在与本协定其他规定相一致的条件下,可按照该成员的有关法律法规,采取适当的措施以防止或控制此类活动,包括诸如排他性返授条件、阻止对许可效力提出质疑的条件和强制性一揽子许可等。

3. 应请求,每一成员应与任一其他成员进行磋商,只要该成员有理由认为被请求进行磋商成员的国民或居民的知识产权所有权人正在采取的做法违反请求进行磋商成员关于本节主题的法律法规,并希望在不妨害根据法律采取任何行动及不损害两成员中任一成员作出最终决定的充分自由的情况下,使该立法得到遵守。被请求的成员应对与提出请求成员的磋商给予充分和积极的考虑,并提供充分的机会,并在受国内法约束和就提出请求的成员保障其机密性达成相互满意的协议的前提下,通过提供与所涉事项有关的、可公开获得的非机密信息和该成员可获得的其他信息进行合作。

4. 如一成员的国民或居民在另一成员领土内因被指控违反该另一成员有关本节主题的法律法规而被起诉,则该另一成员应按与第3款预想的条件相同的条件给予该成员磋商的机会。

第三部分 知识产权的实施

第1节 一般义务

第41条

1. 各成员应保证其国内法中包括关于本部分规定的实施程序,以便对任何侵犯本协定所涵盖知识产权的行为采取有效行动,包括防止侵权的迅速救济措施和制止进一步侵权的救济措施。这些程序的实施应避免对合法贸易造成障碍并为防止这些程序被滥用提供保障。

2. 有关知识产权的实施程序应公平和公正。这些程序不应不必要的复杂和费用高昂,也不应限定不合理的时限或造成无理的迟延。

3. 对一案件是非曲直的裁决,最好采取书面形式并说明理由。至少应使诉讼当事方可获得,而不造成不正当的迟延。对一案件是非曲直的裁决只能根据已向各方提供听证机会的证据作出。

4. 诉讼当事方应有机会要求司法机关对最终行政裁定进行审查,并在遵守一成员法律中有关案件重要性的司法管辖权规定的前提下,至少对案件是非的初步司法裁决的法律方面进行审查。但是,对刑事案件中的无罪判决无义务提供审查机会。

5. 各方理解,本部分并不产生任何建立与一般法律实施制度不同的知识产权实施制度的义务,也不影响各成员实施一般法律的能力。本部分的任何规定在实施知识产权与实施一般法律的资源分配方面,也不产生任何义务。

第 2 节　民事和行政程序及救济

第 42 条　公平和公正的程序

各成员应使权利持有人可获得有关实施本协定涵盖的任何知识产权的民事司法程序。被告有权获得及时的和包含足够细节的书面通知,包括权利请求的依据。应允许当事方由独立的法律顾问代表出庭,且程序不应制定强制本人出庭的过重要求。此类程序的所有当事方均有权证明其权利请求并提供所有相关证据。该程序应规定一种确认和保护机密信息的方法,除非此点会违背现有的宪法规定的必要条件。

第 43 条　证据

1. 如一当事方已出示可合理获得的足以证明其权利请求的证据,并指明在对方控制之下的与证实其权利请求有关的证据,则司法机关在遵守在适当的情况下可保证保护机密信息条件的前提下,有权命令对方提供此证据。

2. 如一诉讼方在合理期限内自行且无正当理由拒绝提供或不提供必要的信息,或严重阻碍与一实施行动有关的程序,则一成员可授权司法机关在向其提供信息的基础上,包括由于被拒绝提供信息而受到不利影响的当事方提出的申诉或指控,作出肯定或否定的初步或最终裁决,但应向各当事方提供就指控或证据进行听证的机会。

第 44 条　禁令

1. 司法机关有权责令一当事方停止侵权,特别是有权在结关后立即阻止涉及知识产权侵权行为的进口货物进入其管辖范围内的商业渠道。如受保护的客体是在一人知道或有合理的根据知道从事该客体的交易会构成知识产权侵权之前取得或订购的,则各成员无义务给予此种授权。

2. 尽管有本部分其他条款的规定,但是只要符合第二部分专门处理未经权利持有人授权的政府使用或政府授权的第三方使用而做出的规定,各成员可将针对可使用的救济限于依照第 31 条(h)项支付的报酬。在其他情况下,应适用本部分下的救济,或如果这些救济与一成员的法律不一致,则应采取宣告式判决,并应可获得适当的补偿。

第 45 条　赔偿费

1. 对于故意或有充分理由应知道自己从事侵权活动的侵权人,司法机关有权责令侵权人向权利持有人支付足以补偿其因知识产权侵权所受损害的赔偿。

2. 司法机关还有权责令侵权人向权利持有人支付有关费用,其中可包括有关的律师费用。在适当的情况下,各成员可授权司法机关责令其退还利润和/或支付法定的赔偿,即使侵权人故意或有充分理由知道自己从事侵权活动。

第46条 其他补救

为有效制止侵权,司法机关有权在不给予任何补偿的情况下,责令将已被发现侵权的货物清除出商业渠道,以避免对权利持有人造成任何损害,或下令将其销毁,除非此点会违背现有的宪法规定的必要条件。司法机关还有权在不给予任何补偿的情况下,责令将主要用于制造侵权货物的材料和工具清除出商业渠道,以便将产生进一步侵权的风险减少到最低限度。在考虑此类请求时,应考虑侵权的严重程度与给予的救济以及第三方利益之间的均衡性。对于冒牌货,除例外情况外,仅除去非法加贴的商标并不足以允许该货物放行进入商业渠道。

第47条 获得信息的权利

各成员可规定,司法机关有权责令侵权人将生产和分销侵权货物或服务过程中涉及的第三方的身份及其分销渠道告知权利持有人,除非此点与侵权的严重程度不相称。

第48条 对被告的赔偿

1. 如应一当事方的请求而采取措施且该当事方滥用实施程序,则司法机关有权责令该当事方向受到错误禁止或限制的当事方就因此种滥用而受到的损害提供足够的补偿。司法机关还有权责令该申请当事方支付辩方费用,其中可包括适当的律师费。

2. 就实施任何有关知识产权的保护或实施的法律而言,只有在管理该法过程中采取或拟采取的行动是出于善意的情况下,各成员方可免除公共机构和官员采取适当救济措施的责任。

第49条 行政程序

如由于行政程序对案件是非曲直的裁决而导致责令进行任何民事救济,则此类程序应符合与本节所列原则实质相当的原则。

第3节 临时措施

第50条

1. 司法机关有权责令采取迅速和有效的临时措施以便:

(a) 防止侵犯任何知识产权,特别是防止货物进入其管辖范围内的商业渠道,包括结关后立即进入的进口货物;

(b) 保存关于被指控侵权的有关证据。

2. 在适当时,特别是在任何迟延可能对权利持有人造成不可补救的损害时,或存在证据被销毁的显而易见的风险时,司法机关有权采取不作预先通知的临时措施。

3. 司法机关有权要求申请人提供任何可合理获得的证据,以使司法机关有足够程度的确定性确信该申请人为权利持有人,且该申请人的权利正在受到侵犯或此种侵权已迫近,并有权责令申请人提供足以保护被告和防止滥用的保证金或相当的担保。

4. 如已经采取不作预先通知的临时措施,则至迟应在执行该措施后立刻通知受影响的各方。应被告请求,应对这些措施进行审查,包括进行听证,以期在作出关于有关措施的通知后一段合理期限内,决定这些措施是否应进行修改、撤销或确认。

5. 执行临时措施的主管机关可要求申请人提供确认有关货物的其他必要信息。

6. 在不损害第4款规定的情况下,如导致根据案件是非曲直作出裁决的程序未在一合理期限内启动,则应被告请求,根据第1款和第2款采取的临时措施应予撤销或终止生效,该合理期限在一成员法律允许的情况下由责令采取该措施的司法机关确定,如未作出此种确定,则不超过20个工作日或31天,以时间长者为准。

7. 如临时措施被撤销或由于申请人的任何作为或不作为而失效,或如果随后认为不存在知识产权侵权或侵权威胁,则应被告请求,司法机关有权责令申请人就这些措施造成的任何损害向被告提供适当补偿。

8. 在作为行政程序的结果可责令采取任何临时措施的限度内,此类程序应符合与本节所列原则实质相当的原则。

第4节　与边境措施相关的特殊要求

第51条　海关中止放行

各成员应在符合以下规定的情况下,采取程序使在有正当理由怀疑假冒商标或盗版货物的进口有可能发生的权利持有人,能够向行政或司法主管机关提出书面申请,要求海关中止放行此类货物进入自由流通。各成员可针对涉及其他知识产权侵权行为的货物提出此种申请,只要符合本节的要求。各成员还可制定关于海关中止放行自其领土出口的侵权货物的相应程序。

第52条　申请

任何启动第51条下程序的权利持有人需要提供充分的证据,以使主管机关相信,根据进口国法律,可初步推定权利持有人的知识产权受到侵犯,并提供货物的足够详细的说明以便海关易于辨认。主管机关应在一合理期限内告知申请人是否已受理其申请,如主管机关已确定海关采取行动的时限,则应将该时限通知申请人。

第53条　保证金或同等的担保

1. 主管机关有权要求申请人提供足以保护被告和主管机关并防止滥用的保证金或同等的担保。此类保证金或同等的担保不得无理阻止对这些程序的援用。

2. 如按照根据本节提出的申请,海关根据非司法机关或其他独立机关的裁决对涉及工业设计、专利、集成电路布图设计或未披露信息的货物中止放行进入自由流通,而第55条规定的期限在获得适当授权的机关未给予临时救济的情况下已期满,只要符合所有其他进口条件,则此类货物的所有人、进口商或收货人在对任何侵权交纳一笔足以保护权利持有人的保证金后有权要求予以放行。该保证金的支付不得损害对权利持有人的任何其他可获得的补救,如权利持有人未能在一合理期限内行使诉讼权,则该保证金应予解除。

第54条　中止放行的通知

根据第51条做出的对货物的中止放行应迅速通知进口商和申请人。

第55条　中止放行的时限

如在向申请人送达关于中止放行的通知后不超过10个工作日的期限内,海关未被告知一非被告的当事方已就关于案件是非曲直的裁决提出诉讼,或未被告知获得适当授权的机关已采取临时措施延长货物中止放行的期限,则此类货物应予放行,只要符合所有其他进口或出口条件:在适当的情况下,此时限可再延长10个工作日。如已启动就案件是非曲直作出裁决的诉讼,则应被告请求,应进行审查,包括进行听证,以期在一合理期限内决定这些措施是否应予修正、撤销或确认。尽管有上述规定,但是如依照临时司法措施中止或继续中止货物的放行,则应适用第50条第6款的规定。

第56条 对进口商和货物所有权人的赔偿

有关主管机关有权责令申请人向进口商、收货人和货物所有权人对因货物被错误扣押或因扣押按照第55条放行的货物而造成的损失支付适当的补偿。

第57条 检验和获得信息的权利

在不损害保护机密信息的情况下,各成员应授权主管机关给予权利持有人充分的机会要求海关对扣押的货物进行检查,以证实权利持有人的权利请求。主管机关还有权给予进口商同等的机会对此类货物进行检查。如对案件的是非曲直作出肯定确定,则各成员可授权主管机关将发货人、进口商和收货人的姓名和地址及所涉货物的数量告知权利持有人。

第58条 依职权的行动

如各成员要求主管机关自行采取行动,并对其已取得初步证据证明一知识产权正在被侵犯的货物中止放行,则:

(a)主管机关可随时向权利持有人寻求可帮助其行使这些权力的任何信息;

(b)进口商和权利持有人应被迅速告知中止放行的行动,如进口商向主管机关就中止放行提出上诉,则中止放行应遵守在细节上作必要修改的第55条所列条件;

(c)只有在采取或拟采取的行动是出于善意的情况下,各成员方可免除公共机构和官员采取适当救济措施的责任。

第59条 救济

在不损害权利持有人可采取的其他诉讼权并在遵守被告寻求司法机关进行审查权利的前提下,主管机关有权依照第46条所列原则责令销毁或处理侵权货物。对于假冒商标货物,主管机关不得允许侵权货物在未作改变的状态下再出口或对其适用不同的海关程序,但例外情况下除外。

第60条 微量进口

各成员可将旅客个人行李中夹带的或在小件托运中运送的非商业性少量货物排除在上述规定的适用范围之外。

第5节 刑事程序

第61条

各成员应规定至少将适用于具有商业规模的蓄意假冒商标或盗版案件的刑事程序和处罚。可使用的救济应包括足以起到威慑作用的监禁和/或罚金,并应与适用于同等严重性的犯罪所受到的处罚水平一致。在适当的情况下,可使用的救济还应包括扣押、没收和销毁侵权货物和主要用于侵权活动的任何材料和工具。各成员可规定适用于其他知识产权侵权案件的刑事程序和处罚,特别是蓄意并具有商业规模的侵权案件。

第四部分　知识产权的取得和维持及当事方之间的相关程序

第 62 条

1. 各成员可要求作为取得或维持第二部分第 2 节至第 6 节下规定的知识产权的一项条件,应符合合理的程序和手续。此类程序和手续应与本协定的规定相一致。

2. 如知识产权的取得取决于该权利的给予或注册,则各成员应保证,给予或注册的程序在遵守取得该权利的实质性条件的前提下,允许在一合理期限内给予或注册该权利,以避免无根据地缩短保护期限。

3. 《巴黎公约》(1967)第 4 条在细节上作必要修改后应适用于服务标记。

4. 有关取得或维持知识产权的程序,以及在一成员法律对此类程序作出规定的情况下,行政撤销和诸如异议、撤销和注销等当事方之间的程序,应适用于第 41 条第 2 款和第 3 款所列一般原则。

5. 第 4 款下所指的任何程序中的行政终局裁决均应由司法或准司法机关进行审议。但是,在异议或行政撤销不成立的情况下,无义务提供机会对裁决进行此种审查,只要此类程序的根据可成为无效程序的理由。

第五部分　争端的防止和解决

第 63 条　透明度

1. 一成员有效实施的、有关本协定主题(知识产权的效力、范围、取得、实施和防止滥用)的法律和法规及普遍适用的司法终局裁决和行政裁定应以本国语公布,或如果此种公布不可行,则应使之可公开获得,以使政府和权利持有人知晓,一成员政府或政府机构与另一成员政府或政府机构之间实施的有关本协定主题的协定也应予以公布。

2. 各成员应将第 1 款所指的法律和法规通知 TRIPS 理事会,以便在理事会审议本协定运用情况时提供帮助。理事会应努力尝试将各成员履行此义务的负担减少到最低程度,且如果与 WIPO 就建立法律和法规的共同登记处的磋商获得成功,则可决定豁免直接向理事会通知此类法律和法规的义务。理事会还应考虑在这方面就源自《巴黎公约》(1967)第 6 条之三的规定、在本协定项下产生的通知义务需要采取的任何行动。

3. 每一成员应准备就另一成员的书面请求提供第 1 款所指类型的信息。一成员如有理由认为属知识产权领域的一特定司法裁决、行政裁定或双边协定影响其在本协定项下的权利,也可书面请求为其提供或向其告知此类具体司法裁决、行政裁定或双边协定的足够细节。

4. 第 1 款、第 2 款和第 3 款中的任何规定均不得要求各成员披露会妨碍执法或违背公共利益或损害特定公私企业合法商业利益的机密信息。

第 64 条 争端解决

1. 由《争端解决谅解》详述和实施的 GATT 1994 第 22 条和第 23 条的规定适用于本协定项下产生的磋商和争端解决,除非本协定中另有具体规定。

2. 自《WTO 协定》生效之日起 5 年内,GATT 1994 第 23 条第 1 款(b)项和(c)项不得适用于本协定项下的争端解决。

3. 在第 2 款所指的时限内,TRIPS 理事会应审查根据本协定提出的、属 GATT 1994 第 23 条第 1 款(b)项和(c)项规定类型的起诉的范围和模式,并将其建议提交部长级会议供批准。部长级会议关于批准此类建议或延长第 2 款中时限的任何决定只能经协商一致作出,且经批准的建议应对所有成员生效,无须进一步的正式接受程序。

第六部分 过渡性安排

第 65 条 过渡性安排

1. 在遵守第 2 款、第 3 款和第 4 款的前提下,任何成员在《WTO 协定》生效之日起 1 年的一般期限期满前无义务适用本协定的规定。

2. 一发展中国家成员有权将按第 1 款规定的实施日期再推迟 4 年实施本协定的规定,但第 3 条、第 4 条和第 5 条除外。

3. 正处在从中央计划经济向市场和自由企业经济转型过程中的任何其他成员,以及正在进行知识产权制度结构改革并在制定和实施知识产权法律和法规方面面临特殊困难的成员,也可受益于第 2 款设想的延迟期。

4. 如一发展中国家成员按照本协定有义务将产品专利保护扩大至在按第 2 款规定的、对其适用本协定的一般日期其领土内尚未接受保护的技术领域,则该成员可再推迟 5 年对此类技术领域适用本协定第二部分第 5 节关于产品专利的规定。

5. 利用第 1 款、第 2 款、第 3 款或第 4 款下的过渡期的一成员应保证,在过渡期内其法律、法规和做法的任何变更不会导致降低其与本协定规定一致性的程度。

第 66 条 最不发达国家成员

1. 鉴于最不发达国家成员的特殊需要和要求,其经济、财政和管理的局限性,以及其为创立可行的技术基础所需的灵活性,不得要求此类成员在按第 65 条第 1 款定义的适用日期起 10 年内适用本协定的规定,但第 3 条、第 4 条和第 5 条除外。TRIPS 理事会应最不发达国家成员提出的有根据的请求,应延长该期限。

2. 发达国家成员应鼓励其领土内的企业和组织,促进和鼓励向最不发达国家成员转让技术,以使这些成员创立一个良好和可行的技术基础。

第 67 条 技术合作

为促进本协定的实施,发达国家成员应发展中国家成员和最不发达国家成员的请求,并按双方同意的条款和条件,应提供有利于发展中国家成员和最不发达国家成员的技术和资金合作。此种合作应包括帮助制定有关知识产权保护和实施以及防止其被滥用的法律和法规,还应包括支持设立或加强与这些事项有关的国内机关和机构,包括人员培训。

第七部分　机构安排,最后条款

第 68 条　与贸易有关的知识产权理事会

TRIPS 理事会应监督本协定的运用,特别是各成员遵守本协定项下义务的情况,并为各成员提供机会就与贸易有关的知识产权事项进行磋商。理事会应履行各成员所指定的其他职责,特别是在争端解决程序方面提供各成员要求的任何帮助。在履行其职能时,TRIPS 理事会可向其认为适当的任何来源进行咨询和寻求信息。经与 WIPO 磋商,理事会应寻求在其第一次会议后 1 年内达成与该组织各机构进行合作的适当安排。

第 69 条　国际合作

各成员同意相互进行合作,以消除侵犯知识产权的国际货物贸易。为此,它们应在其政府内设立联络点并就此作出通知,并准备就侵权货物的贸易交流信息。它们特别应就假冒商标货物和盗版货物的贸易而促进海关之间的信息交流和合作。

第 70 条　对现有客体的保护

1. 对于在本协定对所涉成员适用之日前发生的行为,本协定不产生义务。

2. 除非本协定另有规定,否则本协定对于在本协定对所涉成员适用之日已存在的、在上述日期在该成员中受到保护、符合或随后符合根据本协定条款规定的保护标准的所有客体产生义务。就本款及第 3 款和第 4 款而言,关于现有作品的版权义务应仅根据《伯尔尼公约》(1971)第 18 条确定,关于录音制品制作者和表演者对现有录音制品享有权利的义务应仅根据本协定第 14 条第 6 款适用的《伯尔尼公约》(1971)第 18 条确定。

3. 对于在本协定对所涉成员适用之日已进入公共领域的客体,该成员无义务恢复保护。

4. 对于有关包含受保护客体的特定对象的任何行为,如在与本协定相符的立法条款下构成侵权,且如果该行为在该成员接受本协定之日前已经开始,或已经为此进行大量投资,则任何成员可就在该成员适用本协定之日起继续实施此类行为规定权利持有人可获补偿的限度。但是,在此类情况下,该成员至少应规定支付公平的补偿。

5. 一成员无义务对于在其适用本协定之日前购买的原版或复制品适用第 11 条和第 14 条第 4 款的规定。

6. 如在本协定生效日期公布之前政府已授权使用,对于无权利持有人授权的此类使用,则各成员不需适用第 31 条的规定或第 27 条第 1 款关于专利权享有不应因技术领域的不同而有所歧视的要求。

7. 在知识产权的保护是以注册为条件的情况下,应允许对在本协定对所涉成员适用之日前未决的保护申请进行修改,以便申请人要求本协定项下规定的任何加强的保护。此类修改不应包括新的事项。

8. 如截至《WTO 协定》生效之日一成员仍未按照其在第 27 条下的义务对药品和农药获得专利保护,则该成员应:

（a）尽管有第六部分的规定，自《WTO 协定》生效之日起提供据以提出此类发明的专利申请的方法；

（b）自本协定适用之日起，对这些申请适用本协定规定的授予专利的标准，如同这些标准在申请之日已在该成员中适用，或如果存在并请求优先权，则适用优先的申请日期；

（c）自给予专利时起和在依照本协定第 33 条自提出申请之日起计算的剩余专利期限内，依照本协定对这些申请中符合（b）项所指的保护标准的申请提供专利保护。

9. 如依照第 8 款（a）项一产品在一成员中属专利申请的客体，则尽管有第六部分的规定，仍应给予专有销售权，期限或为在该成员中获得销售许可后 5 年，或为至一产品专利在该成员中被授予或被拒绝时为止，以时间短者为准，只要在《WTO 协定》生效之后，已在另一成员中提出专利申请、一产品已获得专利以及已在该另一成员中获得销售许可。

第 71 条　审议和修正

1. TRIPS 理事会应在第 65 条第 2 款所指的过渡期期满后，审议本协定的实施情况。理事会应在考虑实施过程中所获经验的同时，在该日期后 2 年内并在此后以同样间隔进行审议。理事会还可按照有理由修改或修正本协定的任何新的发展情况进行审议。

2. 仅适于提高在其他多边协定中达成和实施的，并由 WTO 所有成员在这些协定项下接受的知识产权保护水平的修正，在 TRIPS 理事会经协商一致所提建议的基础上，可依照《WTO 协定》第 10 条第 6 款提交部长级会议采取行动。

第 72 条　保留

未经其他成员同意，不得对本协定的任何规定提出保留。

第 73 条　安全例外

本协定的任何规定不得解释为：

（a）要求一成员提供其认为如披露则会违背其根本安全利益的任何信息。

（b）阻止一成员采取其认为对保护其根本安全利益所必需的任何行动：

（i）与裂变和聚变物质或衍生这些物质的物质有关的行动；

（ii）与武器、弹药和作战物资的贸易有关的行动，以及与此类贸易所运输的直接或间接供应军事机关的其他货物或物资有关的行动；

（iii）在战时或国际关系中的其他紧急情况下采取的行动。

（c）阻止一成员为履行《联合国宪章》项下的维持国际和平与安全的义务而采取的任何行动。

主要参考文献

1. 布坎南.自由、市场和国家[M].吴良健,译.北京:北京经济学院出版社,1989.
2. 陈同仇,薛荣久.国际贸易[M].北京:对外经济贸易大学出版社,1997.
3. 陈宪,程大中.黏合剂:全球产业与市场整合中的服务贸易[M].上海:上海社会科学院出版社,2001.
4. 陈宪.国际服务贸易[M].上海:立信会计出版社,2000.
5. 戴超平.国际服务贸易[M].北京:中国金融出版社,1997.
6. 俄林.地区间贸易与国际贸易[M].王继祖,等,译.北京:商务印书馆,1986.
7. 樊纲.现代三大经济理论体系的比较与综合[M].上海:上海三联书店,1995.
8. 范里安.微观经济学[M].周洪,李勇,等,译.北京:经济科学出版社,1997.
9. 富克斯.服务经济学[M].许微云,万慧芬,孙光德,译.北京:商务印书馆,1987.
10. 格鲁伯加,沃克.服务业的增长:原因与影响[M].陈彪如,译.上海:上海三联书店,1993.
11. 公文俊平.日本进入服务业新时代[M].雨谷,译.北京:新华出版社,1987.
12. 胡德,扬.跨国企业经济学[M].叶刚,译.北京:经济科学出版社,1990.
13. 江小涓.中国工业发展与对外经济贸易关系的研究[M].北京:经济管理出版社,1993.
14. 井原哲夫.服务经济学[M].李桂山,李松操,译.北京:中国展望出版社,1986.
15. 克鲁格曼.萧条经济学的回归[M].朱文晖,王玉清,译.北京:中国人民大学出版社,1999.
16. 库茨涅茨.现代经济增长[M].戴睿,易诚,译.北京:北京经济学院出版社,1989.
17. 李江帆.第三产业经济学[M].广州:广东人民出版社,1995.
18. 联合国跨国公司中心.服务业的对外直接投资与跨国公司[M].叶刚,译.上海:上海财经大学出版社,1996.
19. 林德特.国际经济学(第9版)[M].范国鹰,等,译.北京:经济科学出版社,1992.
20. 龙永图.入世与服务业市场开放[M].北京:中国对外经济贸易出版社,2000.
21. 罗绍彦.国际贸易原理[M].北京:清华大学出版社,1995.
22. 罗余才,刘军.国际服务贸易学[M].北京:中国财政经济出版社,1999.
23. 缪勒.公共选择[M].王诚,译.北京:商务印书馆,1992.
24. 盛洪.分工与交易[M].上海:上海三联书店,1995.
25. 斯密.国民财富的性质和原因的研究[M].郭大力,王亚南,译.北京:商务印书馆,1981.
26. 汪尧田,李力.国际服务贸易总论[M].上海:上海交通大学出版社,1997.
27. 张汉林.国际贸易[M].北京:中国对外经济贸易出版社,2001.
28. 周小川.企业改革:模式选择与配套设计[M].北京:中国经济出版社,1994.
29. DUNING J H. International production and the multinational enterprise[M]. London: George Allen & Unwin, 1981.

30. DUNING J. Multinational, technology and competitiveness[M]. London: Allen & Unwin, 1988.

31. GONCALVES K. Service market: a strategic approach [M]. Upper Saddle River, New Jersey: Prentice-Hall Inc., 1988.

32. HELPMAN E, KRUGMAN P. Trade policy and market structure[M]. Cambridge, MA: The MIT Press, 1998.

33. HILL T. On good and service[J]. Review of Income and Wealth Series,1977,23(4): 314-339.

34. HOEKMAN B, KOSTECKI M. The political economy of the world trading system from GATT to WTO[M]. Oxford: Oxford University Press, 1995.

35. KOTLER P. Marketing management: analysis, planning, implement and control[M]. 9th edition. Upper Saddle River, New Jersey: Prentice-Hall International Inc., 1997.

36. MARKUSEN J. Trade in producer service: issue involving returns to scale and the international division of labor[R]. The Institute for Research on Public Policy, 1986.

37. MCKEE D. Growth, development, and the service economy in the third world[M]. New York: Praeger Publisher, 1988.

教辅申请说明

北京大学出版社本着"教材优先、学术为本"的出版宗旨,竭诚为广大高等院校师生服务。为更有针对性地提供服务,请您按照以下步骤通过**微信**提交教辅申请,我们会在1~2个工作日内将配套教辅资料发送到您的邮箱。

◎ 扫描下方二维码,或直接微信搜索公众号"北京大学经管书苑",进行关注;

◎ 点击菜单栏"在线申请"—"教辅申请",出现如右下界面:

◎ 将表格上的信息填写准确、完整后,点击提交;

◎ 信息核对无误后,教辅资源会及时发送给您;如果填写有问题,工作人员会同您联系。

温馨提示:如果您不使用微信,则可以通过以下联系方式(任选其一),将您的姓名、院校、邮箱及教材使用信息反馈给我们,工作人员会同您进一步联系。

联系方式:

北京大学出版社经济与管理图书事业部
通信地址:北京市海淀区成府路205号,100871
电子邮箱:em@pup.cn
电　　话:010-62767312 / 62757146
微　　信:北京大学经管书苑(pupembook)
网　　址:www.pup.cn